D1738613

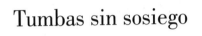

Tumbas sin sosiego

Rafael Rojas

# Tumbas sin sosiego

## Revolución, disidencia y exilio del intelectual cubano

EDITORIAL ANAGRAMA

BARCELONA

*Diseño de la colección*
Julio Vivas
Ilustración: «Humo N.º 3», de la serie *No es más que la vida,*
  Atelier Morales (Teresa Ayuso y Juan Luis Morales), 2004,
  cortesía de la Galería Nina Menocal

*Primera edición: mayo 2006*
*Segunda edición: junio 2006*

© EDITORIAL ANAGRAMA, S. A., 2006
  Pedró de la Creu, 58
  08034 Barcelona

ISBN: 84-339-6240-X
Depòsit Legal: B. 28192-2006

Printed in Spain

Liberdúplex, S. L. U., ctra. BV 2249, km 7,4 - Polígono Torrentfondo
08791 Sant Llorenç d'Hortons

El día 28 de marzo de 2006, el jurado compuesto por Salvador Clotas, Román Gubern, Xavier Rubert de Ventós, Fernando Savater, Vicente Verdú y el editor Jorge Herralde, concedió, por mayoría, el XXXIV Premio Anagrama de Ensayo a *Tumbas sin sosiego,* de Rafael Rojas.

Resultó finalista *Vidas adosadas,* de Pere Saborit.

*A la memoria de Manuel Moreno Fraginals
y Jesús Díaz, maestros y amigos*

# INTRODUCCIÓN

> La historia, es decir el tiempo, pasará,
> pero quedará siempre la geografía –que es
> nuestra eternidad.
>
> GUILLERMO CABRERA INFANTE

## EL PANTEÓN EN DISCORDIA

Este libro aborda dos temas indisociables de la historia contemporánea de Cuba: la diversa manera en que los intelectuales de la isla se enfrentaron al drama de 1959, y la forma, también plural, en que la cultura cubana dirime, actualmente, los conflictos de la memoria que derivaron de aquella experiencia. El primer tema está relacionado con la historia intelectual cubana de los años 60 del siglo XX –la única década propiamente *revolucionaria* del socialismo– y de los dos decenios previos al régimen totalitario: aquellos que comienzan con la Constitución de 1940 y el primer gobierno de Fulgencio Batista (1940-1944) y culminan con la adopción del sistema socialista y la destrucción del orden republicano en 1961. El segundo tema tiene que ver con nuestros días: la construcción de una política de la memoria que permita una representación equitativa de los sujetos involucrados en dicho drama y que facilite algún acceso a la democracia.

Cualquier acercamiento a la historia de la cultura contemporánea cubana debe enfrentarse a la gran transformación producida por el triunfo revolucionario de 1959 y la edificación, en los años siguientes, de un régimen marxista leninista. Ese cambio, en el mejor sentido revolucionario del término, no

11

sólo produjo un nuevo orden social y un nuevo repertorio de prácticas, valores, discursos y costumbres, sino que quebró el campo intelectual de la isla en actitudes de adhesión, rechazo y otras formas sutiles de procesamiento simbólico del conflicto. Tradicionalmente, el cisma de la sociedad y la cultura cubanas, en la segunda mitad del siglo XX, ha sido conceptualizado desde categorías binarias como *revolución* versus *contrarrevolución*, *castrismo* versus *anticastrismo*, *comunismo* versus *anticomunismo*, *nacionalismo* versus *anexionismo*, *socialismo* versus *liberalismo* o *totalitarismo* versus *democracia*. Esas identidades, ideológicas, políticas o sentimentales, se han visto delineadas de manera bipolar, en un reflejo bastante nítido de la Guerra Fría, afianzando la certeza de que existen dos bandos, simétricamente divididos y homogéneamente configurados.[1]

Luego de medio siglo de fractura, es natural que se difundan estrategias intelectuales y políticas de resolución o administración del conflicto. Dichas estrategias, más o menos eficaces, tienen que lidiar no sólo con la intransigencia de ambos polos, sino con una fuerte tendencia a la elusión o la negación del cisma. En este sentido, vale la pena aclarar que una complejización teórica de los dilemas del intelectual público cubano, de 1959 a la fecha, tiene pocas posibilidades epistemológicas si aspira, lo mismo, a una sublimación que a una represión del dilema. En los últimos 50 años la cultura cubana ha experimentado un quiebre en el que dichas identidades ideológicas y políticas juegan un papel determinante. Es innegable que, en el orden simbólico del conflicto, los actores de la cultura y la política cubanas se han movilizado a partir del reconocimiento en subjetividades *revolucionarias* y *contrarrevolucionarias*, *comunistas* y *anticomunistas*, *castristas* y *anticastristas*.

En vez de una elusión del dilema, podría experimentarse un desplazamiento conceptual del mismo que permita entender el comportamiento de los actores involucrados desde identidades menos ideológicas. La noción de *guerra civil*, introducida por algunos autores contemporáneos (David Rieff, Ann Louise Bardach, Julieta Campos...) tal vez contribuya a una reconstrucción del dilema que, aunque no lo neutralice, facilite dicho desplazamiento conceptual. Una guerra civil, en el sentido pleno que le confieren historiadores como Ernst Nolte, es la polarización de una comunidad, desde el nivel familiar hasta el nacional, y experimentada en múltiples dimensiones: militar, política, ideológica, diplomática, cultural.[2]

En Cuba, entre 1959 y 1965, cuando fueron exterminados los últimos focos guerrilleros del Escambray, se vivió una guerra civil entre un gobierno revolucionario, sumamente popular, y una oposición armada, con respaldo de Estados Unidos. A partir de los años 70, con la consolidación del régimen socialista y su inscripción en la órbita soviética, la actividad opositora se trasladó, principalmente, al exilio cubano en Miami y a sus fuertes conexiones dentro de la política norteamericana. Durante tres décadas, ese exilio, con escasos recursos, el desinterés, la ineficacia o el pragmatismo de Washington, que por entonces veía limitada su hegemonía mundial por el pacto Kennedy-Jruschov y la bipolaridad de la Guerra Fría, intentó derrocar militarmente al régimen de Fidel Castro por medio de sabotajes, atentados e infiltraciones de comandos en la isla. A partir de 1992, tras la caída del Muro de Berlín y la desintegración de la Unión Soviética, la oposición cubana adoptó dos nuevas modalidades: la presión comercial, migratoria y diplomática, por parte de Estados Unidos —y, en menor medida, de Europa, Canadá y algunos países latinoamericanos— a favor de una democratización del régimen cubano y el apoyo a la vertebración de una disidencia pacífica en la isla.[3]

Es notable, en ese largo proceso, el desarrollo de la misma guerra civil por diversos medios: primero militar y luego política, diplomática, comercial y migratoria. Pero desde mediados de los 90, el conflicto se acentúa en su dimensión simbólica: la guerra civil se convierte entonces en una guerra de la memoria, protagonizada por los herederos de los dos bandos. La confron-

13

tación no ha desaparecido, ya que el expediente represivo del gobierno cubano y el embargo comercial de los Estados Unidos siguen ahí, como elementos recurrentes de actualización del conflicto. Aun así, en la última década, el escenario predilecto del conflicto ha sido la disputa por el legado nacional, la querella por la herencia simbólica del país. En esta etapa, a medida que la guerra política se vuelve cada vez más geográfica, reduciéndose al diferendo territorial entre dos comunidades vecinas —La Habana y Miami—, la guerra cultural se vuelve más simbólica, librándose, prioritariamente, en el terreno de la memoria.[4]

El «caso Elián» y la «batalla de ideas» emprendida por el gobierno cubano a partir de 1999 son episodios recientes de esa guerra simbólica. Pero no son los únicos. Los grandes debates entre intelectuales de la isla y la diáspora en torno a tres centenarios —el de la muerte de José Martí en 1995, el de la primera intervención norteamericana y el fin del régimen colonial español en 1998 y el de la fundación de la república en 2002—, además de las constantes disputas por el legado de José María Heredia, Félix Varela, Fernando Ortiz, Dulce María Loynaz, Eugenio Florit, Jorge Mañach, José Lezama Lima, Lydia Cabrera, Gastón Baquero o Virgilio Piñera, han sido reveladores de esa querella por la herencia. Hay momentos en que esa guerra de la memoria, como en el caso del *Proyecto Varela*, la más célebre iniciativa de la oposición cubana en los últimos años, inspirada en la figura histórica que utiliza el régimen para premiar los mayores aportes de la cultura nacional, se traslada a la esfera política.[5]

Como toda cultura o nación polarizada por una guerra civil o por un régimen totalitario —piénsese en los Estados Unidos a mediados del siglo XIX o en España a mediados del XX, en la Alemania poshitleriana o en la Rusia postsoviética—, Cuba parece haber llegado a ese momento en que el conflicto se proyecta sobre la memoria y los herederos de uno y otro bando entablan una discordia en torno a la reconstrucción del panteón nacional.[6] La situación es semejante a aquella «pesadilla de los muertos en el

14

cerebro de los vivos» de la que hablaba Marx, al «álgebra de los muertos», que esboza Javier Cercas en su novela *La velocidad de la luz*, o, más específicamente, al fenómeno que describe Elias Canetti en *Masa y poder*, a propósito de la mentalidad del «sobreviviente».[7] El «momento de sobrevivir es el momento del poder», decía Canetti. Un poder que, como todo poder, se funda en la acumulación de saber y que, en este caso, es el saber sobre los muertos: «Porque el sobreviviente sabe de muchos muertos... Si estuvo en la batalla ha visto caer a los otros alrededor de él... El espanto ante la visión de la muerte se disuelve en satisfacción pues uno mismo no es el muerto.»[8] Cuando la guerra civil llega al momento de su memorialización, se apodera de los sobrevivientes eso que Canetti llamaba un «sentimiento de cementerio» o una vacilación entre la «supervivencia» y el «duelo», como decía Ernst Jünger, otro contador de tumbas.[9] El título de Cyril Connolly, que tanto gustaba a Guillermo Cabrera Infante, parece apropiado para diagnosticar el malestar de una tradición nacional que ha hecho de la guerra una vivencia interior.

En la cultura cubana contemporánea esa sensación de supervivencia y duelo es bastante nítida. Palinuro, el piloto de Eneas que se queda dormido y naufraga en Velia, para ser despedazado por los habitantes de esa isla, es un buen símbolo no sólo del «deseo de fracaso», como decía Connolly, sino de las costumbres funerarias de la intelectualidad cubana.[10] Durante los años 60, 70 y 80, el gobierno de Fidel Castro honró a los intelectuales que murieron del lado revolucionario (Nicolás Guillén, Alejo Carpentier, Juan Marinello, Mirta Aguirre, José Antonio Portuondo...) y denigró a los que desaparecieron en el exilio: Jorge Mañach, Lydia Cabrera, Roberto Agramonte, Lino Novás Calvo, Enrique Labrador Ruiz... En los 90, ese mismo gobierno comenzó a honrar a quienes habían muerto o morirían en la isla, aunque no propiamente del lado «socialista»: Fernando Ortiz, José Lezama Lima, Virgilio Piñera, Eliseo Diego, Dulce María Loynaz. En los últimos años, el mismo gobierno, encabezado por el mismo partido y el mismo líder, ha intentado extender sus honras fúnebres –una suerte de extremaunción nacionalista– a algunos de los que han muerto fuera de la isla y desde posiciones críticas u opositoras al comunismo cubano: Gastón Baquero, Eugenio Florit, Severo Sarduy, Lino Novás Calvo, Jorge Mañach, Lydia Cabrera...

El amago de incorporar esas figuras al panteón oficial –facilitada por el hecho de que se trata de intelectuales que produjeron una buena parte de sus obras antes del cisma de 1959 o que, como en el caso de Sarduy, se mantuvieron alejados del intervencionismo público contra el régimen– busca un reconocimiento velado, nunca explícito, de que el canon de la cultura cubana ya no responde a determinaciones ideológicas, políticas o territoriales y que la pertenencia al mismo de una obra o un creador anticomunista o exiliado está garantizada. Sin embargo, el carácter instrumental de esa operación simbólica queda al descubierto con la evidencia de que el régimen y su aparato de legitimación permanecen intactos, movilizados frente a enemigos internos y externos, y que el deseo de trascender la guerra civil por medio de una política de la memoria, fundada en la reconciliación nacional, choca con el rechazo visceral a reconocer el legado literario de opositores públicos, tan tenaces después de muertos, como Guillermo Cabrera Infante, Reinaldo Arenas, Heberto Padilla o Jesús Díaz.

REVOLUCIÓN, DISIDENCIA Y EXILIO

El ensayista puertorriqueño Arcadio Díaz Quiñones fue el primero en trasladar, al caso cubano, la muy útil teoría de *salida, voz y lealtad,* desarrollada por Albert O. Hirschman, originalmente, para el mundo empresarial y aplicada luego, por él mismo, a la Alemania oriental en los años previos a la caída del Muro de Berlín.[11] Según Hirschman, en cualquier estructura social, pero especialmente en aquellas regidas por un orden político autoritario o cerrado, los sujetos optan por tres alternativas: la lealtad, la voz y la salida, o, lo que es lo mismo, la obediencia, la oposición y el éxodo. En la historia de Cuba, la Revolución de 1959 y su ulterior ordenamiento comunista provocaron una encrucijada de tres caminos, fácilmente identificables con las opciones de *salida, voz y lealtad*. La idea de Hirschman, en lo concerniente, sobre todo, a la *voz* y la *lealtad*, había conocido algunos vislumbres clásicos como el de Étienne de la Boétie en su famosa distinción entre la «servidumbre voluntaria e involuntaria» o el de David Hume en su deslinde entre «obediencia pasiva y activa».[12]

Entre 1959 y 1961, el campo intelectual cubano –y entiendo aquí por «intelectuales», en la comprensión más difundida de ese rol y que comparten autores tan diversos como Julián Marías, Ángel Rama, Maurice Blanchot, Norberto Bobbio, Paul Johnson y Christopher Hitchens, a aquellos creadores de una cultura que, más allá de la producción de sentido que practican sus poéticas, intervienen en la esfera pública con ideas u opiniones– se dividió en tres posiciones: la adhesión acrítica al gobierno revolucionario, el respaldo crítico a la Revolución y el exilio.[13] En un estudio memorable sobre intelectuales españoles de la primera mitad del siglo XX (Unamuno, Ortega, Azaña y Negrín), Juan Marichal señalaba lo porosas que eran las fronteras entre disidencia y oficialidad y lo fácil que podía ser, para un intelectual público, pasar de la oposición al Estado, de la crítica civil al funcionariado gubernamental.[14] En la Cuba de los primeros años revolucionarios esas mutaciones de roles se produjeron de manera acelerada y hasta imprevisible.

La mayoría de los intelectuales cubanos –los republicanos (Ortiz, Guerra, Mañach, Agramonte, Portell Vilá, Piñera Llera, Novás Calvo...), los comunistas o marxistas (Marinello, Roa, Carpentier, Guillén, Aguirre, Portuondo, Augier...), los católicos (Chacón y Calvo, Lezama, Vitier, Diego, Gaztelu, García

Marruz, Valdespino...) y la nueva generación vanguardista, de simpatías liberales o socialistas (Piñera, Cabrera Infante, Casey, Arrufat, Desnoes, Otero, Fernández Retamar, Fornet...)– respaldó el nuevo orden revolucionario. Que lo hicieran republicanos muy activos como Mañach, comunistas como Marinello o jóvenes antiautoritarios como Cabrera Infante no es extraño. Pero que pensadores ya cansados de tanto vaivén político, como Fernando Ortiz, y artistas de la literatura, tan defensores de la autonomía del «espacio literario» como Lezama y Piñera, apoyaran la Revolución es señal del encanto que ejerció aquella utopía y de la ansiedad de mitos históricos que sentían aquellos intelectuales, frustrados ante la experiencia republicana. Estos tres casos son emblemáticos, no sólo por la singularidad de sus obras, sino por encarnar tres de las plataformas simbólicas no comunistas del nacionalismo cubano –la republicana, la católica y la vanguardista– que se disputaron, con el marxismo, la hegemonía intelectual de la isla a mediados del siglo XX.

Ortiz, por ejemplo, quien, como Ramiro Guerra, expresó reservas sobre la conveniencia de una reforma agraria demasiado radical, escribió en el prólogo a la *Historia de una pelea cubana contra los demonios* (1959), con más entusiasmo que cautela, que la Revolución era una «prueba de cómo las resistencias cívicas de los pueblos pueden llegar a triunfar en sus empeños justicieros... y lograr su victoria hasta contra los mismísimos demonios».[15] La idea de los demonios que manejaba Ortiz provenía, naturalmente, del paganismo de la santería afrocubana, no del catolicismo, y estaba más cerca de aquella idea griega del *daimon* o geniecillo interior, cuya funcionalidad es ambivalente, ya que puede ser benéfica o perjudicial. Por eso Ortiz sugería en aquel libro una crítica humanista a todos los racionalismos –el católico, el liberal, el marxista– a partir de la idea de que los demonios no sólo no eran necesariamente malos sino que su presencia en la vida moderna era inevitable: «Los teólogos aseguran que todavía los demonios siguen metidos entre cubanos, persistiendo en sus fechorías. Sea de ello como fuere, parece peligroso dar por suprimidos a los diablos.»[16] Más adelante, en ese tono irónico tan suyo y haciendo al lector cómplice de su familiaridad con los espíritus, santos y demonios de la religiosidad afrocubana, anotaba:

> Los acontecimientos revolucionarios ocurridos últimamente en Cuba, que ya van siendo irreversibles, dan en cierto modo nueva actualidad a estas páginas y disquisiciones sobre el viejo asunto que ha tres siglos, el de las antañeras hazañas de los demonios en Cuba. En rigor, todos los temas históricos, si se profundiza en su análisis, por el tiempo y las ideas están unos tras otros entre sí encadenados. La prensa dada a las añoranzas medievaleras ha ido corriendo por el mundo que en Cuba estamos «entregados a los demonios». Ese cálculo es ciertamente muy hiperbólico. Es imposible que todos ellos estén aquí. Según parece, no sólo en esta isla, sino también en todo el resto del planeta, los demonios siguen haciendo «de las suyas», o sea, su eterna faena.[17]

Lezama, por su parte, escribió en los años 60 varios textos de adhesión al gobierno revolucionario como «Se invoca al Ángel de la Jiribilla» (1960), «Ernesto Guevara, comandante nuestro» (1967) o «El 26 de julio: imagen y posibilidad» (1968).[18] Sin embargo, el ensayo más «comprometido» de Lezama fue el titulado «A partir de la poesía» (1960), que terminaba con una nítida plasmación de su teoría de las «eras imaginarias», según la cual, tras varios siglos de frustración política, en 1959 la historia de Cuba comenzaba a transcurrir, por primera vez, de acuerdo con su «imagen». ¿Cuál era esa imagen? Ni más ni menos, la de una isla plenamente soberana y justa que había sido revelada, a fines del siglo XIX, por el sacrificio de José Martí y que, media centuria después, encarnaba providencialmente en el tiempo insular. Esa *hipóstasis* o «manifestación» de una ima-

19

gen histórica cifrada era, según Lezama, equivalente a un reconocimiento, a una *anagnórisis*, pero, también, a un exorcismo, a una purificación:

> La Revolución cubana significa que todos los conjuros negativos han sido decapitados. El anillo caído en el estanque, como en las antiguas mitologías, ha sido reencontrado. Comenzamos a vivir nuestros hechizos y el reinado de la imagen se entreabre en un tiempo absoluto. El hombre que muere en la imagen, gana la sobreabundancia de la resurrección. Martí, como el hechizado Hernando de Soto, ha sido enterrado y desenterrado, hasta que ha ganado su paz. El estilo de la pobreza, las inauditas posibilidades de la pobreza han vuelto a alcanzar, entre nosotros, una plenitud oficiante.[19]

Finalmente, Virgilio Piñera, quien fuera protagonista de constantes intervenciones públicas y sonadas polémicas, entre 1959 y 1968, escribió, en publicaciones como *Lunes de Revolución*, *La Gaceta de Cuba*, *Unión* y *Casa de las Américas*, múltiples ensayos y artículos donde asumía una identidad revolucionaria. Los títulos de algunos de aquellos textos hablan por sí solos: «La Revolución se fortalece» (*Lunes de Revolución*, núm. 33, noviembre de 1959), «Infierno inesperado», contra el sabotaje de *La Coubre* (*Lunes de Revolución*, núm. 49, marzo de 1960), «El espíritu de las milicias» (*Lunes de Revolución*, núm. 57, abril de 1960), «Los muertos de la patria», poema a los caídos en Playa Girón (*Lunes de Revolución*, mayo de 1961). El propio Piñera confesaría más tarde: «Elegí la Revolución por ser ella mi estado natural. Siempre he estado en Revolución permanente. Yo, como miles de cubanos, no tenía lo que tenían unos pocos. Se imponía la nivelación, "I have nothing to declare, except Revolution".»[20] Llegó a exclamar, incluso, alguna promesa heroica –«¡yo moriré al pie del cañón!»– y en cartas a su amigo Humberto Rodríguez Tomeu hablaba con orgullo de su participación en desfiles, vestido de miliciano, y hasta se enojaba con Kennedy: «¿Has visto el Kennedy ese cómo nos trata? Qué se habrá creído. Pero se cogerá el culo con la puerta.»

Sin embargo, no hay un texto donde Virgilio Piñera haya expuesto mejor su entusiasmo por la Revolución que el prólogo a la primera edición, en 1960, de su *Teatro completo*, en la mítica «Ediciones R», creada por Carlos Franqui y Guillermo Cabrera Infante. En una sintomática operación de «lavado de memoria», como las que tan bien ha descrito Antonio José Ponte en su libro *La fiesta vigilada*, ese prólogo, titulado «Piñera teatral», fue excluido de la más reciente edición del *Teatro completo*, que aparece con prólogo del importante crítico teatral Rine Leal.[21] El texto, uno de los más políticos que haya escrito Piñera, empieza con una confesión de «teatralidad», en la que el autor hace pública su «envidia» por «el hombre que salió desnudo por la calle, ese otro que asombró a La Habana con sus bigotes de gato, el que se hizo el muerto para burlar al sacerdote y, por supuesto, Fidel Castro entrando en La Habana».[22] Más adelante, Piñera, que odiaba a los letrados al estilo de Jorge Mañach, repetía algunos tópicos de *Indagación del choteo* para asociar el momento revolucionario con el rechazo a la solemnidad republicana.[23] Y, finalmente, a propósito de su obra *Jesús* (1948) –la historia de un barbero al que sus vecinos atribuyen poderes milagrosos; poderes que él niega y que a fuerza de negarlos lo convierten en un «anti-Jesús», con sus propios discípulos y apóstoles, dedicados a propagar, religiosamente, la idea de que él no es Jesús–, Piñera afirmaba:

¿Qué representa el personaje de Jesús en mi obra? Pues el anti-Fidel. Y a pesar de ser el anti-Fidel siente la nostalgia de no haber podido ser Fidel. Porque esto representa Jesús: la nostalgia del paraíso, no perdido (lo cual sería infinitamente más cómodo) sino la nostalgia del paraíso por alcanzar. Si se vive en el infierno se suspirará por el anti-infierno; si uno es la

21

imagen de la frustración, si no se avizora en el cielo de la Patria la venida de nuestro Mesías político (y en el año 48 ningún cubano tenía la más remota esperanza de la llegada de dicho Mesías) entonces, a tono con la circunstancia histórica en que vivimos, sólo nos queda el poder de la sinceridad, reconocernos como negación, como nostalgia, como frustración.[24]

¿Cuál es el trasfondo de estas tres celebraciones del hecho revolucionario por parte de intelectuales que habituaban mantener sus discursos resguardados de la esfera pública? Parece ser religioso: los tres, Ortiz, Lezama y Piñera, hablan de la Revolución como un hechizo, un conjuro, una revelación o un advenimiento mesiánico. «En toda gran cuestión política va envuelta siempre una gran cuestión teológica», decía Donoso Cortés en su estudio sobre tres grandes tradiciones doctrinales del Occidente mediterráneo: el catolicismo, el liberalismo y el socialismo.[25] Aquel deslumbramiento no era el que se siente ante un evento político –la experiencia revolucionaria era, justamente, la negación del mundo de la política–, sino ante un acto de magia, ante un fenómeno religioso. Ortiz, Lezama y Piñera llegaron a una misma religiosidad desde imaginarios diferentes: el primero era un republicano laico, el segundo un nacionalista católico y el tercero un liberal escéptico. El final de estos tres intelectuales, radicalmente ajenos a la ideología marxista y al totalitarismo comunista, bajo el orden revolucionario, sería parecido. Ortiz murió en 1969, desencantado del régimen socialista cubano, aunque manteniendo sus críticas en el ámbito privado. Lezama y Piñera, hasta 1968, tuvieron un importante reconocimiento dentro del campo intelectual cubano, pero a partir de ese año y hasta la muerte del primero, en 1976, y del segundo, en 1978, vivieron en el ostracismo.

La política intelectual de estos tres grandes creadores de la cultura cubana no corresponde, plenamente, a ninguna de las opciones descritas por Hirschman: ninguno de ellos, a pesar del arrobamiento místico que les produjo inicialmente el fenómeno revolucionario, fue leal, ni se opuso ni se exilió. Si hubiera que caracterizar, de algún modo, el posicionamiento de esos y tantos otros intelectuales cubanos posteriores habría que utilizar la categoría política del *silencio*, esto es, la estrategia de callar en público las desavenencias con el régimen y, a la vez, comunicarlas, profusamente, en la esfera privada: a amigos, familiares y amantes. La *salida*, en cambio, es constatable en los casos de intelectuales públicos del período prerrevolucionario que o bien se exiliaron desde el primer momento, o, luego de intentar la articulación de una voz crítica, anticomunista o heterodoxa, desde una actitud de respaldo a la Revolución, acabaron emigrando: Gastón Baquero, Lydia Cabrera, Lino Novás Calvo, Jorge Mañach, Eugenio Florit, Enrique Labrador Ruiz, Carlos Montenegro, Guillermo Cabrera Infante, Severo Sarduy, Calvert Casey... Una vez consolidado el régimen socialista, tras sellar su alianza con la URSS a fines de los 60 y principios de los 70, la alternativa de la *voz* resulta más perceptible, debido a su clara transgresión de los límites de la llamada «crítica desde dentro». Los casos de Reinaldo Arenas, Heberto Padilla, María Elena Cruz Varela, Jesús Díaz y Raúl Rivero, o los de otros poetas presos, como los antologados por Ramón J. Sender, son reveladores de prácticas de *disidencia* tan genuinas como las de cualquier escritor occidental bajo un orden autoritario o totalitario.[26]

MEMORIALES DEL ÉXODO

En el actual proceso de memorialización de la guerra civil cubana, las dos políticas intelectuales que ofrecen una mayor resistencia a la usura simbólica del poder son el *silencio* y el *exilio*.[27] ¿Cómo puede ser domesticado por el archivo oficial aquel que calló, el que ocultó sus críticas por miedo o por prudencia, el que jamás rindió testimonio mínimo de adhesión? ¿Qué pensaron realmente, al final de sus vidas, aquellos escritores, artistas y académicos republicanos, como Fernando Ortiz, Ramiro Guerra, José María Chacón y Calvo, Elías Entralgo, Dulce María Loynaz, Ofelia Rodríguez Acosta, Mariblanca Sabas Alomá, Rafael Suárez Solís, que vivieron sus últimos años bajo el orden revolucionario, sin dejar huellas de un compromiso cabal con la nueva sociedad que se formaba ante sus ojos? Cuando se revisan algunos ensayos de esos intelectuales, escritos, publicados o reeditados después de la Revolución, como los que forman *Lecturas y estudios* (1962) de Elías Entralgo, *Ensayos literarios* (1993) de Dulce María Loynaz o *Feminismo* (2003) de Mariblanca Sabas Alomá, llama la atención la ausencia de temas propios de la cultura revolucionaria: un aferrarse a los problemas espirituales de las épocas colonial y republicana, como si esas dos edades perdidas del tiempo cubano, y no la revolucionaria, fueran las únicas que producían sentido para la historia de la isla.[28]

A diferencia del *silencio*, que habría que asociar al orden totalitario de la segunda mitad del siglo XX, el *exilio* ha sido, desde finales del siglo XVIII hasta principios del siglo XXI, una experiencia recurrente en la historia de Cuba. Pero podría decirse que también el exilio se convierte en una práctica sostenida y, de algún modo, en una condición de la cultura cubana a partir de 1959. Esa condición, que se manifiesta de distintos modos, ha motivado un sinnúmero de poemas, novelas, dramas, memorias, testimonios e investigaciones académicas. Escasea, sin embargo, en la cultura cubana, el acto de pensar el exilio desde el ensayo literario o la prosa reflexiva. Dicha escasez está relacionada con la precariedad que caracteriza al pensamiento cubano, tanto en la filosofía como en la literatura, y con cierta desacreditación de la idea y la palabra *exilio* en los medios académicos de dentro y fuera de la isla, donde conceptos como *diáspora* y *emigración* –que por significar algo diferente no deberían reemplazar al de *exilio*– se han vuelto hegemónicos.

Gustavo Pérez Firmat enfrenta esa falta de tradición filosófica en su hermoso libro *Cincuenta lecciones de exilio y desexilio*. Si bien no escasean en su estudio poemas y relatos, el cuerpo principal de esta obra lo integran máximas, aforismos y pensamientos sobre la experiencia migratoria de un escritor cubanoamericano. Las referencias cubanas son múltiples: versos de José María Heredia, Bonifacio Byrne, Nicolás Guillén, Mariano Brull, Dulce María Loynaz, Octavio Armand, Heberto Padilla, Esteban Luis Cárdenas...; frases de José de la Luz y Caballero, José Antonio Saco, José Martí, Jorge Mañach, Juan Marinello...; pasajes de José Lezama Lima, Guillermo Cabrera Infante, Virgilio Piñera, Calvert Casey, Leonardo Padura... Sin embargo, cuando el autor busca un pensamiento más o menos organizado sobre la condición del exilio sólo encuentra textos de desterrados españoles: «Aprecio y defensa del lenguaje» de Pedro Salinas, *El ser de la palabra* de José María Valverde, *Variaciones sobre tema mexicano* de Luis Cernuda, *Los nombres del exilio* de José Solanes y, sobre todo, *El sol de los desterrados* de Claudio Guillén. A estas piezas españolas podría agregarse –si Pérez Firmat no se opone– *Los bienaventurados* de María Zambrano, quien, entre otras elocuencias insulares, escribe:

Las Islas, lugar propio del exiliado que las hace sin saberlo allí donde no aparecen. Las hace o las revela dejándolas flotar en la limitación de las aguas posadas sobre ellas, sostenidas por el aliento que viene de lejos remotamente, aun del firmamento mismo, del paladear de sus estrellas, movidas ellas por invisible brisa. Y la brisa traerá con ella algo del soplo de la creación... Sólo en algunas islas emerge la verdadera Historia y ella crea el exilio.[29]

En versión menos lírica de la misma idea, y que recuerda aquel pasaje de Guillermo Cabrera Infante sobre Martí –«el exilio no es una situación geográfica o histórica, sino una tierra que el escritor lleva siempre consigo. Para Martí, Cuba debió ser una isla flotante»– Pérez Firmat apunta:

... Nuestro modo de adaptación es fabricar islas dentro de los continentes. Sucede en Miami igual que en Madrid, en Carolina del Norte igual que en Nueva York. Creamos islas grandes, como los barrios cubanos de Miami; o islas pequeñas, como mi despacho. Para nosotros el aislamiento no es una condena sino una salvación. Cuando nos acosan, nos hacemos isla; cuando nos ignoran, nos hacemos isla. En busca de compañía, nos hacemos isla; solícitos de soledad, nos hacemos isla...[30]

No deja de ser conmovedor que alguien que ha escrito un libro como *Life on the Hyphen*, donde lo cubano-americano es interpretado como cultura, restablezca con pasión y humor la semántica del exilio e, incluso, del destierro. Esto significa, ni más ni menos, que para algunos miembros de la primera generación cubano-americana, la de quienes llegaron a Estados Unidos siendo niños o adolescentes, como Gustavo Pérez Firmat, la condición política del exiliado no ha sido reemplazada por la condición étnica del inmigrante. La «civilización de los padres», de la que habló Norbert Elias, aún pervive en ellos, amalgamada o en pugna con los usos y costumbres de la adaptación. En este sentido, Pérez Firmat toma prestada de Claudio Guillén la distinción entre el exilio ovidiano, «que insiste en el vínculo inquebrantable entre devenir personal y destino nacional», y el plutarquiano, «que diluye el extrañamiento de la emigración en un cosmopolitismo reparador». El exilio cubano –concluye el autor de *Next Year in Cuba*– es «ovidiano a ultranza». No de otra manera podrían explicarse las recurrentes menciones, junto al Dante o Henry James, del poeta matancero Bonifacio Byrne, a quien Pérez Firmat ve como la personificación de las íntimas enemistades entre Cuba y Estados Unidos, entre la lengua castellana y la inglesa. El exiliado Byrne, que tanto temió que la cultura norteamericana engullera su cubanía, llevaba la lengua del enemigo impresa en el apellido.

Aunque la impresión de Gustavo Pérez Firmat sobre la ausencia de un pensamiento del exilio cubano es correcta, haciendo un poco de arqueología, podríamos encontrar algunos indicios de autoconciencia exiliada en la generación de intelectuales republicanos que abandonó la isla en los primeros años de la Revolución. Dos de las primeras revistas intelectuales hechas por exiliados cubanos –*Revista Cubana* (1968) y *Exilio* (1965-1973), ambas editadas en Nueva York– abordaron seriamente el tema del exilio. La primera, dirigida por Carlos Ripoll y Humberto Piñera Llera, lo hizo en el número segundo (julio-diciembre de 1968) por medio de un interesante homenaje a José Martí. Los ensayos allí reunidos de Jorge Mañach, Andrés Valdespino, José A. Balseiro, Daniel Serra Baudé y Ana Rosa Núñez se acercaron a la figura de Martí no sólo como arquetipo del desterrado cubano, sino como el mejor representante de ese «exilio ovidiano», para el que la vida lejos de la patria es una agonía y, a la vez, un deber: una epopeya personal que se consagra a la empresa colectiva de la reconquista de una nación perdida.[31] La revista *Exilio*, por su parte, dirigida por Víctor Batista y Raimundo Fernández Bonilla, asumió desde su nombre y su primer editorial una identidad exiliada que se inspiraba históricamente en la primera publicación hecha por cubanos desterrados, también en Nueva York, pero en los años 20 del siglo XIX: *El Habanero* de Félix Varela.[32]

Además de publicar obra poética, narrativa y ensayística de grandes escritores cubanos exiliados (Gastón Baquero, Eugenio Florit, Lino Novás Calvo, Lydia Cabrera, Lorenzo García Vega, Julián Orbón, Humberto Piñera Llera, Carlos M. Luis...), *Exilio* dedicó un número especial, titulado «Temática Cubana» y coordinado por María Cristina Herrera, que reunió los trabajos que se presentaron en la primera conferencia del

Instituto de Estudios Cubanos, celebrada en Washington en abril de 1969. Varios ensayos aparecidos en aquella edición extraordinaria, «Sociología del exilio» de José Ignacio Rasco, «La juventud del exilio y la tradición nacional cubana» de José Ignacio Lasaga, «Las ideas extrañas y el destino propio» de Humberto Piñera Llera, «Resumen de la historia de la educación en Cuba» de Mercedes García Tudurí, «El camino del exiliado cubano» de José R. Villalón..., lograron formular una de las primeras reflexiones organizadas sobre la experiencia del exilio cubano. La mayoría de aquellos autores trasladó al caso cubano la caracterología de cualquier éxodo de la historia universal: idealización del pasado, dilemas de identidad y asimilación, lejanía y regreso, inseguridad y desarraigo, nacionalismo y transculturación, heterogeneidad y consenso, espera y esperanza, politización y hostilidad.[33] Como Joseph Roth, en la semblanza de Sebald, para aquellos cubanos la «experiencia del exilio» no era más que el testimonio de una «patria perdida».[34]

Fueron muchos los intelectuales republicanos que desarrollaron una obra importante fuera de Cuba en las primeras décadas posteriores al triunfo de la Revolución. La etnóloga, antropóloga y narradora Lydia Cabrera, por ejemplo, hizo en 1968, en Miami, la reedición definitiva de su obra cumbre *El Monte* y a partir de 1970 y hasta su muerte, en 1991, escribió y publicó en esa ciudad y también en Madrid decenas de libros de temática afrocubana como *Ayapá: Cuentos de Jicotea* (1971), *La Laguna Sagrada de San Joaquín* (1973), *Yemayá y Ochún* (1974), *Anaforuana* (1975), *Supersticiones y buenos consejos* (1987), *Los animales y el folklore en la historia de Cuba* (1988) y tantos otros volúmenes, editados en su mayoría por Ediciones Universal.[35] El poeta Gastón Baquero, desde su exilio en Madrid, desarrolló, en esas mismas décadas, una importante obra poética y ensayística que cristalizó en libros como los cuadernos *Memorial de un testigo* (1966), *Magias e invenciones* (1984) o *Poemas invisibles* (1991) y en volúmenes de ensayo como *Escritores hispano-*

*americanos de hoy* (1961), *La evolución del marxismo en Hispa-noamérica* (1965), *Estado actual de la comunidad hispánica de naciones* (1966), *Darío, Cernuda y otros temas poéticos* (1969), *Páginas españolas sobre Bolívar* (1983) o *Indios, blancos y negros en el caldero de América* (1991).[36]

Estos clásicos republicanos y tantos otros afincados en diversas ciudades norteamericanas, latinoamericanas y europeas (Lino Novás Calvo, Enrique Labrador Ruiz, Carlos Montenegro, Eugenio Florit, Humberto Piñera Llera, Roberto Agramonte, Herminio Portell Vilá, Carlos Márquez Sterling, las hermanas García Tudurí, Rafael Esténger...) acumularon una vasta bibliografía de pensamiento histórico y político, que intentó procesar la experiencia traumática del exilio y que, todavía hoy, permanece virtualmente olvidada o desconocida. Pienso, tan sólo, en la interesante serie de artículos de Lino Novás Calvo en *Bohemia Libre,* entre 1960 y 1962: «La tragedia de la clase media cubana», «Lo que entonces no podíamos saber», «Cuba, primer estado bolchevique de América».[37] O en las importantes historias de Cuba escritas por Leví Marrero, Carlos Márquez Sterling, Herminio Portell Vilá, Calixto Masó o Rafael Esténger.[38] En los tantos libros apasionadamente ideológicos de este último: *Cuba en la cruz* (1960), *Martí frente al comunismo. Glosas de contrapunteo entre el hombre libre y el autómata marxista* (1966), *Sincera historia de Cuba* (1974).[39] En la influyente obra sociológica de Roberto Agramonte desde Puerto Rico: *Estudios de sociología contemporánea* (1963), *Sociología latinoamericana* (1963), *Principios de sociología* (1965), *Martí y su concepción del mundo* (1971), *Teoría sociológica. Exégesis crítica de los grandes sistemas* (1981).[40] En la poesía y la filosofía de las pensadoras católicas Mercedes y Rosaura García Tudurí –los cuadernos *Ausencia* (1968) y *Andariega de Dios. Tiempo de exilio* (1983) de la primera, el volumen a cuatro manos de *Estudios filosóficos* (1983)– y, finalmente, en la más nutrida literatura de pensamiento cubano del exilio que fue la

29

producida por el importante filósofo republicano Humberto Piñera Llera: *Panorama de la filosofía cubana* (1960), *Unamuno y Ortega y Gasset* (1965), *Novela y ensayo en Azorín* (1971), *Las grandes intuiciones de la filosofía* (1972), *Filosofía y literatura: aproximaciones* (1975), *Introducción a la historia de la filosofía* (1980), además de su monumental ensayo *Idea, sentimiento y sensibilidad de José Martí* (1981).[41]

En su poesía, Mercedes García Tudurí, quien vendría siendo la María Zambrano cubana, hablaba de un «saber de ausencia», de una «raíz al viento», de un «paraíso siempre en fuga» y de «itinerarios de la espera».[42] Todas, figuraciones líricas del destierro que recuerdan los tantos estudios sobre la condición exiliada, acumulados en los últimos años por autores como Edward Said, José Luis Abellán, Enzo Travieso y Philippe Ollé-Laprune.[43] Si a esa tradición republicana del exilio se suma la obra de generaciones posteriores como la de los 50 (Guillermo Cabrera Infante, Severo Sarduy, Calvert Casey, Heberto Padilla, Nivaria Tejera, Mario Parajón, Víctor Batista, Lorenzo García Vega, César Leante), la de Mariel (Reinaldo Arenas, Guillermo Rosales, Carlos Victoria, Fernando Villaverde, Néstor Díaz de Villegas, Juan Abreu, Andrés Reynaldo, Marcia Morgado...), la de la diáspora de los 90 (Manuel Moreno Fraginals, Manuel Díaz Martínez, Jesús Díaz, Eliseo Alberto, Iván de la Nuez, Zoé Valdés, Rolando Sánchez Mejías, María Elena Cruz Varela, José Manuel Prieto...) o la de las generaciones cubanoamericanas (José Kozer, Roberto González Echevarría, Enrico Mario Santí, Gustavo Pérez Firmat, Óscar Hijuelos, Cristina García, Lourdes Gil, Pablo Medina, Orlando González Esteva...), entonces habría que reconocerle a la cultura cubana exiliada un estatus equivalente al de otras grandes culturas exiliadas del siglo XX, producidas por regímenes autoritarios o totalitarios, como la rusa, la española, la chilena o la argentina.

El tiempo de la modernidad tardía nos impone un asombro: la obsolescencia del porvenir. En su «semántica de la historia», Reinhart Koselleck sugiere que esa insondable paradoja encierra el misterio de un «futuro pasado» y desvanece los ensueños de cualquier utopía naciente.[44] Imaginar la comunidad que viene, incluso en aquellas sociedades aturdidas por algún poder impío, se ha vuelto una operación discreta, pudorosa, económica, en la que el control del gasto moral se antepone al disfrute de beneficios políticos. En Rusia, Polonia o Checoslovaquia, en Argentina, Chile o México, el deseado advenimiento de la democracia no despliega un horizonte de expectativas redentoras, tan atractivo como el del comunismo, el fascismo, el nacionalismo, el populismo y otras ideologías autoritarias del pasado reciente. Allí no se respeta el luto del antiguo régimen, pero tampoco se vive la fiesta de la revolución. Dicha apatía resulta tanto de la ética crepuscular de la posmodernidad como del temperamento melancólico que, según Tocqueville, emana toda democracia.

Vislumbrar un orden poscomunista en el futuro de Cuba no es un empeño profético; es una constatación empírica. Sin embargo, el evento que ocupará la hermenéutica de la historia cubana, a lo largo del siglo XXI, será la producción insular del único comunismo estable del hemisferio occidental. Gracias a la *revolutio* que el sistema totalitario operó sobre la temporalidad de la isla, en las próximas décadas Cuba podría dejar de ser ese «pueblo joven, sin rostro e incapaz de definir», que conoció y sufrió Virgilio Piñera. Cuando ese envejecimiento imprima sus marcas en la historia, la cultura cubana deberá sofocar una tensión entre dos políticas: la del olvido y la de la memoria.[45] Si la primera es derrotada, el comunismo trascenderá como un gran crimen histórico, ejecutado por actores racionales, tolerado por cómplices involuntarios y sufrido por víctimas impotentes. Si triunfa, la Revolución cubana será evocada como el idilio trunco o la epopeya de los ilusos: una aventura de héroes trágicos que en su desmesurado afán por liberar a un pueblo terminaron oprimiéndolo.

El memorial del exilio, con la tendencia al olvido del trauma revolucionario, tiene su contraparte en la arqueología selectiva del pasado colonial y republicano que se practica en la isla. El desencuentro de ambas políticas de la memoria ha producido en los últimos años una curiosa nacionalización del exilio. Los cubanos de afuera son exiliados del espacio; los de adentro, exiliados del tiempo. Esa nacionalización del exilio implica, naturalmente, la diáspora de la identidad, el rapto del espíritu nacional.[46] Justo cuando la transición a la democracia se acerca, más por las leyes de la biología que por las de la historia, la sociedad cubana parece desabastecida del mínimo de civismo que solicita una reconstrucción nacional. Con el agotamiento del nacionalismo revolucionario, refundición perversa del civismo republicano, los cubanos de hoy y mañana malgastan la última reserva de su orgullo nacional y se abandonan a un cambio protagonizado por élites desconocidas. De ahí que el sujeto del porvenir insular pueda vislumbrarse como una criatura ligera y transparente, que edificará su mundo feliz con los recursos de la levedad y el olvido.

La polémica que a fines de 1999 suscitó la publicación de la autobiografía de Edward W. Said, *Out of Place*, vino a reeditar, en los últimos días del siglo XX y de un modo casi epidérmico, el dilema de la coexistencia entre la memoria y la responsabilidad del intelectual moderno. Said, un inmigrante palestino que a los dieciséis años había llegado a Estados Unidos, a los dieciocho se graduaba en el selecto colegio de Mount Hermon, Massachusetts, y a los veinte era ya un académico establecido con una promisoria carrera –que, en dos o tres décadas, le permitiría renovar los estudios culturales desde la cátedra de Literatura Comparada de Columbia University, Nueva York–, se retrataba como una criatura siempre «fuera de lugar». La reacción de algunos críticos contra esas memorias escrutaba las quejas de un inmigrante exitoso y, sobre todo, aborrecía los sesgos y falsificaciones de una historia personal que ansiaba presentarse como modelo de segregación étnica.[47] Said, que había defendido la proyección intelectual de «voces minoritarias» en sus libros *Orientalism, Culture and Imperialism* y *Representations of the Intellectual*, ahora redactaba un texto de ficción autobiográfica con tal de encarnar plenamente al sujeto que representa su discurso.[48]

Aquella polémica demostró que, a pesar del anhelo posmoderno de trascender el orden epistemológico de la cultura, cualquier asunción de la responsabilidad del intelectual está adherida a la memoria y que si bien el relato reminiscente, a diferencia del histórico, es un tejido de remembranzas y ficciones, su positividad también se funda en lo *verídico*, en los bordes de la certidumbre, en ciertas fabulaciones a partir de una verdad.[49] Algunas páginas de *Out of Place* podían reconstruir hasta el detalle los principales eventos del conflicto árabe-israelí, pero otras abandonaban toda verosimilitud al evocar la «terrible» adolescencia del autor en El Cairo. El debate en torno a esa autobiografía era, pues, una manera idónea de cerrar la historia intelectual del siglo XX, ya que sometía a crítica el vínculo entre tres roles distintos del escritor público en la modernidad: la representación, la memoria y la responsabilidad.[50] El equilibrio entre esas funciones es sumamente delicado, casi improbable, pero satisface la moralidad cívica del intelectual moderno. En Said, por ejemplo, el sobrepeso de la representación produce desvíos en la memoria y quiebres en la responsabilidad.

Esa edad de los extremos que fue el siglo XX rozó los límites morales del sujeto moderno y, entre todos los arquetipos de la cultura contemporánea, el del intelectual fue acaso el que sufrió mayores emplazamientos. En los primeros años de aquella centuria, el *affaire* Dreyfus todavía conmocionaba a la intelectualidad francesa y europea, suscitando intervenciones públicas como la de Émile Zola en su *J'Acusse!*, que le costó un doloroso exilio al final de su vida.[51] La simbiosis entre nacionalismo y antisemitismo, que causó el injusto encarcelamiento del oficial francés Alfred Dreyfus, se difundía entonces dentro de casi todos los ejércitos europeos. Aquel «impulso de destrucción» liberado durante la Primera Guerra Mundial, con esos montajes masivos que jamás Nietzsche habría imaginado y que Canetti describiría cabalmente en *Masa y poder*, horrorizó a los escritores y artistas occidentales.[52] Hasta un sociólogo tan convencido de la neutralidad de la ciencia frente a la política, como Max Weber llegaría a pensar en aquellos años que el verdadero intelectual es aquel «que sirve a un poder ético y a la obligación de crear claridad y sentimiento de responsabilidad» en la ciudadanía.[53]

En las dos décadas de entreguerras el estallido dio paso a la ingeniería de las sociedades totalitarias. Los encantamientos de Pound ante el fascismo, de Jünger ante el nazismo y de Lukács ante el comunismo fueron equivalentes, por su intensidad espiritual, a las desilusiones de André Gide, Thomas Mann y George Orwell.[54] El embrujo universal que los totalitarismos ejercieron sobre los intelectuales fue superado por un exorcismo ético, cuyo origen no es otro que la crítica, emprendida por Julien Benda, del irracional abandono a las pasiones políticas de la modernidad.[55] En los primeros años de la posguerra la «traición de los clérigos» frente al nazismo fue profusamente denunciada. El más severo veredicto se debió a Theodor W. Adorno, quien asumió radicalmente el luto por la barbarie al sentenciar la imposibilidad de la poesía después de Auschwitz.[56] Sin embargo, la Guerra Fría impidió que la cultura occidental abriera los ojos al horror del genocidio comunista y los testimonios de David Rousset, Victor Serge, Arthur Koestler, Alexandr Solzhenitsyn y tantos otros fueron leídos con reserva y, a veces, con desdén.[57]

No es hasta el último decenio del siglo XX, tras la caída del Muro de Berlín, cuando la memoria occidental admite, en rigor, la barbarie comunista y acepta la corporeidad de una estadística infernal: 65 millones de muertos en China, 20 millones en la URSS, 2 millones en Camboya, 2 millones en Corea del Norte, 1 millón en Vietnam, 1 millón en Europa oriental, 1 mi-llón en África, 150.000 en América Latina...[58] Es entonces cuando se evoca con transparencia que el totalitarismo comunista también produce una «supresión social de la responsabilidad moral» en la que se manifiestan las formas más sutiles de la complicidad ante la represión y el destierro, la cárcel y el exterminio.[59] En ese momento, una vez que ha iniciado la transición a una sociedad poscomunista, la única vía accesible para la vindicación de la responsabilidad es la memoria crítica.[60] Por medio del recuerdo de sí, de su lugar bajo el poder, el escritor, el artista, el académico complace o, por lo menos, alivia una subjetividad humillada en el pasado y alienada en el presente. Esa vigilancia contra el olvido, que aspira a cerrar, mas no a borrar, las cicatrices de la barbarie, responde a una Política de la Memoria, ubicada más allá o más acá de las políticas partidarias y muy cercana a ese «poder ético» del que hablara Max Weber.

La identidad del intelectual moderno en el siglo XX estuvo cifrada, pues, por una reacción moral ante la barbarie política. La emergencia de un discurso agónico sobre el rol de la intelectualidad occidental, a partir de 1992, está relacionada con el fin de aquellos regímenes totalitarios y autoritarios que bordearon el abismo de la civilización.[61] Aun así, la polémica provocada por la autobiografía de Said restablece el dilema moderno de la funcionalidad moral del intelectual en sus tres términos originarios –anteriores a Auschwitz y al Gulag– de responsabilidad, memoria y representación. Hoy se debaten los volúmenes de la representación, las militancias de la responsabilidad, el sobrepeso o la ligereza de la memoria, pero la proyección pública del intelectual moderno se conserva. Una buena prueba de semejante persistencia fue la querella, sobre este mismo tema, que sostuvieron los escritores italianos Umberto Eco y Antonio Tabucchi en la primavera de 1997. Eco afirmaba que el deber del intelectual, en caso de incendio en el barrio, es llamar a los bomberos, ya que exigir al hombre de letras incursiones en otros roles era como reprocharle a Platón que no descubriera el remedio contra la gastritis. Tabucchi, en cambio, sostenía que el escritor carga con una «misión poética» que lo impulsa a discrepar de Otto von Bismarck, trocar la política en arte de lo imposible y correr a sofocar el fuego del vecino.[62] Por debajo de tan virtuosa esgrima verbal, aquella controversia sólo reflejaba el roce de dos maneras, una higiénica y la otra imprudente, de experimentar la misma responsabilidad ante el vecindario.

Importantes autores iberoamericanos, como Manuel Cruz y Beatriz Sarlo, han reaccionado moderadamente contra los abusos simbólicos que los temas de la memoria, el olvido y la responsabilidad suscitan en nuestros días.[63] Ambos llaman, con razón, a eludir la «industria cultural de la memoria» y a evitar ese «resentimiento paralizante» que asegura la prolongación del duelo e impide la negociación de ciertos pactos de reconciliación, sin los cuales es virtualmente imposible un cambio democrático. A favor del reclamo de una política de la memoria, para el caso cubano, sólo habría que decir que, en comparación con la España posfranquista o con la Argentina de las dos últimas décadas, que son las plataformas históricas desde las que escriben Cruz y Sarlo, Cuba no ha experimentado el problema de la justicia y la verdad frente a los crímenes del pasado, ni siquiera en la esfera de la opinión pública. Por no hablar de las diferencias entre regímenes autoritarios, como las dictaduras española y argentina, y un régimen totalitario comunista como el cubano, o entre las respectivas guerras civiles, exilios y oposiciones.

El tema de la memoria, el olvido y la responsabilidad frente a la experiencia totalitaria comunista, también ha sido replanteado de manera discordante por otros dos intelectuales contemporáneos: Slavoj Zizek y Martin Amis. Mientras el primero, en *Did Somebody Say Totalitarianism? Five Interventions in the (Mis)use of a Notion* (2001), sugería rememorar la historia del comunismo con prudencia, distinguiendo el legado de Lenin del de Stalin, y eludiendo, en la crítica cultural, los estereotipos anticomunistas de la Guerra Fría, el segundo, en *Koba the Dread. Laughter and the Twenty Million* (2002), proponía lo contrario: entender el comunismo creado por Lenin y Stalin como una empresa totalitaria, con la misma capacidad de anular el valor de la vida humana que el fascismo o el nazismo.[64] Lo curioso es que ambos, desde orillas ideológicas contrapuestas, demandaran altas cuotas de memoria y responsabilidad en el campo intelectual de Occidente: el primero, movilizándose contra el olvido de la paranoia autoritaria del anticomunismo, el segundo, defendiendo una política de la memoria frente a las utopías estatalmente organizadas. Una sensación similar se siente al leer paralelamente otros dos ensayos de grandes escritores desaparecidos: *Sobre la historia natural de la destrucción* (2003) de W. G. Sebald y *Ante el dolor de los demás* (2004) de Susan Sontag.[65] Desde experiencias muy distintas, el bombardeo de Berlín por los aliados y la historia fotográfica de las guerras, Sebald y Sontag clamaban por lo mismo: la posibilidad de un testimonio sobre todas las barbaries.

Una de las razones que más se aducen para explicar el contraste entre la resuelta demonización del nazismo y el trabajoso reconocimiento del saldo criminal del comunismo es que Occidente sufrió en carne propia al primero y sólo de manera indirecta al segundo.[66] Existe, sin embargo, un régimen comunista que ha persistido durante cincuenta años, casi, en el corazón geopolítico del mundo occidental: la Cuba de Fidel Castro. Las claves de ese misterio contemporáneo son múltiples y difusas: el mito originario de una revolución nacionalista, la coyuntura paranoide, crispada, de la Guerra Fría en que surgió y maduró aquel régimen, el contexto latinoamericano que lo rodea, un escenario inestable de economías estrechas, sociedades inicuas, dictaduras recurrentes y democracias frágiles.[67] Sin embargo, el secreto de la persistencia de tan curioso experimento social radica en una obviedad: Cuba, el único país comunista de Occidente, es una isla situada a 180 kilómetros de las costas de Estados Unidos, la nación más poderosa del planeta. La pelea simbólica que esos dispares vecinos entablan en el Caribe inclina las simpatías de una buena parte del mundo a favor del pequeño David. Todos los rencores, estereotipos y prejuicios que Goliat, el gigante filisteo, despierta en Asia y África, América Latina y Europa se involucran en el aparato mundial de legitimación del castrismo.

Aun así, el soporte intelectual del comunismo cubano se debilita más y más cada día y queda reducido a la fantasía erótica de una comunidad caribeña, relajada y fraterna. Luego de la gran ruptura entre la intelectualidad occidental y la Revolución castrista, a raíz del caso Padilla en 1971, que aseguró el deslinde de Jean-Paul Sartre, Simone de Beauvoir, Marguerite Duras, Susan Sontag, Italo Calvino, Jorge Luis Borges, Mario Vargas Llosa, Octavio Paz, Gabriel Zaid, Carlos Fuentes y tantos otros escritores, el apoyo explícito al sistema político de la isla se ha limitado a las tímidas y fortuitas intervenciones de Gabriel García Márquez y José Saramago, dos Nobeles embrujados por la nostalgia guerrillera de los 60.[68] Las visitas a La Habana de William Styron y Arthur Miller, así como el curioseo de Ry Cooder, Win Wenders, Alanis Morissete, Oliver Stone, Steven Spielberg, Diego Armando Maradona, varias estrellas de Hollywood y algún que otro académico defensor de la Periferia desde el Centro (Frederic Jameson, Immanuel Wallerstein, Samir Amin, Noam Chomsky...), tienen que ver más con la morbosa contemplación de las ruinas de un comunismo tropical y el vislumbre de una enigmática comunidad poscastrista que con el entusiasmo o la solidaridad ante el viejo espectáculo de la Revolución. Este desencanto de la intelectualidad occidental, que motiva un discurso crítico del castrismo en la opinión pública mundial, contrasta con el silencio, no siempre cínico y algunas veces opositor, de la mayoría de los intelectuales cubanos que residen en la isla.[69]

Dentro de Cuba, el intelectual plenamente crítico sólo puede localizarse en la marginalidad, la disidencia o el presidio. La crítica, bajo un régimen totalitario como el que impera en la isla, está obligada a recurrir a un código de mensajes indirectos, ambiguos o, al menos, polisémicos, que abusa de la alegoría, el símil y la paráfrasis.[70] De ahí que el exilio de tantos intelectuales cubanos, en las últimas cuatro décadas, pueda interpretarse como un fenómeno de liberación narrativa. Hirschman habría visto en ese cuantioso éxodo una confirmación de su teoría acerca de que en ciertas sociedades cerradas la única vía para articular una *voz* es la *salida*, ya que la permanencia dentro del sistema implica una virtual encerrona entre la *lealtad* y el *silencio*.[71] La diáspora de centenares de escritores, artistas y académicos cubanos en las últimas décadas crea un nuevo archivo de imágenes, testimonios y ficciones que apuntalan la memoria de una ciudadanía desorientada. En algún estante de ese archivo se encuentra el mapa que ayudará a remontar el laberinto de la identidad y en otro el imperativo moral de una nueva energía cívica, sin la cual es difícil imaginar cualquier transición a la democracia.

LA VENGANZA DEL PAISAJE

Insistir en la levedad de la memoria cubana no es un simple regodeo en el fastidio de los huérfanos criollos que, hace medio siglo, suspiraban en cada esquina de La Habana. Es advertir que, a diferencia de los rusos o los mexicanos, pueblos también revolucionados, los cubanos de ayer se han vuelto extranjeros para los cubanos de hoy. Esa familiaridad que siente un joven ruso ante unas páginas de Tolstói o Dostoievski no es la que experimentan los pocos lectores de Heredia o Martí que quedan en la isla. La causa de esa íntima alienación no hay que buscarla en la «ausencia de lo clásico», ya que toda nacionalidad dispone de un clasicismo a su escala, sino en la frecuencia de los quiebres, en los ciclos de la refundación. En el lapso de un siglo, Cuba ha sufrido, por lo menos, cuatro muertes y resurrecciones nacionales: la de 1902, como república liberal, la de 1940, como república democrática, la de 1961, como régimen marxista-leninista, y la de 1992, como régimen nacional-comunista. Tantas fisuras en un devenir efímero, ligero, ingrávido... producen sujetos olvidadizos e irresponsables.[72]

Con la Revolución, esa certidumbre de un legado quebradizo, de una tradición manipulable, ha dado lugar a una verdadera política del olvido. La amnesia que encarna el orden totalitario se refleja lo mismo en la demolición de monumentos del antiguo régimen que en la conservación o restauración casuística de algunas estatuas. La expulsión de Gastón Baquero, Lydia Cabrera, Jorge Mañach y Severo Sarduy de la comunidad literaria de la isla en los años 60, 70 y 80 es tan sintomática de la amnesia totalitaria como la «recuperación» de esos cuatro autores a partir de los 90. La lectura de las reediciones de *El Monte* o de *Martí, el Apóstol* en La Habana de hoy intenta borrar la satanización de esos libros hace apenas quince años y oculta, bajo la equívoca hazaña de una «reivindicación», la paranoia de un Estado que modula la circulación de documentos nacionales. La reacción más frecuente del intelectual cubano contra el quiebre y la levedad de su memoria es la escritura de un texto que restituya la permanencia histórica. Sin embargo, como advierte Derek Walcott, el riesgo de esa opción es la «genética tribal» que postula todo nacionalismo.[73]

Es justamente en el nacionalismo revolucionario, dotado de una narrativa histórica maniquea y violenta, y no en cualquier modalidad del marxismo occidental o latinoamericano, donde habría que encontrar los pocos valores que quedan en pie del otrora inagotable capital simbólico del régimen cubano. Ese nacionalismo que Musil, desde los años de la incubación nazi, veía como una «enfermedad del pensamiento» destinada a

40

inventar un *nosotros,* constantemente movilizado contra enemigos reales e imaginarios.[74] El mismo discurso y la misma práctica nacionalistas que Orwell, en los años de la Segunda Guerra Mundial, veía difuminarse entre las instituciones parlamentarias y partidistas de la Gran Bretaña, amenazando la democracia: «Por nacionalismo, escribía Orwell en 1945, entiendo en primer lugar el hábito de asumir que los seres humanos pueden ser clasificados como insectos y que bloques enteros de millones o decenas de millones de personas pueden ser con confianza etiquetados como *buenos* o *malos.*»[75] En Cuba, ese nacionalismo, además de un elemento de deslinde y jerarquía dentro de la cultura nacional, es un instrumento de expurgación política de la historia.

A estas alturas, el efecto más grave de esa teleología nacionalista de la cultura cubana no es el trasiego de documentos perdidos y recuperados, ni el escamoteo caníbal de vislumbres y atisbos, sino la frustración de cualquier política cultural más o menos articulada. Desde mediados de los 90 en la isla no queda en pie ninguno de los proyectos culturales que a lo largo de cuarenta años se concibieron en nombre de la Revolución: ni el liberal de los 50, ni el guevarista de los 60, ni el soviético de los 70, ni el posmoderno de los 80... En los últimos años, la política cultural encabezada por Abel Prieto, con la asesoría de Cintio Vitier, Roberto Fernández Retamar y otros intelectuales, no ha ido más allá de una tímida e incompleta reformulación del nacionalismo católico prerrevolucionario. En su escamoteo del pasado, las instituciones culturales de la isla no rebasan los límites de una arqueología selectiva: les interesa el Jorge Mañach de *Indagación del choteo,* la Lydia Cabrera de *El Monte* y el Gastón Baquero de *Poemas invisibles,* pero persisten en negar la existencia de una prosa democrática en *Teoría de la frontera* de Mañach, *Páginas sueltas* de Cabrera o *Paginario cubano* de Baquero; reciclan algo de Sarduy y borran todo Arenas; releen con nostalgia *Lunes de Revolución* y condenan a extrañamiento per-

41

petuo a Guillermo Cabrera Infante; autorizan el discurso étnico de la diáspora mientras persiguen el pensamiento político del exilio.[76]

La incapacidad de la política cultural de la isla para acceder a una plena evocación de la República es el reverso de su percepción diabólica del Exilio. República y Exilio: he ahí las dos dimensiones enemigas de la Revolución, los verdaderos exteriores que se movilizan contra la amnesia desde el pasado y el afuera del régimen. Pero esa movilización en favor de la memoria carece de testimonios tangibles y eficaces. Los archivos de la República y el Exilio han sufrido tantas manipulaciones que hoy ambas entidades se nos presentan desconocidas.[77] Luego de cuatro décadas de usura simbólica, el orden republicano aparece como un lapso fugaz, desprendido del tronco temporal de la nación. A su vez, el destierro, rearticulado con cada oleada diaspórica, se convierte en el receptáculo de todos los proyectos nacionales expulsados de la isla. Por eso la invención de un legado republicano en el afuera es un empeño tan socorrido, una afición que sublima el malestar de la errancia. El mito de una continuidad entre la República y el Exilio, variación sobre el tema martiano de la patria portátil, informa, entonces, el proceso por el cual la foraneidad de la diáspora se transfiere al antiguo régimen democrático. No en balde uno de los dilemas irresolubles del futuro de Cuba es, precisamente, la extranjería de su pasado.

De manera que la política cubana del olvido se levanta sobre una profunda ausencia de testimonios. El descuido de los archivos no sólo extranjeriza el pasado, sino que aliena al sujeto del presente, al posible testigo, quien ya no aspira a herencia alguna y abomina la deuda que esconden los legados.[78] La orfandad que se avecina es, pues, mucho más terrible que la de los frustrados republicanos (Varona, Ortiz, Mañach, Lezama...), ya que carece de un autocercioramiento, de una habitación inconforme en la oquedad de la historia. Bastaría la simple observa-

42

ción de que Cuba entra al siglo XXI con una sociedad menos cubana y un mundo más extranjero para persuadirnos de que la soledad de la isla es hoy mayor que en vísperas de la Revolución. Una soledad que, a diferencia de la estudiada por Octavio Paz, es condición sordomuda, sin dialéctica, sin ese «sentirse y saberse solo, desprendido del mundo y ajeno a sí mismo, separado de sí»; en tres palabras: una soledad sin impulso de comunión.[79] Hasta el derrumbe del Muro de Berlín, en 1989, y, sobre todo, el fin de la Unión Soviética, en 1992, ese aislamiento se encubrió tras una orgullosa conexión euroasiática. Mas en los últimos años del siglo XX Cuba naufraga en las playas de Occidente, desprovista de una herencia liberal y republicana que asegure su reinserción en la modernidad.[80]

Pocos dudan que cualquier salida del laberinto de la soledad cubana implica una comunión con la democracia occidental. En un país republicano como Cuba, dicha comunión parece inconcebible sin la reformulación de un nacionalismo acotado, débil, abierto... o, más bien, sin un patriotismo suave, que no es otra cosa que la expresión cívica del orgullo nacional.[81] Las transiciones recientes de antiguos regímenes autoritarios en Brasil, Argentina y México demuestran que en toda América, desde Canadá hasta Chile, la democracia se nutre de una moralidad cívica, que codifica secularmente los mitos nacionales e impulsa a la ciudadanía a practicar sus derechos.[82] ¿Es posible la refundación de un civismo poroso, en la isla de hoy y mañana, que garantice la energía moral necesaria para el tránsito a la democracia? A mi juicio, ya no. El colapso del comunismo, ideología que en Cuba sufrió una simbiosis con el nacionalismo, desactiva los pocos y mal ensamblados mitos del patriotismo revolucionario. Para construir un nuevo modelo cívico, que favorezca la democracia, es preciso nacionalizar el pasado colonial y republicano, reconocer derechos, abrir la nación al exilio, repatriar la diáspora, entretejer Historia y Geografía, tolerar disidencias... Mientras Fidel Castro viva, las élites habaneras no darán esos

43

pasos que todavía perciben como claudicaciones en su Guerra Total por el Futuro del Mundo. Cuando muera, tal vez sea demasiado tarde, ya que, para entonces, la isla estará aferrada a esa órbita transnacional que con tanta fuerza la atrae y que, sin la resistencia de una política cultural democrática, amenaza con diseminar las últimas reservas de civismo. Hoy, Cuba es apenas una nación poscomunista. Mañana, podría ser una democracia sin nación, un mercado sin república.[83]

Si el gran sociólogo alemán Norbert Elias hubiera observado el caso cubano, habría concluido que nuestra tragedia radica en la imposibilidad de recuperar la «civilización de los padres».[84] Mercado sin república, democracia sin nación... quiere decir que La Habana, Santa Clara y Santiago de Cuba podrían convertirse en *downtowns* con enclaves coloniales, republicanos y revolucionarios, rodeados de populosos cinturones de miseria, sobre los cuales se levantarán *expressways* que conducen a monótonos *suburbs* y *outskirts* de clase media y desembocan en gigantescos *malls* y cadenas de *fast food*. En ese escenario, más parecido a San Juan o Río de Janeiro que a Miami o Los Ángeles, deberán actuar sujetos tristemente felices, apáticos y triviales, cursis y relajados, extravagantes y simples, que atisbarán el pasado de Cuba como una prehistoria ridícula, como la absurda tragicomedia de unos extranjeros en la isla: sus antepasados. Ese que, a falta de un gentilicio para la ucronía, llamaremos «el cubano de mañana» no sufrirá de amnesia, porque nunca habrá gravitado hacia la memoria, ni se sentirá huérfano o desorientado, ya que será incapaz de leer las huellas de su linaje. Los únicos vestigios de la nación cubana que lo emplazarán, en cada esquina, serán los de la sensualidad criolla: la cocina, el baile, la música, el sexo, la expresión... Es el cuerpo, la geografía, el paisaje de la cultura, y no su espíritu, la sustancia inmortal de esta historia: un don que el heredero recibe sin la certeza acreedora del legado.

NOTAS

1. Eric Hobsbawm, *The Age of Extremes*, Nueva York, Pantheon Bo-oks, 1994, pp. 225-256; Ronald E. Powaski, *La guerra fría. Estados Unidos y la Unión Soviética, 1917-1991*, Barcelona, Crítica, 2000, pp. 125-170.

2. David Rieff, *The Exile*. *Cuba in the Heart of Miami*, Nueva York, Simon and Schuster, 1993, pp. 11-45; Ann Louise Bardach, *Cuba confidencial. La lucha de poder, amor y venganza entre Miami y La Habana*, México, Grijalbo, 2004, pp. 21-27; Julieta Campos, *La forza del destino*, México, Alfaguara, 2004, pp. 11-70; Ernst Nolte, *La guerra civil europea, 1917-1945. Nacionalismo y bolchevismo*, México, Fondo de Cultura Económica, 1994, pp. 11-32.

3. Enrique Encinosa, *Unvanquished. Cuba's Resistence to Fidel Castro*, Los Ángeles, Pureplay Press, 2004, pp. 4-55. Véase el dossier «La primera oposición cubana», en revista *Encuentro de la Cultura Cubana*, num. 39, invierno de 2005-2006, pp. 126-188.

4. Andreas Huyssen, *En busca del futuro perdido. Cultura y memoria en tiempos de globalización*, México, Fondo de Cultura Económica, 2002, pp. 13-40.

5. Oswaldo Payá, *Proyecto Varela. El desafío cubano: de la ley a la ley*, La Habana, Movimiento Cristiano de Liberación, 2002, pp. 2-11.

6. Bruce Catton, *The Civil War*, Nueva York, Houghton Mifflin, Co., 2004, pp. 262-276; Jordi Gracia, *La resistencia silenciosa. Fascismo y cultura en España*, Barcelona, Anagrama, 2004, pp. 117-156.

7. Karl Marx, *El Dieciocho Brumario de Luis Bonaparte*, Madrid, Espasa Calpe, 1985, p. 241; Javier Cercas, *La velocidad de la luz*, México, Tusquets, 2005, pp. 227-304.

8. Elias Canetti, *Masa y poder*, Barcelona, Muchnik, 1981, p. 223.

9. *Ibid.*, pp. 270-271. Véase Enrique Ocaña, *Duelo e historia. Un ensayo sobre Ernst Jünger*, Valencia, Novatores, 1996, pp. 19-59.

10. Cyril Connolly, *Obra selecta*, Barcelona, Lumen, 2005, p. 570. Sobre las costumbres funerarias, véase G. K. Chesterton, *Correr tras el propio sombrero y otros ensayos*, Barcelona, Acantilado, 2005, pp. 516-522.

11. Albert O. Hirschman, *Salida, voz y lealtad*, México, Fondo de Cultura Económica, 1977, pp. 11-27; Arcadio Díaz Quiñones, *El arte de bregar*, San Juan, Puerto Rico, Callejón, 2000, pp. 280-285.

12. Étienne de la Boétie, *Discurso de la servidumbre voluntaria*, México, Sexto Piso, 2003, pp. 15-48; David Hume, *Escritos políticos*, México, Sexto Piso, 2003, pp. 73-76.

13. Julián Marías, *El intelectual y su mundo*, Madrid, Espasa Calpe, 1956, pp. 11-38; Ángel Rama, *La ciudad letrada*, Hanover, Ediciones del Norte, 1984, pp. 30-33; Norberto Bobbio, *La duda y la elección*, Barcelona, Paidós, 1993, pp. 13-23; Maurice Blanchot, *El espacio literario*, Barcelona, Paidós, 2000, pp. 177-196; Paul Johnson, *Intelectuales*, Buenos Aires, Javier

Vergara, 2000, pp. 363-406; Christopher Hitchens, *Unacknowledged Legislation. Writers in the Public Sphere*, Nueva York, Verso, 2002, pp. IX-XVII.

14. Juan Marichal, *El intelectual y la política*, Madrid, Publicaciones de la Residencia de Estudiantes, 1990, pp. 7-10; Alvin W. Gouldner, *El futuro de los intelectuales y el ascenso de la nueva clase*, Madrid, Alianza, 1980, pp. 71-100.

15. Fernando Ortiz, *Historia de una pelea cubana contra los demonios*, Madrid, Ediciones R, 1973, pp. XII-XIII.

16. *Ibid.*, pp. XIII-XIV.

17. *Ibid.*, p. XIII.

18. José Lezama Lima, *Imagen y posibilidad*, La Habana, Letras Cubanas, 1981, pp. 19-23. Sobre la política de Lezama y, en general, de los poetas de *Orígenes*, consúltese César A. Salgado, «*Orígenes* ante el cincuentenario de la República», en Anke Birkenmaier y Roberto González Echevarría, *Cuba: un siglo de literatura (1902-2002)*, Madrid, Colibrí, 2004, pp. 165-190; Ernesto Hernández Busto, *Inventario de saldos. Apuntes sobre literatura cubana*, Madrid, Colibrí, 2005, pp. 39-47; Duanel Díaz, *Los límites del origenismo*, Madrid, Colibrí, 2005, pp. 187-262.

19. José Lezama Lima, *Confluencias*, La Habana, Letras Cubanas, 1988, p. 399.

20. Carlos Espinosa Domínguez, *Virgilio Piñera en persona*, Denver, Colorado, Término, 2003, p. 169.

21. Virgilio Piñera, *Teatro completo*, La Habana, Letras Cubanas, 2002.

22. Virgilio Piñera, *Teatro completo*, La Habana, Ediciones R, 1960, pp. 7-8.

23. *Ibid.*, pp. 10-11.

24. *Ibid.*, p. 17.

25. Juan Donoso Cortés, *Ensayo sobre el catolicismo, el liberalismo y el socialismo*, Madrid, Espasa Calpe, 1949, pp. 11-21.

26. Ramón J. Sender, comp., *Escrito en Cuba. Cinco poetas disidentes*, Madrid, Playor, 1971, pp. 5-9.

27. Ernestina Schlant, *The Language of Silence. West German Literature and the Holocaust*, Nueva York, Routledge, 1999, pp. 166-186.

28. Elías Entralgo, *Lecturas y estudios*, La Habana, UNESCO, 1962; Dulce María Loynaz, *Ensayos literarios*, Ediciones de la Universidad de Salamanca, 1993; Mariblanca Sabas Alomá, *Feminismo*, Santiago de Cuba, Oriente, 2003.

29. María Zambrano, *Los bienaventurados*, Madrid, Siruela, 1990, pp. 41-42.

30. Gustavo Pérez Firmat, *Cincuenta lecciones de exilio y desexilio*, Miami, Universal, 2000, p. 100.

31. *Revista Cubana*, núm. 2, año I, julio-diciembre de 1968, Nueva York, pp. 289-362.

32. Carlos Espinosa Domínguez, *Índice de la revista Exilio*, Denver, Colorado, Término, 2003, pp. 13-14.

33. *Exilio. Revista de humanidades*, otoño-invierno-primavera de 1969-1970, Nueva York, pp. 17-50.

34. W. G. Sebald, *Pútrida patria. Ensayos sobre literatura*, Barcelona, Anagrama, 2005, pp. 162-177.

35. Rosario Hiriart, *Lydia Cabrera. Vida hecha arte*, Nueva York, Eliseo Torres and Sons, 1978, pp. 70-80; Isabel Castellanos, «Introducción», en Lydia Cabrera, *Páginas sueltas*, Miami, Universal, 1994, pp. 13-66.

36. Gastón Baquero, *Poesía*, Salamanca, Fundación Central Hispano, 1995, pp. 11-21; Gastón Baquero, *Ensayo*, Salamanca, Fundación Central Hispano, 1995, pp. 7-9.

37. Lino Novás Calvo, *Lo que entonces no podíamos saber. Artículos en Bohemia Libre*, compilación de Carlos Espinosa Domínguez, 2005, manuscrito inédito.

38. Leví Marrero, *Cuba: economía y sociedad*, Madrid, Playor, 1984, 15 vols.; Carlos Márquez Sterling, *Historia de Cuba*, Nueva York, Las Américas, 1969; Rafael Esténger, *Sincera historia de Cuba*, Medellín, Colombia, Bedout, 1974; Calixto Masó, *Historia de Cuba*, Miami, Universal, 1975; Herminio Portell Vilá, *Nueva historia de la República de Cuba*, Miami, La Moderna Poesía, 1986.

39. Rafael Esténger, *Cuba en la cruz*, México, Talleres Cooperativa Modelo, 1960; Rafael Esténger, *Martí frente al comunismo*, Miami, Talleres de la Editorial AIP, 1966.

40. Roberto Agramonte, *Sociología latinoamericana*, San Juan, Editorial Universitaria, 1963; Roberto Agramonte, *Estudios de sociología contemporánea*, México, UNAM, 1963; Roberto Agramonte, *Principios de sociología*, México, Porrúa, 1965; Roberto Agramonte, *Martí y su concepción del mundo*, San Juan, Editorial de la Universidad de Puerto Rico, 1971; Roberto Agramonte, *Teoría sociológica. Exégesis crítica de los grandes sistemas*, San Juan, Editorial Universitaria, 1981.

41. Mercedes García Tudurí, *Ausencia*, Madrid, Imprenta Progreso, 1968; Mercedes García Tudurí, *Andariega de Dios: tiempo de exilio*, Nueva York, Senda Nueva, 1983; Humberto Piñera Llera, *Unamuno y Ortega y Gasset*, México, Jus, 1965; Humberto Piñera Llera, *Novela y ensayo en Azorín*, Madrid, Agesta, 1971; Humberto Piñera Llera, *Las grandes intuiciones de la filosofía*, Madrid, Óscar, 1972; Humberto Piñera Llera, *Filosofía y literatura: aproximaciones*, Madrid, Plaza Mayor, 1975; Humberto Piñera Llera, *Introducción a la filosofía*, Miami, Universal 1980; Humberto Piñera Llera, *Idea, sentimiento y sensibilidad de José Martí*, Miami, Universal, 1981.

42. Los mejores estudios sobre García Tudurí, Agramonte y Piñera

Llera se deben a Elio Alba Buffill, *Cubanos de dos siglos. Ensayistas y críticos*, Miami, Universal, 1998, pp. 133-181.

43. Edward W. Said, *Reflections on Exile and Other Essays*, Cambridge, Massachusetts, Harvard University Press, 2000; José Luis Abellán, *El exilio como constante y como categoría*, Madrid, Biblioteca Nueva, 2001; Philippe Ollé-Laprune, comp., *Figuras del exilio*, México, Casa Refugio Citlaltépetl, 2002; Enzo Travieso, *Cosmópolis. Figuras del exilio judeoalemán*, México, UNAM/FCE, 2004.

44. Reinhart Koselleck, *Futuro pasado. Para una semántica de los tiempos históricos*, Barcelona, Paidós, 1993, pp. 21-40.

45. Tzvetan Todorov, *Los abusos de la memoria*, Barcelona, Paidós, 2000, pp. 11-15.

46. Joseph Brodsky, «Esa condición llamada exilio», *Líneas de Fuga*, núm. 3, abril-junio de 2000, México, pp. 6-19.

47. Amos Alon, «Exile's Return», *The New York Review of Books*, vol. XLVI, núm. 18, noviembre de 1999, pp. 12-15.

48. Justus Reid Weiner, «My Beatiful Old House and Other Fabrications by Edward Said», *Commentary*, septiembre de 1999, pp. 11-14; Aurelio Asiáin, «Mixtificaciones», *Paréntesis*, núm. 1, año I, diciembre de 1999, pp. 118-120.

49. François Bédarida, «La mémoire contre l'histoire», *Esprit*, núm. 193, julio de 1993, pp. 7-13.

50. Agnes Heller y Ferenc Fehér, «Memoria y responsabilidad», *El péndulo de la modernidad. Una lectura de la era moderna después de la caída del comunismo*, Barcelona, Península, 1994, pp. 47-59.

51. Émile Zola, *¡Yo Acuso!*, México, Gernika, 1997, pp. 69-102.

52. Elias Canetti, *Masa y poder*, Barcelona, Muchnik, 1981, pp. 13-15.

53. Max Weber, *El político y el científico*, Madrid, Alianza, 1969, p. 223.

54. François Furet, *El pasado de una ilusión*, México, Fondo de Cultura Económica, 1995, pp. 117-148.

55. Julien Benda, *La trahison de clercs*, París, Bernard Grasset, 1928, pp. 56-82.

56. Günter Grass, *Escribir después de Auschwitz*, Barcelona, Paidós, 1999, p. 19.

57. François Furet, *El pasado de una ilusión*, México, Fondo de Cultura Económica, 1995, pp. 545-571.

58. Stéphane Courtois, Nicolas Werth y otros, *El libro negro del comunismo. Crímenes, terror, represión*, Madrid, Planeta, 1998, pp. 15-46.

59. Zygmunt Bauman, *Modernidad y holocausto*, Madrid, Sequitur, 1997, pp. 255-260.

60. Agnes Heller y Ferenc Fehér, *El péndulo de la modernidad*, Barcelona, Península, 1994, pp. 47-59.

61. Hay tres libros que resumen el debate sobre la decadencia del intelectual moderno a fines del siglo XX: Edward W. Said, *Representaciones del intelectual*, Barcelona, Paidós, 1996; Tomás Maldonado, *¿Qué es un intelectual? Aventuras y desventuras de un rol*, Barcelona, Paidós, 1998; Norberto Bobbio, *La duda y la elección. Intelectuales y poder en la sociedad contemporánea*, Barcelona, Paidós, 1998.

62. Antonio Tabucchi, *La gastritis de Platón*, Barcelona, Anagrama, 1999, pp. 47-50.

63. Manuel Cruz, *Las malas pasadas del pasado. Identidad, responsabilidad, historia*, Barcelona, Anagrama, 2005, pp. 89-113; Beatriz Sarlo, *Tiempo pasado. Cultura de la memoria y giro subjetivo*, Buenos Aires, Siglo XXI, 2005, pp. 10-30.

64. Slavoj Zizek, *Did Somebody Say Totalitarianism? Five Interventions in the (Mis)use of a Notion*, Nueva York, Verso, 2001, pp. 1-7; Martin Amis, *Koba the Dread. Laughter and the Twenty Million*, Nueva York, Hyperion, 2002, pp. 1-94.

65. W. G. Sebald, *Sobre la historia natural de la destrucción*, Barcelona, Anagrama, 2003, pp. 13-41; Susan Sontag, *Ante el dolor de los demás*, México, Alfaguara, 2004, pp. 11-49.

66. Stéphane Courtois, Nicolas Werth y otros, *El libro negro del comunismo. Crímenes, terror y represión*, Madrid, Planeta, 1998, p. 29.

67. Carlos Alberto Montaner, *Viaje al corazón de Cuba*, Barcelona, Plaza y Janés, 1999, pp. 208-210.

68. *Libre. Revista de crítica literaria (1971-1972)*, México, El Equilibrista, edición facsimilar, 1990, pp. 95-96.

69. Rafael Rojas, *Isla sin fin. Contribución a la crítica del nacionalismo cubano*, Miami, Universal, 1998, pp. 197-215.

70. Stanislaw Baranczak, *Breathing Under Water and Other East European Essays*, Cambridge, Massachusetts, Harvard University Press, 1992, pp. 1-6.

71. Albert O. Hirschman, *Salida, voz y lealtad*, México, Fondo de Cultura Económica, 1977, pp. 11-27.

72. He dedicado a este tema algunos ensayos de mis libros *El arte de la espera*, Madrid, Colibrí, 1997, e *Isla sin fin*, Miami, Universal, 1998.

73. Derek Walcott, *La voz del crepúsculo*, Madrid, Alianza 1998, p. 78.

74. Robert Musil, *Ensayos y conferencias*, Madrid, Visor, 1992, pp. 95-108.

75. George Orwell, *Ensayos escogidos*, México, Sexto Piso, 2003, pp. 17-37.

76. Muestra impecable de este canibalismo selectivo es el libro *Memorias recobradas. Introducción al discurso literario de la diáspora* de Ambrosio Fornet, Santa Clara, Cuba, Capiro, 2000.

77. Véase Arcadio Díaz Quiñones, *Cintio Vitier: la memoria integradora*. San Juan, Puerto Rico, Sin Nombre, 1987, pp. 58-62.

78. Giorgio Agamben, *Lo que queda de Auschwitz. El archivo y el testigo*, Valencia, Pretextos, 2000, pp. 143-173.

79. Octavio Paz, *El laberinto de la soledad*, Madrid, Cátedra, 1995, pp. 341-361.

80. Iván de la Nuez, *La balsa perpetua. Soledad y conexiones de la cultura cubana*, Barcelona, Casiopea, 1998, pp. 125-134.

81. Philip Pettit, *Republicanismo. Una teoría sobre la libertad y el gobierno*, Barcelona, Paidós, 1999, pp. 313-348.

82. Phillippe Raynaud, «De la libertad al poder. Reflexiones sobre el patriotismo estadounidense», en Marcel Gauchet, Pierre Manent, Pierre Rosanvallon, *Nación y modernidad*, Buenos Aires, Nueva Visión, 1997, pp. 81-96.

83. Alain-Gérard Slama, «La democracia sin nación», en *ibid*, pp. 161-172.

84. Norbert Elias, *La civilización de los padres y otros ensayos*, Santa Fe de Bogotá, Norma, 1998, pp. 409-450.

# POLÍTICAS INTELECTUALES

## LA ANSIEDAD DEL MITO

En la cultura cubana de la primera mitad del siglo XX abundan los testimonios intelectuales de un malestar, provocado por una sensación de ausencia de mitos fundadores. Cuba, nacionalidad nueva, creada entre los siglos XVIII y XIX por africanos y mulatos, españoles y criollos, aparece en el discurso de sus propias élites poscoloniales como una cultura ingrávida, sin tradición firme ni legado discernible. Los grandes intelectuales de la República (1902-1959), Enrique José Varona, Fernando Ortiz, Jorge Mañach, José Lezama Lima..., al igual que sus predecesores decimonónicos (Félix Varela, Domingo del Monte, José Antonio Saco, José de la Luz y Caballero...), dudaron de la madurez espiritual de la isla para constituirse en una nación moderna occidental y equilibraron sus permanentes intervenciones cívicas con melancolía, zozobra y escepticismo. Esa duda los llevó a concebir la escritura como una restitución de mitos nacionales.

La cultura de la frustración republicana provocó, además, por compensación simbólica, dos mitificaciones históricas: la de las guerras de independencia de 1868 y 1895, con José Martí en la cima del panteón heroico, y la de la Revolución de 1959, con Fidel Castro en el eje de las lealtades políticas. En las páginas que siguen, quisiera ofrecer algunas ideas sobre ese proceso de construcción simbólica por el cual el malestar de una cultura moderna, con sus leyendas originarias o fundacionales, se supera a través de la edificación de dos grandes mitos políticos: el de la Revolución Inconclusa y el del Regreso del Mesías. No todos los intelectuales republicanos enfrentaron de la misma manera la falta de mitos nacionales: Varona y Mañach lo hicieron al modo liberal, Lezama al modo católico, Ortiz al modo democrático. Sin embargo, los cuatro advirtieron la misma insatisfacción de una cultura secular, que gravita hacia las formas religiosas del mundo político.

El sentimiento de frustración histórica que se apoderó del campo intelectual cubano en la primera mitad del siglo XX produjo, en los años previos a la Revolución de 1959, una serie de revueltas letradas o «rebeliones de élites», como diría Christopher Lash, que, de algún modo, establecieron las demandas simbólicas que intentaría satisfacer el nuevo régimen socialista.[1] Como en el proceso descrito por Lash, aunque por vías muy diferentes, las revueltas letradas de los años 40 y 50, en Cuba, fueron una suerte de laboratorio intelectual donde se constataban las fallas del funcionamiento republicano y se sentaban las bases espirituales del nuevo orden totalitario. También allí el «paraíso perdido» y la «tierra prometida» comenzaron a representar universos que la religión política del nacionalismo revolucionario colocaba más acá o más allá de un simple régimen liberal y democrático, como si la comunidad cubana requiriera para su felicidad de algo más extraordinario y emocionante que un mero gobierno representativo.

*El regreso del Mesías*

En un ensayo sobre el gran poema de Rainer Maria Rilke, «Orfeo. Eurídice. Hermes», Joseph Brodsky afirmaba que el poeta es un «portavoz del mito». La mejor literatura moderna, según el escritor ruso, no creaba nuevos mitos, sino que realizaba mínimas, casi imperceptibles, variaciones retóricas sobre una mitología dada o, más bien, ofrecida por el legado clásico de la cultura occidental u oriental.[2] Y así es: debajo de las grandes civilizaciones africanas, asiáticas y europeas, debajo, incluso, de cada nacionalidad de aquellos tres continentes se extiende, como diría Jon Juaristi, un «bosque originario» de mitos.[3] Esa selva simbólica es el verdadero subsuelo de culturas, naciones y estados, y sus efluvios textuales, hacia la superficie, son la materia prima de novelas y cuentos, poemas y tratados, cuadros y esculturas, canciones y sinfonías que, con el tiempo, forman el acervo de una tradición.

Los mitos, como ha probado Hans Blumenberg en un libro fundamental, son inevitables y muy fácilmente pueden pasar de la dimensión estética a la histórica, conformando dogmas morales o políticos. El mito de Prometeo, por ejemplo, encarnado en Napoleón o cualquier otro caudillo moderno, es una fuente inagotable de simbologías y prácticas autoritarias. De ahí que, como recomienda Blumenberg, si bien resulta infructuoso y hasta nihilista decir «no al mito», para cualquier sociedad que aspire a la paz y al «serenamiento estético» que implica todo orden republicano es saludable, por lo menos, «poner término a ciertos mitos». Especialmente a aquellos que, vengan de donde vengan –de la religión, la poesía, la música...– sirven de plataforma simbólica a poderes ilimitados.[4]

No hay cultura, por muy moderna que sea, que no se haya enfrentado al dilema de la exposición, discernimiento y control de sus mitos. Las nuevas naciones americanas tal vez sean los mejores ejemplos de culturas que se fundan sobre la restitución de mitos antiguos, como México y Perú, o sobre la invención de mitos modernos, como Argentina y Estados Unidos. Alexis de Tocqueville observaba que la melancolía de la democracia norteamericana, provocada por la ausencia de pasado, de tradición, de historia, en suma, de *ancien régime*, era compensada por una religiosidad civil que asegura el respeto a las leyes y costumbres, a las instituciones republicanas y sus padres fundadores.[5] Pero ni siquiera aquellas naciones, como México y Perú, donde la forma republicana de gobierno y el liberalismo democrático se construyeron sobre mitos precolombinos, traducidos al lenguaje romántico de intelectuales y políticos criollos, pudieron librarse de esa melancolía, de ese malestar de una cultura que siente la falta de un bosque originario, de un archivo para su tradición.

Dos libros clásicos de la historia intelectual hispanoamericana dan fe de lo anterior: *El laberinto de la soledad* (1950) de Octavio Paz y *La utopía arcaica* (1996) de Mario Vargas Llosa. Paz argumentaba que el mexicano, esa criatura solemne y encerrada, que trocaba la fiesta en ceremonia y el rostro en máscara, al cabo de dos siglos de historia liberal y revolucionaria, era un solitario y un huérfano. Orfandad y soledad, dos «experiencias de vacío», que se debían al triunfo secular de la Historia sobre la Poesía, de la Modernidad sobre el Mito. Por eso, como reconocía Paz al final de su ensayo, la salida del laberinto de la soledad no era otra que la reconstitución mítica del mexicano moderno: «El Mito disfrazado, oculto, escondido reaparece en casi todos los actos de nuestra vida e interviene decisivamente en nuestra Historia: nos abre las puertas de la comunión.»[6] Aunque parezca inconcebible, el ensayo de Vargas Llosa sobre las «ficciones indigenistas» de José María Arguedas desemboca en una conclusión similar. Como es sabido, Vargas Llosa, desde la perspectiva de un liberal moderno, critica la utopía arcaica de Arguedas y sus terribles conjunciones políticas con el marxismo y el maoísmo en la historia contemporánea del Perú. Pero al final del ensayo admite que la «fuerza de las imágenes» de Arguedas reside en su trasfondo mítico, ya que la Literatura es justo lo contrario de la Historia: «invención», «consagración de ficciones», «sueños edificados...».[7]

De manera que dos modernos emblemáticos de Hispanoamérica, dos liberales resueltos, como Octavio Paz y Mario Vargas Llosa, quienes hicieron de la crítica un instrumento demoledor de símbolos autoritarios, respetan esa recurrente dicotomía entre Historia y Poesía, entre Modernidad y Mito. Colocados frente a naciones, como México y Perú, con una densidad histórica que se remonta a las civilizaciones azteca, maya e inca, estos escritores sufren el malestar de culturas que se saben arrojadas de sus bosques originarios y que desean ser modernas, liberales y democráticas, sin abandonar esos mitos que, a través de los siglos, han dado vida a su arte y su literatura. En *La jaula de la melancolía*, Roger Bartra resume, de manera admirable, ese síntoma del intelectual hispanoamericano: no puede entregarse al reconocimiento de su cultura sin guardar un «luto primordial» por la subversión moderna del edén precolombino.[8]

En Cuba, un estado nacional que acaba de cumplir cien años, la ansiedad del mito ha sido muy intensa. La historia de la poesía cubana, por ejemplo, no es más que la búsqueda y el hallazgo de mitos originarios o fundacionales que identifican a los poetas con su paisaje físico y moral. El cielo, las palmas y el mar de José María Heredia, las vegas y las cañas de Gabriel de la Concepción Valdés *(Plácido),* las frutas de José Jacinto Milanés, las aves de Juan Clemente Zenea, la ciudad de Julián del Casal, la patria de José Martí... son entidades míticas. Como describe Cintio Vitier, en su imprescindible libro *Lo cubano en la poesía,* el momento más sintomático de dicha mitogénesis, en la poesía del siglo XIX, es el llamado «siboneísmo» de Milanés, Fornaris y, sobre todo, Juan José Nápoles Fajardo, *El Cucalambé.*[9] El arraigado nativismo de estos poetas los llevó a evocar la comunidad precolombina de los indios siboneyes, cazadores y recolectores del Paleolítico caribeño, como una arcadia fundadora de la nacionalidad cubana.

Pero la poesía y, en general, la literatura cubana del siglo XX, esa que se produce después de la inauguración del estado nacional, tampoco se libra de la ansiedad del mito. En la primera República (1902-1933), el lamento por la ausencia de pa-

55

sado, de tradición, de cultura e, incluso, de civilización, fue uno de los tópicos recurrentes de toda la narrativa, la poesía y el ensayo: de Fernando Ortiz a Jorge Mañach, de José Manuel Poveda a Emilio Ballagas y de Miguel de Carrión a Enrique Labrador Ruiz. Lo curioso es que esa sensación de levedad, de vacío histórico, lejos de aliviarse, se acentúa en los años 30 y 40, luego del impulso regenerador del Minorismo, la *Revista de Avance* y la Revolución de 1933. Es en verdad misterioso el nihilismo que se propaga en la literatura cubana, desde finales de los 30, a través de la obra del primer José Lezama Lima, Guy Pérez Cisneros, Virgilio Piñera, el propio Mañach y tantos otros escritores. Ese sentimiento de falta de mitos nacionales, después de toda la poesía del XIX, de dos guerras de independencia, de Martí, de las vanguardias de los 20 y de una revolución tan nacionalista como la del 33, reviste los síntomas de eso que Jacques Derrida llamaba «el mal de archivo»: una sensación de ausencia de acervo que, en muchas ocasiones, es provocada por la incapacidad de las élites para organizar la tradición que realmente poseen.[10]

Para ilustrar ese sentimiento de levedad casi siempre recurrimos a *La isla en peso* (1943) de Virgilio Piñera y a *Historia y estilo* (1944) de Jorge Mañach. Me gustaría ahora citar al joven José Lezama Lima, quien en su *Coloquio con Juan Ramón Jiménez* (1937), anticipaba, desde la ansiedad del mito, aquella célebre frase de Mañach: «La nación que nos falta.» Luego de introducir en su conversación –¿o fue un monólogo?– con Juan Ramón el tema de la «teleología insular» –sin citar, por cierto, a su creador, el puertorriqueño Antonio S. Pedreira, quien había publicado en 1934 su importante ensayo *Insularismo*–, Lezama afirmaba:

> Me gustaría que el problema de la sensibilidad insular se mantuviese solo con la mínima fuerza secreta para decidir un mito... Yo desearía nada más que la introducción al estudio

de la islas sirviese para integrar el mito que nos falta... Es indudable que los cubanos insistimos en los toques y percusiones musicales, y sin embargo no hemos llegado a una resultante de compases tonales... Esto se debe a que un sujeto disociado intenta apoderarse de un objeto ambiguo; a que se confunde, por ahora, el accidente coloreado con la sustancia mítica, con la esencia vivencial.[11]

Aquí Lezama reaccionaba contra el afrocubanismo de la generación anterior, la de Guillén, Ballagas, Acosta, Guirao, Tallet y Carpentier, y por eso su alusión a los «toques» no era inofensiva. Como advirtió Juan Ramón Jiménez, el joven poeta católico, con su tesis de una «sensibilidad insular», intentaba crear el «reverso de una expresión mestiza», ya que consideraba a esta última un «eclecticismo artístico que no podrá existir jamás».[12] Aunque tengo la impresión de que en los años 50 Lezama abandonará o, por lo menos, atenuará su teleologismo insular, hasta fines de los 40 ésa será la matriz simbólica de una reconstitución mítica de la cultura cubana, desde la raíz hispano-criolla-católica, que se propuso competir con el afrocubanismo, cuya postulación encarnaban no sólo aquellos poetas de la generación de *Avance*, sino intelectuales y antropólogos como Fernando Ortiz y Lydia Cabrera. Juan Ramón Jiménez captó, mejor que cualquier cubano, la limitación de ambas ontologías culturales, la del insularismo y la del mestizaje, que se disputaban el campo intelectual de la isla: «Las dos tesis remueven un orgullo diferente, una solución disociadora por desemejanza y exclusión. La tesis de la sensibilidad insular va contra la sensibilidad continental y la de la expresión mestiza contra la expresión de valores y angustias universales.»[13]

Pero lo que me interesa subrayar aquí es la distinta manera en que ambas búsquedas enfrentaban la ansiedad del mito. Para el primer Lezama y algunos escritores de *Orígenes*, a diferencia de los poetas del siglo XIX, ese «mito que faltaba» no era tanto de «origen» como de «destino», ya que luego de la obra fundacional de Varela, Heredia, Luz, Martí... se imponía el reconocimiento de ese legado y su impulsión histórica. De ahí aquellas palabras inquietantes del *Coloquio:* estamos «obligados forzosamente por fronteras de agua a una teleología, a situarnos en la pista de nuestro único telos».[14] Es precisamente ese «principio de futuridad», cuya naturaleza virtual o utópica puede desplazarse entre múltiples reificaciones, el que enlaza la tesis teleológica del joven Lezama con las fórmulas del nacionalismo autoritario, sea éste de derecha o izquierda, es decir, fascista o comunista. Pero siempre frente a José Lezama Lima, y con más razón tal vez, se podrán suscribir las palabras finales de Mario Vargas Llosa sobre la «utopía arcaica» de Arguedas: sus mitos pertenecen a la Poesía y no a la Historia, aunque el autor de *Paradiso* nunca ignorara, o sospechara, las secretas filtraciones entre una y otra.

La ansiedad del mito que sienten y liberan Fernando Ortiz y Lydia Cabrera es distinta. Para ellos el mito no es de origen ni de destino, sino de devenir; no es el «bosque originario» ni la «teología insular», sino la «sustancia activa». Para ellos el mito es un tejido transcultural que se practica, una simbología viva que no se ubica en el pasado o en el futuro, sino en el presente. Siempre me ha llamado la atención el hecho, poco destacado por la historiografía, de que el punto de partida de Fernando Ortiz para llegar a su teoría de la transculturación, a fines de los 30, no sólo haya sido la crítica del positivismo eugenésico europeo, sino la crítica de la escuela cubana de arqueología. En 1922, Ortiz había publicado su *Historia de la arqueología indocubana*, en la que comentaba críticamente los estudios arqueológicos de Antonio Bachiller y Morales, Luis Montané, Carlos de la Torre, Salvador Massip, Felipe Pichardo Moya, Juan Antonio Cosculluela y Francisco de Paula Coronado.[15] Pero a mediados de los 30, al percatarse de cierto «siboneyismo antropológico», desatado por el libro *Nuestro pasado ciboney* de Cosculluela, Ortiz decidió volver sobre el tema con una reedición de su *Historia* en 1935 y, sobre todo, con un artículo en la *Revista Bimestre Cubana* ese mismo año: «Cómo eran los indocubanos». Aquí Ortiz rechazaba la idílica teoría de Cosculluela sobre un «Homo cubensis» —«nuestro primitivo compatriota, del cuaternario, que aprendió a dominar y vencer a enormes y fieros cuadrúpedos»— supuestamente hallado en unas cuevas de Sancti Spíritus, defendiendo la «exogenia del hombre americano», ya que «hoy día no cabe sostener el autoctonismo de los aborígenes de Cuba, ni tampoco de los demás indios de América».[16]

Me gusta ver en esa reacción de Ortiz contra la arqueología idílica del «Homo cubensis» un gesto hacia la articulación de un nacionalismo moderno y universal, sin mitos originarios, ni teleológicos; sin rígidos emblemas de identificación, alteridad, ni reconocimiento. Ortiz piensa que la «cubanidad» reside en el «transcurso» y, por eso, como luego Lydia Cabrera, se interesa en los mitos vivos de la religión lucumí, que practicaban y practican los negros, mulatos y blancos cubanos.[17] A mi juicio, esa manera moderna de enfrentar la ansiedad del mito estaba cimentada, en ambos, por una cultura liberal, republicana y democrática que expresaba la emotividad nacional —la cual siempre tiende a la mitificación de héroes y eventos— por la vía del patriotismo cívico. Ortiz y Cabrera admiraron a los próceres de la independencia cubana, sin erigirlos en estatuas de bronce, siguieron el ceremonial cívico, sin apartar la vista del ritual afrocubano, y, sobre todo, respetaron las instituciones republicanas, sin dejar de criticarlas públicamente cuando se lo merecían.

La mejor formulación de ese nacionalismo moderno, que apuesta por la curiosidad ante el mito vivo, tal vez se encuentre en «El sincretismo religioso de Cuba» (1954), un artículo de Lydia Cabrera, publicado en uno de los últimos números de *Orígenes* y dedicado a José Lezama Lima. Allí Lydia exponía, para gusto y tranquilidad de Lezama, que la «religión lucumí» aceptaba la «superioridad de la Iglesia, porque el catolicismo ha tenido siempre un adicto respetuoso y conciliador en el popular e influyente sacerdote (la iyálocha, el bábalocha, el babalawo)».[18] Y más adelante afirmaba que la «raza» y los «cultos africanos» habían logrado «mantenerse y desarrollarse» en Cuba, gracias a la «tolerancia» colonial, al «mestizaje evidente o velado», a la «indiferencia católica», a la «piedad criolla», en suma, «al sistema de vida de la sociedad esclavista, en que el despotismo se aliaba a una extrema familiaridad e indulgencia».[19] Así, remontando la tradición republicana, desde la metamorfosis del vecino en ciudadano, Lydia Cabrera, al igual que su maestro Fernando Ortiz, defendía la «convivencia íntima», la «vecindad racial» entre negros y blancos como la única fórmula que aseguraría las identidades y las diferencias, los intercambios y los orgullos, las comuniones y las soledades.

La ansiedad del mito no sólo recorre toda la historia intelectual de Cuba: también invade su historia política. Son los desplazamientos, entre la cultura y la política, de esa sensación de levedad, de ausencia de tradición, de pasado, de herencia..., los que producen la persistente gravitación histórica de mitos compensatorios como el de la Revolución inconclusa, el del sacrificio de José Martí o el de la impaciencia ante la llegada de un nuevo Mesías.[20] Si alguna institución siente los síntomas de una ingravidez nacional, de un malestar de la cultura, es el Estado. Y las intuiciones estatales de los escritores, aunque muchas veces ingenuas o ilusas, casi siempre oscilan entre la denuncia del vacío y la promesa de redención, es decir, entre el nihilismo y el civismo. La actitud nihilista se levanta sobre la incertidumbre de un legado, sobre la inquietud u orfandad que provoca la falta de respaldo de una tradición. La actitud cívica, en cambio, es propia del heredero, de la criatura que confía en la transmisión cultural del acervo. En Cuba, la crisis republicana y la crisis revolucionaria han sido obra del triunfo del nihilismo sobre el civismo.[21]

Arnold Toynbee pensaba que la decadencia de las civilizaciones sobrevenía cuando cierta zozobra se apoderaba del espíritu colectivo y, frente al *horror vacui*, los habitantes llenaban la ciudad de inscripciones identificatorias: mitos, ceremonias, emblemas, estandartes, monumentos, caudillos... Según Toynbee, esa zozobra generaba, por compensación, la «idolization of an ephemeral self», que, a su juicio, decidió la caída de Atenas, Venecia y Roma.[22] En las naciones modernas, el nacionalismo cumple la función de aquellas idolatrías paganas de sí mismas que experimentaban las ciudades antiguas. En Cuba, las dos grandes crisis culturales del siglo XX, la de los 50 –que destruyó la República– y la de los 90 –que destruyó la Revolución–, han tenido el mismo telón de fondo: el malestar, el desasosiego de los cubanos, no con el autoritarismo, con la pobreza, con el hambre, con la dictadura, con la asfixia..., sino con su propia condición nacional. Ese malestar ha sido una fuente inagotable de mitos en los que cristaliza lo mejor de la cultura de la isla y lo peor de su política.

Entre todos los mitos políticos de la nación cubana, el más eficaz, en el siglo XX, ha sido el de la Revolución Inconclusa. Este mito, aunque reforzado en los años 60 y 70 del siglo XX, como parte de la legitimación discursiva de un poder revolucionario que se imaginaba eterno, surgió en las últimas décadas del siglo XIX, dentro de la mentalidad de algunos caudillos separatistas de la primera guerra (1868-1878), como Máximo Gómez y Antonio Maceo, y, con especial fuerza retórica, dentro de la obra intelectual y política del joven José Martí. Estos tres líderes independentistas organizaron una nueva guerra en Cuba, la de 1895, en buena medida con el argumento de que la anterior, la de los Diez Años, había sido frustrada por el Pacto del Zanjón, una transacción entre las tropas rebeldes y el ejército colonial español que, en 1878, ofreció a los cubanos amnistía y «olvido de lo pasado», representación en las Cortes, derecho a constituir partidos y ampliación de las libertades públicas.[23] Martí, con su legendaria elocuencia, dirá que en «el Zanjón España asesinó la revolución cubana».[24]

61

Pero la nueva guerra separatista, impulsada por Martí, Gómez y Maceo en 1895, también sería vista por muchos intelectuales y políticos del período republicano como una epopeya frustrada. Enrique José Varona, Manuel Sanguily, Manuel Márquez Sterling, José Antonio Ramos y otros líderes de opinión de las primeras décadas poscoloniales llegarán a la conclusión de que la injusticia social, la dependencia económica y la precariedad institucional de la República eran resultado de la intervención de los Estados Unidos en la guerra hispano-cubana, en 1898, y de la imposición constitucional de la Enmienda Platt en 1901. Varona, quien fuera ministro de Instrucción Pública del gobierno interventor y vicepresidente de la República, lo resumirá en una frase de 1915: «Cuba republicana parece hermana gemela de Cuba colonial.»[25]

Durante las dos primeras décadas poscoloniales la corrupción, el caudillismo y la dependencia dañaron profundamente el prestigio de las instituciones republicanas. El campo intelectual se convirtió, entonces, en una caja de resonancia del espíritu de frustración. Muy pronto surgen voces, dentro de la primera generación republicana, que atribuyen la decadencia de la República al abandono de la idea de la Revolución. Fernando Ortiz, Jorge Mañach, Emilio Roig de Leuchsenring y Ramiro Guerra entienden que la descomposición moral y política del naciente Estado se debe al escamoteo de la soberanía nacional. Fue el joven poeta comunista Rubén Martínez Villena quien, en su «Mensaje lírico civil» de 1923, esgrimiría más nítidamente el principio de la revolución perdida, enlazándolo, esta vez, con el lamento por la ausencia de José Martí:

Hace falta una carga para matar bribones,
para acabar la obra de las revoluciones;

para vengar los muertos, que padecen de ultraje,
para limpiar la costra tenaz del coloniaje;

para poder un día, con prestigio y razón,
extirpar el Apéndice de la Constitución;

para que la República se mantenga de sí,
para cumplir el sueño de mármol de Martí.[26]

El amplio espectro de la política cubana que, en los años
20 y 30 abarcaba desde la izquierda marxista hasta la derecha
nacionalista, solicitó una nueva revolución que cumpliera el
«designio martiano». El gran movimiento político contra la
dictadura de Gerardo Machado, entre 1929 y 1933, fue percibido como una avalancha de la Historia que retomaba el
hilo revolucionario, quebrado en 1902. Sin embargo, el impe-
tuoso control que Fulgencio Batista ejercería sobre aquella revolución a partir del golpe de Estado del 4 de septiembre de
1933, y que se confirmaría en la represión de la huelga de
marzo de 1935, levantó muy pronto sospechas sobre la auten-
ticidad del movimiento revolucionario. Pablo de la Torriente
Brau, líder comunista que moriría en 1936 al lado de los republicanos españoles, describió a Batista como «un Capablanca del ajedrez político de Cuba», que se había infiltrado en las
filas revolucionarias para torcer, una vez más, el rumbo trazado por Martí.[27]

El saldo político del proceso revolucionario de los años 30
fue la Constitución de 1940, de marcada tendencia socialdemócrata. Sin embargo, el nuevo orden no generó grandes expectativas redentoras y los actores políticos entraron en una
fase de radicalización progresiva. El régimen constitucional du-
raría doce años y garantizaría tres mandatos presidenciales, el
de Fulgencio Batista (1940-1944), el de Ramón Grau San
Martín (1944-1948) y el de Carlos Prío Socarrás (1948-1952),
los cuales se verificaron por medio del traspaso pacífico del poder. Pero debajo de aquella aparente institucionalidad, se movilizaba una corriente de desencanto y hastío, alimentada por el
viejo discurso de la frustración republicana que esgrimían las

63

élites intelectuales. Esa zozobra reavivó el doble mito de la Revolución Inconclusa y del Regreso del Mesías martiano.

En una sonada polémica con el periodista Ramón Vasconcelos, a propósito del legado revolucionario de 1933, el importante intelectual marxista Raúl Roa escribía en 1947:

> Las revoluciones necesitan, para producirse, un estado de espíritu, condiciones específicas y coyuntura propicia. Su triunfo o fracaso dependerá, fundamentalmente, de su conciencia, de la organización de sus líderes, de su profundidad y de su duración. Aun fracasada, seguirá alentando mientras no se culmine. Incluso la contrarrevolución sufre, consciente o inconscientemente, el influjo de la revolución. La historia demuestra que ninguna revolución es inútil, que ninguna revolución se pierde enteramente, que toda revolución destruye, cambia, edifica y fecunda, que toda revolución derrotada vuelve siempre por sus fueros. «Cuando un pueblo entra en revolución –sentenció Martí– no sale de ella hasta que la corona.»[28]

Esta simbiosis entre el mito nacionalista martiano y la doctrina comunista de la «revolución permanente» es una de las vetas más fecundas de la ideología cubana en el siglo XX. El movimiento revolucionario contra la dictadura de Fulgencio Batista, que se inicia en 1953 –año del centenario de Martí– y culmina en 1959, explotará al máximo esta imagen mesiánica de la historia de Cuba. En su célebre autodefensa en el juicio por el asalto al cuartel Moncada, Fidel Castro usará toda una retórica sanguínea para enfatizar la continuidad genealógica entre su revolución y la de Martí. Según Castro, la «memoria del Apóstol» se estaba extinguiendo y, por la falta de ese custodio moral, la República había sido violada el 10 de marzo de 1952. Los mártires del Moncada, a cien años del nacimiento de Martí, venían, pues, a «morir junto a su tumba, a darle su sangre y su vida para que él siga viviendo en el alma de la patria». Y remataba Castro con un aleluya, en el que cristaliza la religiosidad del nacionalismo revolucionario: «¡Cuba, qué sería de ti si hubieras dejado morir a tu Apóstol!»[29]

Martínez Villena, De la Torriente Brau, Roa y Castro son sólo cuatro entre los tantos nacionalistas revolucionarios que produjo el siglo XX cubano. Era lógico que este tipo de sujeto político predominara en una sociedad donde las revoluciones, y no las instituciones, son las vías de acceso al poder. Entre 1902 y 1959, casi todas las asonadas y golpes de Estado que se produjeron en Cuba se autodenominaron «revoluciones» y reclamaron para sí la herencia martiana. El propio Batista impuso su última dictadura en nombre de esa Revolución Inconclusa, de esa brújula perdida, que estaba precipitando a la República en el caos. Pero la diferencia entre Batista y Castro es que el primero entendía la revolución sólo como conquista del poder, mientras que el segundo, más cerca de Robespierre y Lenin que de Martí, la entendió como un cambio social rotundo y definitivo.

François Furet pensaba que lo que distinguía a la Revolución francesa de las revoluciones anglosajonas era la «ambición de regenerar al hombre mediante un nuevo contrato social». Los británicos en el siglo XVII y los norteamericanos en el siglo XVIII habían hecho sus revoluciones para «reencontrarse con la auténtica tradición». En cambio, los franceses y también los rusos buscaban un «comienzo adánico», una ruptura total con el pasado. Según Furet la explicación de esta diferencia residía en el distinto lugar que esas civilizaciones le conceden a la religión. Para los anglosajones, la religión coexistía y se amalgamaba con la cívica en una suerte de sincretismo revolucionario. En Francia y en la Unión Soviética, por el contrario, lo político aspiraba a absorber y reemplazar lo religioso por medio de una proeza eugenésica que aseguraría el advenimiento de un «hombre nuevo» en una «secularidad sagrada».[30]

La idea cubana de la Revolución es más parecida a la francesa y a la soviética que a la anglosajona. Pero su religiosidad política no radica tanto en la escatología del marxismo-leninismo como en la mitología del nacionalismo revolucionario.[31] Los dos mitos primordiales de ese imaginario son, como hemos visto, el de la Revolución Inconclusa y el del Regreso del Mesías. Estos dispositivos simbólicos crean, como diría George Steiner, una «teología sustitutiva», un «mesianismo secular», un «sistema de creencia y razonamiento que puede ser ferozmente antirreligioso, que puede postular un mundo sin Dios y negar la otra vida, pero cuya estructura, aspiraciones y pretensiones respecto del creyente son profundamente religiosas en su estrategia y sus efectos».[32] En tal religiosidad política reside la fuerza simbólica del régimen que ha persistido en la isla durante cuarenta y tres años.

¿Por qué son míticas esas construcciones discursivas? Por la sencilla razón de que no resisten la falsación del análisis histórico. No existió tal Revolución eternamente frustrada e inconclusa porque no hubo una, sino varias revoluciones, con sus propias ideas, valores, metas y actores. Los protagonistas del 68 lucharon por la creación de un estado nacional, sobre bases liberales, democráticas y republicanas, pero muchos de ellos todavía eran anexionistas y partidarios de la esclavitud. Los del 95 desearon un régimen político similar y, aunque ya no fueran anexionistas ni esclavistas, admiraban a los Estados Unidos, país al que veían como algo más que un aliado, es decir, como un protector. Los revolucionarios del 33 dieron otra vuelta de tuerca al nacionalismo y aspiraron a limitar los intereses norteamericanos en la isla. Los del 59, en efecto, deseaban casi lo mismo: su primera demanda fue el restablecimiento de la Constitución de 1940, legado jurídico de la Revolución de 1933. Sin embargo, en 1961, la nueva élite del poder, inspirada en el marxismo-leninismo, inició un cambio social que jamás contemplaron las revoluciones previas. La asimilación del 68, el 95, el 33 y el 59 al régimen comunista de 1961 fue la gran maniobra de legitimación nacionalista de Fidel Castro.[33]

El mito de la pérdida del legado martiano y su recuperación mesiánica por los revolucionarios de los 50 también es insostenible desde el punto de vista de la historia intelectual y política. Martí siempre estuvo presente en el imaginario y las instituciones republicanas, en la práctica y los dicursos, en la moral y en la cívica, en la cultura y en la educación de los cubanos. El propio Castro parecía reconocerlo en *La historia me absolverá*: «Se nos enseñó a venerar desde temprano el ejemplo glorioso de nuestros héroes y de nuestros mártires. Céspedes, Agramonte, Maceo, Gómez y Martí fueron los primeros nombres que se grabaron en nuestro cerebro.»[34] Las ideas republicanas, liberales, democráticas y nacionalistas de José Martí quedaron plasmadas en las constituciones de 1901 y 1940. La verdadera ruptura con el legado martiano se produjo en 1961 y, sobre todo, en 1976, al refrendarse constitucionalmente el régimen comunista. Martí, tan temprano como en 1884, se refirió al comunismo como una «futura esclavitud», en la que predominaría el «funcionarismo autocrático» y en la que el «hombre, de ser siervo de sí mismo, pasaría a ser siervo del Estado».[35]

Los mitos de la Revolución Inconclusa y del Regreso del Mesías, en la historia contemporánea de Cuba, tan bien descritos en el temprano ensayo de Luis Ortega *El sueño y la distancia* (1968), son equivalentes a esos procesos «anatómicos de la ilusión», estudiados por Pere Saborit.[36] En la primera mitad del siglo XX cubano, las élites intelectuales y políticas reaccionaron contra la «desnudez del emperador» abasteciendo al Estado de ficciones y utopías que, en la segunda mitad de la centuria, terminarían organizándose ideológica e institucionalmente.[37] Sólo una poderosa ansiedad mitológica y una ambivalencia entre valores de «progreso» y «retorno», proyectadas en una cultura política nacionalista y autoritaria, pudieron producir el abandono de tradiciones liberales y republicanas que, si bien inmaduras y accidentadas, llevaban medio siglo intentando arraigarse en la vida pública de la isla.[38]

La fuerza de los mitos, sin embargo, proviene de su simbolismo, y no de su positividad, de su movilización emotiva y no de su alcance epistémico. El mito la Revolución Inconclusa y el del Regreso del Mesías martiano actuaron sobre el terreno fértil de una cultura ansiosa de leyendas de origen y destino que orientaran su devenir. Fue así como a mediados del siglo XX en Cuba se produjo lo que Cornelius Castoriadis ha llamado un «imaginario social instituyente», que facilitó la construcción simbólica del régimen socialista.[39] Cuarenta y siete años después del triunfo de la Revolución, esos mitos comienzan a dar señales de desgaste. La apertura del espacio público y el libre ejercicio de la crítica terminarán por desactivarlos. El reto de la futura democracia cubana será precisamente ése: levantarse sobre un campo cultural desmitificado, fundar una nueva secularidad política.

## La revuelta de los libros

Es bastante conocida la distinción conceptual entre *revuelta, rebelión* y *revolución,* de la que tan buen uso hiciera el poeta y ensayista mexicano Octavio Paz. A partir de la clásica intuición de Albert Camus, Paz entendió la historia política de México y, en general, de América Latina como una sucesión de *revueltas* y *rebeliones* que raras veces alcanzan el rango de cambio revolucionario experimentado en Francia a fines del siglo XVIII o en Rusia a principios del siglo XX.[40] En la pasada centuria, dos países latinoamericanos, México y Cuba, vivieron *revoluciones* en el sentido pleno del término: radicales transformaciones del antiguo régimen y creaciones de un nuevo orden social y político. Esas revoluciones, a pesar de sus notables diferencias, estuvieron precedidas por revueltas intelectuales, provocadas, en muchos casos, por libros que impactaban en la esfera pública de ambos países. François-Xavier Guerra ha estudiado las rebeliones bibliográficas que, desde el Porfiriato, allanaron el camino que condujo al estallido revolucionario de 1910 y que reflejaron el «malestar de la cultura» en el antiguo régimen por medio de constantes «querellas entre las élites».[41] En las páginas que siguen propongo una aproximación similar, aunque más modesta, al caso cubano, enfatizando aquellos momentos en que las disputas letradas hacen visibles las fricciones entre tres nacionalismos: el republicano, el comunista y el católico.

Uno de los elementos menos destacados de las condiciones históricas que permitieron el triunfo de la insurrección contra la dictadura de Fulgencio Batista, en 1959, y la rápida transformación comunista del proyecto revolucionario en los dos años siguientes, es la considerable apertura que experimentó el espacio público cubano a partir de 1940. Sin la impresionante modernización democrática de la segunda república, que involucró la lógica representativa, el sistema de partidos, la sociabilidad civil y política, la opinión pública y el Estado de derecho, difícilmente se habría construido, con tanta rapidez y profundidad, un consenso a favor de la Revolución. No es aventurado afirmar que la plataforma simbólica que nutrió el diverso campo de fuerzas revolucionarias provenía, fundamentalmente, de la cultura política liberal, nacionalista y democrática del antiguo régimen republicano, y que era compartida por auténticos y ortodoxos, por el Movimiento 26 de Julio y el Directorio Estudiantil, por marxistas y católicos.

Dentro de aquella plataforma simbólica y sus proyecciones en el campo intelectual de las dos últimas décadas prerrevolucionarias habría que ubicar las principales revueltas bibliográficas. Una de las primeras batallas librescas producidas por el orden de 1940 fue la que suscitó el libro *La falsa cubanidad de Saco, Luz y Del Monte* (1941) del periodista villareño Rafael Soto Paz, y que ha sido parcialmente reconstruida por el joven estudioso cubano Duanel Díaz Infante.[42] Desde un bagaje socialista y anticlerical, aunque alimentado por lecturas socialdemócratas o poco ortodoxas de la tradición marxista-leninista, como Karl Kautsky, Soto Paz cuestionaba la genealogía intelectual fabricada por las élites republicanas. A partir de una distinción de Ricardo Rojas, dividía el pensamiento cubano del siglo XIX en dos corrientes, una «exótica» o «importada», a la que pertenecían José Antonio Saco, José de la Luz y Caballero y Domingo del Monte, y otra «nativa», de «genuino espíritu nacional» y de «pura raigambre americana», personificada por Félix Varela, Ignacio Agramante y José Martí.[43] El juicio de Soto Paz sobre Saco, Luz y Del Monte, tres patricios que integraban el patrimonio simbólico de la cultura criolla desde mediados del siglo XIX, era implacable:

> Como propietarios de esclavos que eran, se mostraron siempre enemigos declarados del abolicionismo, ultraconservadores, negadores de la capacidad del cubano para gobernarse y, sobre todas las cosas, condenadores persistentes de los movimientos organizados en pro de la independencia de Cuba.[44]

Aunque semejante juicio se movilizaba contra toda una herencia intelectual, que consideraba a Saco, Luz y Del Monte como forjadores espirituales de la nación cubana y que se remontaba al propio Martí, Soto Paz sólo hacía explícito su altercado con historiadores y críticos del siglo XX como José María Chacón y Calvo, Fernando Ortiz, Juan Luis Martín, Francisco González del Valle, Elías Entralgo, Francisco José Ponte Domínguez, José Antonio Fernández de Castro, Vidal Morales y Morales, Domingo Figarola Caneda y Medardo Vitier. Las réplicas de Soto Paz estaban dirigidas, pues, a sus contemporáneos y no a los predecesores decimonónicos, como Martí, Sanguily o Varona, que habían intervenido en la construcción de ese linaje intelectual nacionalista. Curiosamente, en su valoración positiva de Varela y Martí, Soto Paz, aunque dejaba traslucir sus simpatías por estudiosos revolucionarios o marxistas como Emilio Roig de Leuchsenring y José Antonio Portuondo, también se apoyaba en autores que no compartían sus juicios desfavorables sobre Saco, Luz y Del Monte, como el propio Varona, Roberto Agramonte, Emeterio Santovenia, Jorge Mañach y Félix Lizaso.[45] El radicalismo de Soto Paz llegaba al punto de caracterizar a Saco como un «antiseparatista, derrotista, desarraigado y antiabolicionista», a Luz como «propietario de esclavos, antiseparatista y antiabolicionista» y a Del Monte como «propietario de esclavos, antiseparatista, españolizante, cortesano, antiabolicionista y humanitarista».[46]

Paradójicamente, el revisionismo de Soto Paz, construido desde un repertorio simbólico radical, en el que se conjugaba el clasismo marxista, el nacionalismo revolucionario y el antirracismo popular, en vez de aplausos, recibió duras críticas por parte de los socialistas cubanos. Tres jóvenes marxistas de entonces, Carlos Rafael Rodríguez, Sergio Aguirre y Ángel Augier, cuestionaron severamente, desde las publicaciones comunistas *Hoy* y *Dialéctica*, la audacia de Soto Paz, tanto por las «fallas metodológicas» de su marxismo-leninismo mal digerido como por una excesiva iconoclasia, que lo había llevado a subestimar «el verdadero papel de algunos personajes del siglo XIX cubano» y a despreciar la funcionalidad de ciertos mitos genésicos en la construcción de una identidad nacional moderna.[47] La reacción crítica de los marxistas ante un libro frontalmente dirigido contra ese nacionalismo liberal, que asumía todo el legado ideológico criollo del siglo XIX –sin despreciar sus modalidades reformistas, anexionistas y autonomistas–, es reveladora de que, hacia 1940, el comunismo cubano compartía la integración de la memoria simbólica producida, fundamentalmente, por intelectuales republicanos que pensaban la nación como una entidad construida por un *demos* –es decir, por una ciudadanía constitucional o una comunidad de individuos libres– antes que por un *etnos* o una *clase*.

Durante los doce años de pacífica sucesión presidencial, que siguieron a la Constitución de 1940, esta integración simbólica

71

de las políticas intelectuales del nacionalismo cubano avanzó considerablemente. A partir del golpe de Estado del 10 de marzo de 1952, encabezado por Fulgencio Batista, que interrumpió el reciente y precario devenir constitucional, las revueltas bibliográficas reflejan una ansiedad mayor, una tensión creciente entre los sujetos y discursos que forcejeaban dentro de la esfera pública. Buena prueba de esta ansiedad es el debate en torno al libro *Diálogos sobre el destino* (1954) del médico y microbiólogo español, de origen italiano, Gustavo Pittaluga Fattorini (Florencia, 1876-La Habana, 1956). El libro, que fue presentado en una serie de charlas a fines de 1953, en la institución femenina el Lyceum de La Habana, ganó ese mismo año el Premio Ricardo Veloso al mejor libro inédito, otorgado por la Cámara Cubana del Libro, y mereció sendos elogios de Medardo Vitier y Jorge Mañach –a quien fue encargado el prólogo–, además de múltiples comentarios en la prensa radial y escrita habanera, en un momento de especial intensidad de la opinión pública bajo el régimen de Batista.

Pittaluga fue uno de esos pocos republicanos españoles, exiliados durante la Guerra Civil y la primera etapa del franquismo, que se afincaron en Cuba. En sus diarios, Zenobia Camprubí, la esposa de Juan Ramón Jiménez, narró las dificultades que interpusieron intelectuales, académicos y funcionarios cubanos a exiliados españoles como José Gaos, María Zambrano, Ramón Menéndez Pidal, Felipe Sánchez Román, Claudio Sánchez Albornoz y el propio Jiménez para que no se establecieran plenamente en La Habana. Al igual que Gonzalo Santorja en su biografía de Manuel Altolaguirre, Camprubí, quien habló con elocuencia de su mala temporada habanera entre 1937 y 1939 («... el país es bello en un sentido pagano, pero le falta grandeza y diversidad y no ofrece lo suficiente para querer quedarse uno aquí..., no me gusta la gente, los encuentro terriblemente aburridos, pedestres..., hay un enorme grado de inferioridad mental...»), atribuyó buena parte de la ofensiva contra los refugiados al filósofo Rafael García Bárcena, aunque destacó la hospitalidad de otros colegas caribeños como Fernando Ortiz y Roberto Agramonte.[48] Pittaluga, lo mismo que Luis Amado Blanco, Herminio Almendros y los profesores que se trasladaron a la Universidad de Santiago de Cuba a fines de los 40 (Juan Chabás, Julio López Rendueles, José Luis Galbe), sobrevivió a aquella disputa que alcanzó rango constitucional por medio del artículo 56 de la Carta Magna de 1940. Este artículo establecía que para enseñar literatura, historia o geografía cubanas, cívica o derecho constitucional, en centros privados o públicos, los maestros debían ser cubanos de nacimiento y las clases debían impartirse de acuerdo con textos de autores de la misma nacionalidad.[49]

Pittaluga, médico reconocido por enjundiosas investigaciones como *Enfermedades de la sangre y hematología clínica* (Madrid, Espasa Calpe, 1922) y *Enfermedades de los países cálidos y parasitología general* (Madrid, Espasa Calpe, 1923), había publicado, con buena fortuna, algunos libros de ensayos psicológicos y filosóficos como *Grandeza y servidumbre de la mujer. La posición de la mujer en la historia* (Buenos Aires, Editorial Suramericana, 1946) y *Tratamiento, carácter y personalidad* (México, Fondo de Cultura Económica, 1954). Siguiendo algunas pautas de aquellas incursiones en el saber social, *Diálogos sobre el destino* fue concebido como una conversación con una mujer imaginaria: una criolla habanera, culta y de clase alta, descendiente de españoles y educada en los Estados Unidos. Con este perfil cultural de una mujer moderna, heredera de tres tradiciones civilizatorias –la española, la norteamericana y la cubana–, Pittaluga intentaba condensar el sujeto que discurriría sobre el tema central de su libro: el destino de la isla. La ausencia del componente africano en la identidad cultural de la dama se justificaría, más adelante, en la parte del libro dedicada a la cuestión racial como «factor del destino». Ahí sostendrá Pittaluga la tesis tradicional de la «fusión de almas», que a Mañach –siempre martiano, es decir, republicano– le pareció uno «de los análisis más finos del libro...», de singular valentía, ajeno a todo nihilismo étnico y a toda demagogia», y que postulaba que ya, desde mediados del siglo XIX, el mestizaje en Cuba había alcanzado el centro de la cultura nacional y que negros y blancos se sentían igualmente cubanos.[50] La «valentía» a que se refería Mañach tal vez esté relacionada con el tono terminante, conclusivo con que Pittaluga, un emigrante español en la isla, aplicaba el republicanismo al «problema racial»:

> Ya que estamos próximos a las conclusiones, quiero adelantarme a ellas, para decirle sin ambages que a mi entender, en Cuba, no será ya posible plantearse siquiera ese problema. Está resuelto por la historia. La población de color está indisolublemente unida a la población blanca en un conjunto todavía no homogéneo, que se irá homogeneizando y que constituirá sin distingos la población de Cuba.[51]

¿Qué era el *destino*, según el doctor Pittaluga? Ni más ni menos, la previsión de un porvenir en forma de programa nacional, basado en las potencialidades materiales y espirituales de un país. Siguiendo ideas que antes había desarrollado Mañach, Pittaluga sostenía que «Cuba era un pueblo que ha querido crear una Nación. Que es capaz de crearla. Pero que no la ha creado todavía. Y no la ha creado todavía porque el signo específico de una Nación consiste en tener conciencia de su destino. Y Cuba no tiene conciencia de su destino».[52] Antes que Pittaluga, no sólo Mañach, también Varona, Ortiz, Lezama, los dos Vitier y tantos otros intelectuales republicanos habían aludido a esa falta de *telos*, a esa ingravidez de la isla, provocada por la frustración del proyecto republicano y por la ausencia de una nueva finalidad histórica. Pero Pittaluga no se conformaba con la queja o con el testimonio sobre aquella ingravidez e iba más allá: formulaba un destino a partir de sus «factores geográficos, históricos, demográficos, económicos, culturales y políticos», sin excluir, por supuesto, el factor imponderable de la «suerte». El resultado de esa revelación de potencialidades de la nación cubana que aspiraba a producir la autoconciencia de una misión: ejercer la «hegemonía espiritual» sobre la gran zona del Caribe.

> Cuba debe proponerse, para cuando haya alcanzado la virtud necesaria para ello, aunar las voluntades de los pueblos del mar Caribe, para crear la Federación de los Siete Estados de Centroamérica, con el apoyo previo de México al Norte y de Venezuela al Sur. Ése es su destino. El destino de un país no puede ser el de vender azúcar y comprar automóviles.[53]

El libro de Pittaluga cayó en el terreno fértil del campo intelectual de mediados de los años 50, donde predominaba un rechazo moderado a la dictadura de Batista y una fuerte sensación de que la República, reconstituida con esperanza y consenso en 1940, se había malogrado por segunda vez. Una de las primeras bienvenidas a *Diálogos sobre el destino* provino del asturiano Luis Amado Blanco desde las páginas de *Información*. Amado Blanco, médico y exiliado como Pittaluga, decía que luego de leer el libro quedó «reconfortado, en la griega maravilla de la comunión de ideales, con la boca en el chorro de la fuente, influencia maravillosa de la presencia del Hombre –así, con mayúscula– o si se quiere del verdadero sabio, mordido por la cerrazón de las perspectivas».[54] Mañach, en su prólogo, fue más allá y, sin su habitual comedimiento, suscribió el programa de hegemonía espiritual sobre el Caribe, sobre todo, por la rearticulación de ilusiones políticas que él mismo entrañaba:

> Si ese programa a simple vista nos parece desaforado es, sin duda, en parte porque ya hemos perdido toda aptitud para pensar en términos de futuro y en grande. El valor de la ins-

tancia del Dr. Pittaluga consiste, por lo pronto, en que no se acomoda, ni quiere que nos reduzcamos a una óptica insular inerte, a un pensamiento cubano sólo «de andar por casa». Consiste precisamente en la energía y denuedo con que nos señala –arrostrando la posible imputación de simplismo o de frivolidad– una empresa superadora de nuestro propio encogimiento. Pues un mero propósito de superación de la vida cubana *hacia adentro* no le parece tarea nacional suficiente. Si toda nación tiene como «signo específico» una conciencia de destino, no todas las naciones tienen género igual de destino. En los pueblos como en los individuos, la vocación corresponde a las aptitudes. Unos están llamados a concentrarse en sí; otros, proyectarse hacia fuera.[55]

Más adelante, Mañach aseguraba que la revelación del destino practicada por Pittaluga, a partir de los «valores materiales y espirituales» de la nación cubana, podía ser el fármaco que devolviera la esperanza a la ciudadanía de la isla y, al mismo tiempo, contribuyera a adecentar la vida pública. Lo atractivo de la tesis de Pittaluga para Mañach era, justamente, ese enfoque moral, en el que la crítica del autoritarismo y la corrupción del gobierno de Batista, y en mayor o menor medida de las dos administraciones auténticas, no se limitaba a la esfera de lo político, sino que se ubicaba en una ética trascendental, desde la cual era posible encarar todos los problemas públicos del país. La simpatía de Mañach por la integralidad del análisis de Pittaluga estaba relacionada, naturalmente, con la deuda del biólogo español, reconocida en varios pasajes de *Diálogos sobre el destino*, con los argumentos centrales de *La crisis de la alta cultura en Cuba*, *Indagación del choteo*, *Historia y estilo* y otros textos del ensayista cubano.

Si Cuba está indudablemente urgida de una reforma de su vida pública, esa reforma no puede, sin embargo, limitarse a la política. Es más: se cree entender el pensamiento del Dr. Pittaluga en el sentido –que muchos cubanos le aprobaríamos– de que no podrá haber renovación del personal político cubano ni rectificación de los procedimientos oficiales, mientras no la haya en la conciencia de la ciudadanía. Para ello es menester que renazca en el cubano la ilusión, es decir, la confianza en un destino nacional superior. El cuadro de auspicio sas condiciones objetivas de la realidad más concreta de Cuba ha de estar siempre presente en el ánimo de los políticos para incitarles a un pensamiento más confiado y a una acción más trascendente. Pero nada se podrá exigir a éstos si el cuadro no está presente también en el ánimo de todos los cubanos, para despertar en la conciencia de la comunidad nacional la noción de una finalidad, de un motivo colectivo de supervivencia.[56]

En la primavera de 1954, la favorable acogida que el medio intelectual habanero dio al libro de Pittaluga se hizo visible en varios artículos aparecidos en el *Diario de la Marina*. José María Chacón y Calvo, el principal crítico literario de aquel periódico, dedicó a *Diálogos sobre el destino* una de sus extensas y detalladas reseñas.[57] Medardo Vitier, por su parte, se ocupó del libro en tres artículos publicados en la página editorial del *Diario de la Marina*: «Un libro del Doctor Pittaluga», «Un juicio del Doctor Pittaluga» y la segunda parte de su interesante serie «Doctrina Social». El primero de aquellos artículos era tan plenamente entusiasta que Vitier, quien se decía «asombrado con la fertilidad mental» de Pittaluga, partía de un juicio conclusivo: «El mencionado libro es uno de los tres o cuatro más importantes entre los publicados en Cuba durante el período de la República, y no faltará quien lo sitúe en el primer lugar, con muy atendible fundamento.»[58] Más adelante, Vitier celebraba el hecho de que Pittaluga ofreciera a los cubanos, desde un punto de vista teórico, la *potentia*, para que ellos «sacaran de ésta el *acto*».[59] Finalmente, al igual que Mañach, destacaba el sentido fundacional del programa contenido en *Diálogos sobre el destino:* «Veo en el libro de Pittaluga una forma, la esencial quizá, de la energía de Occidente, esa que convida a crear, a dominar. Ya creó y dominó mucho Europa.»[60]

El segundo de los artículos, aunque favorable, ya dejaba traslucir algunas reservas, provocadas, en buena medida, por la ascendencia que sobre Vitier tenía el escepticismo liberal de su maestro, Enrique José Varona. A Vitier le preocupaba el «voluntarismo» de Pittaluga, ese «creer que lo rector y determinante en la vida es el querer, no el pensar». De ahí que confesara: «Por mi parte, tengo desconfianza ante toda filosofía de raíz voluntarista, que en su fondo saca su pujanza de elementos irracionales.» A pesar de ello, Vitier mantenía su juicio positivo: «Lo que Pittaluga propugna está muy bien. Su punto de partida parece haber sido la reflexión de que se trata de un país nuevo, todavía sin órbita clara.» Y concluía: «Creo, Doctor Pittaluga, que su juicio es profundamente sugestivo. A mí me ha removido los míos, dado como soy a las reflexiones en lo histórico. Usted sabe que la Historia es al cabo –dígalo Dilthey– la piedra de toque de las propensiones humanas. El hombre es un haz de propensiones.»[61] Todavía en la segunda entrega de la serie «Doctrina Social», que comenzó a salir en la primavera del 54, en el *Diario de la Marina,* Vitier retomaba el mensaje central de *Diálogos sobre el destino:*

> El doctor Gustavo Pittaluga sugiere en su gran libro reciente que Cuba considere la viabilidad de algo como una hegemonía política en determinado ámbito geográfico. Quizá una aventura con despliegue de energías nacionales. Pero el autor no se enamora del poder en sí, sino que ve ese coraje, ese querer colectivo como una vía de elevación y de unidad. ¿No? Por manera que a virtud de una voluntad cubana nueva en la Historia, se aclararía «el bien de todos». Ello implica que «el bien» no es todo él cosa previa, dada en la concepción,

sino que también es generada a posteriori, cuando el Destino depone su esquivez, muestra sus senos, invita a vivir intensamente.[62]

Vemos en esta interpretación de Vitier una modalidad más del providencialismo martiano, de ese mesianismo republicano que, a partir de una «revelación» de la «prédica» de José Martí, proponía la refundación nacional de la isla a mediados de los 50. No sólo los jóvenes pertenecientes a la generación de Fidel Castro, quienes en la cárcel de Isla de Pinos, tras el asalto al cuartel Moncada, probablemente leyeron el libro de Pittaluga, sino muchos otros intelectuales y políticos republicanos, de generaciones anteriores, compartieron aquel programa regenerador y lo aprovecharon en la oposición al régimen de Batista. Uno de esos intelectuales y políticos fue el filósofo Rafael García Bárcena (1907-1961), quien había sido miembro del Directorio Estudiantil Universitario durante la revolución contra la dictadura de Gerardo Machado, a principios de los años 30. García Bárcena, fundador de la Sociedad Cubana de Filosofía y director de la valiosa revista de aquella institución, escribió varios cuadernos de poesía amorosa, religiosa y cívica, como *Proa* (1927), *Sed* (1935) y *Responso heroico* (1943), además de numerosos estudios filosóficos como *Individualización de la ética* (1938), *Esquema de un correlato antropológico en la jerarquía de los valores* (1943), *Estampa espiritual de Federico Nietzsche (1844-1944). Exégesis de centenario* (1944) y *La estructura del mundo biofísico* (1950). Ya desde el poema «Rapsodia patria» de su temprano cuaderno *Proa* –laureado en 1927 con la «Flor Natural» de los Juegos Florales Nacionales, organizados por la Secretaría de Instrucción Pública, con motivo de las «bodas de plata» de la República– se percibía, en García Bárcena, una religiosidad cívica, basada en el culto a los héroes de la patria y a la revolución de independencia. En aquel poema, Céspedes, Agramonte, Maceo, Gómez y García aparecían como apóstoles,

Martí como un Cristo («un Cristo más grande quizá que aquel Cristo que echó la simiente en el huerto de Getsemaní») y la Revolución como un milagro: «Y cuando la rodoclepsidra de Cronos arrojó en los arcanos su postrera gota / reventó aquel germen, se erizó la América y surgió el milagro.»[63] El patriotismo de García Bárcena bordeaba, por momentos, una religiosidad patológica, desfavorecida, a su vez, por giros poéticos anticuados y cursis. En *Proa*, Martí «tuvo las hoscas visiones, los sueños terribles del mártir hebreo; / sintió que el dolor, como un áspid maldito, clavaba los dientes en su corazón, / y, como una rúbrica de sus sacrificios, soñó con la cumbre de la Redención. / Vislumbró el sendero que iba hacia el Calvario / y cargando en hombros él solo su cruz / en la más gloriosa de los vía Crucis, la llevó a Dos Ríos, tal como hasta el Gólgota la llevó Jesús».[64] En «Responso heroico», la lucha contra la «tiranía» de Machado era narrada como un martirio de sangre por la patria: la Revolución era una «espada ceñida al ideal, una novia rutilante» y los mártires antimachadistas como «hijos de acero / del alma universitaria: / ¿qué centella milenaria / caldeó vuestro pecho entero...? / Fuisteis el rayo en la cumbre / y la viva encarnación del alma de la Nación / que es flor que se abre temprana / Fuisteis el hoy y el mañana: / ¡fuisteis la Revolución».[65] Cuando García Bárcena inició su colaboración regular como articulista de la revista *Bohemia*, en el otoño de 1947, fue presentado como «poeta, periodista, ensayista, profesor de Filosofía de la Universidad de La Habana y revolucionario de limpia ejecutoria».[66] Su primera colaboración fue el interesante artículo «¿Qué necesita Cuba para ser una gran nación?»: un programa de regeneración nacional, anterior al de Pittaluga.

García Bárcena proponía, entonces, enfrentar los «elementos desintegrativos que operan en el seno de la nacionalidad» con una teleología política, destinada a hacer de Cuba «una gran nación». No una nación territorialmente extensa, militarmente poderosa o políticamente imperial –Suiza, Holanda,

Bélgica y Dinamarca eran, a su juicio, «grandes» naciones, como lo había sido Grecia, «la que nos ilumina con su genio desde hace más de dos mil años»–, sino un Estado económicamente rico y socialmente justo, basado en un «sano sentimiento de orgullo nacional».

Según García Bárcena, Cuba poseía las potencialidades necesarias para alcanzar esa «grandeza»: además de azúcar, importantes reservas mineras de hierro, cobre, manganeso, níquel, plata, plomo, turba, asfalto y, tal vez, petróleo, una ausencia que, en todo caso, podría suplirse por medio de la cercanía de países petroleros como México, Venezuela y Estados Unidos.[67] Para alcanzar las dimensiones simbólicas de una gran nacionalidad, Cuba, al decir de García Bárcena, necesitaba tiempo –«el tiempo, como el dinero, es nuestro gran aliado, nuestro poderoso amigo»– y necesitaba, también, enfrentarse al gran obstáculo: el imperialismo.

Si desde el punto de vista de su extensión geográfica y de su población y ritmo de crecimiento, no existe ningún obstáculo esencial a que Cuba llegue a ser una gran nación con potencialidad económica. Potencialidad que necesita sin duda ser desarrollada, pero que no puede ser desconocida, aun en su estado presente de infradesarrollo, y aun teniendo en cuenta todas las limitaciones que implica la penetración económica extranjera. El imperialismo que sufre nuestro país es una crónica enfermedad de nuestra economía; pero como tuberculosis –que según la vieja sentencia médica de las enfermedades crónicas es la más curable–, el imperialismo es una enfermedad que tiene cura, con tal de que el pueblo cubano mantenga en tensión la voluntad de curarse y movilice a ese objetivo los adecuados recursos científicos y técnicos para lograrlo. Esa voluntad de curarse del imperialismo se robustece y agiganta en la medida en que el enfermo mantenga un gran ideal por que luchar en la vida de los pueblos, y ningún ideal más noble y levantado que el de hacer de su patria una gran nación.[68]

Estas ideas eran promovidas por García Bárcena en libros y artículos y, también, en sus populares clases en la Universidad de La Habana y la Escuela Superior de Guerra del Ejército. A principios de abril de 1953, un año después del golpe de Estado de Fulgencio Batista, García Bárcena y un grupo de cuarenta y cinco discípulos, afiliados al Movimiento Nacional Revolucionario, organizaron un asalto al Campamento de Columbia, en La Habana. El asalto estaba previsto para el domingo de resurrección, al final de la Semana Santa de 1953, y consistía en penetrar por la posta 13 del campamento y reunirse con García Bárcena, quien, en un discurso desde la explanada de Columbia, intentaría convencer a las tropas de que Batista había traicionado la República. Los cuarenta y seis conspiradores fueron arrestados antes de la operación por las fuerzas del Servicio de Inteligencia Militar (SIM) y el Buró de Investigaciones, encarcelados en la prisión de La Cabaña y, luego del juicio, trasladados al Presidio Modelo de Isla de Pinos. El gobierno de Batista acusó a los tres principales partidos de oposición (ortodoxos, auténticos y comunistas) de estar detrás del asalto y hasta detuvo a algunos líderes de la Ortodoxia como Emilio Ochoa, José Pardo Llada, Martha Frayde y Herminia Delfín. Sin embargo, el líder del Partido del Pueblo Cubano, el también filósofo, sociólogo y profesor universitario Roberto Agramonte, deslindó a los ortodoxos de la conspiración con estas palabras: «No parece lógico que un grupo de jóvenes se arriesgue a tomar un campamento militar como el Columbia, defendido con todas las armas modernas.» Curiosamente, Batista hizo una declaración muy similar, a propósito del hecho que el golpe hubiera sido planeado por un poeta y filósofo: «Una simple y llana locura, porque no le veo la poesía por ninguna parte y sí la demencia por todos los lados.»[69]

En la cárcel, García Bárcena escribió un libro muy influyente y comentado a fines de los años 50. El volumen, titulado *Redescubrimiento de Dios. Una filosofía de la religión*, apareció en 1956 y fue publicado por la reconocida editorial habanera Lex, la misma que tres años atrás había editado las obras completas de José Martí en dos tomos. El punto de partida de García Bárcena era relativamente simple: la experiencia humana, para ser practicada desde principios éticos, requiere del sentimiento religioso, de una «voluntad de creer», ya que la ciencia por sí sola, sin la fe, es incapaz de satisfacer las demandas espirituales del hombre. La experiencia religiosa, según García Bárcena, era una «necesidad vital» y, de algún modo, una necesidad cultural de Occidente, ya que –y aquí seguía al Arnold Toynbee de *A Study of History*– «si el ideal occidental aspira a resistir y defenderse, ha de estar asentado sobre bases firmes y sus fundamentos originales fueron religiosos».[70] Luego García Bárcena desarrollaba esta idea de la necesidad de la fe en la vida humana por medio del estudio de fenómenos físicos y psíquicos como la «irritabilidad» o la «intencionalidad», los cuales revelaban una «energía de reintegración al todo orgánico y funcional del mundo».[71] Al final del recorrido, el autor de *Estampa espiritual de Federico Nietzsche* concluía que las dimensiones física, psíquica, metafísica y política de la vida humana eran «inexperimentables sin la fe», ya que valores como libertad, inmortalidad, soledad, felicidad y perfección, plenamente incorporados al comportamiento cotidiano, poseían un trasfondo religioso.[72]

García Bárcena defendía, pues, una concepción muy secular de la religiosidad, en la cual «creer en Dios es también desear su existencia y comportarse como si él existiera». De hecho, su idea de la fe era la de un conjunto de creencias puesto a prueba, siempre bajo la vigilancia de la duda metódica, de la confrontación perpetua con la ciencia: una fe, en suma, como la que propugnaban Descartes, Kant, Unamuno, Ortega y Maritain. De este último, García Bárcena tomaba la definición del ateísmo como una «enfermedad espiritual contemporánea» que debía ser combatida y erradicada.[73] Sin embargo, a pesar de las múltiples referencias explícitas e implícitas a Jacques Maritain, un neotomista francés sumamente leído en la Cuba de los 50,

García Bárcena no adscribía su religiosidad al catolicismo ni a ninguna modalidad del protestantismo, sino que entendía el «redescubrimiento de Dios» como un síntoma o un gesto del «hombre contemporáneo». En este sentido, llama la atención el hecho de que las dos reacciones más intensas al libro de García Bárcena no provinieran de intelectuales católicos, sino de un liberal protestante como Medardo Vitier y de un marxista-leninista como Carlos Rafael Rodríguez.

Vitier, con aquella delicadeza tan propia de la cortesía republicana, elogiaba el «mayor desembarazo formal» del libro, en relación con obras previas del autor de *Redescubrimiento de Dios*, pero criticaba «los términos biológicos y la atmósfera científica» de la indagación. A Vitier le parecía ingenuo y trasnochado, a la luz de una larga tradición de comprobaciones ontológicas de la existencia de Dios que tenía orígenes medievales en San Anselmo y Santo Tomás, el intento de García Bárcena de fundamentar el sentimiento religioso en la «irritabilidad» biológica y la «intencionalidad» psicológica. En un momento de su crítica, afirmaba que ni siquiera las corrientes neotomistas más apegadas al positivismo decimonónico habrían aceptado la tesis organicista de García Bárcena y que los filósofos del Círculo de Viena «sonreirían» ante semejante empresa especulativa. Al final de su reseña, Medardo Vitier citaba a Henri Bergson, en una suerte de desquite contra la apelación reiterada a Jacques Maritain por parte del autor de *Redescubrimiento de Dios*, y concluía con un juicio severo, donde se dejaba traslucir el malestar hacia la ingravidez confesional del cristianismo de García Bárcena:

> ¿Qué Dios es el redescubierto en el libro de García Bárcena? No parece, desde luego, el de Spinoza *(Deus sive Natura)*. Tampoco el de los deístas del siglo XVIII. Puede ser el de la *Teodicea* de Leibniz, que casi es el de los teólogos. No sé si él va, sin más, al Dios del Sinaí y del Calvario, que fue luego el que abatió –y levantó– a San Pablo en el camino de Damasco.[74]

Desde otro polo ideológico del campo intelectual republicano, Carlos Rafael Rodríguez llegaba a cuestionamientos similares. Al joven marxista le parecía que «redescubrir a Dios» a mediados del siglo XX no era proeza doctrinal que mereciera alabanza alguna. Máxime cuando la justificación teórica de la religiosidad implicaba un «regreso fatal» a las tesis biologicistas y psicologistas, provenientes de la peor herencia del positivismo. Según Rodríguez, García Bárcena partía de una «falsa premisa científica» y ese error de origen estaba puesto en función del sostenimiento de una forma atrasada de la conciencia social. El ateo Rodríguez coincidía con el laico Vitier en que lo peor del libro de García Bárcena no era la defensa de la religiosidad cristiana, sino el aprovechamiento poco refinado de importantes filósofos contemporáneos, como Edmund Husserl, cuya fenomenología y cuya «ciencia de la esencia» eran «extrapolados» a favor de residuos positivistas que el propio «pensamiento burgués» había trascendido en las primeras décadas del siglo XX. El afán escolástico de «racionalizar la fe» estaba descartado desde la superación de Hegel –el último gran teólogo de la metafísica occidental– por el materialismo dialéctico e histórico.[75]

Aunque el estilo enrevesado y, por momentos, inextricable de *Redescubrimiento de Dios* allanaba el camino a sus críticos, García Bárcena había expuesto su filosofía de la religión de un modo más transparente, diez años atrás, en la «Introducción» a los *Aforismos* de José de la Luz y Caballero, que tuvieron a bien publicar Roberto Agramonte y Elías Entralgo en su valiosa Biblioteca de Autores Cubanos. Allí García Bárcena se amparaba en la autoridad de Luz para defender una «filosofía de la religión de contenido muy amplio que investigara toda la realidad y se auxiliara de todas las ciencias en su propósito cardinal de conocer al Ser Supremo».[76] En aquel texto, el linaje moral y patriótico de Luz servía de plataforma intelectual para un cristianismo ecuménico, confesionalmente ingrávido, que se reconocía en el legado secular y laico del Renacimiento, la Reforma, la Ilustración, el Liberalismo y que culminaba atribuyendo el «desarrollo social de naciones como Estados Unidos» a esa herencia moderna. García Bárcena sostenía, entonces, una religiosidad cristiana capaz de tomar distancia, lo mismo de los «divinizadores inveterados que quieren indiscriminadamente atribuir origen divino hasta a las lenguas de la humanidad», que de los «cristianos apócrifos», esos «petimetres que proclaman los principios religiosos sin practicarlos ni vivirlos».[77] Esta operación hermenéutica, basada en el respaldo de la autoridad patriótica de Luz y Caballero, es equivalente a la que durante décadas hizo el propio Medardo Vitier con la figura de su maestro Enrique José Varona. Para Vitier, el escepticismo de Varona, construido a partir de lecturas de los grandes sociólogos y filósofos liberales anglosajones, servía de antídoto contra las grandes esperanzas revolucionarias de nacionalistas como Chibás, García Bárcena y tantos otros intelectuales y políticos republicanos.[78]

El debate entre García Bárcena, Vitier y Rodríguez, más allá de sus detalles filosóficos, es revelador de la importancia que adquirió, dentro del campo intelectual del último tramo de la República, la tensión entre las diversas modalidades del cristianismo y otras ideologías laicas o ateas como el marxismo y el liberalismo. El nuevo catolicismo de autores como Andrés Valdespino o Ángel del Cerro, el marxismo heterodoxo de un Carlos Rafael Rodríguez o un José Antonio Portuondo, además del liberalismo republicano, siempre flexible, de escritores como Francisco Ichaso, Jorge Mañach o Medardo Vitier, protagonizaron conflictos doctrinales en la esfera pública de los 50. La pluralidad ideológica de aquellas polémicas es tan visible como la urbanidad de los intercambios entre letrados con orientaciones y simpatías políticas tan contradictorias. Durante los últimos años de la dictadura de Batista y los primeros de la Revolución esas disputas alcanzaron los discursos nacionalistas que sustentaban las políticas intelectuales de las élites. Dos libros claramente posicionados en aquella redefinición del nacionalismo, desde distintos paradigmas doctrinales, y escritos por autores de la generación hija de los grandes intelectuales de los 30, fueron *Pasado y ambiente en el proceso cubano* (1957) de Luis Aguilar León y *Lo cubano en la poesía* (1958) de Cintio Vitier. Aguilar León se enfrentaba al mismo dilema de Pittaluga y García Bárcena: la «letalidad» de la falta de fe de la nación cubana en sí misma.[79] Cuba, según el joven filósofo, sufría una falta de autoestima colectiva que se reflejaba en el hecho de que una «tierra feraz con una potencialidad económica envidiable» tuviera, como «el célebre ministro francés, todas las virtudes menos la de saber utilizarlas». Siguiendo una larga tradición ensayística que se remontaba a los primeros años de la República, Aguilar León diagnosticaba una «flojedad de las convicciones nacionales», una «perpetua autodenigración de los mejores valores» y un «complejo de creencias peyorativas sobre nuestro carácter que saturan el ambiente criollo y nos desmandan el cinismo y la irresponsabilidad».[80] Amparado en filósofos españoles como Ortega y Xubiri, Aguilar León proponía un enfoque historicista para rastrear la persistencia de ciertos rasgos del pasado político cubano como el resentimiento y la violencia. Al igual que Pittaluga, este autor reaccionaba contra el hecho de que ciertos rituales de intransigencia como el sacrificio del indio Hatuey y la protesta de Baraguá fueran considerados «actos fundacionales» del nacionalismo cubano, cuando se trataba de puestas en escena del «resentimiento nacional». Un resentimiento de gran espesor histórico ya que estaba dirigido, en primer lugar, contra el propio pasado: un «rencor de que esté ahí y sea de esa manera y no pueda ser rehecho o modificado a nuestro antojo».[81]

En Cuba, según Aguilar León, se había generado un «ambiente espiritual» y un «clima moral» viciados por la «falta de persistencia de convicciones sustanciales». La historia cultural cubana era una sucesión de rupturas y discontinuidades que oscilaba, perpetuamente, entre momentos de auge y decadencia: el auge de fines del siglo XIX y la decadencia de las primeras décadas republicanas; el ascenso de los años 20 y 30 y el ocaso de los 40 y 50. Esa falta de creencias «radicales y básicas» como la «fe en el saber y la cultura en tanto vehículo de liberación espiritual» o la «confianza en las virtudes del pueblo» había desembocado, fatalmente, en la dictadura de Fulgencio Batista.[82] Aguilar León observaba una falta de reacción cívica frente al 10 de marzo en la cultura política cubana, reveladora, al mismo tiempo, del debilitamiento de las instituciones republicanas y de la gravitación hacia soluciones autoritarias, fueran dictatoriales o revolucionarias.

Fue precisamente Luis Aguilar León uno de los primeros críticos en celebrar la aparición de *Lo cubano en la poesía* (1958) de Cintio Vitier: un ensayo que, aunque centrado en el estudio de la identidad nacional a través de la historia lírica de la isla, abordaba en sus páginas finales el tan llevado y traído problema de la frustración política de los cubanos. En una nota aparecida en el *Diario de la Marina*, en octubre de 1958, apenas dos meses antes de la caída de Batista, el joven filósofo destacaba el hecho de que el ensayo de Vitier −«libro hondo», «faena exploratoria»− fuera publicado en un momento en que «están las cosas nuestras revueltas y dejadas». Elegantemente Aguilar León hacía un guiño aprobatorio a la frase de Vitier de que «la poesía se ha vuelto para nosotros un menester de conocimiento y únicamente de sus testimonios esperamos la verdad». En esa frase, el autor de *Pasado y ambiente en el proceso cubano*, reconocía su propio llamado a que la nueva generación de cubanos, en su «dimensión pensante», se propusiera la «tarea radical de mirar despejadamente el pasado y volverse con firmeza hacia el futuro». Pero Aguilar León, a diferencia de Vitier, no imaginaba esa tarea como una mera arqueología de la cubanidad en cualquiera de sus expresiones literarias, que reforzara la sociabilidad de gremial de un grupo de poetas con parecida sensibilidad, sino como un auténtico exorcismo político que permitiera retomar el hilo de la historia republicana:

El pasado ha sido hasta ahora, para nosotros, lo inmóvil, lo rechazable, lo ajeno, el peso muerto que sólo sirve para destacar el heroísmo de nuestras luchas emancipadoras, la causa de todos nuestros males y el germen de nuestros desfallecimientos. Lejos de comprender y asimilar, hemos amputado y negado, con lo cual nos encontramos con que la esencia de lo cubano, la vertebral estructura de nuestro ser nos es desconocida y extraña. Y andamos a tientas y tropezamos porque no hemos querido ni sabido dar razón certera de dónde hemos venido.[83]

También en el *Diario de la Marina*, pero a mediados de enero de 1959, José María Chacón y Calvo comentó elogiosamente *Lo cubano en la poesía*, con el tono paternal del maestro de crítica literaria. En aquella nota, por cierto, Chacón y Calvo confesaba que el libro de Cintio le había llegado junto con otro de su padre, Medardo Vitier *(Kant; iniciación en su filosofía)*, también publicado por la Universidad Central de Las Villas en 1958. Resulta curioso que en aquel momento, a unas semanas del triunfo revolucionario, Medardo, el padre, a pesar de sus buenas relaciones con políticos batistianos, fuera mejor visto por las nuevas generaciones, que agradecieron su artículo «Los que ven» en el *Diario de la Marina* (5 de febrero de 1959) –donde, entre otras cosas, decía: «Fidel Castro es de los que ven..., ha visto que existen reservas de virtudes en el pueblo cubano..., ha visto que el vigor de la palabra tiene sus fuentes en la verdad, en la razón..., ha visto que no es ilusorio proponerse gobiernos justos y honrados...»– que el hijo, Cintio, quien, durante meses, sería duramente atacado, sobre todo, desde *Ciclón* y *Lunes de Revolución*, por pasiva complicidad con el régimen batistiano y rechazado como miembro del grupo *Orígenes*, símbolo de la alienación intelectual en la República.[84]

El libro de Vitier, aunque concluido en diciembre de 1957, apareció en el momento del tránsito de la dictadura de Batista al primer gobierno revolucionario. No es raro, pues, que el campo intelectual de la isla, aceleradamente polarizado en aquellos meses, colocara *Lo cubano en la poesía* en el centro de los debates. El primer ataque provino de Raimundo Fernández Bonilla en un artículo titulado «La poesía y la Revolución Cubana», aparecido el 26 de enero en el periódico *Revolución*. El artículo fue infructuosamente rebatido por el joven crítico Leonardo Acosta en dos entregas en el periódico *El Mundo* (22 de febrero y 8 de marzo de 1959) que fueron, a su vez, replicadas por Fernández Bonilla en su extensa y farragosa «Refutación a Vitier» en el número único de *Ciclón* de 1959. Finalmente, en el primer número de *Lunes de Revolución*, del 23 de marzo de 1959, luego del jacobino editorial «Una posición», se insertó la durísima reseña de Enrique Berros «Un cubano en la poesía» casi como una continuación de dicho editorial, queriendo sugerir que el nuevo modelo de intelectual revolucionario se colocaba en las antípodas del trabajo crítico y poético de Cintio Vitier.[85]

¿Cuál era el principal reproche de estos jóvenes jacobinos a *Lo cubano en la poesía?* Ni más ni menos, el hecho de que en las páginas finales de su gran ensayo, Vitier, fiel a la divisa lezamiana de enfrentar oblicuamente la frustración política cubana por medio de una entrega incondicional a la literatura, defendiera la autonomía del arte con frases como ésta: «La poesía nos cura de la historia y nos permite acercarnos a la sombra del umbral.»[86] Una relectura superficial de aquellas páginas, sin embargo, nos persuade fácilmente de que Vitier no descartaba la posibilidad de que el problema político cubano lograra una solución satisfactoria en el orden histórico: «Somos libres e independientes por esencia, lo cual no significa que no nos esforcemos hacia la encarnación visible de ese espíritu, según las tradiciones de nuestro siglo épico... No traicionar esa libertad, esa apertura, es el deber más profundo que tenemos. Si somos fieles, podremos llevar a imprevisible plenitud el sacrificio que nos funda.»[87] Pero era evidente que Vitier no asociaba esa posibilidad al proceso revolucionario que tenía lugar ante sus ojos y que el hecho de considerar la solución histórica, sólo, como «posible», le imprimía a su mensaje un tono escéptico, compensado, naturalmente, por una inquebrantable fe poética: «Pero si estamos destinados a la sombría frustración definitiva, que al menos haya siempre entre nosotros voces como las de estos poetas que hemos comentado: verdes voces cantando siempre el misterio de la isla.»[88] Esas voces, según Vitier, eran las que permitían a la cultura cubana acercarse a la «sombra del umbral» y desde allí reencontrar la Palabra y, finalmente, «perderse otra vez en el misterioso rumor de los orígenes».[89]

Para los jóvenes intelectuales orgánicos de la Revolución, esa visión autónoma y mística de la poesía entrañaba una falta de compromiso con la transformación histórica que experimentaba el país. Algunos de aquellos críticos, como Raimundo Fernández Bonilla, llegarían a formular, incluso, en un lenguaje muy parecido al de Lezama y el propio Vitier, la inutilidad de la poesía después de 1959, ya que la Revolución había resuelto el problema político y, hasta entonces, la cultura, en Cuba, sólo había tenido sentido como compensación simbólica de la frustración republicana: «La conciencia fundadora, al encarnar en el gesto excepcional (la Revolución) de nuestros compatriotas, ilumina la crisis y la vence. En tal manera ha invadido la poesía el cuerpo histórico de Cuba, que a veces pensamos en la inutilidad de escribirla, ya que se está realizando diariamente entre nosotros; es decir, se ha hipostasiado la fábula, se ha hecho palpable la leyenda: antes fue imagen, después idea, ahora cosmos.»[90] Apenas unos meses después de estos debates, Lezama estaría escribiendo frases parecidas, como las que dan término al ensayo «A partir de la poesía», y varios años más tarde, el propio Cintio Vitier terminaría suscribiendo la idea central de sus jóvenes críticos: la Revolución de 1959, y no la poesía, era la realización de la imagen en la historia de Cuba, el verdadero reencuentro con los orígenes.

El debate en torno a *Lo cubano en la poesía*, entre fines de 1958 y principios de 1959, reflejó el choque inicial entre dos grandes mitologías de la cultura cubana moderna, que proyectaban la misma ansiedad simbólica: la mitología revolucionaria y la origenista, la política y la letrada, la histórica y la poética. En muy poco tiempo, como advirtiera Lorenzo García Vega, ese choque inicial fue superado y ambas mitologías terminaron acopladas bajo un mismo discurso de poder que reclamaba, para su legitimación, el abandono definitivo del sentimiento de frustración histórica y la plenitud de símbolos que colmaría, finalmente, la ansiedad de mitos nacionales.[91] Esta convergencia nos remite a una observación de Julia Kristeva a propósito del «logos paradójico» de toda revuelta: «La cultura de la revuelta –decía Kristeva– explora la permanencia de la contradicción, lo provisorio de la reconciliación, la evidencia de todo lo que pone a prueba la posibilidad del sentido unitario.»[92] La armonía simbólica generada por la Revolución cubana, con todo su poder de aprovechamiento de energías refractarias, como las que desde el campo intelectual proponían empresas como *Orígenes* o *Ciclón*, apaciguó aquellas revueltas letradas que en las dos últimas décadas republicanas habían intentado sofocar la ansiedad del mito por medio de la sublimación de un arraigado sentimiento de frustración histórica.

TRES NACIONALISMOS REPUBLICANOS

Desde mediados del siglo XIX, los nacionalismos han sido las matrices culturales más fecundas de la modernidad hispanoamericana. Mitos y héroes, imágenes y archivos, catecismos y emociones, valores y complejos han nacido de esa fuente inagotable de prácticas y discursos.[93] Aunque con un retraso de casi cien años, que expone su repertorio poscolonial a un intercambio mayor con las ideologías totalitarias del siglo XX, Cuba también ha experimentado esa reproducción simbólica del nacionalismo.[94] En vez de juntar un nuevo catálogo de huellas del discurso nacionalista en Cuba, ahora me gustaría perseguir los rastros de una práctica sofisticada e inasible: la política que, con apego a tres narrativas del nacionalismo –la liberal, la comunista y la católica–, ejercitan algunas élites intelectuales cubanas entre 1920 y 1960. Estos tres nacionalismos, que corresponden a las tres fuentes doctrinales del Occidente mediterráneo, estudiadas por Donoso Cortés, construyeron sus respectivas repúblicas de las letras e hicieron de la «convivencia intelectual», como diría Julián Marías, una «forma de trato».[95]

Cuando en octubre de 1940 Fulgencio Batista era democráticamente elegido presidente de la República y entraba en vigor una promisoria Constitución, legislada en el verano de aquel año, ya los mitos fundacionales del nacionalismo cubano estaban ampliamente documentados y archivados.[96] Tópicos como la inmolación de José Martí, el oprobio de la intervención norteamericana, la decadencia de la República de «Generales y Doctores» o el rechazo al latifundismo, eran recurrentes en la mentalidad de las élites intelectuales y políticas. Sería exagerado afirmar que la revolución popular contra la dictadura de Gerardo Machado logró difundir una cultura democrática o, por lo menos, antiautoritaria, pero sí fue perceptible una renovación cívica que aspiraba a corregir ciertos hábitos de la vida pública, como la demagogia, el peculado o la displicencia, asociados a ese complejo disfuncional que Fernando Ortiz y Jorge Mañach llamaban *choteo*.[97] Ese impulso de renovación cívica fue la plataforma moral sobre la que se crearon las reglas de convivencia dentro del campo intelectual.

*Liberales y comunistas*

El importante escritor comunista Juan Marinello se refirió a los años 20 como una «década crítica» con una «fisonomía singular».[98] En buena medida, la gran transformación cívica de

93

aquellos años, que cristalizó en una nueva e intensísima sociabilidad intelectual, fue vista por varios de sus protagonistas
como una regeneración espiritual que permitiría dejar atrás un
conjunto de taras psicosociales de la cultura cubana, resumidas
de manera apretada en la sintomatología del *choteo*. El propio
Marinello evocaría aquel reformismo cultural de la década del
20, cincuenta años después de la fundación de la *Revista de
Avance*, ya en plena etapa revolucionaria:

> Hacia 1920 se siente con urgencia el peso de un agota-
> miento que debe ser superado sin tardanza. Como tantas ve-
> ces ocurre, los que padecían la angustia no tenían clara idea
> de sus orígenes, aunque sí la decisión de superarla. Los que te-
> níamos los años del siglo, sufríamos la aguda ansiedad de los
> cambios primordiales en todos los campos: en los de la políti-
> ca y la cultura en primer término. Medítese en que fueron los
> tiempos de la fundación del Partido Comunista de Cuba, de
> la llamada Revolución Universitaria, de la Protesta de los Tre-
> ce, de Venezuela Libre, de la Universidad Popular José Martí,
> del Grupo Minorista, del Movimiento de Veteranos y Patrio-
> tas, de la Revista de Avance. ¿Qué otra década ofrece similar
> conjunto de inquietudes anunciadoras?[99]

Es cierto que muchos de los juicios de actores intelectuales
de los 20, emitidos desde la coyuntura de la Revolución en el
poder, redundaban, por lo general, en un aprovechamiento teleológico de las contradicciones de la vida cultural republicana.
Marinello, Carpentier y, en menor medida, Martín Casanovas
y José Zacarías Tallet, es decir, los cuatro editores de la *Revista
de Avance* (1927-1930) con militancia o simpatía comunistas,
presentaron aquella publicación y, en general, a la generación
del 27 cubano como una élite polarizada entre dos alas: la izquierda, encabezada por ellos mismos, y la derecha, personificada por Jorge Mañach, Francisco Ichaso y Félix Lizaso.[100] En

varios testimonios de 1967, durante los festejos por el cuadragésimo aniversario de la revista, Marinello insistió en una supuesta médula reaccionaria, conservadora y derechista de Mañach, Lizaso e Ichaso, que explicaría la oposición que, treinta años después, asumirían los tres frente a la Revolución de Fidel Castro:

Todo empieza a esclarecerse si se tiene en cuenta que Lizaso, Ichaso y Mañach fueron representantes típicos de su clase. La vacilación propia de la pequeña burguesía los llevó alguna vez hacia criterios que pudieran calificarse de progresistas. Fue sólo el efecto de reclamos que no podían desoír y que no suponían una militancia discrepante ni un compromiso ideológico. Tan pronto se definieron los campos y la acción política fue polarizándose hacia el combate al imperialismo o hacia la aceptación y el respaldo, los tres escritores, que aparecen alguna vez cercanos a la causa popular, obedecen a los objetivos de su clase y se pasan al campo enemigo.[101]

Carpentier, por su lado, en la conferencia «Un ascenso de medio siglo» (1977), por el cincuentenario de la revista, dividió ya no al grupo editorial, sino a toda la generación antimachadista en tres corrientes: una izquierda comunista o nacionalista (Julio Antonio Mella, Nicolás Guillén, Juan Marinello, Rubén Martínez Villena, Pablo de la Torriente Brau, Emilio Roig de Leuchsenring, José Antonio Fernández de Castro, Raúl Roa, José Zacarías Tallet y él mismo...), un centro pequeñoburgués (Conrado Massager y Amadeo Rodán) y una derecha, conformada por Jorge Mañach, Francisco Ichaso y Félix Lizaso, «entregados al orteguismo más desaforado, admiradores de Ortega, creyendo en el alcance filosófico de la obra de Ortega, viendo en el ensayismo un poco gratuito de Ortega la gran forma literaria: porque Ortega nos hizo un daño terrible a los latinoamericanos de mi generación, al hacernos creer que se podía escribir un ensayo sobre cualquier cosa».[102]

Más allá de esa profesión de fe antiorteguiana de Carpentier, tan frecuente en el peor marxismo latinoamericano y que parece desconocer deliberadamente que las dos cualidades del ensayo, desde Montaigne, son precisamente la gratuidad y el universalismo, es interesante advertir que en este juicio, la derecha machadista, representada por intelectuales de generación anterior, como Ramiro Guerra y Orestes Ferrara, y escritores jóvenes, como Alberto Lamar Schweyer, quedaba fuera del campo de fuerzas descrito. Según Carpentier, un intelectual como Lamar, cuyas obras eran comentadas en la *Revista de Avance* y fueron tan polémicas a fines de aquella década, estaba ubicado en el terreno de la traición generacional: «Había un traidor, el único traidor del grupo, que se fue resueltamente con Machado cuando se afirmó el horror de la tiranía machadista; fue Alberto Lamar Schweyer, que se las daba de filósofo y verdaderamente era un simulador porque se había especializado en Nietzsche.»[103]

Curiosamente, fue el crítico de arte Martín Casanovas, nacido en Barcelona –tal vez el colaborador más cercano de Marinello en los avatares de la revista–, quien dejó el testimonio más flexible sobre la pluralidad de *Avance*. En 1965, un año antes de morir, Casanovas escribió el prólogo a la *Órbita* que le dedicó el Instituto Cubano del Libro a la mítica publicación. Allí Casanovas, luego de reconocer la centralidad de Juan Marinello –«eje y promotor», le llama– en la revista, señalaba que *Avance* era la cristalización editorial de una plataforma adelantada por la Protesta de los Trece y el Grupo Minorista, cuyos cuatro elementos primordiales eran la vanguardia, el nacionalismo, la democracia y el latinoamericanismo, es decir, la oposición a la dictadura de Gerardo Machado desde una triple perspectiva de renovación estética, libertad de expresión y rechazo a la injerencia de Estados Unidos en Cuba y América Latina.[104]

Sin embargo, en ese prólogo, Casanovas siempre habla de un «grupo editor» compuesto por cuatro intelectuales, Juan Marinello, Jorge Mañach, Félix Lizaso y Francisco Ichaso, que compartía aquella plataforma vanguardista, democrática, nacionalista y latinoamericana. Casanovas resumió ese «activo» de *Revista de Avance* con la frase «espíritu americano», ya que, a su juicio, la publicación había «desplegado un esfuerzo, constante y tesonero, por sacar a Cuba de su insularidad y de un aislamiento que, si en lo político la catalogaba como una colonia yanqui, en lo cultural no la había desprendido aún del cordón umbilical que la unía a España».[105] En ningún momento de su prólogo Casanovas habla de profundas discrepancias entre los tres comunistas, Marinello, Tallet, él mismo, y los liberales: Mañach, Lizaso e Ichaso. De hecho, la versión de Casanovas sobre el cierre de la revista no coincide exactamente con la de Marinello, ya que mientras éste atribuía la clausura a su encarcelamiento, tras la manifestación estudiantil del 30 de septiembre, aquél insinuaba que la publicación cerró, además, porque Mañach, Lizaso e Ichaso no habrían estado dispuestos a suscribir editorialmente el comunismo cada vez más protagónico de Marinello.[106]

En todo caso, frente a la ausencia de un posicionamiento crítico en torno a Mañach, Lizaso e Ichaso, hacia 1965, en «plena vigencia revolucionaria», como decía Casanovas, los editores del Instituto Cubano del Libro se sintieron obligados a insertar una nota al pie, luego de uno de los párrafos más significativos de aquel prólogo. Una lectura simultánea de ambos textos permite advertir la diferente concepción del legado intelectual republicano que se involucra en los mismos y, sobre todo, la contrapuesta asunción de las ideologías políticas en el campo cultural. Mientras Casanovas reconocía sin juicios extemporáneos la plena agencia de Mañach, Lizaso e Ichaso en *Avance*, los editores del Instituto Cubano del Libro, más en sintonía con el discurso establecido por Marinello, Carpentier y otros escritores marxistas luego del triunfo de la Revolución, contraponían las biografías políticas de los tres liberales a las de los tres comunistas: el propio Marinello, Carpentier y Tallet.

El texto de Casanovas decía así:

En 1930 los hechos, con su impacto dialéctico irresistible, plantearon a *Revista de Avance:* morir o tomar otros rumbos. La situación exigía algo más concreto y radical que una publicación restrictivamente literaria; la problemática estética y la introspección tenían que dar paso a la acción. Es seguro que los «cuatro» –Marinello, Mañach, Lizaso e Ichaso–, en masa y al unísono, no hubiesen aceptado esta responsabilidad.[107]

La nota de los editores agregaba:

Mientras Juan Marinello presidiría después el Partido Socialista Popular, siendo uno de nuestros principales intelectuales revolucionarios, los otros tres editores asumirían, en grado variable, una posición conservadora. De ellos, el de obra más estimable fue Jorge Mañach, y el de menos seriedad, Francisco Ichaso. Ambos murieron en el exilio, después de 1959. Félix Lizaso vive fuera de Cuba. En cuando a Alejo Carpentier, José Z. Tallet y Martín Casanovas, que fungieron también como editores de *Revista de Avance,* son hoy intelectuales al servicio de la Cuba revolucionaria.[108]

Más allá del escamoteo de una herencia plural, determinado por la insistente demanda de legitimación simbólica del orden revolucionario, la disputa por el legado de *Revista de Avance* se inscribe dentro de la compleja dialéctica de las tradiciones intelectuales del nacionalismo cubano. La fusión entre nacionalismo y comunismo, producida por el sistema político socialista a partir de 1961, proyectó sobre los discursos históricos del pasado una recurrente distinción entre lo *nacional* y lo *antinacional,* lo *cubano* y lo *anticubano,* en tanto categorías que desplazaban hacia el terreno de la identidad cultural la dicotomía política entre la *Revolución* y la *Contrarrevolución.* De esa manera el discurso oficial de la cultura socialista se movilizó contra la diversidad del nacionalismo republicano, asumiendo como enemigos sus variantes liberales, democráticas o reformistas y expresando fuertes reservas doctrinales sobre sus versiones católicas o no marxistas.

Sin embargo, una aproximación superficial a *Revista de Avance* arroja que la garantía del dinamismo y la eficacia públicas de aquella intervención intelectual fue, precisamente, la coexistencia de varios discursos nacionalistas dentro de un mismo proyecto editorial. En *Avance* se publicaron ensayos no sólo marxistas, sino frontalmente anticapitalistas y antiimperialistas como «El capitalismo y la inteligencia» de Martín Casanovas, en el que se sostenía que «el intelectual al servicio del capitalismo, debe claudicar consigo mismo, traicionar a su conciencia, ser un desertor de la inteligencia», o «Sobre la inquietud cubana» de Juan Marinello, en el que aparece una de las formulaciones más precisas y abarcadoras de la emergencia cultural de la década del 20. Luego de argumentar que el retraso de Cuba en materia de cultura era producto de una «condición provincial», determinada por una «realidad jurídica» –la Enmienda Platt– y una «realidad económica» –la «absorción económica por los intereses norteamericanos»–, Marinello concluía en enero de 1930:

Convencida de que por los caminos usuales –casi nunca transitados por la buena fe– no ha de resolverse en bien de Cuba, la *agonía antillana* busca nuevos rumbos. Casi todos parecen llevarla a una solución anticapitalista. Si las armas del imperialismo –absorción directa y ya no disimulada de Cuba– están construidas con metales capitalistas, parece lógico –y urgente– combatir la causa y no el efecto. Pero también este convencimiento, esta dolorosa certeza, se encierra hoy por hoy en algunas bibliotecas y en un grupo de espíritus sin real influencia en los destinos públicos de Cuba.[109]

Sin embargo, en ese mismo texto, Marinello se apoyaba en *La crisis de la alta cultura* de Mañach –quien, «con su agudeza acostumbrada, ha señalado como una de las causas del estancamiento político de Cuba la ausencia de posibilidades económicas que den al ciudadano libertad para enjuiciar limpia y enérgicamente la acción pública»– para proponer la opción socialista.[110] La alusión a la *agonía antillana*, título de un célebre ensayo de Luis Araquistaín, reseñado por Jorge Mañach en el primer número de *Avance*, tampoco era gratuita. Para Marinello, la buena recepción de las tesis antiimperialistas de Araquistaín, Waldo Frank y Leland Jenks, junto con las críticas de la Sexta Conferencia Panamericana, la denuncia de la dictadura de Juan Vicente Gómez y el apoyo a la independencia de Puerto Rico –todas causas también defendidas por Lizaso, Ichaso y Mañach– eran los aportes fundamentales de *Avance* –una revista inicialmente concebida desde un perfil estético y literario muy concentrado– a la cultura política del antimachadismo.

De lo anterior se desprende que los juicios sobre los liberales de *Avance* (Mañach, Lizaso e Ichaso) por parte de comunistas o marxistas (Marinello, Carpentier, Casanovas, Roa, Portuondo, Aguirre o Fernández Retamar) se volvieron más radicales después de la Revolución de 1959. En 1977, el mismo Marinello diría de Mañach que, aunque «de buena cultura y mejor pluma, era de entraña conservadora, que llegó a reaccionaria al insertarse en una familia de magnates españoles»; de Paco Ichaso, que aunque «de gracias expresivas innegables, era un oportunista encarnizado»; y de Lizaso que «era un tímido esencial que debía terminar, como sus dos colegas, atacando la Revolución».[111] Ese juicio, que fuera reiterado casi editorialmente por la intelectualidad oficial del socialismo cubano, tiene una versión similar en una anécdota atribuida por Renée Méndez Capote a Gabriela Mistral. Según el relato, en un almuerzo con Marinello, Mañach e Ichaso, la Mistral, como una pitonisa de la Revolución, le dijo premonitoriamente a cada uno:

Tú, Juan, eres un hombre de raíces e ideas firmes, escogerás tu camino y lo seguirás hasta el fin, nada te desviará. Llegarás a donde debes llegar. Además, eres de verdad cubano. Tú, Jorge, eres un hombre sin patria: tu patria es tu interés personal. Eres vacilante y como no tienes raíces, no afincarás. Y tú, Paco, eres un patán.[112]

La obra ensayística de Juan Marinello, antes de la Revolución de 1959, está concebida, de algún modo, como un diálogo crítico con Jorge Mañach, basado en el respeto y la admiración hacia un intelectual plenamente cubano, aunque partidario de una ideología política distinta. Ahí están, para corroborar dicho debate civilizado, el tono amigable de la polémica sobre la «actitud crítica» de 1925, el elogio de Marinello a *La indagación del choteo* de Mañach en 1928 («nunca, hasta hoy, un análisis más cuidadoso ni una visión más personal de nuestra burla criolla. Por primera vez se atacó el problema de nuestra peculiar actitud burlesca frente a la vida con rigor mental a un tiempo que con amplia y humanísima simpatía»), o aquel párrafo admirable sobre Enrique José Varona, que Juan Marinello publicara en México en 1937:

Sospecha Jorge Mañach que la fatalidad implícita en el positivismo distanció a Varona del machete y del comicio: si las cosas han de llegar a ser fatalmente, nada se obtiene de empujarlas a que sean. No aparece esta conciencia mecanicista en la palabra de Varona y el mismo temario de su obra muestra un deseo ahincado de adelantarle terapéuticas a su Isla desdichada. Ocurría, simplemente, que Varona estimaba cumplida su función social, entregando al pueblo la medicina largamente depurada. La aplicación del tratamiento cabía a mentes menos distraídas que la suya por inquietudes universales.[113]

Este tipo de intercambio crítico, desde patrones de reconocimiento mutuo de la legitimidad intelectual y política de diversas subjetividades y discursos, era frecuente en la cultura republicana. Se trata del nexo intelectual propio de un pacto republicano, en el que diferentes ideologías y estilos respetan ciertas normas de convivencia dentro del campo literario. En el otoño de 1927, por ejemplo, Rubén Martínez Villena y Jorge Mañach tuvieron una polémica epistolar, en *El País*, que por momentos alcanzó tonos violentos. A propósito de un homenaje a Martínez Villena propuesto José Antonio Fernández de Castro y Félix Lizaso, al cual Mañach consideraba inmerecido, el autor de *Historia y estilo* se refería al «mito en torno a nuestro Rubén de Cuba», a «un halo prematuro en torno a su figura», cuando se trataba de un «poeta con mínima ejecutoria conocida, cuyo prestigio singular e insólito, está, aparentemente, fuera de proporción con su ejecutoria ostensible». Martínez Villena respondió a estos juicios con dos cartas, en las que sin abandonar el trato de «afectísimo admirador y amigo», acusaba a Mañach de «cesarismo» crítico, de «vicediós de la generosidad» y de ser como un «aeronauta», que «conoce de una sola ojeada el área y el trazado verdadero de una ciudad que recorre casi ciego». Sin embargo, las palabras finales de la segunda carta son, a todas luces, una lección de elocuente cortesía: «Al fin y al cabo, en muchas cosas estamos de acuerdo. Después de esta escaramuza nos conoceremos mejor y es siempre saludable entre los que marchan relativamente juntos; que ya tú y yo, aunque viajando en artolas, hemos hecho juntos alguna excursión final.»[114]

Una impresión similar deja la lectura de la famosa carta –tan llena de lugares comunes del materialismo histórico–, de noviembre de 1931, de Raúl Roa a su «amigo» Mañach («Reacción versus Revolución»), a propósito de un debate entre este último y Porfirio Pendás, o un breve repaso de las varias referencias a *Historia y estilo* en el interesante estudio de José Antonio Portuondo, «Períodos y generaciones en la historiografía literaria hispanoamericana», publicado en México, en 1948, por *Cuadernos americanos*.[115] Luego de una larga cita de «El estilo en Cuba y su sentido histórico», el famoso discurso de ingreso de Mañach a la Academia Nacional de Letras y Artes de Cuba, Portuondo anotaba entonces: «El proceso político y estilístico vuelven a encontrarse aquí, determinados por una común *voluntad de forma*, para emplear el término acuñado por Riegl y por Worringer en que se apoya Mañach, sin nombrarlos.» El planteamiento es íntegramente correcto ya que, como afirma Josef Nadler:

Hay que admitir, en efecto, la posibilidad de comparar entre sí no sólo las artes todas, sino de comparar también en el plano de la historia del estilo todas las manifestaciones de la vida, no sólo las de las artes, sino también las del Estado, la ciencia, la religión y el modo de concebir la vida.[116]

Las políticas intelectuales del comunismo cubano, antes y después de la Revolución de 1959, fueron muy diferentes. Antes, los comunistas respetaban un pacto republicano y democrático, en el que era preciso coexistir junto a otras corrientes doctrinales y políticas. Que respetaran dicho pacto no quiere decir que no se enfrentaran con vehemencia al liberalismo de intelectuales como Jorge Mañach, con quien Marinello, por ejemplo, sostuvo, desde *Hoy*, una acalorada polémica sobre el papel histórico de Estados Unidos y la Unión Soviética, en el verano de 1946.[117] Pero después de 1959, alentados por un gobierno que postulaba el marxismo-leninismo como ideología oficial, los comunistas fueron más proclives a la construcción de ortodoxias culturales. Esta diferencia se percibe claramente en proyectos editoriales sumamente flexibles y plurales como la propia *Revista de Avance* y, luego, en los años 50, la revista *Nuestro Tiempo* (1954-1959). Esas reglas de convivencia, establecidas por el pacto republicano, se construían sobre un trasfondo simbólico común: el nacionalismo. Sólo que al entrar en contacto con las diferentes ideologías, estéticas y políticas, aquel nacionalismo se desdoblaba en múltiples versiones de lo nacional, capaces de dialogar sin que las discrepancias se afirmaran en el monopolio simbólico de la identidad.

Así se explica que fuera el propio Marinello quien comentara *La crisis del patriotismo* de Alberto Lamar Schweyer en la *Revista de Avance*, que las mejores semblanzas de Waldo Frank se debieran a las plumas de Mañach y Lizaso o que fuera precisamente Francisco Ichaso quien desarrollara algunos de los aspectos más interesantes de la crítica de costumbres, en su artículos sobre la cursilería, el respeto o el «embullo», y que ponderara el cuestionamiento de la ideología fascista del entonces joven y prolífico Rafael Esténger.[118] El trasfondo nacionalista, vanguardista y latinoamericanista es constatable en los cuatro editores que más colaboraciones escritas aportaron a la revista: Ichaso, Mañach, Marinello y Lizaso. Fue Lizaso quien advirtió sobre el sutil panamericanismo de Frank: «El acercamiento [entre las dos Américas] ha de ir intentándose; pero independientemente cada América deberá adquirir su propio temple espiritual, a un mismo grado de temperatura si fuera posible.»[119] Y fue Marinello quien, a pesar de fustigar el proyanquismo del entonces embajador cubano en Washington Orestes Ferrara, reconoció el talento y la ironía de este importante intelectual de la derecha machadista y hasta reseñó su curioso libro *The Private Correspondence of Nicolo Machiavelli* (Baltimore, The Johns Hopkins Press, 1929), una de las primeras disertaciones modernas sobre la dualidad republicano/monarquista del gran pensador florentino.[120]

Félix Lizaso, quien al igual que Mañach e Ichaso se exiliaría tras la llegada de Fidel Castro al poder, concedió a Marinello un lugar protagónico en el ensayo cubano de la República en su antología *Ensayistas contemporáneos* (1938) y en su principal proyecto historiográfico sobre la cultura nacional: *Panorama de la cultura cubana* (1949).[121] A su vez, Marinello, ya en plena Guerra Fría y en un momento de intensa polarización entre liberales y marxistas dentro de la cultura cubana, como el año 1950, suscribía el juicio de Lizaso sobre Rubén Martínez Villena: «El eminente crítico Félix Lizaso, en su reciente libro *Panorama de la cultura cubana*, hablando de la Protesta de los Trece, protesta que, dirigida contra la corrupción del gobierno de Alfredo Zayas, encabezó Rubén, dice las siguientes palabras: "Aquel acto se ha considerado como inicial en la intervención de la juventud en la vida pública, dando una fórmula de sanción y actividad revolucionaria a los intelectuales cubanos".»[122]

De manera que bajo las normas del pacto republicano, intelectuales de diversa orientación ideológica eran capaces de acomodar sus poéticas y sus políticas en una plataforma mínima, a la que cedían, contractualmente, aquellas demandas más extremas. En el manifiesto editorial de *Revista de Avance*, en 1927, que asumía el legado de la Protesta de los Trece y del Grupo Minorista, se plasmaba ese arreglo contractual, al hacer el balance de los veinticinco primeros años de vida republicana. Llama la atención que aquel programa, suscrito, al menos, por tres comunistas –Carpentier, Marinello y Casanovas– y por tres liberales –Mañach, Lizaso e Ichaso–, reconociera las ventajas para Cuba de la cercanía geográfica con Estados Unidos y admitiera el «avance material» del primer cuarto del siglo XX cubano.

Vistos en nuestra eternidad, el avance ha sido considerable. Podría, en algunos sectores, tenerse por gigantesco. La cercanía y la íntima conexión con un pueblo que vive días de fuerte juventud, han producido la transformación material de nuestra vida, incorporándonos a las corrientes de sus increíbles improvisaciones. Nuestro progreso espiritual e ideológico no ha corrido parejo a esta transformación, importante, pero superficial... En lo que toca a nuestra vida intelectual, y dentro de ella, al esfuerzo puro, la liquidación de este cuarto de siglo no resulta lisonjera.[123]

Marinello mismo continuaría formulando así la necesidad de un proyecto plural como *Avance*, cuando varias décadas después ubicaba las limitaciones de las dos principales revistas de la primera República (*Cuba Contemporánea*, 1913-1927, y *Social*, 1916-1938, dirigidas, respectivamente, por Carlos Velasco y Mario Guiral Moreno y por Conrado W. Massaguer y Emilio Roig de Leuchsenring) dentro de una concepción «instrumental» de la literatura y el arte, caracterizada por la «letra sin sorpresa», en la que la producción cultural quedaba subordinada a demandas políticas, comerciales y administrativas.[124] Lo que en una percepción superficial podía asumirse como el lanzamiento de una estrategia de vanguardismo estético, que eludiera la centralidad de la política, era en realidad, según Marinello, una nueva manera de formular la relación entre lo político y lo artístico. Y esa nueva visión partía del principio de un «cubanismo universal», afincado, en primera instancia, sobre un entorno «americano» que ha rebasado la condición «para ser», alcanza la condición «en ser» y, por medio de un «grito agonal», de «combate para no morir», demanda al intelectual «resonancia fiel a la huida americana, lealtad a la pugna dolorosa de sentirse extraño en la carne propia».[125]

Esta idea, escrita por Marinello en el Presidio Modelo de Isla de Pinos, adonde fue a parar por su activismo comunista contra la dictadura de Gerardo Machado, e insertada en un texto sobre la literatura de Luis Felipe Rodríguez –donde, por cierto, la noción de la «huella de la huida americana» es atribuida a Jorge Luis Borges–, es, de algún modo, el eje simbólico de las tres políticas intelectuales del nacionalismo cubano a mediados del siglo XX: la comunista, la liberal y la católica. Tres variaciones, distintas pero comunicables, contradictorias pero traducibles, de una misma postulación de la identidad nacional desde la cultura y de una parecida aproximación a la política desde el campo intelectual. Entre 1940 y 1960, esos tres nacionalismos, que habían coexistido embrionariamente en la tercera década republicana dentro del Grupo Minorista y la *Revista de Avance*, producirían ciudades letradas más orgánicas, como la católica –*Nadie Parecía*, *Verbum*, *Espuela de Plata* y, sobre todo, *Oríge-*

*nes* (1944-1956)–, la comunista –*La Gaceta del Caribe* (1944) y *Nuestro Tiempo* (1954-1959)– y la liberal: *Diario de la Marina, Bohemia* y, en cierta medida, *Ciclón* (1955-1959). Las tensiones entre los tres nacionalismos se agudizaron con el avance de la Guerra Fría y sus proyecciones dentro de la política cubana. La presidencia de Carlos Prío Socarrás (1948-1952) y, sobre todo, la dictadura de Batista (1952-1958) reflejaron en el campo intelectual un intenso forcejo de ideologías y estéticas, en buena medida, gracias a la dilatación que experimentó la esfera pública en esos quince años. A la par de un espacio editorial y periodístico sumamente plural y dinámica, surgieron nuevas instituciones como la Universidad de Oriente, la Universidad Central de Las Villas, la Universidad Santo Tomás de Villanueva y la Sociedad Cubana de Filosofía, las cuales, junto a otras que funcionaban desde décadas anteriores como la importante institución femenina el Lyceum, impulsada por Berta Arocena, Renée Méndez Capote y Camila Henríquez Ureña, garantizaron la infraestructura de una actividad intelectual caracterizada, fundamentalmente, por su polémica diversidad. Tan sólo habría que recordar que a mediados de los 50 coexistían en la esfera pública cubana una corriente liberal o republicana (Jorge Mañach, Roberto Agramonte, Elías Entralgo, Humberto Piñera Llera, Rafael Esténger, Francisco Ichaso, Luis Aguilar León...), otra marxista (Juan Marinello, Carlos Rafael Rodríguez, Mirta Aguirre, Raúl Roa, Nicolás Guillén, José Antonio Portuondo...) y otra católica o cristiana (Gastón Baquero, Rafael García Bárcena, José Ignacio Lasaga, Medardo Vitier, Dionisio de Lara, Mercedes y Rosaura García Tudurí...).

La coexistencia entre dichas corrientes fue siempre polémica y civilizada. Los recurrentes debates entre Marinello, Mañach y Baquero, por ejemplo, dan cuenta de aquellos intensos conflictos intelectuales, modulados por el respeto a las normas republicanas de convivencia. Entre 1957 y 1962, fue destruido el pacto republicano y las diferencias ideológicas y estéticas ya no pudieron ventilarse públicamente, sin eludir la extrema polarización de la vida política cubana. A partir de entonces, la discordia invadió el campo intelectual, no sólo como la inevitable confrontación de ideas entre las grandes corrientes nacionalistas, sino como ruptura entre las diversas generaciones y las diferentes opciones políticas dentro de una misma orientación doctrinal. Nada más revelador de aquella difusión de la enemistad intelectual que el pasaje de la «Epístola al modo de Rubén Darío», incluida en *Cuba en la cruz* (1960), el primer libro de Rafael Esténger en el exilio, en el que este importante escritor liberal renegaba de su maestro y amigo Jorge Mañach por el apoyo que el autor de la *Indagación del choteo* brindó a la Revolución durante sus dos primeros años.[126] Del lado revolucionario, las muestras de descalificación de la intelectualidad republicana y exiliada no harían más que acumularse en los siguientes treinta años, por lo menos. Basten los datos sumamente conocidos de que autores como Gastón Baquero, Lino Novás Calvo, Roberto Agramonte, Humberto Piñera Llera, Carlos Montenegro y Guillermo Cabrera Infante fueron excluidos del *Diccionario de la Literatura Cubana* (1984), editado por el Instituto de Literatura y Lingüística, y que algunos que sí se incluyeron, como Rafael Esténger, Emeterio Santovenia, Francisco Ichaso, Jorge Mañach, Lydia Cabrera y Félix Lizaso fueron descalificados como «batistianos» y «contrarrevolucionarios».

La agudización del conflicto ideológico, provocada por el triunfo revolucionario de 1959 y la radicalización marxista-leninista de un proceso que en sus inicios parecía preservar el nacionalismo dentro de las formas plurales del pacto republicano, produjo una profunda polarización del campo intelectual cubano. Dicha polarización explica que algunos de los intelectuales públicos que, con mayor lucidez liberal, habían defendido críticamente la Revolución, desde las páginas de la revista *Bohemia*, como Herminio Portell Vilá, Jorge Mañach, Andrés Valdespino, Ángel del Cerro, Agustín Tamargo o Luis Ortega Sierra, ya en octubre de 1960 aparecieran publicando artículos similares, aunque decididamente opuestos al gobierno de Fidel Castro, en las páginas de *Bohemia Libre*, la edición exiliada de la mítica revista cubana que emprendieron, en Nueva York, su director Miguel Ángel Quevedo, el periodista Antonio Ortega y el escritor Lino Novás Calvo.[127] Aunque el tono de aquellos primeros números de *Bohemia Libre* era bastante moderado, puesto que se basaba en la observación de que el proyecto revolucionario estaba siendo secuestrado por las élites comunistas, la publicación no pudo evitar la inserción de textos contra intelectuales que apoyaban la Revolución como «En torno a las revelaciones de un dirigente comunista» de Valdespino contra Carlos Rafael Rodríguez, «El poema que ya no recita Nicolás Guillén» de Armando de Selis y el agresivo texto de Agustín Tamargo «Carpentier, traidor a la cultura».[128] Tamargo, en un estilo que se volvería su seña de identidad periodística, acusaba a Carpentier —«que se autollama mitad francés porque tiene a menos confesar que es mitad judío»— de ambición y de cobardía, ya que mientras la juventud cubana luchaba contra la tiranía de Batista, él hacía dinero en Caracas: «El talento al servicio de la mezquina pasión del dinero es repugnante. A las órdenes del despotismo es sencillamente despreciable.» Y remataba: «Cuando Cuba sea libre otra vez, la joven generación criolla le pedirá cuentas. Para que explique, entonces, si es que puede, por qué alquiló un talento de primer orden a un régimen cuartelario de última categoría.» Tamargo dedicó textos similares a Armando Hart, José Antonio Portuondo y Guillermo Cabrera Infante: «... un personaje en el mundo comunista... ¡Qué hundida tiene que estar Cuba para que estos microbios hayan alcanzado la categoría de personajes!». Pero, tal vez, el texto de Tamargo que mejor resume el cuestionamiento de la lealtad de los intelectuales a la Revolución es «Los descarados», donde establece un contraste entre la pasividad política en época de Batista y el fervor revolucionario en época de Fidel que demostraban, a su juicio, catorce escritores cubanos: Virgilio Piñera, Guillermo Cabrera Infante, José Lorenzo Fuentes, Enrique Labrador Ruiz, José Lezama Lima, Fernando Ortiz, Emilio Roig de Leuchsenring, Onelio Jorge Cardoso, Dora Alonso, Pablo Armando Fernández, Antón Arrufat, Nivaria Tejera, Harold Gramatges y Lisandro Otero.

Éstos son los patriotas que ahora quieren vetar a los demás. Éstos son los puros. Éstos son los limpios escritores que pretenden acusar a Francisco Ichaso, a Gastón Baquero, a Emeterio Santovenia, a Cintio Vitier y a tantos y tantos verdaderos valores, porque un día pertenecieron a algún jurado, o formaron parte de alguna comisión bajo el gobierno de Batista... ¿Son estos camajancitos de 30 años los que creen tener moral para juzgar a los escritores viejos, los que creen que pueden opacar una conducta como la de un Mañach, un Cintio Vitier o un Agustín Acosta?[129]

Este artículo encendido de Tamargo provocó, como es sabido, una carta de Jorge Mañach desde San Juan, Puerto Rico, en la que el destacado ensayista y pensador, semanas antes de morir, reconocía públicamente su decepción con el gobierno revolucionario y anotaba su esperanza de un regreso a una Cuba democrática: «Volveremos a nuestra tierra, doloridos de la ilusión maltrecha, pero con la conciencia limpia.»[130] A diferencia de estos textos de Tamargo, el de Armando de Selis sobre Guillén todavía respetaba, a pesar de la polarización del momento, las normas del viejo pacto republicano de las letras. Como introducción al poema «Fusilamiento» de Guillén, en el que, referidos a la dictadura de Batista, se leían los versos: «Van a fusilar a un hombre que tiene los brazos atados; / hay cuatro soldados para disparar», De Selis insertaba el siguiente párrafo:

El más grande poeta cubano ha tenido la desgracia de ser comunista. Pero como Nicolás Guillén, a pesar de ser el más grande poeta cubano, no está exento de hacer política –como ordena inflexiblemente el Partido–, el argumento político de sus poemas ha tenido que hacer todos los giros y maromas de la veleta comunista criolla.[131]

Aunque escaso, el tono respetuoso en el debate intelectual, desde el exilio, no estuvo ausente en aquellos años de máxima confrontación ideológica. Gastón Baquero, por ejemplo, en su ensayo *La evolución del marxismo en Hispanoamérica* (1965), se refería muy elogiosamente a la poesía de Rubén Martínez Villena –«un gran poeta, un romántico, un idealista burgués a quien aquello de las abstrusas concepciones marxistas no le calaba a lo hondo»– y hablaba de los *Siete ensayos de interpretación de la realidad peruana* de José Carlos Mariátegui como un «clásico de la literatura socialista del Nuevo Mundo, un modelo de pugna ideológica espontánea, de la fricción mental que se produce entre la mente de Marx y la mente de un sociólogo y un político hispanoamericano que quiere actuar con honestidad y decoro intelectual».[132] Otra muestra del choque civilizado de ideas, por parte de un intelectual del exilio, se encuentra, precisamente, en el estudio que el importante ensayista liberal y católico Andrés Valdespino dedicó a su maestro y amigo Jorge Mañach. Cuando Valdespino, un crítico resuelto del comunismo como sistema filosófico y político, debió enfrentarse a la valoración de la obra de Juan Marinello lo hizo con mesura y justicia. Luego de afirmar que los cuatro ensayistas cubanos contemporáneos de Mañach más importantes fueron Francisco José Castellanos, Francisco Ichaso, Félix Lizaso y Juan Marinello, Valdespino anotó que la «labor de Marinello como ensayista estuvo caracterizada por su poético lirismo y su cuidado de estilo», aunque no dejara de criticar «la parcialidad política a que lo forzaba su militancia comunista». En otro pasaje de esta misma obra, *Jorge Mañach y su generación en las letras cubanas* (1971), concluyó Valdespino:

Marinello escribió varios trabajos críticos sobre la significación literaria de Martí y sobre temas preferentemente relacionados con el sentido social de la literatura. Como crítico, Marinello revela una fina sensibilidad para matices sutiles, pero su juicio está siempre afectado por la ideología marxista que lo lleva con frecuencia a valoraciones donde lo sociológico y lo político predominan sobre lo estético.[133]

En esta valoración de Andrés Valdespino, un intelectual católico, aunque adscrito a la tradición liberal personificada por Jorge Mañach, sobre Juan Marinello, escritor emblemático del marxismo republicano, se cifra el conflicto ideológico entre los tres grandes nacionalismos del siglo XX cubano. Sin embargo, ese juicio sereno, formulado desde el exilio y en una época de intensa crispación política, refleja la preservación de las normas de convivencia que el pacto republicano introdujo en el campo intelectual cubano. Católicos, comunistas y liberales habían aprendido a coexistir tensamente en la esfera pública del antiguo régimen republicano. Ahora, el nuevo orden de la Revolución no sólo no parecía interesado en preservar aquellas reglas, sino que estimulaba abiertamente la exclusión del campo intelectual de aquellas voces críticas u opuestas teórica o estéticamente al patrón revolucionario y marxista-leninista de producción cultural. La matriz simbólica del nacionalismo cubano que, a mediados del siglo XX, se había ramificado en tres direcciones doctrinales, en 1959 quedaba atrapada en el campo de fuerzas que magnetizaban dos polos políticos: el de la Revolución y el de sus enemigos.

### Católicos y marxistas

Una vez creada la matriz simbólica del nacionalismo cubano comenzaron a desglosarse las formas de representación de la identidad nacional, dando lugar a diferentes discursos y prácticas nacionalistas. Una hojeada superficial de las publicaciones intelectuales de los años 40 y 50 bastaría para percatarnos de que el nacionalismo de *Orígenes* es distinto al de *Bimestre Cubana* y que el de *Ciclón* no se parece mucho al de *La Gaceta del Caribe* y *Nuestro Tiempo*, a pesar de la contigüidad generacional e ideológica de muchos de sus colaboradores. Estas cuatro revistas constituían pequeñas ciudades letradas, con un tipo específico de sociabilidad intelectual y con diversas estrategias de intervención pública.[134] Una reconstrucción de los imaginarios, los valores y, sobre todo, las empresas culturales de esos grupos no sólo permitiría vislumbrar la microhistoria del campo literario cubano, sino el conocimiento de eso que Jean Baudrillard, a partir de Antonio Gramsci, ha llamado la «virtud político-intelectual», es decir, los modos en que los intelectuales, a diferencia de los políticos profesionales, se asocian, interactúan y participan en la vida pública.[135]

Durante los veinte años que median entre aquella Constitución de 1940, que refundaba la República, y la rápida edificación de un régimen nacional-comunista entre 1959 y 1961, se perfilaron varias políticas intelectuales en la cultura cubana. En su libro *La identidad nacional*, Anthony D. Smith ha insistido en la conexión entre las políticas ejercidas por ciertas élites intelectuales, productoras de saber, y las formas de representación de la comunidad nacional que entrañan sus discursos. Por ejemplo, las élites que postulan un nacionalismo religioso practican políticas inspiradas en tradiciones eclesiásticas. En cambio, las que profesan un nacionalismo étnico construyen políticas raciales o aquellas que articulan un nacionalismo cívico tienden más al despliegue de políticas morales, basadas en la igualdad jurídica de los ciudadanos y en un modelo de integración que desdibuja las identidades étnicas, religiosas, ideológicas y clasistas.[136] Propongo, a partir de esta tipología de los nacionalismos, distinguir tres políticas intelectuales en la cultura cubana de los años 40 y 50: la católica, la comunista y la liberal o republicana. Podría hablarse de un cuarto hasta un quinto nacionalismo, cu-

113

yas políticas intelectuales deberán ser estudiadas con mayor sutileza arqueológica: el nacionalismo étnico que se construye alrededor del mito de la mulatez o el que proponen algunos ensayistas negros y mulatos como Gustavo E. Urrutia, Ángel César Pinto Albión, Juan René Betancourt, autor de los ensayos *Doctrina negra* (1954) y *El negro. Ciudadano del futuro* (1959), y Walterio Carbonell, quien intentó combinar la variable racial con la clasista en sus investigaciones sociales durante los años 60, y el nacionalismo feminista, impulsado en los años 20 y 30 por los movimientos sufragistas y por escritoras y periodistas como Ofelia Rodríguez Acosta, Mariblanca Sabas Alomá y María Collado.[137] Pero estos nacionalismos, a diferencia del liberal, el católico y el marxista, más que centrarse en ideologías, buscaban la representación de ciertas subjetividades no hegemónicas.

Aunque en Cuba ha habido una larga tradición de intelectuales laicos, el nacionalismo católico cubano no ha conocido otro momento de mayor esplendor intelectual que el que protagonizan los escritores reunidos en torno a las revistas *Verbum* (1937), *Espuela de Plata* (1939-1941), *Clavileño* (1942-1943), *Poeta* (1942-1943), *Nadie parecía* (1942-1944) y *Orígenes* (1944-1956). A partir de un modelo de sociabilidad restringida, lejanamente inspirado en las cofradías religiosas, varios escritores católicos (Gastón Baquero, Ángel Gaztelu, José Lezama Lima, Eliseo Diego, Cintio Vitier, Fina García Marruz, Octavio Smith...) crearon, junto con otros tres poetas ateos o, más bien, paganos y nihilistas, José Rodríguez Feo, Virgilio Piñera y Lorenzo García Vega, esta saga de revistas entre 1937 y 1956.[138] Pero aquellas revistas, como se sabe, fueron algo más que una publicación de exquisita literatura: fueron lo que Ángel Rama habría llamado una pequeña ciudad letrada, que abría sus puertas a músicos como Julián Orbón, pintores y escultores como Mariano Rodríguez, René Portocarrero, Amelia Peláez, Alfredo Lozano o Roberto Diago, críticos de arte como Guy Pérez Cisneros, filósofos como María Zambrano o simples amigos como

Agustín Pi.[139] Lezama decía que aquella comunidad intelectual era un «taller renacentista», pero, como afirmara uno de sus sobrevivientes, Lorenzo García Vega, por momentos se asemejaba más a una secta medieval.[140]

En el primer número de la primera de aquellas revistas, *Verbum*, órgano de la Asociación de Estudiantes de Derecho, el texto «Inicial», evidentemente escrito por Lezama, declaraba. «Quisiera la revista *Verbum* ir despertando la alegría de las posibilidades de una expresión, ir con silencio y continuidad necesarias reuniendo los sumandos afirmativos para esa articulación que ya nos va siendo imprescindible, que ya es hora de ir rindiendo.» Y concluía: «Estamos urgidos de una síntesis, responsable y alegre, en la que podamos penetrar asidos a la dignidad de la palabra y a las exigencias de recabar un propio perfil y una técnica de civilidad.»[141] En estas frases se compendiaban ya algunos de los principales elementos de la política intelectual que protagonizaría Lezama en los años siguientes: síntesis, integración, resistencia y búsqueda de «otra civilidad». Varios textos aparecidos en esa efímera publicación, como «Juventud de un intelectual puro» de Julien Benda, «Descartes» de Paul Claudel, «Hacia una nueva conciencia histórica» de Emilio Fernández Camus y «Límites del progreso» de Juan Ramón Jiménez, insinuaban tres de los motivos recurrentes del proyecto intelectual que años más tarde cristalizaría plenamente en *Orígenes:* la preferencia por el catolicismo mediterráneo de entreguerras, la crítica de la tradición ilustrada y liberal del Occidente moderno y la concepción poética de la historia.[142]

Ya en *Espuela de Plata*, aquel lenguaje aún transparente y público, propio de una revista universitaria, ha sido plenamente desplazado por una retórica poética y un espíritu de «cuerpo diferente» dentro del campo intelectual republicano. Allí dirán los editores, José Lezama Lima, Guy Pérez Cisneros y Mariano Rodríguez, en claro posicionamiento frente al debate intelectual que acompañó la gran transformación política de la Repú-

115

blica a fines de los 30: «Mientras el hormiguero se agita –realidad, arte social, arte puro, pueblo, marfil y torre–, pregunta, responde, el *Perugino* se nos acerca silenciosamente, y nos da la mejor solución: prepara la sopa, mientras tanto voy a pintar un ángel más.» La intención de construir un archivo de mitos y valores nacionales, transmitidos por medio de una expresión inteligible desde los códigos de la alta cultura occidental quedaba, entonces, registrada como el deseo de «convertir el majá en sierpe o, por lo menos, en serpiente», de formular la «ínsula distinta en el Cosmos, o lo que es lo mismo, la ínsula indistinta en el Cosmos», ya que sólo «con lo del Sol del Trópico nos quedamos en la Luna de Valencia».[143] Un ensayo del filósofo español José Ferrater Mora en el cuaderno H, del verano de 1941, parecía resumir el dilema entre razón y fe, verdad y mito que enfrentaban los poetas de *Espuela de Plata* cuando se asomaban a la realidad histórica y política de Cuba.[144]

En el citado texto de presentación de *Espuela de Plata,* titulado «Razón que sea» y escrito evidentemente por Lezama, el elitismo de aquel proyecto intelectual no se formulaba de manera simple. Ciertamente, Lezama hacía un llamado a trascender el medio doméstico, colmado por la inmediatez de la política republicana, pero al mismo tiempo aseguraba que el punto de partida era ese «contorno tropical» y que el caldo de cultivo de las nuevas poéticas no debía ser la aristocracia ni el pueblo llano, sino la «sangre» de la cultura nacional, que corría por las venas de los mejores creadores de la isla. De ahí ese párrafo, antiaristocrático y antidemocrático, antiburgués y antipopular a la vez, que reaparecería cinco años después, con otras palabras, en la presentación de *Orígenes* («sabemos que cualquier dualismo que nos lleve a poner la vida por encima de la cultura, o los valores de la cultura privada de oxígeno vital, es ridículamente nocivo») y en donde la noción de *sangre* viene a significar la vitalidad mitológica y la humilde moralidad de una cultura cristiana:

En el trópico hay lo vegetal mágico, pero no olvidemos que el rayo de luz es constante. Lo mágico, pero sin olvido de humildad y llamada oportuna. Hay la abundancia de la descomposición, pero también decimos como buena señal: abundancia de sangre. Abundancia de sangre en pagos en dinero de muerte. Ni el ciudadano ni el exquisito tienen buen gusto. Pero cuando se tiene sangre y fuego vivaces qué nos interesa ya el buen gusto.[145]

Varias veces Lezama se refirió al grupo *Orígenes* como la «generación de *Espuela de Plata*». Sin embargo, otras breves revistas, previas a *Orígenes*, como *Clavileño*, *Nadie Parecía* y *Poeta*, todas producidas entre 1942 y 1943, tal vez transmitan mejor la naciente política intelectual de aquellos escritores. En *Poeta*, por ejemplo, dirigida por Virgilio Piñera, apareció un texto de Gastón Baquero, titulado «Los enemigos del poeta», que podría ser leído, junto con el ensayo del propio Piñera «Terribilia Meditans», como una apuesta radical por la literatura frente al mundo absorbente de la política.[146] En *Nadie Parecía*, basta con leer el subtítulo de la revista —«Cuaderno de lo bello con Dios»— para vislumbrar una idea de la estética que animaba a sus dos principales editores: José Lezama Lima y Ángel Gaztelu. *Clavileño*, por su parte, editada por Baquero, Vitier, Diego y Luis Ortega Sierra, introdujo temas fundamentales para los origenistas, como el intercambio simbólico entre poesía, religión, moral e historia, abordado por Gastón Baquero en «Poesía y persona» y por Chesterton en su «Defensa de la humildad». *Clavileño*, en cuyo número 6/7 se reprodujo el ensayo «Santa Escolástica» de Paul Claudel, trazó el mapa de referencias doctrinales y literarias del grupo: San Juan y Gracián, Mallarmé y Heidegger, Eliot y Santayana, Chesterton y Vallejo, Peguy y Claudel.[147]

Dentro de esta búsqueda generacional de una ciudad letrada católica, que en pocos años encarnaría *Orígenes*, tal vez haya que incorporar un proyecto editorial de 1942, al que Lezama no estuvo vinculado, pero que rozó la formación intelectual de su grupo. Me refiero a la revista semanal *La Verónica*, emprendida en La Habana por el exiliado español Manuel Altolaguirre y que apareció durante seis lunes seguidos, entre octubre y noviembre de 1942. En los números de esa modesta e interesante publicación se dieron a conocer textos afines a la sensibilidad católica de los origenistas como el poema «Si caigo aquí...» de Miguel de Unamuno, el ensayo «Las dos metáforas del conocimiento» de María Zambrano, «La muerte de San Agustín», referida por Posidio, Obispo de Guelma, además de poemas de Jorge Guillén, José Gorostiza, Mariano Brull, Pedro Salinas, Rafael Alberti y textos de Antonio Machado, Lydia Cabrera y Vicente Aleixandre. Aunque la orientación católica, insinuada en los primeros números, fue rápidamente desplazada por la introducción de figuras del vanguardismo cubano como Juan Marinello, Carlos Enríquez y Eva Frejaville, quien publicó en el número cuarto un interesante ensayo sobre Marcel Proust, la última entrega de esta revista, aparecida en noviembre de 1942, intentó regresar al cauce católico con el ensayo «Poesía mística» de Menéndez y Pelayo, el homenaje de María Zambrano a San Juan de la Cruz y los poemas cristianos del propio San Juan, Santa Teresa, Ramón Guirao, Ángel Lázaro, Cintio Vitier, Andrés Piedra Bueno y José Santullano.[148]

Tal vez aquel marcado acento doctrinal de ciertas publicaciones de inicios de los 40 provocó que una de las primeras reacciones de *La Gaceta del Caribe*, la revista literaria emprendida por escritores comunistas en 1944, tomara como pretexto el ensayo «Poesía y persona» de Baquero, también publicado en el número 6/7 de aquel cuaderno, para establecer sus profundas diferencias con *Orígenes*. Me refiero a «Clavileño: la máscara y la persona» de José Antonio Portuondo, un duro cuestionamiento del elitismo poético defendido por los origenistas. Sin embargo, los diez números de *La Gaceta del Caribe*, todos correspondientes a 1944, podrían ser leídos como una gran réplica de la intelectualidad comunista cubana a la ciudad letrada católica, edificada por *Orígenes*. Los cuatro miembros hombres del comité editor de aquella revista, Nicolás Guillén, José Antonio Portuondo, Ángel Augier y Félix Pita Rodríguez, eran simpatizantes o miembros del Partido Socialista Popular, y fue la única mujer del grupo, la importante poeta y ensayista Mirta Aguirre, militante comunista desde 1932, la designada para redactar las «Primeras Palabras» que, como una declaración de principios, se insertaron en el primer número, de marzo de 1944. Allí se afirmaba:

> Esta revista, que nace con ánimo polémico y creyendo en la eficacia saludable de ciertas controversias, combatirá sin excesos, pero sin descanso, a cuantos huyen a la hora de crear de todo contacto con el alma y la sangre del pueblo, de todo roce con las grandes cuestiones humanas, por temor a rebajar la categoría de su obra.[149]

Durante su único año de existencia, *La Gaceta del Caribe* fue consecuente con esta declaración de principios. Recogiendo el legado de publicaciones como *Cuba Contemporánea*, *Social* y *Avance*, sus editores abrieron las páginas de la revista a problemas sociales y políticos de la realidad cubana, como el racismo y el neocolonialismo, a la obra de historiadores y etnógrafos como Emilio Roig de Leuchsenring y Fernando Ortiz, a dilemas de la política internacional como el fascismo y el comunismo, a importantes escritores cubanos de mediados de siglo como Enrique Labrador Ruiz, Carlos Montenegro, Lino Novás Calvo y Eugenio Florit y a clásicos contemporáneos de la literatura occidental como Pablo Neruda, César Vallejo y Antonio Machado. Esta inclinación por escritores de izquierda, políticamente comprometidos con el antifascismo, produjo acercamientos al estalinismo como los de Juan Marinello en su ar-

119

tículo «Cultura soviética», publicado en el primer número, y las traducciones de textos comunistas de Lunacharsky y Lukács. Esta orientación hacia una izquierda antifascista, no siempre deslindada del sovietismo o el estalinismo, se proyectaba en el campo intelectual de la isla como una contraposición explícita con *Orígenes*, una publicación que mostraba interés en la literatura de la derecha europea. Por eso, Aguirre, en aquellas «Palabras Iniciales» aludía directamente a *Nadie Parecía, Espuela de Plata* y *Muerte de Narciso:*

> Aquí, dicho sea sin alusiones, todo el mundo parece lo que es, y nadie necesita plateadas espuelas para hacer andar a Pegaso. El narcisismo intelectual, pues, no cabrá en *La Gaceta del Caribe*. Pero cabrá, en cambio, todo lo demás, porque el censuario aspira a tener una anchura, en la que pueda entrar todo, salvo lo que no deba entrar. Por eso no habrá de extrañarse de que se encuentren en sus páginas, junto a un poema revolucionario, liras de San Juan de la Cruz; ni la caricatura política local, a la vuelta de un estudio dedicado a Van Gogh; ni el artículo encendidamente antinazista, a continuación del comentario sobre Goethe. Porque los cinco nombres que auspician la publicación de *Gaceta del Caribe* pertenecen a escritores que aman mucho la literatura, pero que aman aún más la vida.[150]

Pruebas al canto de esta concepción respetuosa y abierta del debate intelectual son las notas que algunos editores dedicaron a libros de autores origenistas o liberales. En el primer número, de marzo de 1944, aparecieron en la revista varios poemas de Justo Rodríguez Santos y Mirta Aguirre reseñó elogiosamente los cuadernos de poesía *La isla en peso* (1943) de Virgilio Piñera y *Sedienta cita* (1943) de Cintio Vitier, en el tercer número, de mayo de 1944.[151] Ángel Augier, por su parte, comentó favorablemente dos libros de ensayos, publicados por Úcar y García, *Experiencia de la poesía* (1944) de Cintio Vitier, y *Mar-*

*tí, espíritu de la guerra justa* (1944) de Félix Lizaso, en el último número de la revista.[152] Además de asegurarse de que el católico Vitier y el liberal Lizaso fueran reseñados en un mismo número de la revista, los editores se propusieron, desde un primer momento, distinguir el nacionalismo abierto y caribeño de esta publicación del patriotismo mítico y católico que caracterizaba a *Orígenes*.[153] Es por ello por lo que Mirta Aguirre explicaba el nombre de la revista con el siguiente argumento:

> Si se nos pidiera justificar el título, diríamos que arrancando desde lo hondo de esta Isla nuestra, centro geográfico del mar de las Antillas, queremos dar el latido pleno del archipiélago dentro del ámbito continental, pero con una alerta conciencia de universalidad. Por otra parte, huelga declarar que no pretendemos imponer determinado «meridiano» y que sólo nos guía el afán de servir a la cultura en esta parte del mapa, con un limpio espíritu solidario hacia los pueblos con los que estamos hermanados en el Caribe.[154]

En sus doce años de existencia, *Orígenes*, sin embargo, demostró un cosmopolitismo y una diversidad mayores que los que anunciaban los proyectos editoriales que le precedieron. Aunque Lezama, en la «Presentación» de 1944, decía que la revista se insertaba en una tradición humanista, para la cual la «libertad consiste en el respeto absoluto que merece el trabajo por la creación», y que es «el orgullo y la apetencia del americano», *Orígenes* no puede ser definida como una revista centralmente «americana».[155] En un orgulloso texto dedicado a la antología *Cincuenta años de poesía cubana (1902-1952)*, de Cintio Vitier, y publicada por la Dirección de Cultura del gobierno de Batista, Lezama aprovechó para hacer un balance de la obra de *Orígenes*, insistiendo siempre en la mezcla de flexibilidad y coincidencia que caracterizaba al grupo editor. Allí, luego de combatir a los «quejosos barbados de encefalitis letárgica» con tres opi-

121

niones autorizadas sobre la importancia nacional e internacional de la revista («la letargia del tropical se interrumpía cuando al despertar, su resentimiento se encontraba con referencia de apreciación y altísima estima de extranjeros de universal calidad»), una del español Vicente Aleixandre, otra del mexicano Octavio Paz y otra del cubano Alejo Carpentier, Lezama subrayaba que *Orígenes* era la única revista de la lengua donde publicaban George Santayana, T. S. Eliot, Saint-John Perse, Stephan Spender y Wallace Stevens. Y concluía:

> *Orígenes,* la revista y el estado de expresión que representa, ha sido siempre un fervor y una decisión para el trabajo intelectual, pero nunca un modo grupal de operaciones, la coincidencia de criterios que deben ser suscitantes y diversos, nunca estáticos y coincidentes en claves y signos. *Orígenes* es algo más que una generación literaria y artística, es un estado organizado frente al tiempo. Representa un *mínimun* de criterios operantes en lo artístico y en las relaciones de la persona con su circunstancia. Será siempre, o intentará serlo en forma que por lo menos sus deseos sean a la postre sus realizaciones, un estado de concurrencia, liberado de esa dependencia cronológica que parece ser el marchamo de lo generacional.[156]

A diferencia de *Orígenes,* que era una empresa cultural privada, de índole familiar y fuertes lazos con la parroquia del sacerdote Ángel Gaztelu en Bauta, la principal publicación de los intelectuales comunistas habaneros en los años 40 y 50, luego de la breve experiencia de *La Gaceta del Caribe* (1944), fue el *Magazine de Hoy:* suplemento cultural del periódico *Noticias de Hoy,* órgano oficial del Partido Socialista Popular. Los escritores comunistas que publicaban tanto en las páginas de *La Gaceta del Caribe* como en el *Magazine de Hoy* (Nicolás Guillén, Juan Marinello, Mirta Aguirre, Sergio Aguirre, Ángel Augier, José Antonio Portuondo, Carlos Rafael Rodríguez...) respondían plenamente a la definición gramsciana de «intelectuales orgánicos» del Partido Socialista Popular. Un concepto que, a pesar de tantos usos y abusos, está más relacionado con la libertad de crítica que puede practicar un escritor comprometido con la causa comunista que con la ciega adhesión a la línea teórica y política del Partido.[157] El *Magazine de Hoy* tenía una tirada de mil ejemplares semanales y costaba 25 centavos; de *Orígenes*, en cambio, la imprenta Úcar y García editaba quinientos ejemplares por cada uno de los cuatro números que salían al año, los cuales se vendían a 50 centavos, aunque la suscripción anual costaba dos pesos. La primera era, pues, una publicación masiva situada en la sociedad política; la segunda, una publicación de élites localizada en la sociedad civil. Pero ambas compartían un elemento cultural determinante: articulaban un discurso a partir de una jerga; la jerga poética neotomista de *Orígenes* y la jerga marxista-leninista del Partido Socialista Popular.[158]

La otra zona del campo literario cubano de los años 40 y 50 es la que corresponde al nacionalismo liberal o republicano. Me refiero específicamente a los intelectuales que ocupan las instituciones académicas y culturales más importantes, como la Universidad de La Habana, las Academias de la Lengua, de Historia y de Artes y Letras, la Sociedad Económica de Amigos del País, la Institución Hispano-Cubana de Cultura, la Sociedad Cubana de Filosofía, el Instituto Cubano de Filosofía y que, además, acceden a las páginas de los periódicos y revistas de mayor circulación: el *Diario de la Marina, El Mundo, Bohemia, Prensa Libre*... Difícilmente estos intelectuales (Ramiro Guerra, Emeterio Santovenia, Herminio Portell Vilá, Elías Entralgo, Roberto Agramonte, Francisco Ichaso o, los dos más emblemáticos, Fernando Ortiz y Jorge Mañach), a pesar de sus roles públicos, podrían considerarse «letrados oficiales» de los gobiernos auténticos o de la dictadura batistiana. Sin embargo, el margen de libertades que ellos ejercieron en la crítica de esas tres administraciones nunca los llevó al límite de la impugnación del orden constitucional de 1940, a cuyo diseño habían contribuido y que, más mal que bien, fue el que rigió las leyes cubanas en aquellas dos décadas. De modo que esos letrados eran intelectuales cívicos, adscritos al repertorio ideológico republicano, liberal y democrático y ubicados en el lugar de enunciación de la «esfera pública» que forman las academias y los periódicos, las revistas y los foros de la sociedad civil, aunque algunos de ellos hicieran esporádicas incursiones en la política legislativa o partidaria.[159]

Al nacionalismo republicano o liberal se deben también las principales contribuciones al pensamiento de la filosofía profesional. Cuando en 1960, Humberto Piñera Llera se propuso realizar un balance de la producción filosófica cubana moderna encontró que después de siglo y medio de *alteridad*, es decir, de comercio y tensión con referencias doctrinales de Occidente, los filósofos cubanos alcanzaban una *identidad*, en la que el centro de la reflexión era, precisamente, la historia del pensamiento cubano. Entre fines del siglo XVIII y principios del XIX, José Agustín Caballero y Félix Varela se habían apropiado del racionalismo, el empirismo y la Ilustración para combatir la escolástica tomista. A mediados del siglo XIX, José de la Luz y Caballero, Francisco Ruiz, Gaspar Betancourt Cisneros, Antonio Bachiller y Morales y los hermanos González del Valle se enfrascaron en la asunción o el rechazo del eclecticismo de Victor Cousin y en la polémica entre moral religiosa y moral utilitaria. A fines de aquella centuria, cuatro filósofos habían protagonizado importantes adscripciones a grandes corrientes doctrinales: Teófilo Martínez de Escobar al krausismo, Rafael Montoro al neohegelianismo, Enrique José Varona al positivismo y José del Perojo al neokantismo. Luego de siglo y medio de «afinidades electivas», la filosofía cubana llegaba, en la República, al autocercioramiento intelectual, a la conciencia de sí, ocupándose, prioritariamente, de la historización del pensamiento de la isla, como se plasma en los estudios de Medardo

Vitier y el propio Piñera Llera sobre las ideas en Cuba, de Jorge Mañach y Elías Entralgo sobre la cultura nacional, de Roberto Agramonte sobre Luz y Caballero, de Rosario Rexach y Antonio Hernández Travieso sobre Varela, de las hermanas García Tudurí sobre Varona y de Luis Aguilar León sobre «pasado y ambiente» en el proceso cubano.[160] No quiere esto decir que la filosofía cubana de la República careciera de indagaciones profesionales, desligadas del gran relato del nacionalismo. En las dos primeras décadas poscoloniales se publicaron estudios como *Gradualidad de la conciencia* (1907) de Homero Serís de la Torre, *El problema de la memoria* (1914) de Lorenzo Beltrán Moreno, *La felicidad como fundamento de la moral* (1917) de Salvador Salazar Roig y *El estoicismo* (1920) de Aurelio Boza Masvidal, los cuales, junto a las atrevidas intervenciones en el ensayo filosófico de Fernando Lles, Alberto Lamar Schweyer y Emilio Gaspar Rodríguez, otorgan cierta exterioridad a los motivos del pensamiento cubano. Esa misma tendencia a la exterioridad, ligada en algunos casos a reflexiones metafísicas y trascendentales, se consolida a mediados del siglo XX con títulos como *Filosofía de la vida* de Humberto Piñera Llera, *Redescubrimiento de Dios* de Rafael García Bárcena, *El cristianismo en la crisis de Occidente* de Pedro Vicente Aja, *Las ideas estéticas de Croce* de Luis Alejandro Baralt o *Metafísica y realidad* de Máximo Castro Turbiano. Sin embargo, como reconocieron dos de sus promotores, Piñera Llera y Aníbal Rodríguez, la producción filosófica cubana, ya para entonces, estaba subordinada al paradigma de la «instrumentalidad americana», según el cual la disciplina debía abastecer las demandas educativas del Estado y la simbología nacional de la República. Desde esta perspectiva instrumental, propia del liberalismo y el republicanismo americanos, uno de los principales aportes al pensamiento moderno cubano fueron los tres primeros estudios de filosofía política de la democracia escritos en la isla, debidos a la autoría de Mercedes García Tudurí: *Lo humano como fundamento y objeto de la democracia, Medios y fines de la estructura democrática* y *Esencia y forma de la democracia*.[161]

Hemos esbozado tres ciudades letradas, la católica, la comunista y la republicana, donde se practican diferentes políticas intelectuales a partir de distintas versiones del nacionalismo cubano. La cohabitación de aquellos intelectuales en el campo cultural de la isla, entre 1940 y 1960, debió ser tensa y, a la vez, permeable. Un modo de imaginar los roces y las confluencias entre esas políticas intelectuales es la reconstrucción de las polémicas culturales en las que intervinieron escritores pertenecientes a una u otra ciudad letrada. Propongo repasar tres debates específicos: el que sostienen Jorge Mañach y José Lezama Lima, en septiembre y octubre de 1949, a propósito de la dialéctica de continuidad y ruptura entre la *Revista de Avance* (1927-1930) y *Orígenes*, publicado en *Bohemia, Prensa Libre* y *Diario de la Marina*, algunas de las críticas de *Nuestro Tiempo* a *Ciclón* y a *Orígenes* y la polémica que sostuvieron Carlos Rafael Rodríguez, Felipe Pazos y Raúl Lorenzo en el Aula Magna de la Universidad de La Habana, a mediados de septiembre de 1955, sobre la industrialización, el empleo y el desarrollo económico de Cuba, recogida después en el libro *El empleo en Cuba* de Raúl Lorenzo y en los ensayos «A propósito del empleo en Cuba» y «Las bases del desarrollo económico de Cuba» de Carlos Rafael Rodríguez.

La polémica entre Mañach y Lezama se inicia con una carta abierta del primero, titulada «El arcano de cierta poesía nueva», en la que el autor de la *Indagación del choteo* confiesa, irónicamente, que «no entiende» la jerga lezamiana y de paso les reprocha a los jóvenes poetas católicos que no admitan la ascendencia intelectual de *Avance*, en tanto progenitora de *Orígenes*. «Ustedes los jóvenes de *Orígenes* son, amigo Lezama, nuestros descendientes... Si usted me reprocha mi desvío respecto de ustedes, yo a mi vez podría reprocharles a ustedes su falta de reconocimiento filial respecto de nosotros.»[162] Mañach elogia la creencia de *Orígenes* en «el sentido poético como mera irradiación mágica de imágenes y vocablos», pero insiste en que «no entiende ni la gramática siquiera» de Lezama y le solicita, con suma cortesía, que exponga su poética «en un lenguaje que podamos entender».[163] La respuesta de Lezama en su «Carta abierta a Jorge Mañach» sorprende por su densidad política.[164] Para Lezama el argumento que merece ser debatido no es la inteligibilidad de la poesía, «entender o no entender carecen de vigencia en la valoración artística», dice, sino la queja de que *Orígenes* no se presenta como heredera de *Avance*.

En un desplazamiento de lo poético a lo cívico, que debió asombrar a Mañach, Lezama exponía la política intelectual de *Orígenes*. A diferencia de *Avance*, esta nueva revista se proponía reconstruir la cultura cubana desde los márgenes de lo público y a través de una minoría selecta de poetas, cuyas experiencias con el lenguaje llegarían a refundar la literatura nacional. La política de *Orígenes* era secreta, negativa, refinadamente literaria y no se «extraviaba», como *Avance*, en el «periodismo y la ganga mundana de la política positiva».[165] En una frase conclusiva Lezama afirmaba que *Orígenes* no podía reconocer la ascendencia intelectual de *Avance* porque los jóvenes poetas católicos estaban interesados en la *fede*, mientras que los viejos escritores vanguardistas de los 20, como Jorge Mañach, se interesaban más en la *sede*.[166] Al moverse la polémica al terreno cívico, Mañach aprovechó para desplegar, por su lado, la política intelectual del republicanismo. Lezama tenía razón: él prefería actuar en la *sede*, antes que en la *fede*, debido a que encarnaba el rol del intelectual público que, desde la transparencia del lenguaje de la opinión, contribuía a la pedagogía moral de ciudadanos modernos y libres.[167]

Es cierto que en *Orígenes*, Lezama publicó varios textos donde expresaba sutilmente el rechazo de la revista a la difusa política cultural de los gobiernos auténticos Grau y Prío (1944-1951)

127

y a la más orgánica estrategia cultural de Batista a través del Ministerio de Educación encabezado por Andrés Rivero Agüero. Son los casos de «Emigración artística» y «Un fracaso, una vergüenza que alguien paga», en el número 15, de 1947, «La otra desintegración», en el número 21, de 1949, y «Secularidad de José Martí», en el número 33, de 1953. En 1954, cuando se cumplía el décimo aniversario de la publicación, Lezama se negó a recibir la subvención financiera ofrecida por el Instituto Nacional de Cultura, encabezado por Guillermo de Zéndegui, con palabras muy fuertes: «Si andamos diez años con vuestra indiferencia, no nos regalen ahora, se lo suplicamos, el fruto fétido de su admiración... Nada más nocivo que una admiración viciada de raíz.»[168] Y remataba: «Representáis al *nihil admirari*, escudo de las más viejas decadencias. Habéis hecho la casa con material deleznable, plomada para el simio y piedra de infiernillo. Y si pasean enloquecidos dentro de sus muros, ya no podrán admirar al perro que les roza moviendo su cola inconfundible.»[169]

Por estos textos y la insistente apelación de Lezama a una política y a una historia «secretas», al «rasguño en la piedra», a la «otra manera de regir la ciudad», el genuino rechazo de *Orígenes* a la esfera pública prerrevolucionaria ha producido la falsa visión de que la revista era marginal o no reconocida por las instituciones culturales y periodísticas de la República. Sin embargo, un breve repaso de la prensa y la vida cultural republicana, en sus últimos quince años, por lo menos, demostraría todo lo contrario. La amistad de Guy Pérez Cisneros y Gastón Baquero, dos intelectuales familiarizados con el orden institucional de la República, además del respaldo del importante filósofo y educador Medardo Vitier, padre de Cintio, sumados a la propia labor editorial de la revista, permitieron a *Orígenes* una rápida y eficaz inserción en la vida pública republicana. La polémica con Mañach, las colaboraciones de Lezama en el *Diario de la Marina*, luego recogidas en *Tratados en La Habana* (Santa Clara, Universidad Central de Las Villas, 1958) y las constantes reseñas sobre libros de autores de *Orígenes*, en *El Mundo*, *Bohemia* y *Diario de la Marina*, en los años 40 y 50, son reveladoras de esta inserción. Recuérdese, tan sólo, que el Ministerio de Educación publicó *Coloquio con Juan Ramón Jiménez* (1938) y *Arístides Fernández* (1950) de Lezama y que en época de Batista, la Dirección General de Cultura editó la antología *Cincuenta años de poesía cubana* (1952) de Vitier y, luego, el mismísimo Instituto Nacional de Cultura, encabezado por Zéndegui, que infructuosamente había ofrecido financiamiento a *Orígenes*, dio a conocer el importante libro de ensayos de Lezama *La expresión americana* (1957).

Doble prueba del reconocimiento oficial alcanzado por *Orígenes*, en los años finales de la República, y de la propia pluralidad del campo intelectual republicano, del que los origenistas formaban parte, es la nota introductoria que el director general de Cultura de la recién estrenada dictadura de Fulgencio Batista, Carlos González Palacios, en nombre del ministro de Educación, Andrés Rivero Agüero, escribió para la antología *Cincuenta años de poesía cubana* de Vitier, cuyo diseño de portada corrió a cargo del pintor René Portocarrero. En aquella introducción, González Palacios, quien fue incluido en la antología con tres poemas más bien mediocres, reconocía que la decisión gubernamental de encargar a Cintio Vitier una «visión panorámica de nuestra poesía durante el medio siglo», con motivo del cincuentenario de la independencia, resultaba polémica por tratarse de una «personalidad muy definida en el movimiento literario de hoy...», ubicado, por decirlo así, en el epicentro del grupo *Orígenes*». Sin embargo, más adelante el funcionario, autor de ensayos religiosos y políticos como *Exaltación de la fe* (1941), *Cívica social* (1942) y *Revolución y seudorrevolución* (1948) ofrecía al público una explicación razonable: «Uno puede estar o no de acuerdo con esta familia poética –*Orígenes*–, pero no puede ignorarla. En ellos la poesía es un afán continuo de vida y un esfuerzo de perfección, de "decantación" para emplear la palabra utilizada por

129

Vitier en uno de sus epígrafes clasificadores. Y ese empeño vital es importante. El que nos gusten o no sus versos es otra cuestión. Pero nadie les negará la vocación, la dedicación y la cultura.» Luego de este reconocimiento oficial de la obra de *Orígenes*, González Palacios apuntaba su certeza de que Vitier poseía la «cuota posible» de imparcialidad y la «honradez intelectual» necesaria para realizar una selección justa de la mejor poesía cubana de la República.[170] Y tenía razón el funcionario, ya que Vitier reunió en el mismo volumen poemas de comunistas como Rubén Martínez Villena, José Zacarías Tallet, Nicolás Guillén, Juan Marinello, Alejo Carpentier, Ángel Augier, Félix Pita Rodríguez y Mirta Aguirre, de católicos como Eugenio Florit, Dulce María Loynaz, Mercedes García Tudurí, Rafael García Bárcena, Gastón Baquero, Eliseo Diego, Fina García Marruz, Ángel Gaztelu y José Lezama Lima y de liberales como Fernando y Francisco Lles, Regino E. Boti, José Manuel Poveda, Federico de Ibarzábal, Enrique Serpa, Rafael Esténger, Mariano Brull, Ramón Guirao, Virgilio Piñera y Lorenzo García Vega.

Durante la dictadura de Batista, el reconocimiento literario de *Orígenes* se plasmó, en buena medida, en la excelente página editorial del *Diario de la Marina*. En ese espacio, donde concurrían las firmas de Gastón Baquero, Jorge Mañach, Francisco Ichaso, Medardo Vitier y Ramiro Guerra y donde lo mismo se reseñaba el último cuaderno de Roberto Fernández Retamar que aparecían colaboraciones de jóvenes escritores como Antón Arrufat o Graziella Pogolotti, José Lezama Lima publicaba, por lo menos una vez al mes, algún artículo sobre los más diversos temas eruditos de la cultura (lo sentencioso en la poesía, Claudel, la pintura preferida, Garcilaso, el arte de la conversación, la plenitud, la fineza...) y Cintio Vitier, cuyos libros *Vísperas* (1953) –reunión de su obra poética hasta entonces– y *Lo cubano en la poesía* (1958) fueron extensamente comentados por el autorizado crítico José María Chacón y Calvo, dio a conocer su excelente ensayo «Recuento de la poesía lírica en Cuba» (22 de diciembre de 1953), embrión de su obra crítica posterior.[171] En la edición dominical del 3 de octubre de 1954, del *Diario de la Marina*, apareció el largo reportaje de Octavio R. Costa «Cómo vive y trabaja el poeta José Lezama Lima», con una foto del poeta en su estudio, donde, entre elogio y elogio, se describe un día de su vida: en las mañanas, trabajo como asesor de la Dirección General de Cultura del Ministerio de Educación de Batista y edición de *Orígenes* en la imprenta Úcar y García; en las tardes, visitas a sus amigos (Cintio Vitier, Gastón Baquero, Octavio Smith, Eliseo Diego, Lorenzo García Vega, Roberto Fernández Retamar, Ángel Gaztelu, Julián Orbón, René Portocarrero y Amelia Peláez) y, en la noche, lectura de clásicos y modernos y escritura de *Paradiso*. Al final de su artículo, Costa ofrecía este perfil doctrinario de Lezama:

> Y es que Lezama es un católico profundo. Maritain lo convenció y Chesterton lo conmovió. San Agustín y Santo Tomás hicieron el resto. Pero este catolicismo suyo es, ante todo, de búsqueda, de inquietud, de afanoso desplazamiento en pos de ese sólido alimento espiritual que sólo otorga la Iglesia de Roma como ninguna otra religión ni filosofía. A través del dogma católico, con los poéticos y maravillosos misterios de la transubstanciación y de la resurrección, tan aparentemente absurdos, tan temerarios, el hombre le ve sentido, hermosura y razón a su destino. Ve la explicación de su presencia. Ve la gloria y la nobleza de su sino. Y con este dogma católico y con esta poesía absoluta que quiere abarcar los siglos y el mundo, anda Lezama sus pasos firmes en la tierra.[172]

Esta celebración de Lezama, en un periódico cuya línea editorial en los años 50 estuvo sumamente involucrada con la agenda anticomunista y católica de la derecha cubana, además del cargo de asesor de la Dirección General de Cultura, encabezada hasta la primavera de 1955 por Carlos González Palacios –cuyo hermano, Álvar González Palacios, debutaría como poeta en las páginas de *Orígenes*–, son bastante ilustrativas del grado de reconocimiento oficial que alcanzó aquel grupo durante la dictadura de Batista. Tal y como lo confirmara Gastón Baquero, en su artículo «De la continuidad en el esfuerzo cultural: *Orígenes*», publicado en la cuarta página editorial del *Diario de la Marina*, el 6 de marzo de 1955, el catolicismo de los origenistas era un elemento altamente valorado por las autoridades culturales del último régimen batistiano, cuya inserción en la polaridad de la Guerra Fría era prioritaria. Sintomáticamente, Baquero reseñaba el número 37 y los diez años de *Orígenes* junto a otras dos revistas católicas, *Estampas* de los padres dominicos y *La Quincena* de los franciscanos, y, luego de algunas observaciones críticas sobre las dos últimas, se explayaba en elogios sobre la publicación dirigida por Lezama Lima. El diagnóstico de Baquero sobre la vida pública republicana, a pesar de provenir de uno de los intelectuales mejor ubicados en el régimen de Batista, reproducía los mismos tópicos de zozobra y desaliento, compartidos por Lezama, Vitier y tantos otros:

Cuando pasa el estruendo, la peripecia vulgar de la historia cotidiana de la política, del forcejeo «por vivir», se opera una radical mutación en el escenario de la historia y aquello que figuró como radiante y principal pasa al fondo, hasta desaparecer; en tanto que aquello visto como oscuro, anónimo, insignificante –lo que nunca llegó a ser noticia sensacional ni personaje popular, ni comentario callejero–, pasa a ser lo perdurable. Cuando se hunde la muchedumbre de políticos, guerreros, comerciantes, «hombres importantes» de todas clases la historia se esfuma.[173]

Frente a esa invasión de lo «sucesivo» en la Historia, como diría Vitier, ahí estaban José Lezama Lima y su colectiva empresa poética:

La mano fuerte de José Lezama Lima trabaja en la continuidad desde la continuidad, en forma que obliga a considerarle como un hecho singular: pasan los tiempos, las desazones, las pequeñeces, las inevitables invitaciones a la locura y el arrebato, al abandono y el juego, y este hombre sigue enraizado en su roca, trabajando con la paciencia, la seguridad, la inalterabilidad de un Destino.[174]

*Orígenes* representaba, según uno de los principales editores del «decano» del periodismo republicano, un heroísmo diferente, una epopeya que negaba las claves comerciales y políticas de la República. Sólo que quien escribía la alabanza, Gastón Baquero, no hacía más que reconocer y legitimar la aventura origenista desde una de las instituciones cardinales de la vida pública prerrevolucionaria. La página editorial del *Diario de la Marina* sumaba, a la excelencia literaria de sus colaboradores, a sus defensas y sus críticas de la dictadura de Batista y a su tradicional apuesta por el debate de los grandes temas de la cultura occidental, el perfil católico y anticomunista más claro dentro de la prensa republicana, plasmado en la sección «Descorriendo la cortina de hierro», dedicada íntegramente al cuestionamiento del modelo soviético y en artículos recurrentes de Gastón Baquero y Francisco Ichaso que, con frecuencia, eran respondidos desde las páginas de *Hoy* por Blas Roca y Juan Marinello.[175] De manera que el elocuente respaldo de Baquero a *Orígenes,* motivado por genuinas simpatías estéticas e ideológicas, podía ser considerado como una bendición semioficial:

> Un hecho como el de la revista *Orígenes* constituye una forma suprema de heroísmo donde todo invita a seguir, a cambiar de rumbo, a ganarse la vida haciendo cualesquiera de esas incultas y antiinteligentes tareas remunerativas: periodismo, televisión, radio. Y quien dice revista *Orígenes* dice José Lezama Lima. Encarna él una actitud incomprensible por ahora y en el

ahora que vivimos, ya que lo cómodo es lo otro, halagar las pasiones públicas, unirse a los gobiernos o a las oposiciones, bailar al son del pandero que en un sitio o en otro pueda atraernos las miradas y los aplausos de la «mayoría». Cuando ésta aplaude «valemos» más –ganamos más en dinero, que es decir en muerte y en pérdida del porvenir.[176]

Otra fricción similar a la de Mañach y Lezama, ahora entre marxistas y católicos, podría encontrarse en la nota de Mirta Aguirre sobre *Canto llano* de Cintio Vitier, publicada en *Nuestro Tiempo* en la primavera de 1956. En aquella nota, luego de reconocer la «buena calidad poética» del cuaderno de Vitier, Aguirre no podía ocultar sus reparos a la religiosidad católica del autor: «Nuestro pensamiento más renovador habría preferido que este retorno a la claridad en el decir, esta profesión de fe de humildad artística, este auténtico querer de sencilla comunicación, esta voluntad de servicio lírico, hubieran traído consigo inquietudes menos angélicas.» Vitier, según la importante crítica marxista, se separaba con *Canto llano* de la «poesía deshumanizada y palabrera» que, de acuerdo con este juicio, predominaba en Cuba. Ese regreso a la transparencia de los *Versos sencillos* martianos «enclavaba al poeta en el territorio donde se demanda a la creación estética una razón más honda que el mero floreteo de ideas y más grave que la simple exposición de las maestrías técnicas». Sin embargo, junto a cada elogio, aparecía siempre un elegante reproche: «Aunque, después, esa razón de ser pueda diferir mucho, en lo concreto, entre un Cintio Vitier y un Nicolás Guillén, como entre un Paul Claudel y un Paul Éluard.»[177]

Una nota muy parecida, también de Mirta Aguirre en *Nuestro Tiempo*, sobre el cuaderno *Por los extraños pueblos* de Eliseo Diego, reitera esta mezcla de cercanía lírica y distancia ideológica. El entusiasmo de Aguirre ante la sencillez católica de la poesía de Diego es aún más evidente: «Éste es un libro sencillo, un libro limpio, un libro de tersa hermosura crepuscular; y con luz de adormilado mediodía pueblerino.» La misteriosa domesticidad de aquel cuaderno no se le escapaba a Mirta Aguirre: «Es un libro callado, subterráneamente criollo, de amor doméstico a una patria chica que se va y que lastima al irse.» Y más que provinciana o doméstica, la poesía de Diego, según Aguirre, alcanzaba formas refinadas de la expresión lírica nacional: «En suma, un libro de excelente poesía, cuya sobriedad se disfruta como un remanso de buen gusto. Un libro muy cubano.» Sin embargo, los versos de Eliseo Diego, por muy sobrios y transparentes que fueran, no lograban articular la verdadera poesía popular que la crítica marxista demandaba. Dos eran sus principales limitaciones: la religiosidad católica y la personalísima concepción del testimonio verbal del poeta.

¿Que no es profundo?, ¿que se queda en la superficie de las cosas? También eso es verdad. Ojalá *Por los extraños pueblos* ahondara más en el nuestro. Eliseo Diego no ha querido, aunque sabe que «no es por azar que nacemos en un sitio y no en otro, sino para dar testimonio». Quedan, fuera de estos versos suyos, muchos testimonios que deben ser dados. Él dice que ha atendido, tan intensamente como le fue posible, a lo que Dios le dio en herencia y que su libro es un aviso, una invitación, para que otros estén atentos a su vez. Mejor que él. Con ojos diferentes a los suyos.[178]

*Nuestro Tiempo*, la revista y la sociedad cultural, encabezadas por Harold Gramatges, Juan Blanco y Santiago Álvarez, conforman el prototipo de política intelectual impulsada por el comunismo republicano. Las críticas de Harold Gramatges y Juan Blanco sobre música, de Argeliers León y Fernando Alonso sobre danza y ballet, de Julio García Espinosa y Tomás Gutiérrez Alea sobre cine, de Graziella Pogolotti y Roberto Fandiño sobre pintura y de Mirta Aguirre y Félix Pita Rodríguez sobre literatura crearon un espacio de reflexión, bajo la dicta-

135

dura de Batista, que abordó los problemas integrales de la cultura cubana, desde una perspectiva plenamente adscrita a la neovanguardia occidental de la posguerra. A pesar del predominio de la ideología marxista y de la orientación política comunista, en el cuerpo editorial de *Nuestro Tiempo*, la publicación tuvo el cuidado de respetar las normas plurales del pacto republicano, aun bajo las condiciones –más flexibles que como generalmente las presenta la historiografía oficial– de represión y censura del autoritarismo batistiano.

La identidad marxista y comunista de *Nuestro Tiempo* aparecía recurrentemente en diversas notas de aquella publicación. Fornarina Fornaris, por ejemplo, cuestionó severamente el libro de ensayos *La historia es un relajo* (Madrid, Editorial Rosareña, 1954) de Antonio Iraizoz, desde una doble plataforma materialista y nacionalista. Según Fornaris, el texto de Iraizoz formaba parte de una muy peligrosa sintomatología, propia de la ensayística republicana, que difundía la tesis de que la historia era «un caos de sucesos fortuitos, un montón de errores y falsedades que, a lo sumo, daban pie para una serie de comentarios humorísticos». Esa corriente intelectual del ensayo republicano, que se enfrentaba a los mitos solemnes de la historiografía nacionalista por medio de la ironía y el humor, amenazaba con desdramatizar la Historia, hasta el punto de convertirla en una trama irracional de equívocos, azares y torpezas. De ahí, el tono intransigente de la crítica de Fornaris: «Si "relajo" significa un "aflojarse o ablandarse de los conceptos y las actitudes", no nos parece que sean los hechos históricos los que se ablanden o aflojen, sino, muy por el contrario, es Iraizoz quien está "fofo".» La conclusión no podía, por tanto, ser más nacionalista: «De acuerdo con esto, los cubanos que lucharon en la manigua para libertar a Cuba debieron haber esperado, sin apelar a la violencia, que la acción de los "principios justos" hubiera operado.»[179]

La misma vigilancia frente al irracionalismo filosófico y literario se percibe en la crítica que hiciera Amado Palenque de las «raíces podridas de la filosofía aristocratizante» de Ortega y Gasset y en el extenso y enjundioso ensayo de Félix Pita Rodríguez, «Literatura comprometida, detritus y buenos sentimientos», que apareció en el número 13, de septiembre de 1956. Aquí se sentaban las bases críticas de la prevención estética del realismo socialista contra la literatura existencialista de la posguerra. Según Pita Rodríguez, Sartre, Céline, Moravia, Camus y Malaparte eran «grandes escritores», «cimas señeras de la literatura», pero «sus obras estaban presididas por el signo de la disolución». El problema de esa literatura, a su juicio, era que funcionaba como «espejo deformante del mundo que le daba nacimiento», ya que la «descomposición está en la expresión de la realidad, no en la realidad misma». Y concluía: «Los libros cardinales de esa literatura *(La náusea, El extranjero, Viaje al fin de la noche...)* y los seres turbios y viscerales que en ellos se mueven, aun aquellos que tienen representación y existencia entre los hombres, son hijos de una tesis depresiva, de una filosofía que, por antihumana, debe repugnar al hombre.»[180] Contra esa literatura degradada, Félix Pita Rodríguez proponía el canto a la «alegría del artesano»: toda una invocación prerrevolucionaria del realismo socialista.

Tenemos que escoger, tienen que escoger aquellos que son dueños del milagro de la expresión, entre el mundo del detritus pestilente de los que niegan la vida y hacen del hombre una fuerza estúpida, ciega y sin destino, y el mundo esperanzador de los que no perderán nunca su fe en el hombre. Construir con la alegría del artesano que hará brotar las sonrisas felices de los labios de los hijos de sus hijos, o destruir en nombre de nada lo que durante milenios y al precio de miles de generaciones de seres, había edificado para su gloria: el hombre. El hombre capaz de experimentar amor y piedad por el hombre.[181]

Este combate entre el realismo socialista y la neovanguardia existencialista se reflejó claramente, en *Nuestro Tiempo*, por medio de una reseña de Fornarina Fornaris sobre *Cuentos fríos* de Virgilio Piñera. A diferencia del merecido elogio de *La isla en peso* que hiciera Mirta Aguirre, en el tercer número de *La Gaceta del Caribe*, en mayo de 1944, esta nota sobre Piñera reiteraba los principales argumentos de rechazo al nihilismo moderno, tan frecuentes en la crítica marxista de la filosofía y la estética occidentales de la segunda posguerra. Piñera aparecía, ante esa crítica, como un surrealista ilegítimo que, al «contrario de Kafka que se ve a sí mismo como una cucaracha –perseguida e impotente–, percibe al mundo convertido en una enorme y asqueante cucaracha». No son pocas las coincidencias entre esta crítica, aparecida en el número 19 de *Nuestro Tiempo* (verano de 1957), la de Héctor García Mesa sobre *Electra Garrigó* (número 22, primavera de 1958) en la misma revista y los reparos que por aquellos años hacía Cintio Vitier a la poética de Piñera en *Lo cubano en la poesía*. Fornarina Fornaris apuntaba:

> Piñera pertenece al grupo de alquimistas que logran fabricar belleza con los andrajos del arroyo. Su mundo es un espectro que agoniza bajo el signo de la derrota. Escuchamos allí el bramido de la desesperación contemporánea. Brama esta literatura su amargura y su desaliento; su lasitud y su cinismo; su escepticismo impenitente; su pensamiento de vencidos; la filosofía de la desesperación. La desesperación, para bramar, toma también la voz de la filosofía.[182]

A lo que agrega García Mesa sobre *Electra Garrigó*:

> *Electra Garrigó*, en última instancia, es un espectáculo interesante; un experimento bastante feliz, como tal, de un escritor de elaborado oficio, pese a las limitaciones que se ha querido imponer –y con las que disentimos irreconciliable-

mente–, como lo es la evasión voluntaria de la realidad, que lo obliga al empleo de tratamientos alambicados y subjetivos, y a la elección de temas alegóricos o vencidos a expensas de la verdad que nuestro momento nos reclama, con lo que poco añade a nuestra palpitante tradición cultural, y que lejos de contribuir puede que distraiga la verdadera función de la cultura que es la de iluminar la vida del hombre.[183]

Aunque, por momentos, se tiene la impresión de estar frente a una «retórica de la intransigencia», en la que las diferencias ideológicas y estéticas se desplazan fácilmente a la escisión entre lo nacional y lo antinacional, lo cubano y lo anticubano –tal y como se impondría luego bajo la política cultural de la Revolución–, la línea editorial de *Nuestro Tiempo* respetó siempre el pacto republicano y, gracias a su moderación, pudo subsistir en los años finales de la dictadura de Batista. La primera reacción de los editores de la revista al surgimiento del Instituto Nacional de Cultura, en 1955, encabezado por Guillermo de Zéndegui, no fue de rechazo, sino de «dialogante fraternización que facilite, en términos de altura, un intercambio fecundo de ideas». A pesar de la defensa del «intelectual comprometido» y del abandono de cualquier «neutralidad de la cultura», los editores de *Nuestro Tiempo* defendían «el criterio que sustenta la conveniencia de un civilizado intercambio de palabras entre diferentes zonas de la cultura cubana, ya que las divergencias políticas no deben ser causa de enemistades en el terreno artístico e intelectual».[184] Un año después, en septiembre de 1956, otro editorial de la revista definía aquel proyecto como una «voz defensora del contenido democrático, liberal y patriótico en nuestra cultura, voz incansablemente exaltadora de nuestras mejores tradiciones nacionales en la ciencia, las artes o las letras».[185] E incluso, en un editorial de febrero de 1958, en plena confrontación revolucionaria, *Nuestro Tiempo* celebraba el restablecimiento de garantías constitucionales, decretado por el gobierno de Batista para las provincias occidentales: «Hemos respirado a pulmón pleno, con toda la ciudadanía, este aire anhelado durante una espera tenebrosa e interminable.» El final de aquel editorial era toda una declaración de compromiso con la libertad de expresión: «Nuestras tareas se realizan dentro de la frontera de la cultura y el arte, mas éstas sólo pueden cumplirse –como cualquier actividad creadora– en el imperio absoluto, incondicional, excluyente de las libertades.»[186]

De manera que *Nuestro Tiempo* rechazaba la «neutralidad» y el «apoliticismo» de las bellas artes, promovidos explícitamente por Zéndegui y el Instituto Nacional de Cultura, pero intentaba proteger el espacio intelectual abierto por la revista, bajo la dictadura de Batista por medio de la inclusión y el diálogo. De acuerdo con esa postura dialogante, *Nuestro Tiempo* se relacionó con intelectuales liberales como Jorge Mañach, Gastón Baquero y Francisco Ichaso, quienes, desde el *Diario de la Marina* y *Bohemia*, en más de una ocasión defendieron a la sociedad y a la revista de los ataques anticomunistas. Ichaso, por ejemplo, en un artículo titulado «Comunismo y guerra de nervios» *(Diario de la Marina,* 31 de marzo de 1955), se quejaba de aquellos analistas extranjeros y domésticos que, por un «totalitarismo óptico muy corriente en espíritus aprensivos», veían comunistas «hasta en la sopa».[187] Tal y como sucediera con *Avance*, después del triunfo de la Revolución, el líder de la sociedad cultural y de la revista, el músico Harold Gramatges, renegaría de aquellos vínculos, aludiendo a Mañach, Baquero e Ichaso como «personalidades que entonces y después resultaban negativas de acuerdo con la línea ideológica de la revista»: el marxismo-leninismo.[188]

Las primeras críticas frontales a la dictadura de Batista aparecieron en *Nuestro Tiempo* después del triunfo de la Revolución de 1959. De hecho, llegó a producirse una curiosa polémica entre dos colaboradores de la revista, Roberto Fandiño y Graziella Pogolotti, a propósito de la política cultural del gobierno de Batista. Fandiño argumentaba que, al igual que Franco o Hitler, Batista hubiera querido promover un arte naturalista de propaganda, pero debido al descrédito del realismo y de la pintura figurativa, desde los años 20 y 30, la dictadura prefirió alentar, desde el poder, un abstraccionismo elusivo e inocuo. Según Fandiño, Zéndegui y el Instituto Nacional de Cultura «protegieron y estimularon el arte abstracto que les reportaba un doble beneficio: daba la impresión de que en Cuba la cultura no estaba siendo menoscabada, sino que, por el contrario, era valorizada y difundida a tono con la época, y evitaba que al desarrollarse las ideas estéticas en nuestro medio, surgieran otras tendencias capaces de encauzar la protesta o de formar una conciencia». La tesis de Fandiño alcanzaba una sugerente complejidad en el siguiente pasaje:

La identificación de la dictadura con el arte abstracto nos lleva a plantearnos una vez más la tesis del arte por el arte y el arte en tanto función social. Aunque los partidarios de la primera no quieran reconocerlo, ya se ha demostrado repetidas veces la contradicción que conlleva una dirección artística que se enajena de los problemas vitales del hombre y la sociedad; en su ensimismamiento adoptan una conducta que no por ser negativa a esos problemas dejan de entrañar una relación tan definitiva como la de las posturas que los encaran.[189]

Graziella Pogolotti se enfrentó a este análisis con dos objeciones: por un lado, Fandiño insinuaba que el gobierno de Batista poseía una «política cultural» –no cualquier política cultural, sino una sofisticada, que promovía proyectos artísticos modernos, siempre y cuando fueran políticamente neutrales–; por el otro, el llamado a una cultura comprometida, por parte de la Revolución triunfante, no debía ser asumido a la ligera. De modo que aunque Pogolotti era más radical que Fandiño en su juicio sobre la dictadura de Batista, ya que consideraba aquel régimen demasiado rústico como para diseñar una política cultural inteligente, su argumento central conllevaba una clara oposición al realismo socialista, en tanto estética que reaccionaba contra el predominante abstraccionismo apolítico, fácilmente aprovechable por el gobierno batistiano. Apoyada en Georg Lukács, Pogolotti alertaba sobre el peligro de que la «neutralidad» estética fuera bruscamente reemplazada por un panfletario que cantara las glorias de la Revolución y se desentendiera de las exigencias formales de la neovanguardia: «No confundamos cultura comprometida, cultura militante, con la cultura concebida como portavoz, como instrumento de propaganda... Guardémonos de soluciones simplistas. El contenido, el mensaje, no es el único elemento valedero en la obra de arte.»[190]

Otra polémica donde chocan diversas políticas intelectuales es la que tuvo lugar en el Aula Magna de la Universidad de La Habana, en septiembre de 1955, y en ella intervinieron tres economistas con diferentes posiciones políticas: Raúl Lorenzo, Felipe Pazos y Carlos Rafael Rodríguez. En el verano de aquel año de 1955 el gobierno de Fulgencio Batista intentaba revestirse de legitimidad democrática y ya para entonces se habían producido el primer Diálogo Cívico, las elecciones de 1954, la concesión de amnistía a los asaltantes al cuartel Moncada y el restablecimiento de las garantías constitucionales.[191] En ese contexto se reúnen en la Universidad de La Habana los economistas de tres partidos políticos de oposición: Raúl Lorenzo, autor del celebrado libro *Sentido nacionalista del pensamiento de Saco* (1942) y entonces senador por el Partido Social Cubano, Felipe Pazos, quien fuera presidente del Banco Nacional en época de Prío y figura clave del autenticismo, y Carlos Rafael Rodríguez, miembro del así llamado Buró Ejecutivo Supremo del Partido Socialista Popular. Los tres polemistas eran, pues, intelectuales orgánicos o *expertos* –para usar el término de Max Weber en *El político y el científico*– de tres partidos de oposición bajo un régimen autoritario.[192]

En aquel debate se puso de manifiesto un síntoma típico de la intelectualidad moderna, percibido por Lenin y estudiado recientemente por Norberto Bobbio, según el cual los *expertos* se dividen en la «ideología» y se unen en la «política».[193] Carlos Rafael Rodríguez, por ejemplo, discordaba con Raúl Lorenzo porque su idea de que «es posible lograr en Cuba el pleno empleo a través de manipulaciones monetarias» estaba basada en las investigaciones de John Maynard Keynes, quien, según Carlos Rafael, «no sólo era el teórico del imperialismo decadente, sino también el gestor eficaz de los intereses imperialistas británicos... una criatura de Cambridge, capaz de ocultar la garra del capitalismo financiero tras las maneras pulcras y el estilo de cuidada neutralidad científica».[194] De modo similar, Carlos Rafael le reprochaba a Felipe Pazos que, a partir de Buchanan, Ellis y Domar, insistiera en «la necesidad del crecimiento sostenido del producto nacional» como condición para emprender un proceso de industrialización y tecnificación de la agricultura.[195] Por eso Carlos Rafael cerraba la polémica recomendando a Lorenzo la lectura de *El imperialismo, fase superior del capitalismo* de Lenin y sugiriendo a Pazos que tomara en cuenta el proyecto estatista de industrialización y sustitución de importaciones, concebido por Raúl Prebich y la Comisión Económica para América Latina (CEPAL).[196]

Sin embargo, estos tres intelectuales compartían una misma certeza: la economía cubana era demasiado dependiente de la norteamericana y urgía, en palabras de Raúl Lorenzo, «liberarla del peso agobiador de intereses extranjeros, que la comprimen e interfieren el comercio exterior del país y cortan sus posibilidades de empleo y desarrollo».[197] El propio Carlos Rafael Rodríguez no podía dejar de reconocer la «audacia» de Raúl Lorenzo y Felipe Pazos al denunciar esa condición de «economía satélite» en los «círculos políticos y técnicos del campo burgués» y concluía: «Si los ideólogos más influyentes de esa órbita se acercaran a la posición [de Lorenzo y Pazos] se habría avanzado considerablemente en la posibilidad de fortalecer las bases científicas de una colaboración entre fuerzas disímiles.»[198] La zona neutra, de acuerdo y divergencia, que se tiende entre comunistas y republicanos constata la aceptación, por ambos actores, de las reglas de un precario pacto democrático que, trabajosamente, se abría paso dentro de una oposición controlada al régimen autoritario de Fulgencio Batista.

Pero de este interesante altercado se desprenden, a mi juicio, otras dos observaciones significativas sobre la historia de la cultura cubana: 1) las políticas intelectuales comunistas y liberales convergían en una matriz simbólica común: el nacionalismo; 2) la tensión entre ambos nacionalismos, como la que también experimentaban los intelectuales católicos y republicanos, se resolvía dentro de lo que Avishai Margalit ha llamado «el canon cívico de la decencia».[199] Lo mismo en la sociedad civil que en la sociedad política, en el centro del espacio público o en su periferia, intelectuales tan disímiles como José Lezama Lima, Jorge Mañach y Carlos Rafael Rodríguez convivían e intercambiaban sus discursos dentro del orden moral de tolerancia y respeto que fundaba la legitimidad constitucional republicana. Es difícil no percibir en la flexible cortesía de aquellas polémicas un indicio de civilidad, vinculado, seguramente, con la sociogénesis de una ciudadanía que formalizaba sus usos y costumbres y practicaba sus derechos civiles y políticos.[200]

NIHILISTAS Y CÍVICOS

En un libro de Zygmunt Bauman, titulado *En busca de la política* (1999), se inserta un acápite que pareciera escrito para pensar los problemas de la politización de los intelectuales cubanos desde mediados del siglo XX. Dicho acápite resume las ideas de Bauman sobre las dificultades que experimenta el campo intelectual contemporáneo para lograr una agencia política, plenamente autónoma y crítica, en medio de una esfera pública invadida por dos poderosas corrientes espirituales de la modernidad: la totalitaria, que tiende a la anulación estatal de lo privado, y la nihilista, que cultiva el desentendimiento personal de lo público.[201] Cuando la política gravita hacia el totalitarismo, según Bauman, la cultura se moviliza desde resistencias nihilistas. Pero cuando el nihilismo se apodera de la esfera pública, entonces la cultura puede experimentar politizaciones cívicas o revolucionarias.

Una buena manera de ubicar las máximas escisiones del campo intelectual cubano en el momento del tránsito de la República a la Revolución es rastreando la tensión entre actitudes de nihilismo y civismo frente a los problemas nacionales. En su gran tratado sobre la «admiración moral», Aurelio Arteta sostiene que cualquier orden republicano más o menos estable se funda sobre «miradas virtuosas» que han sido educadas sentimentalmente en el respeto de atributos cívicos. Las reacciones más viscerales contra ese estado de admiración moral, que se difunde en la vida pública, es el gesto del «nihil admirari», referido por José Lezama Lima en su famosa carta a Guillermo Zéndegui, y que implica, ni más ni menos, un desplazamiento del civismo al nihilismo, como actitud predominante, en el campo intelectual.[202]

En la primera mitad del siglo XX cubano, la vida pública de la isla intentó amoldarse de acuerdo con el modelo cívico republicano. Sin embargo, ya en las décadas previas al triunfo revolucionario, el fracaso de aquel modelo era más que evidente y una gran corriente nihilista, aunque refinada y cosmopolita, letrada y vanguardista, invadió el mundo artístico y literario de Cuba. Esa gran corriente, que rearticuló no pocas prácticas del choteo republicano en la esfera pública revolucionaria, favoreció el abandono de reglas de sociabilidad cultural que, aunque restringidas e ineficaces, correspondían a un orden liberal y democrático. En las páginas que siguen propongo una primera aproximación a ese complejo proceso de desplazamiento del civismo por el nihilismo y sus efectos sobre la construcción del nuevo orden revolucionario.

145

*La historia como problema*

En el prólogo a la edición que conmemora los treinta años de su libro *Fuera del juego*, Heberto Padilla dice que en la literatura cubana la «historia nunca ha sido vista como problema».[203] Aunque la afirmación prescinde de cualquier aduana, Padilla se refiere al hecho de que casi todos los grandes escritores de la isla, incluso los más enredados en la trama de sus épocas, como José María Heredia, José Martí, Cirilo Villaverde o Nicolás Guillén, expresaron alguna vez el deseo de instalar sus poéticas literarias en un lugar ajeno, hostil o, por lo menos, contiguo a la Historia. En efecto, la utopía romántica de una literatura regida por leyes propias, que el modernismo difundió en Hispanoamérica y que animó la edificación de unas cuantas ciudades letradas a mediados del siglo XX *(Contemporáneos, Sur, Orígenes...)*, se repite demasiado en la cultura cubana. Lo mismo en Europa que en América, esta visión autotélica de la Alta Literatura o del Gran Estilo, como prueba Claudio Magris en un libro indispensable, siempre ha sido portadora de los ecos nihilistas, melancólicos y decadentes de la última aristocracia occidental.[204] En Cuba, como ha dicho con ingenio otro poeta, heredero de Padilla en más de un sentido, los escritores reciben «lesiones de Historia».[205]

Encontramos esos ecos en las décadas románticas de José María Heredia en México, cuando, bajo una desilusión análoga a la de su héroe Simón Bolívar, escribe «de mi Patria los ojos un momento / atraje sobre mí... ¡Delirio insano!... / de la vana ambición desengañado, / ya para siempre abjuro / el oropel costoso de la gloria, / y prefiero vivir simple, olvidado, / de fama y crimen y furor seguro».[206] Luego reaparecen en otro poeta, Juan Clemente Zenea, víctima simultánea de los dos bandos políticos de su tiempo, quien en 1861 condensa la frustración del intelectual ante la historia en estos versos tan recordados: «Tengo el alma, ¡Señor!, adolorida / por unas penas que no tienen nombres, / y no me culpes, ¡No!, porque te pida / otra patria, otro siglo y otros hombres. / Que aquella edad con que soñé no asoma, / con mi país de promisión no acierto, / mis tiempos son los de la antigua Roma, / y mis hermanos con la Grecia han muerto.»[207] Una similar desazón, que invierte el patriotismo en el reclamo de un hijo procaz, a *su* País, por ser tan ingrato, puede leerse también en poemas de Gertrudis Gómez de Avellaneda, Juana Borrero o Carlos Pío Urbach. La Borrero, por ejemplo, en el poema «Todavía», incluido en sus *Rimas*, hablaba del «blanco veneno del hastío» como una sustancia moral que paralizaba el espíritu.[208] Pero nadie como Julián del Casal para expresar, en su poema «Nihilismo», esa sombría relación con la historia, elevándola, casi, al nivel de una ética de la indiferencia o del desdén de un sujeto que «nada ansía»: «amor, patria, familia, gloria, rango, / sueños de calurosa fantasía, / cual nelumbios abiertos entre el fango / sólo vivisteis en mi alma un día».[209]

Al propio José Martí, quien dedicó más de la mitad de sus cuarenta y dos años a la actividad política, se le hizo por momentos insoportable alternar la escritura de la poesía con la fundación de un Estado. Es la fatiga, la «angustia» de aquel invierno de 1889, lo que lo empuja a huir de Nueva York, refugiarse en los montes de Catskill —«donde corren arroyos, se cierran las nubes o a veces susurra la abeja, merodeando entre las flores»— y escribir de un tirón sus *Versos sencillos*.[210] Martí, el intelectual público por antonomasia de la historia de Cuba, es ese extraño político que desea que lleguen «los días buenos, del trabajo después de la redención..., días de buena fe para evitar el exceso de política...» y que admite, incluso, que «la política es una profesión enojosa», de la que, a veces, se «puede desertar».[211] Ese raro estadista, que si bien nunca contrapone poesía e historia a la manera casaliana, es capaz de afirmar que «vivir en el destierro», entre conspiración y cabildeo, oratoria y periodismo, es como «tallar en nubes». Frase que ha salvado Orlando González Esteva de los *Cuadernos de Apuntes* de Martí y que recuerda aquella otra de Simón Bolívar, cuando decía que fundar repúblicas en Hispanoamérica era como «arar en el mar».[212] Aunque hay una afirmación que capta con más elocuencia el mítico desencanto del Libertador: «No hay buena fe en América, ni entre las naciones. Los tratados son papeles, las constituciones libros; las elecciones combates; la libertad anarquía; y la vida un tormento.»[213]

Durante la primera República (1902-1933) el nihilismo se arraigó en las principales poéticas literarias. Basta una ojeada a la correspondencia entre Regino Boti y José Manuel Poveda, los dos poetas cardinales del posmodernismo cubano, para encontrar aterradores testimonios de la repulsión con que el intelectual se asomaba al terreno político. En enero de 1914, por ejemplo, Boti le escribía a Poveda: «Nada hay más asqueante que la política cubana... José Miguel [Gómez] es un ladrón y [Mario García] Menocal un idiota. [Alfredo] Zayas un cero a la izquierda. Un horror... Le confieso una vez más que le tengo asco a mi país y a sus hombres públicos y a todos los organismos oficiales. Le huyo a tanta infección.»[214] Es cierto que hacia 1923 se produce una reanimación del civismo, con el Grupo Minorista y la literalmente llamada Junta Nacional de Renovación Cívica, que encabezó Fernando Ortiz, dos instituciones que, junto a la Asociación de Veteranos y Patriotas, promoverían desde la sociedad civil las nuevas políticas intelectuales que, pocos años después, cristalizarán en la *Revista de Avance* y el movimiento antiautoritario contra la dictadura de Gerardo Machado. Pero incluso entre poetas tan inmersos en aquella Revolución de los 30, como Agustín Acosta, Rubén Martínez Villena, José Zacarías Tallet y Nicolás Guillén, reaparecía la inveterada zozobra de la cultura cubana ante la política. En el poema «El gigante» del espléndido cuaderno *La pupila insomne* de Martínez Villena, por ejemplo, latía la pregunta desesperada: «¿Y qué hago yo aquí donde no hay nada grande que hacer?»[215] Y hasta Nicolás Guillén, arquetipo del poeta nacionalista que reacciona contra la norteamericanización de la isla, llega a escribir en 1947: «Mi patria es dulce por fuera, / y muy amarga por dentro; / mi patria es dulce por fuera, / con su verde primavera, / y un sol de hiel en el centro.»[216] Versos que hacen evocar, una vez más, aquellos otros del *Himno del desterrado* de Heredia: «¡Dulce Cuba!, en tu seno se miran / en su grado más alto y profundo, / la belleza del físico mundo, / los horrores del mundo moral.»[217] En las dos últimas décadas prerrevolucionarias, luego del entusiasmo suscitado por la Constitución de 1940 y el renacimiento de la República, la frustración política de los intelectuales alcanzó los enunciados más sombríos. En 1943, Virgilio Piñera le cantaba a la «noche antillana», que es «un insulto perfumado en la mejilla de la bestia; / una noche esterilizada, una noche sin almas en pena, / sin memoria, sin historia...».[218] Al año siguiente aparecerá la revista *Orígenes* (1944-1956), un ambicioso proyecto cultural, emprendido, al margen del Estado, por un grupo selecto de poetas. En esa publicación, que acoge el pensamiento y la escritura poéticos más refinados que se hayan producido en Cuba, aparecerá una serie de artículos de su director, José Lezama Lima, en la sección «Señales», que resumen la percepción de la política cubana que tenía aquel grupo. Casi siempre se cita el artículo «La otra desintegración», en el que Lezama critica la «falta de imaginación estatal» que ostentan los gobiernos auténticos y sugiere que el remedio deberá «brotar de la creación y de la imagen», ya que «un país frustrado en lo esencial político, puede alcanzar virtudes y expresiones por otros cotos de mayor realeza».[219] Pero habría que citar, más bien, otra de aquellas «Señales», la titulada «Emigración artística», publicada en el otoño de 1947, y en la que Lezama lamenta el éxodo de tantos jóvenes intelectuales, un síntoma que, a su entender, revela «la marcha hacia la desintegración nacional» que experimenta la cultura cubana. Contra la certeza de diseminación se moviliza, entonces, una política del espíritu, alentada por un imaginario aristocrático: «Pero ha existido siempre entre nosotros una médula muy por encima de la otra desintegrada.

Existe entre nosotros otra suerte de política, otra suerte de regir la ciudad de una manera profunda y secreta.»[220]

Esa «otra política», esa «otra manera de regir la ciudad» no es más que la poesía misma. Así como Lezama, en su sistema poético, contraponía la Imagen o la Metáfora a la Historia, en su estrategia intelectual, que era en buena medida la del grupo *Orígenes*, enfrentaba la Poesía a la Política. Es notable cómo los poetas más jóvenes del grupo, Cintio Vitier, Fina García Marruz, Eliseo Diego, Octavio Smith..., asumieron en sus poéticas esa misma contraposición, aunque en el lugar de la Metáfora o la Imago lezamianas colocaron la Memoria. Sobre todo en la poesía de Eliseo Diego y Fina García Marruz se observa claramente que las nociones del tiempo nacional provienen más de un recuerdo íntimo que de un discernimiento histórico. La mejor exposición filosófica de esta antinomia Memoria-Historia se encuentra en la primera parte de la *Poética* de Cintio Vitier, titulada «Mnemosyne», cuyas referencias doctrinales provienen de la tradición platónica y cristiana que asocia el verbo y la sabiduría a la evocación o reminiscencia de ideas innatas. Aquí la temporalidad histórica, la de los «hechos sucesivos», como le llama Vitier, se presenta como una dimensión maligna que sólo puede ser trascendida por medio del recuerdo poético.[221] Nunca antes en la literatura cubana se había llegado a una figuración metafísica de la historia, en tanto lugar de incertidumbre, zozobra y maldad, como la que articulan las poéticas del grupo *Orígenes*.

A partir de aquella insinuación de Padilla, podría ilustrarse la tensa relación de los poetas con la historia y la política, sin recurrir a ejemplos similares en la narrativa o el ensayo. El descuido tal vez se deba a que en Cuba, como en muchos países hispanoamericanos, los poetas son los educadores sentimentales de los prosistas. Pero, en todo caso, sería sencillo antologar los escrúpulos del intelectual cubano ante su historia y su política con fragmentos de las novelas *La conjura* (1909) de Jesús Castellanos, *Ge-*

*nerales y doctores* (1920) de Carlos Loveira, *Ciénaga* (1937) de Luis Felipe Rodríguez o *El acoso* (1956) de Alejo Carpentier y con pasajes de los libros de ensayos *Entre cubanos* (1910) de Fernando Ortiz, *La crisis del patriotismo* (1929) de Alberto Lamar Schweyer, *Historia y estilo* (1944) de Jorge Mañach o *La luz del imposible* (1957) de Cintio Vitier. El desprecio por la política republicana que transmiten estas obras fue la herencia discursiva que recibió la última generación prerrevolucionaria, la de los 50: tal vez la generación más nihilista de la historia intelectual cubana. Es cierto que aquella década había comenzado con una institución cultural y cívicamente muy renovadora y de origen extrapartidario: la Sociedad Nuestro Tiempo. Pero en pocos años, cuando arreció la dictadura de Batista, ese grupo perdió eficacia, quedando demasiado circunscrito al Partido Socialista Popular, además de que muchos de sus miembros más jóvenes se exiliaron y algunos pocos pasaron a la clandestinidad.[222]

La retirada de lo político que vive el campo intelectual cubano a mediados de los 50 se condensa en la revista *Ciclón*, editada por José Rodríguez Feo y Virgilio Piñera entre 1955 y 1957. La revuelta moral de aquella publicación contra el provincianismo literario y la mojigatería católica de las élites burguesas, probada en el acercamiento al surrealismo, el existencialismo, la fenomenología, el psicoanálisis, la metafísica humanista de la posguerra... y en la defensa abierta de la homosexualidad, como se expresa en ensayos como «Oscar Wilde en prisión» de Robert Merle o «Ballagas en persona» de Virgilio Piñera, contrasta con su desidia o frivolidad ante los problemas políticos nacionales.[223] Llama la atención que en esa revista, donde Virgilio Piñera publica una nota sobre el estremecedor libro *El pensamiento cautivo* de Czeslaw Milosz, con el equívoco argumento de que en las democracias occidentales existe la misma «voluntad de muerte» que en el «terror rojo» de Stalin o en el «terror nazi» de Hitler —ya que lo importante, según Piñera, no «es si Milosz tiene razón o si los comunistas mismos la tienen o no», sino el hecho de que esa «voluntad de matar» es consustancial a la cultura cristiana–, nunca haya aparecido un texto que reaccionara, al menos alegóricamente o desde las claves indirectas del pasado, frente a la dictadura de Fulgencio Batista y la destrucción de la República.[224] Es probable que un texto así no hubiera podido aparecer en *Ciclón* porque sus editores querían proteger la revista de la censura batistiana o porque priorizaban la subsistencia de aquella publicación literaria en un medio político crispado. Pero hubo revistas mucho más peligrosas políticamente, como *Nuestro Tiempo*, *Magazine de Hoy* y hasta la propia *Bohemia*, que circularon sin mayores dificultades en aquellos años. Un texto que atisbara, siquiera oblicuamente, la política cubana era inconcebible en *Ciclón* porque sus editores estaban convencidos de que la política misma e, incluso, la historia cubana eran territorios vulgares y sucios en los que no debían contaminarse las «altas funciones del espíritu».

*Ciclón* había surgido en el verano de 1955 con un llamado frontalmente antiorigenista: «Borramos a *Orígenes* de un golpe. A *Orígenes* que como todo el mundo sabe, tras diez años de eficaces servicios a la cultura en Cuba, es actualmente sólo un peso muerto.»[225] Dirigida por el crítico José Rodríguez Feo e imantada por el liderazgo literario de Virgilio Piñera, *Ciclón* defendía, al igual que *Orígenes*, una entrega a la literatura y las artes, en contra de la vehemencia política y el academicismo crítico que predominaba en el campo intelectual republicano, sólo que a diferencia de su predecesora ese regreso a lo estético no implicaba compromiso alguno con la tradición católica, tan arraigada en las élites poscoloniales, ni la ignorancia deliberada de las corrientes neovanguardistas de la segunda posguerra, so pretexto de un nacionalismo raigal. En este sentido, llama la atención que, desde los primeros números, esa seña de identidad laica, antimítica, cuando no atea, de *Ciclón*, quedara claramente establecida. En la primera entrega, por ejemplo, un ensayo de Julián Marías, «La imagen intelectual del mundo», sostenía que la «ideología dominante» del cristianismo occidental se apoyaba en una «imagen religiosa del mundo» que desde los dos últimos siglos estaba siendo desplazada por los elementos científicos y tecnológicos del capitalismo industrial.[226] Aunque *Ciclón* se diferenciaba de *Orígenes* en su crítica al nacionalismo católico y en su mayor hospitalidad para con las corrientes culturales de la segunda posguerra (existencialismo, psicoanálisis, nueva narrativa...), la política intelectual de la nueva revista se parecía a la de su antecesora en la apuesta por una literatura autotélica, definida desde su propia finalidad estética, y reacia a cualquier instrumentalización pública. De ahí que, al igual que *Orígenes*, la generación de *Ciclón* dirigiera sus dardos contra el academicismo y la politiquería del medio intelectual republicano, protagonizado, todavía a mediados de los 50, por figuras provenientes de la Revolución de 1933. El ensayo «Cuba y la literatura» de Virgilio Piñera, versión publicada de una conferencia en el Lyceum, el 27 de febrero de 1955, donde el autor de *La isla en peso* lamentaba la degeneración de los «hombres de *Avance*» en «políticos, periodistas, profesores o libretistas radiales» y la degradación de sus literaturas en «pura ganga», puede ser leído como un diagnóstico. Según Piñera, en la Cuba republicana, la política estaba matando a la literatura, por lo que era preciso un regreso a lo literario:

Estamos encastillados en una discreta marcha tortugal. Tenemos poetas medianos, prosistas medianos, dramaturgos medianos. Todos muy cultos, mejor informados, con varios viajes a Europa, pero irremediablemente incoloros... Entonces pensaba que el sentimiento de la nada por exceso es menor que el sentimiento de la nada por defecto. Llegar a la Nada a través de la cultura, la tradición, la abundancia, el choque de las pasiones, la contradicción del etc., etc., etc., comporta una vigorosa postura vital, ya que la gran mancha dejada por la tinta del Todo es indeleble. Pero esa Nada surgida de la

Nada, tan física como el nadasol que calienta al pueblo, como las nadacosas, el nadarruido, la nadahistoria... nos lleva rápidamente a la morfología de vaca del prado, del árbol del camino o del lagarto del muro.[227]

Después de este lamento nihilista, Piñera esgrimía el fármaco de la alta literatura: «Ante tan horrible infortunio sólo queda llorar. Estamos frente al muro.»[228] Pero a continuación agregaba una frase ambivalente, en la que parecía afirmar que no era la política la que mataba a la literatura, sino que era la literatura misma la que se mostraba incapaz de elevarse a los niveles institucionales de la República: «Los hombres que pueden darse automáticamente un himno, una Constitución y hasta una patria, no pueden, en cambio, darse una literatura. ¿No sintieron esto ciertos romanos en medio de la grandeza del Imperio?»[229] Hablar de grandeza en plena dictadura de Batista podría sonar equívoco, sobre todo si se recuerda que en ese mismo número se publicaba un elogio de Guillermo Cabrera Infante sobre *La antología del cuento en Cuba* (La Habana, Dirección de Cultura del Ministerio de Educación, 1952) de Salvador Bueno, en el que el entonces joven crítico de cine de la revista *Carteles* reconocía que, aunque «la anquilosis es un producto de academia, que confiere una intocabilidad de paria divinizado, a la vez herética y lazarina», esa antología «oficial» era la mejor y más completa que se había producido en la historia literaria de Cuba.[230]

Sin embargo, en el número sexto de la revista, de noviembre de 1955, *Ciclón* dejó a un lado los paños tibios e insertó una crítica frontal al recién creado Instituto Nacional de Cultura, que encabezaría Guillermo de Zéndegui. El texto, titulado «Cultura y moral» y firmado por el director de la revista, José Rodríguez Feo, cuestionaba la ausencia de asesores literarios como Cintio Vitier o José Antonio Portuondo y, en general, de escritores de las dos últimas generaciones cubanas, la de los 40 y la de los 50, es decir, la de *Orígenes* (Lezama, Piñera, Baquero, Vitier, Diego...) y la de *Ciclón* (Cabrera Infante, Sarduy, Arrufat, Casey, Oraá). El editorial de Rodríguez Feo alcanzaba, por momentos, los tonos de un manifiesto de política intelectual literariamente concentrada, que, sin duda, era compartida por Piñera y los escritores más jóvenes que publicaban en *Ciclón*. Así, en un pasaje de vehemente elitismo, aunque de clara oposición a la política cultural de Batista –a pesar del persuasivo llamado a la «neutralidad» y al «apoliticismo» que este gobierno dirigía a los escritores–, Rodríguez Feo afirmaba:

Frente a la cultura oficial estará siempre la verdadera cultura –que representa una serie de valores sostenidos y sustentados por las minorías creadoras a través de los años–. Esta alta cultura de las minorías, no la falsa cultura de las mayorías infecundas, se va forjando en la obra de los grandes artistas. Esta alta cultura se refleja, aquí y en todas partes, en las revistas y en los libros donde se escribe y se discuten –sin temor a la censura de los santurrones y los hipócritas– todos los temas que angustian al hombre moderno.[231]

Y a continuación, refutaba la inducción al apoliticismo y la neutralidad de escritores y artistas, por parte del régimen de Batista, sin adscribirse a la tesis del compromiso moral o político, defendida por los revolucionarios y comunistas de *Nuestro Tiempo*, ni a la del confesionalismo católico de *Orígenes*.

No existe moral de la cultura diferenciada de lo político. Los valores culturales de una nación no tienen una moral definida oficialmente –ni cristiana, ni revolucionaria, ni ortodoxa. Porque, en última instancia, la moral del arte nada tiene que ver con la moral política improvisada a las circunstancias del Estado.[232]

En la resuelta defensa de la autonomía literaria frente a poderes simbólicos, como los de la moral o la ideología, o reales, como los de la Iglesia y el Estado, reside la modernidad de la política intelectual de *Ciclón.* Es evidente que las simpatías filosóficas de los principales colaboradores de esta revista estaban con el existencialismo –como se plasma en «El alero del existencialismo», de Antón Arrufat, un texto lleno de evocaciones de Unamuno, Kierkegaard, Sartre y Heidegger–, con José Ortega y Gasset –el número primero de 1956, con colaboraciones de María Zambrano, Ferrater Mora, Guillermo de Torre, Juan Marichal y Jorge Luis Borges, estuvo dedicado al autor de *La rebelión de las masas*– y con el psicoanálisis: en el número quinto de 1956 apareció el interesante artículo «Arte y neurosis» de Lionel Trilling y el sexto, con ensayos del propio Trilling, W. H. Auden, Enrique Collado y Maurice Blanchot, estuvo dedicado a Sigmund Freud.[233] Esta orientación doctrinal provocó, naturalmente, ciertos choques con escritores católicos como Cintio Vitier en «Ballagas en persona» de Piñera o Eugenio Florit en una dura crítica de Antón Arrufat –«La obra de Florit es la de un lírico menor en la que entran demasiados elementos perecederos. Está exenta de la lucidez y el exquisito dominio técnico que científicos y poetas le adjudican»–, pero también zanjó las diferencias entre *Ciclón* y el marxismo cubano de la época.[234]

Así como un texto filosófico como «Contra los poetas» de Witold Gombrowicz, en el número quinto de 1955, podía leerse en clave antiorigenista y anticatólica, otro, también filosófico, como «La crisis del héroe» de Álvaro Conrado, en el número cuarto de ese mismo año, pudo ser leído como un cuestionamiento del compromiso teórico y práctico defendido por la crítica marxista.[235] En este sentido, el más claro posicionamiento de *Ciclón* frente al marxismo fue la crítica del director de la revista, José Rodríguez Feo, a *El heroísmo intelectual,* el libro de ensayos de José Antonio Portuondo, tan celebrado por Mirta Aguirre en *Nuestro Tiempo.* Respetuoso del pacto de decencia republicana, Rodríguez Feo podía lamentar la ausencia de críticos intelectualmente rivales como Vitier y el propio Portuondo, en el Instituto Nacional de Cultura, pero no ocultaba sus reparos a la crítica católica del primero ni a la crítica marxista del segundo. Según Rodríguez Feo, «un marxista –y también un católico o cualquier otro sujeto doctrinal– puede ser sincero y al mismo tiempo estar ofreciéndonos un cuadro parcial y engañoso de la realidad circundante». La centralidad doctrinal de este discurso tiene la limitación de postular, en palabras de Rodríguez Feo, un «pensamiento que confunde patéticamente lo ético y lo estético, en que la fidelidad a la interpretación marxista del arte se quiebra ante la necesidad perentoria de enjuiciar la expresión literaria desde otros puntos de vista más genuinos, pero también menos ajustados a una rígida posición social».[236]

Aunque a Rodríguez Feo le parecía que la aplicación del marxismo a la crítica literaria podía dar buenos resultados, como en el caso del estudio de Portuondo sobre Lino Novás Calvo, también podía producir ideologizaciones cuestionables como la del rechazo de la «angustia» en la narrativa de Hemingway. Sin embargo, la principal objeción de Rodríguez Feo a Portuondo no era literaria o estética, sino ideológica e, incluso, política, ya que el director de *Ciclón* se apoyaba en Milosz para afirmar que «la fórmula indispensable de humana convivencia en la que el libre desenvolvimiento de cada uno sea la condición del libre desenvolvimiento de todos no es compatible con el sistema comunista». Esta diferencia se reflejaba plenamente en la disputa entre políticas intelectuales, en los años previos a la Revolución, por medio de la apuesta por una literatura para sí, defendida desde *Ciclón*: «Muchos pueden sentirse disgustados con el estado de cosas que les depara el destino –y el nuestro no es menos halagador que digamos–, pero de ahí no hay que deducir que es obligación o deber del artista tratar de transformarlas.»[237]

*Ciclón* dejó de publicarse en el verano de 1957, con el número tercero del tercer año de la revista. En esa última entrega aparecieron, además de la obra de teatro del absurdo de Antón Arrufat, «El caso se investiga», elogiada por el crítico teatral Rine Leal, dos textos emblemáticos de la plataforma crítica de aquella importante publicación: el cuestionamiento de Julio Rodríguez Luis sobre la novela habanera *La trampa* (Buenos Aires, Unión de Escritores Latinos, 1956) de Enrique Serpa, por su «manipulación marxista del neorrealismo», y la dura reseña de Virgilio Piñera sobre *La letra como testigo* (Santa Clara, Universidad Central de Las Villas, 1957), el libro de ensayos de Salvador Bueno. Mientras Rodríguez Luis rechazaba que Serpa utilizara el crudo retrato de la vida habanera de los años 40 para «exponer doctrinas sociales y tesis políticas», Virgilio, consciente del compromiso de Bueno con el Instituto Nacional de Cultura de Batista, no le reprochaba al crítico su oficialismo sino su marcada tendencia a la improvisación y la superficialidad en el juicio literario.[238] De manera que en este número de *Ciclón*, el último de la era prerrevolucionaria, sus editores se mantenían fieles a un principio básico de aquella publicación: el rechazo a toda instrumentación ideológica o política de la literatura.

Sin embargo, en marzo de 1959, luego del triunfo de la Revolución, apareció un número más de *Ciclón*, el único del cuarto volumen. Esta curiosa entrega de la revista fue encabezada por una narración épica, «Relato de la Sierra» de Jorge Menéndez, cercano al modelo del realismo socialista o de la literatura política, que tanto habían rechazado Piñera y Rodríguez Feo.[239] A continuación de aquel relato, aparecía el texto «Inundación» de Virgilio Piñera, en el que se alertaba contra el peligro de que los «profesores», como Mañach o como Bueno, inundaran «ilustradamente» el campo literario de la Revolución y donde se le solicitaba a ésta que asumiera como suya la alta literatura: «Como tenemos fe en esta Revolución pensamos que ella no es niveladora de un plano único, y que las cosas, en el literario, se pondrán en su punto. El buen escritor es, por lo menos, tan eficaz para la Revolución como el soldado, el obrero o el campesino.»[240]

Con su afrancesamiento habitual, Piñera comparaba al ejército rebelde con las tropas napoleónicas, sin advertir que aquel entusiasmo, motivado por la esperanza de que la Revolución triunfante arrasara con la burocracia, el academicismo, la mediocridad y el mal gusto artístico y literario, era también la entrega a un nuevo poder:

En La Habana había tanta expectación por ver a los barbudos como aquella de los siboneyes cuando el desembarco de Colón. ¿Qué es un barbudo?, se preguntaban los habaneros con la misma curiosidad con que un romano de la decadencia se preguntaba ¿qué es un bárbaro? El día dos de enero, La Habana esperaba a sus barbudos, pero a diferencia de la atribulada Roma, los esperaba con los brazos abiertos. ¿Qué es un barbudo? Habrá siempre que insistir sobre la pregunta. Y la respuesta nos pasma de asombro. Un barbudo –Fidel Castro– no es ni más ni menos que Napoleón, durante la campaña de Italia. ¿Y quiénes son Fidel Castro, Camilo Cienfuegos, Efigenio Ameijeiras, Che Guevara, sino pura y simplemente Ney, Oudinot, Lannes, Massena, Soult? En un siglo de guerras nucleares, los grandes capitanes no son concebibles. Sin embargo, Fidel Castro y sus lugartenientes, aunque parezcan anacrónicos, resultan tan reales y efectivos como la bomba atómica. Fidel, desembarcando en las playas de Oriente es Napoleón mismo desembarcando en el golfo Juan, es decir, el águila «volando de campanario en campanario hasta París».[241]

Como muestra de la literatura que el nuevo orden revolucionario debería promover, *Ciclón* publicaba a varios jóvenes poetas: Calvert Casey, Luis Marré, Severo Sarduy, Nivaria Tejera, Roberto Branly, Rolando Escardó y Manuel Díaz Martínez. Y como seña de su identidad antiorigenista, que, según *Ciclón*, debía ser una identidad compartida por la Revolución, los editores insertaron, al final de aquella entrega, el texto «Refutación a

Vitier», la extensa respuesta de Raimundo Fernández Bonilla a Leonardo Acosta, quien en un artículo publicado en dos partes, en el periódico *El Mundo* (22 de febrero y 8 de marzo de 1959), reaccionaba contra otro artículo del propio Fernández Bonilla, «La poesía y la Revolución Cubana», aparecido en el periódico *Revolución* (26 de enero de 1959). Mientras Acosta sostenía que las tesis de *Lo cubano en la poesía* de Vitier y, en general, la estética de *Orígenes* estaban «impregnadas de una profunda conciencia revolucionaria», Fernández Bonilla argumentaba lo contrario: que *Orígenes*, Lezama y Vitier, al formular una concepción mito-poética de la nacionalidad cubana y al diferir soluciones históricas y políticas por la vía de la metáfora y la imagen, encarnaban una posición intelectual reaccionaria, que contribuía a perpetuar la ceguera frente a la dictadura de Batista y el sacrificio de los jóvenes revolucionarios. Según Fernández Bonilla, el elitismo apolítico y la visión cifrada, alegórica de la literatura, defendidos por *Orígenes*, no podían ser considerados, siquiera, como «contrarrevolucionarios», ya que:

> Sólo puede ser acusado de tal cosa, aquel que ha tenido una actitud política, que ha demostrado pública conciencia del magno problema por el que atravesó la patria y reaccione enfrentándose de alguna forma a la Revolución; pero quien como ese libro *[Lo cubano en la poesía]* no tuvo tal conciencia jamás, que al contrario, muestra una inconsciencia absoluta de todo lo que aconteció en Cuba desde el 10 de marzo hasta la fecha, no se le puede acusar sino de irresponsable.[242]

Y luego de transcribir dos largas citas sobre la responsabilidad del intelectual, ante el uso de la palabra y del silencio, una de *¿Qué es la literatura?* de Jean-Paul Sartre y la otra de *Pasado y ambiente en el proceso cubano* de Luis Aguilar León, Fernández Bonilla formulaba la que, a su juicio, era la principal ruptura poética de la nueva generación revolucionaria con *Orígenes*:

160

Cuando hablo de humanismo en poesía, lo hago en función de una discrepancia de raíz epocal, que frente a la poesía de la fábula, del tiempo fabuloso de Lezama, frente a la poesía de pretendida sustancia divina que ha reactivado nuestro mundo poético durante veinte años casi, por lo que ya va siendo hora que esa actitud poética se adecue a los nuevos tiempos que vivimos, proclamo la creación de poesía de sustancia humana, una poesía que se realice en la historia, en el tiempo histórico humano, dado el hecho significativo de que el momento que vive la isla es de tal manera estelar, que nuestra toma de conciencia del destino hacia el que apuntamos es tan profunda, luminosa que, la poesía en su dimensión más auténtica, nos sorprende con su gesto invasor, en medio de la realidad que devenimos en estos instantes.[243]

Prueba del arraigo generacional de esta reacción contra la metafísica poética de *Orígenes* serían las críticas a Lezama y a Vitier en *Lunes de Revolución* y la propia creación lírica de algunos de los miembros de la generación del 50, como Roberto Fernández Retamar con *En su lugar, la poesía* (1961) y el propio Heberto Padilla con *El justo tiempo humano* (1962). Como hemos visto, esa entrega a la historia, esa asunción frontal de los dilemas sociales y políticos en la literatura, tampoco formaba parte de la estrategia intelectual de *Ciclón*. Sin embargo, en ese mismo número de 1959, apareció el editorial «La neutralidad de los escritores», firmado por José Rodríguez Feo, en el que el director de la revista se erigía en juez del colaboracionismo y el apoliticismo de la intelectualidad cubana durante la dictadura de Batista. Luego de recordar el cuestionamiento moderado del Instituto Nacional de Cultura, que se insertó en el primer número de 1955, Rodríguez Feo afirmaba que el cese voluntario de la publicación se debió a que «en los momentos en que se acrecentaba la lucha contra la tiranía de Batista y moría en las calles de La Habana y en los montes de Oriente nuestra juventud más valerosa, nos pareció una falta de pudor ofrecer a nuestros lectores simple literatura».[244] Aunque Piñera y el propio Rodríguez Feo habían defendido reiteradamente que la tarea de un escritor era escribir buena literatura, en este editorial *Ciclón* demandaba la depuración de los intelectuales y artistas que habían colaborado con la estrategia de Zéndegui desde el Instituto Nacional de Cultura y hasta proponía una lista de culpables (Rafael Suárez Solís, Gastón Baquero, Rafael Marquina, Francisco Ichaso, Arturo Alfonso Roselló, Manuel Millares Vázquez, Salvador Bueno, José María Chacón y Calvo, Medardo Vitier, Fernando Ortiz, Ramiro Guerra, Agustín Acosta, Emeterio Santovenia, José Lezama Lima, Jorge Mañach, Fernando de la Presa y Humberto Piñera Llera), entre los que figuraban algunos clásicos de la cultura cubana y hasta un hermano de Virgilio Piñera.

Más allá de que la lista no distinguía entre miembros del Instituto Nacional de Cultura e intelectuales neutrales o de que incluía a escritores, como Jorge Mañach, que habían mantenido una actitud más crítica frente al régimen de Batista que Piñera o Rodríguez Feo, el sentido de aquel editorial era provocar un traslado, al campo literario, del proceso de la justicia revolucionaria contra los cómplices del régimen batistiano.

Hoy que volvemos a la luz, tenemos la obligación de enjuiciar a esos escritores que por inconsciencia o afán de lucro personal no vacilaron en poner su talento y sus plumas al servicio del máximo representante de la cultura batistiana. Muchos de ellos se escudaban en la neutralidad de la cultura; otros estimaban que hacer acto de presencia en un organismo oficial de aquel gobierno no constituía una falta grave. Sin embargo, si los congresistas de la oposición han sido depurados por prestarse a las farsas electorales de 1954 y 1958 y ocupar un escaño en el Congreso, ¿cómo eximir de culpa a los intelectuales que honraron con su colaboración escrita y oral los programas culturales del gobierno de Batista ¿No era una forma de apoyo incondicional el formar parte del organismo oficial de la cultura de Batista?... Si insistimos sobre estas cuestiones de suma trascendencia, es porque algunos líderes de la Revolución han emplazado a los escritores por su falta de apoyo a la causa revolucionaria. Y queremos señalar bien claro que a los escritores sólo les quedaban dos caminos a seguir: ir a la lucha con un fusil en la mano o abstenerse de toda forma de colaboración con la dictadura... En estos momentos en que estamos enjuiciando y revalorizando el pasado, es imprescindible que los falsos demagogos de la cultura sepan distinguir entre los que estuvieron, y los que no, comprometidos con la labor cultural de Batista.[245]

El triunfo del 1 de enero, había convertido, por arte de magia, a los otrora nihilistas editores de *Ciclón* ya no en intelectuales públicos con vocación cívica, como Ortiz, Guerra, Mañach o Ichaso, figuras todas cuya funcionalidad republicana ellos rechazaban por moderada y burguesa, sino en auténticos escritores revolucionarios que reclamaban justicia contra los colaboradores del antiguo régimen. De manera que este breve recuento de la altivez intelectual no niega que en la historia de la cultura cubana haya habido escritores públicos. José Antonio Ramos, Fernando Ortiz, Ramiro Guerra, Manuel Márquez Sterling, Jorge Mañach, Francisco Ichaso y Herminio Portell Vilá lo fueron. Pero, incluso, los dos más refinados, los más cercanos a eso que Claudio Magris ha llamado el Gran Estilo, Ortiz y Mañach, siempre oscilaron entre el civismo y el nihilismo. De 1917 a 1927 Ortiz fue diputado a la Cámara de Representantes por el Partido Liberal, el mismo de Juan Gualberto Gómez y Alfredo Zayas, donde promovió las reformas expuestas en sus decisivos ensayos *La crisis política cubana; sus causas y remedios* (1919) y *La decadencia cubana* (1923).[246] Después de diez años de esa que llamó su «militancia en políticas banderizas», Ortiz, desilusionado, abandonó para siempre la arena de los partidos y se entregó a la investigación antropológica, una actividad que, en sus palabras, le hacía más llevadera su «perenne inconformidad».[247] Mañach experimentó un desencanto similar, en los años 40, luego de las dos décadas de participación cívica y política, que van desde la Protesta de los Trece, el Grupo Minorista y la *Revista de Avance* hasta el ABC, el Ministerio de Educación, en 1934, bajo la presidencia de Mendieta, y la Asamblea Constituyente de 1940. En 1944, el mismo Jorge Mañach que quince años atrás protestaba contra la «crisis de ilusión» que aquejaba a los intelectuales y los exhortaba a «entrar en lo político» sostenía que en Cuba el nacionalismo republicano había fracasado y que la isla era «un conato de Estado en una patria sin nación».[248]

El vaivén entre la ilusión y el desencanto, que produce tantas imágenes de naufragio y vacío ante la política republicana, es el legado moral que recibe la generación de los 50. Escritores como Guillermo Cabrera Infante y Severo Sarduy, Heberto Padilla y Roberto Fernández Retamar, Antón Arrufat y Pablo Armando Fernández, Lisandro Otero y Edmundo Desnoes, Ambrosio Fornet y César López heredaron ese viejo escrúpulo romántico, que asociaba la política con la inmundicia, y lo fusionaron con los nuevos vanguardismos literarios de la segunda posguerra.[249] Esta mezcla de escepticismo ideológico e innovación formal es la que genera el desencuentro entre los intelectuales y los políticos de aquella generación, cuyo contraste con las élites híbridas que protagonizaron la Revolución de 1933 ha sido tan resaltado.[250] Sólo a partir de la larga incubación del nihilismo puede explicarse la entrega mística de tantos intelectuales a ese orden revolucionario que se construyó, al vapor, entre 1959 y 1961. El hechizo de la revolución castrista fue tan apabullante que hasta escritores bien plantados en sus creencias, como Fernando Ortiz y José Lezama Lima, dejaron testimonios de aquel arrobamiento. En noviembre de

1959, Ortiz incluyó una nota en su prólogo a la *Historia de una pelea cubana contra los demonios*, en la que presentaba a la Revolución como «el triunfo de un largo empeño justiciero» y «la victoria contra los mismísimos demonios».[251] Lezama, por su lado, escribirá en enero de 1960, la más poética apología del naciente totalitarismo cubano: «La Revolución significa que todos los conjuros negativos han sido decapitados. El anillo caído en el estanque, como en las antiguas mitologías, ha sido reencontrado. Comenzamos a vivir nuestros hechizos y el reinado de la imagen se entreabre en un tiempo absoluto. Cuando el pueblo está habitado por una imagen viviente, el estado alcanza su figura.»[252]

Es curioso que ambos escritores, Ortiz y Lezama, percibieran la Revolución como un exorcismo o como un conjuro que desvanecía viejas creencias con nuevas verdades que muy pronto se convertirían en nuevos mitos y nuevos ideologemas. El propio Jean-Paul Sartre, defensor entonces del arquetipo de un intelectual revolucionario, pareció reaccionar sutilmente contra aquel embeleso de los escritores cubanos al hacer, con una lucidez que enfriaba el carnaval guerrillero de 1960, la siguiente advertencia: «No olviden que los intelectuales no son felices en ninguna parte», y luego recordar, a propósito de la connivencia de Heidegger con el nazismo, que el verdadero compromiso era «con la palabra y también con el silencio».[253] Pero la mayoría de los intelectuales cubanos no leyó entre las líneas del discurso de Sartre y se dejó arrastrar por ese frenesí que, más que un conjuro o exorcismo, era una expiación colectiva: la expiación de la culpa del nihilismo, de la apatía, del frívolo y provinciano simulacro de cosmopolitismo, de la ausencia inveterada de vocación cívica. Descubierto en su complejo de culpa frente a un joven poder que, a su vez, estaba envanecido por una popularidad arrolladora, el intelectual cubano se propuso, como quería Marx, cambiar su rol de educador por el de quien es educado. En esa entrega perversa sus servicios fueron asumidos, desde los primeros años, como una penitencia o un sacrificio y no como una contribución espiritual al nuevo régimen.

Tal autopedagogía revolucionaria y su virtual imposibilidad no sólo se reflejaron en algunas novelas emblemáticas de los 60, como *La situación* de Lisandro Otero o *Memorias del subdesarrollo* de Edmundo Desnoes, sino que desembocó, con violencia, en la percepción humillante que de ellos se hicieron los políticos profesionales. Cuando el Che Guevara afirmaba que el «pecado original de los artistas residía en que no eran auténticamente revolucionarios» y proponía «injertar el olmo para que diera peras» y hasta recomendaba, en franco aislacionismo genético-comunista, «impedir» que aquella generación «pervirtiera a las nuevas», o cuando Fidel Castro los inducía a una catarsis en la Biblioteca Nacional para confirmar, una vez más, que aquellas criaturas eran débiles e inferiores por dubitativas y demasiado escrupulosas, y, finalmente, clausurar el debate con una máxima de absoluta discrecionalidad, «dentro de la Revolución todo, contra la Revolución nada», ambos políticos no hacían otra cosa que humillar a un actor en el límite moral de su subjetividad, dispuesto a soportar cualquier castigo a cambio de la equívoca gloria de ser considerado un «buen revolucionario».[254] Todo el despotismo que la nueva élite del poder ejerció sobre los escritores y artistas cubanos, desde la clausura de *Lunes de Revolución*, en 1961, hasta el Primer Congreso Nacional de Educación y Cultura, una década después, estuvo basado en la infernal y persistente dialéctica entre el apoliticismo de los intelectuales y el antiintelectualismo de los políticos.[255]

A todas luces, parece evidente que esa tradición nihilista, difundida por la metafísica occidental de fines del XIX, es la raíz ideológica de los regímenes totalitarios del siglo XX. Según Nietzsche, ese hallazgo de un «sinsentido del acontecer» o de una irracionalidad de la historia era producto de la decadencia del cristianismo y según Weber, uno de los síntomas de la secularización moderna.[256] En las antípodas de aquella figura del intelectual comprometido, que defendiera Sartre y, que a pesar de su apoteósica visita, muy pronto fuera desplazada, en la política cultural cubana, por la figura del «intelectual como arma de la revolución», Albert Camus defendió el ideal del «escritor rebelde». En Alemania e Italia, en Rusia y Europa del Este, Camus observó el mismo fenómeno: la metamorfosis de los nihilistas en revolucionarios. De ahí su aterradora advertencia: «La revolución, obedeciendo al nihilismo, se ha vuelto, en efecto, contra sus orígenes rebeldes... Los nihilistas están actualmente en el poder.»[257] Pero para Camus la rebelión, a diferencia de la revolución, no era un trance destructivo, sino un movimiento moral inspirado en la generosidad y la templanza, en la erótica y la fecundidad. Oigamos, una vez más, aquellas palabras del autor de *El exilio y el reino* que, aunque escritas en la primavera de 1953 en París, parecían dirigidas a los jóvenes revolucionarios cubanos: «La revolución sin honor, la revolución del cálculo, que, prefiriendo un hombre abstracto al hombre de carne, niega al ser todas las veces que es necesario, pone justamente al resentimiento en el lugar del amor... Entonces, cuando la revolución, en nombre del poder y de la historia, se convierte en ese mecanismo mortífero y desmesurado, se hace sagrada una nueva rebelión en nombre de la mesura y de la vida.»[258] A inicios del siglo XXI Cuba es escenario de muchas de esas rebeliones cívicas, diminutas, imperceptibles, casi íntimas, contra una Revolución secretamente inspirada en la Nada.

EL SÍNDROME DE JANO

¿Y te preguntas por qué fueron clausuradas las cámaras literarias de Nantes? Dio un puñetazo sobre la mesa: Estamos cambiando la faz del mundo pero lo único que les preocupa es la mala calidad de una pieza teatral. Estamos transformando la vida del hombre, pero se duelen de que unas gentes de letras no puedan reunirse ya para leer idilios y pendejadas. ¡Serían capaces de perdonar la vida a un traidor, a un enemigo del pueblo, con tal de que hubiese escrito hermosos versos![259]

Así le hablaba Victor Hugues, el caudillo revolucionario, a Esteban, el escritor, en la cubierta de un barco que transportaba los ideales de la Revolución francesa –y también su máquina incansable: la guillotina– a las islas del Caribe. Este pasaje de *El siglo de las luces* de Alejo Carpentier ilustra el momento en que los políticos y los intelectuales de una Revolución confrontan sus prioridades. Para los primeros, la literatura, el arte, la moral, el teatro, la filosofía, en fin, la cultura, e incluso la ideología, son esferas que, en circunstancias apremiantes –y toda Revolución es siempre una circunstancia apremiante– pasan a un segundo plano o se vuelven pertinaces estorbos. Para los segundos, la Revolución social y política se debe a un cambio valorativo en la cultura, cuyos promotores e intérpretes mejor dotados son ellos mismos. El sacrificio de las prácticas culturales, en aras de las urgentes tareas del Estado, les parece, a esos testigos ideales, una degradación del propio orden revolucionario.

En los primeros años de toda Revolución se da una suerte de hechizo mutuo entre intelectuales y políticos, que, llegado el momento, se deshace bruscamente por medio de una implacable lógica saturnina. En Francia, Louis David, André Chenier, Phillipe Fabre y Camille Desmoulins celebran, con sus pinturas, odas y calendarios neoclásicos, el advenimiento de la República.[260] Los tres poetas serían guillotinados durante el Terror, mientras David, después de haber contribuido a eso que Fabre llamaba el «imperio de las imágenes» jacobinas, se transforma en pintor oficial de la nueva corte de Napoleón I. Otros intelectuales del antiguo régimen, que por sus ideas ilustradas vieron con simpatía el evento revolucionario, como Malherbe y Condorcet, se refugiaron en sus castillos o abandonaron el país. De modo que las alternativas de los intelectuales franceses, a partir de 1794, eran claras: el exilio, el oportunismo o la muerte.

En la Rusia de 1917 también se observa ese deslumbramiento de la intelectualidad ante el frenesí revolucionario. Gorki y Pasternak, Maiakovski y Mandelstam, Esenin y Ajmátova asumen la poesía como un canto de consagración del Estado bolchevique. Apenas siete años después, muerto Lenin y todo el poder en manos de Stalin, dos de ellos se habrán suicidado y los otros cuatro han pasado a una suerte de exilio interior –eso que Cabrera Infante llamaría un *insilio*– que los convierte en fantasmas de su propia cultura. Hablando, justamente, de la Revolución de Octubre, François Furet se pregunta: «¿Por qué les resulta tan fascinante la catarsis revolucionaria a los intelectuales?» La respuesta del historiador francés merece un comentario:

> La revolución recupera en su arsenal ideológico ese sustituto de la religión que tanta falta le hace a Europa desde finales del siglo XVIII. Mezclando el desprecio a la lógica con dos elixires, por excelencia modernos –el voluntarismo jacobino populista y el determinismo histórico marxista–, compone una bebida lo bastante fuerte como para embriagar a varias generaciones de militantes.[261]

Pero las grandes revoluciones no sólo estremecen a los intelectuales del país que ha sido conmocionado. Estos acontecimientos producen lo que Furet llama un «embrujo universal» en la cultura moderna.[262] Por un momento, el trastorno revolucionario deja de ser asunto de un país para convertirse en un signo del cambio mundial. Por eso la Revolución francesa cautiva a alemanes como Immanuel Kant, ingleses como Thomas Paine y norteamericanos como Benjamin Franklin. La Revolución rusa seduce las mentes de H. G. Welles, André Gide, Romain Rolland, André Malraux, Louis Aragon, Aldous Huxley, Bertold Brecht. Y por último, la Revolución cubana se gana las

169

simpatías de algunos escritores occidentales de gran prestigio, como Jean-Paul Sartre, Herbert Marcuse, Hans Magnus Enzensberger, Charles Wright Mills, Waldo Frank, Allen Gingsberg, y de casi toda la intelectualidad latinoamericana: Octavio Paz, Mario Vargas Llosa, Gabriel García Márquez, Julio Cortázar. Cuando el pacto entre los intelectuales y el poder se rompe, estos espectadores, salvo raras excepciones, le retiran su apoyo a la Revolución y se convierten en sus críticos más pertinaces. En el caso de la Revolución cubana, el romance entre el intelectual y el poder duró un poco más: tal vez unos diez años. A la caída del dictador Fulgencio Batista, en 1959, tres generaciones de intelectuales aplaudieron la victoria del Ejército Rebelde y ofrecieron sus servicios al joven gobierno revolucionario: la generación de los años 30, con sus alas comunista y reformista claramente delineadas desde los tiempos de la *Revista de Avance;* la de los 40, cuyo proyecto cultural más significativo fue la revista *Orígenes;* y la de los 50, que podría asociarse en cierta medida con las plataformas estéticas de la Sociedad Nuestro Tiempo y la revista *Ciclón.* La primera y la tercera generación estaban integradas por intelectuales públicos, que se movían dentro de las referencias culturales de una política moderna. Los poetas de *Orígenes,* en cambio, habían articulado un profundo imaginario nacional al margen de los debates de la modernidad cubana.[263] Esto explica, de alguna manera, que la confrontación de los años 60 estuviera protagonizada, fundamentalmente, por los escritores de los años 30 y 50, aunque incluso José Lezama Lima y los poetas católicos de *Orígenes,* en algún momento, fueran emplazados por los jóvenes intelectuales de *Lunes de Revolución* y, luego, tras el caso Padilla y el Congreso Nacional de Educación y Cultura de 1971, sufrieran un ostracismo propiciado por el régimen.[264]

Los comunistas cubanos de primera generación que aún vivían en 1959 (José Zacarías Tallet, Juan Marinello, Nicolás Guillén, Regino Pedroso, Alejo Carpentier) vieron la Revolución como el desenlace político del movimiento cultural vanguardista que ellos habían protagonizado tres décadas atrás.[265] Este grupo contaba con un relevo de escritores y dirigentes que podía ofrecerle al gobierno revolucionario todo un programa de renovación cultural y educativa: Carlos Rafael Rodríguez, José Antonio Portuondo, Félix Pita Rodríguez, Blas Roca, Mirta Aguirre, Aníbal Escalante, Joaquín Ordoqui, Edith García Buchaca. Sin duda, esta corriente, afiliada al Partido Socialista Popular, era la de mayor consistencia ideológica en el momento del triunfo de la Revolución. De hecho, todos sus miembros eran intelectuales y, a la vez, políticos, es decir, eran intelectuales orgánicos de ese «Moderno Príncipe» nacido el 1.º de enero de 1959.[266] Sólo que el vínculo de organicidad que habían establecido con su partido ahora debían trasladarlo a un gobierno revolucionario donde convergían varias organizaciones políticas, cuyos repertorios ideológicos no eran propiamente marxista-leninistas.

En un principio, esta delegación de la autoridad no parecía generar muchas dificultades. Blas Roca, quien era el secretario general del Partido Socialista, entregó el poder y la autonomía de su organización al gobierno revolucionario. Lo mismo hicieron las dirigencias del Directorio Estudiantil Universitario y del Movimiento 26 de Julio. Con la desaparición de estas tres organizaciones, que habían capitalizado la lucha contra Batista, se dio la posibilidad de conformar un partido único estatal. El gobierno se propuso hacerlo primero con las Organizaciones Revolucionarias Integradas (ORI), luego con el Partido Unido de la Revolución Socialista (PURS) y, finalmente, con el Partido Comunista de Cuba, que fue creado en 1965. Estos tres pasos responden a un objetivo claramente delineado por el poder revolucionario desde sus primeros días: la disolución de todas las diferencias ideológicas y políticas que habían configurado el amplio espectro de la oposición a Batista.[267] Aunque también, desde el segundo año de la Revolución, por lo menos, la confluencia de aquellas asociaciones en un Partido Comunista per-

171

seguía una finalidad geopolítica: asegurar una alianza con la URSS, que protegiera a Cuba en caso de verificarse la anunciada intervención norteamericana.[268]

Sin embargo, el proceso de unificación no fue nada cómodo. Cada organización sobrevivía a su manera dentro del partido y del gobierno. Los comunistas, que eran el único grupo poseedor de un proyecto económico, cultural e ideológico bien perfilado, se avocaron, con el beneplácito de Fidel Castro, al control de la economía, la política y la cultura del país. Sobre todo a partir de 1961, esta inserción en las posiciones estratégicas del gobierno se hizo visible para el resto de la nueva élite, levantando una ola de rencores en los otros grupos.[269] Carlos Rafael Rodríguez fue nombrado presidente del Instituto Nacional de la Reforma Agraria (INRA), que más que una dependencia económica era una suerte de Consejo de Estado virtual. Aníbal Escalante manejaba la mesa directiva de las ORI y luego del PURS. Joaquín Ordoqui, además de miembro de la dirección nacional de estas dos organizaciones, era viceministro de las Fuerzas Armadas. Otro comunista, Augusto Martínez, fue designado ministro del Trabajo. Nicolás Guillén era ya el presidente de la Unión de Escritores y Artistas de Cuba (UNEAC), Alejo Carpentier, director de la Imprenta Nacional y Edith García Buchaca, desde una de las vicepresidencias del Consejo Nacional de Cultura, lograba un efectivo control de aquella importante institución que, más bien honoríficamente, encabezaba Vicentina Antuña.[270]

Pero el acceso de estos intelectuales al gobierno, hábilmente pactado entre Fidel Castro y la dirección del Partido Socialista Popular, tendría sus costos para los propios comunistas. Cuando se crea el Partido Comunista en 1965, ya tres importantes líderes del viejo Partido Socialista Popular han sido expulsados deshonrosamente de la clase política cubana: Aníbal Escalante en 1962, cuando el proceso al sectarismo, y Joaquín Ordoqui y Edith García Buchaca en 1964, a raíz del llamado «caso Marquitos».[271] Ambas purgas y una tercera, la de la «Microfracción» en

172

1967, aunque estuvieron montadas sobre el recelo anticomunista de los líderes de otras organizaciones revolucionarias, como el Movimiento 26 de Julio y, sobre todo, el Directorio Estudiantil, se reflejaron en la cultura a través de unas cuantas polémicas que delinearon el tipo de intelectual orgánico deseable para el nuevo poder. Haciendo una economía sociológica de aquel largo debate de los 60 podría decirse que los antagonistas eran el Intelectual Nacionalista Revolucionario y el Intelectual Comunista Revolucionario. En la flamante *nomenklatura* de la isla el primer arquetipo sería encarnado por Carlos Franqui, director del periódico *Revolución*, Haydée Santamaría, directora de la Casa de las Américas, Alfredo Guevara, director del Instituto Cubano de Arte e Industrias Cinematográficas (ICAIC), y Armando Hart, ministro de Educación. El segundo, en cambio, sería el modelo intelectual de los cinco célebres sobrevivientes del Partido Socialista Popular: Blas Roca, Juan Marinello, Carlos Rafael Rodríguez, Mirta Aguirre y José Antonio Portuondo.

El torneo entre el Intelectual Comunista y el Intelectual Nacionalista, que cancelaba desde sus orígenes la posibilidad de un Intelectual Republicano o Democrático —cuyas figuras emblemáticas se habían exiliado en los primeros años (Jorge Mañach, Roberto Agramonte...) o envejecían callados en la isla (Ramiro Guerra, Fernando Ortiz...)—, permeó toda la década de los 60 en Cuba y, lejos de reflejar un quiebre político entre las élites, se centró asépticamente en los temas morales de la cultura. Ambos paradigmas se enfrentaron, por ejemplo, en la polémica sobre los films *La Dolce Vita* y *Accatone*, de Federico Fellini, entre Blas Roca y Edith García Buchaca, de un lado, y Alfredo Guevara y Tomás Gutiérrez Alea, del otro, que involucró a las publicaciones *Hoy, La Gaceta de Cuba, Cuba Socialista* y *Revolución*, y en el cuestionamiento bastante difundido del realismo socialista como método de creación para la literatura y las artes.[272] Casi todos los jóvenes intelectuales nacionalistas de los 50, cercanos a la Sociedad Nuestro Tiempo o a las revistas

*Nueva Generación, Ciclón* y *Lunes de Revolución,* como Guillermo Cabrera Infante, Heberto Padilla, Antón Arrufat, Edmundo Desnoes, Roberto Fernández Retamar, Lisandro Otero, Pablo Armando Fernández o Ambrosio Fornet, se opusieron a la adopción de aquel canon estético formulado por Andréi Zhdanov para la Rusia de Stalin, que promovían, más o menos abiertamente, los viejos comunistas.[273]

Las críticas del Che Guevara al realismo socialista en *El socialismo y el hombre en Cuba* (1965) cayeron como una bendición en aquel círculo intelectual. Pero el vanguardismo político de Guevara daba pie tanto para la reivindicación como para el desprecio de la clase intelectual. El Che reconocía que esa «idealización del presente», promovida por el funcionariado stalinista, aún no se manifestaba en la Cuba de mediados de los 60.[274] Observaba, en cambio, que la cultura cubana de esos años incurría frecuentemente en un «error de signo contrario»: la «enajenación», el «pasatiempo vulgar», la «angustia sin sentido», el «anuncio del cadáver maloliente del capitalismo», la «jaula invisible del idealismo burgués», el «morbo y la decadencia del siglo XX...».[275] Todos estos síntomas culturales, según el Che, emergían del «pecado original» o la «culpabilidad» de los intelectuales y artistas cubanos: «no ser auténticamente revolucionarios».[276] Por eso la «tarea» de la nueva clase política era «impedir» que aquella generación intelectual, «dislocada por sus conflictos, pervirtiera a las nuevas».[277] Esta moralidad genética no sólo llegó a difundirse entre los líderes políticos sino entre los propios intelectuales, quienes proyectaron en sus obras el complejo de culpa de no haber participado en la Revolución. Gran parte del discurso laudatorio sobre hitos y héroes de gesta, que se acumula en esos años, es el resultado textual de dicha proyección.

Una vez creado el régimen de partido único, en aquel año de 1965, las tensiones entre el Intelectual Nacionalista y el Intelectual Comunista pudieron ventilarse dentro del campo de permisividad que aseguraba el Estado. La mayor dificultad del poder residía en que si bien todos los comunistas eran nacionalistas –en el estricto sentido antinorteamericano que tiene el nacionalismo en Cuba–, ningún nacionalista era propiamente comunista y algunos eran francamente anticomunistas. Carlos Rafael Rodríguez, por ejemplo, captó la dificultad de esa yuxtaposición al exponer, en 1965, el dilema de su propia lealtad en una entrevista con *The New York Times:* «¿Cuál es la lealtad principal de un revolucionario –le preguntaba Lyle Stuart– hacia Fidel o hacia el Partido?» Y Carlos Rafael respondía: «Puede que todavía muchos en Cuba piensen más en términos de Fidel que en términos de Partido. Para nosotros, sin embargo, Fidel y el Partido son la misma cosa... Para nosotros esta lealtad al Partido y a Fidel es la misma lealtad.»[278] Desde la perspectiva de un comunista con disciplina partidaria, como Carlos Rafael Rodríguez, la lealtad a Fidel y no al Partido, que mostraban muchos nacionalistas revolucionarios, era un tipo precario de compromiso político, asociado al «populismo pequeño-burgués», que debía evolucionar hacia la forma superior de conciencia de clase que implicaba la lealtad al Partido Comunista.

Desde el otro polo de la geografía intelectual ése es también el dilema de Carlos Franqui. En su juventud, Franqui había militado en el Partido Socialista Popular y hasta había trabajado como redactor del periódico *Hoy.* Distanciado ya a inicios de los 50 de esta organización, creó la sociedad cultural Nuestro Tiempo, se afilió al Movimiento 26 de Julio y, al igual que Carlos Rafael Rodríguez, se alzó en la Sierra Maestra, donde fundó Radio Rebelde y el periódico *Revolución,* los dos principales medios comunicativos de la insurrección contra Batista.[279] Tras el triunfo revolucionario de enero de 1959, Franqui se convirtió en uno de los prototipos del intelectual nacionalista, receloso tanto de la injerencia norteamericana como de la soviética y defensor de una cultura crítica, antiburocrática, dentro de las élites revolucionarias. *Lunes de Revolución,* la visita de Sartre, el Salón de Mayo, el Congreso Cultural de La Habana y buena parte de la audaz política editorial de los años 60 se debieron a la persuasiva interlocución de Franqui con los nuevos políticos profesionales. Todavía en 1972, recién exiliado, en un texto para la revista *Libre*, Franqui, por su acendrado antisovietismo, no podía declararse leal al Partido Comunista de Cuba y, en cambio, era capaz de mostrar adhesión a la figura de Fidel Castro, a la del Che Guevara y simpatizar con todos los socialismos independientes de Moscú, desde el chino y el vietnamita hasta el yugoslavo y el rumano.[280]

Así, el comunista Rodríguez y el nacionalista Franqui se enfrentaron al mismo dilema: para sobrevivir en la cima de la pirámide revolucionaria era indispensable una lealtad bifronte, al Partido y a Fidel. Comunistas como Aníbal Escalante y Joaquín Ordoqui, más leales a la institución que al caudillo, cayeron en los primeros años de la experiencia revolucionaria. Nacionalistas como Armando Hart y Alfredo Guevara, leales a ambos poderes, han sobrevivido hasta el final. El conflicto entre dos ideologías originariamente tan incompatibles, como el nacionalismo y el comunismo, se había dirimido, unos años atrás, al fragor de guerras civiles en España y en China.[281] En Cuba, sin embargo, la jerarquización de las lealtades en torno a la figura de Fidel Castro permitió que ambos discursos se fundieran en una simbología única. Tanto es así que entre 1959 y 1961 negar el anticomunismo de Castro era tan grave como cuestionar su comunismo después de la alianza definitiva con la URSS. Quien en 1959 pusiera en dudas el anticomunismo de Castro, como el presidente Urrutia o los comandantes Humberto Sorí Marín y Huber Matos, se arriesgaba a la cárcel, el exilio o la muerte. Quien cuestionara las convicciones socialistas de Castro, a partir de 1961, corría los mismos peligros.

Lo curioso es que desde ese año, cuando se ha establecido el marxismo-leninismo como ideología oficial, Carlos Rafael Rodríguez, el comunista de mayor rango político entre todos los ex integrantes del Partido Socialista Popular, fue autorizado para proyectar cierta flexibilidad ideológica en el plano internacional. En 1965, a raíz de la integración del nuevo partido, Rodríguez se quejó, en una entrevista con los periodistas norteamericanos Richard Eder del *New York Times*, Alvin Burt del *Miami Herald* y Lyle Stuart de *The Independent*, de la «rigidez doctrinal» del marxismo soviético. «Los instrumentos de la educación se caracterizan en muchos asuntos por enfoques dogmáticos», decía Rodríguez, y demandaba una formación marxista heterodoxa de los economistas cubanos. «¿Cómo ser en filosofía un buen marxista y al mismo tiempo no ser dogmático?», se preguntaba, y agregaba su decepción frente a la mayoría de los libros de filosofía marxista procedentes de la Unión Soviética: «Desde hace años estoy tratando de encontrar un buen libro marxista sobre Kant, y todo lo que encuentro es una repetición de que Kant era un agnóstico y que Engels decía que el agnosticismo es una especie de "materialismo vergonzante".»[282]

En el caso de Rodríguez, la flexibilidad doctrinal provenía del período prerrevolucionario, cuando publicó algunos textos poco ortodoxos, si se les compara con trabajos de Blas Roca o Aníbal Escalante de la misma época. En «Las clases en la Revolución Cubana» (1941) Rodríguez había destacado el papel de la creciente pequeña burguesía. En otro texto prerrevolucionario, «El pensamiento de la juventud ortodoxa» (1949), había criticado el «socialismo» y la «democracia» defendidos por jóvenes ortodoxos como el propio Fidel Castro, quien unos años después se convertiría en su jefe. E, incluso, en una interesante nota sobre el *Redescubrimiento de Dios*, Rodríguez se daba el lujo de polemizar civilizadamente con el cristiano Rafael García Bárcena sobre la «extrapolación de Husserl» y la «racionalización de la fe». Todo esto, dentro de una aplicación cuidadosa, nada mecánica, del marxismo-leninismo a la historia de Cuba, que partía del supuesto de que Marx no había comprendido el problema colonial, esencial para un país latinoamericano y caribeño como Cuba.[283]

Marxistas como Juan Marinello, Carlos Rafael Rodríguez, José Antonio Portuondo y Mirta Aguirre, antes de la Revolución, habían demostrado una marcada tendencia al liberalismo cosmopolita en cultura, advirtiendo sobre los peligros de un nacionalismo aldeano o de un dogmatismo ideológico. Un discurso a propósito del trigésimo aniversario de la revista *Nuestro Tiempo*, de Carlos Rafael Rodríguez, resume esta idea marxista de «lo nacional en cultura», por medio de una crítica paralela del nacionalismo ético y la ortodoxia ideológica. Ahí se decía que «la cultura nacional lo es en la medida en que la esencia propia sea capaz de expresarse, en los modos más disímiles y universales. Si se profundiza bien en la nación propia, se llega por ese camino a la otra parte, al encuentro con los demás».[284] Y a propósito del espléndido libro de José Antonio Portuondo, *El heroísmo intelectual* (México, Tezontle, 1955), Mirta Aguirre había insinuado que un intelectual comprometido debe combinar la apacibilidad, la «transigencia liberal», la «erasmista prudencia», y al mismo tiempo no «vacilar en indisponerse» y «decir claramente lo que tiene que decir».[285]

Sin embargo, luego del triunfo revolucionario e instrumentados, ya, como letrados orgánicos del poder, los marxistas cubanos chocaron con los nacionalistas republicanos (Mañach, Lizaso, Ichaso...) y con los nuevos nacionalistas revolucionarios (Franqui, Cabrera Infante, Padilla...). Roa, por ejemplo, que había formado parte del gobierno de Carlos Prío Socarrás (1948-1952), como director de cultura en el Ministerio de Educación encabezado por Aureliano Sánchez Arango, y que había criticado la invasión soviética a Hungría, en 1956, arremetía en 1969 contra la «óptica astigmática y sensibilidad de cuello duro» de *Indagación del choteo*, a pesar de que él mismo, en 1928, había publicado, en *Revista de Avance*, un elogio de aquel ensayo clásico y de que a mediados de los 30 había polemizado con el autor de *Martí, el Apóstol* con firmeza y hasta con enojo, pero nunca sin dejar de reconocer la honestidad y el talento de Mañach.[286] Como ha recordado Duanel Díaz, en los momentos más álgidos de sus polémicas con el Mañach del ABC y la biografía martiana, los marxistas cubanos –algunos de ellos, como Marinello o Roca, habían compartido posiciones prominentes con Ichaso y el propio Mañach en la Asamblea Consituyente de 1940 y hasta en el primer gobierno de Batista– siempre admiraron y respetaron al autor de *Historia y estilo*. Aunque José Antonio Portuondo, Mirta Aguirre y otros, en los años 70, hablaran del «diversionismo ideológico» mañachiano, en los años 30, 40 y 50, Marinello celebraba, «sin cobas de hermano», cada libro de Mañach y Roa se refería al «libérrimo enjuiciamiento de las teorías, de los hombres y las cosas», a la «prosa exquisita» y a «los generosos desvelos y afanes por una Cuba con un mínimum de decencia dentro del estatus colonial en que vive» de aquel importante intelectual republicano.[287]

El choque entre liberales republicanos, comunistas prefidelistas y nacionalistas revolucionarios, después de 1959, adquirió desde un principio los tintes de una fractura generacional. En los tres primeros años de la Revolución, publicaciones como *Lunes de Revolución, La Gaceta de Cuba* o *El Mundo en Domingo,* reflejaron esa disputa entre los letrados tradicionales de la República y los intelectuales orgánicos del nuevo régimen revolucionario. En *Lunes,* por ejemplo, los jóvenes poetas Heberto Padilla y Antón Arrufat cuestionaron el moderantismo de Mañach, esa apelación recurrente a la decencia cívica como una indefinición frente al régimen revolucionario, como un «estar en la cerca» y, sobre todo, como un prejuicio reaccionario contra lo nuevo. Mañach, que había surgido como intelectual treinta años atrás, al frente de una generación vanguardista y revolucionaria, era visto, ahora, por los jóvenes intelectuales del 59 como un conservador e, incluso, como un misoneísta.[288]

Entre marzo de 1959 y noviembre de 1961, los 129 números de *Lunes de Revolución* representaron el mayor esfuerzo de pluralidad y vanguardia de la política cultural del nuevo régi-

179

men. Tan sólo habría que recordar que la publicación se ocupó de temas tan cosmopolitas y heréticos, desde la perspectiva de un marxismo ortodoxo o de un nacionalismo estrecho, como el nazismo y el franquismo, los derechos humanos y la tradición socialista, África e Israel, la reforma agraria y la identidad nacional, Ballagas y Borges, Camus y Sartre, la Unión Soviética y China, cine y teatro, Hemingway y Lorca, Estados Unidos y México, la Segunda Guerra Mundial y la Guerra Civil española, Picasso y Capablanca.[289] Sin embargo, el impulso de ruptura, de ajuste de cuentas con el pasado, manifestado en la última entrega de *Ciclón*, acompañó a *Lunes* desde el primer número, donde apareció un duro ataque de Enrique Berros contra Cintio Vitier, a propósito de *Lo cubano en la poesía*.[290] Artículos como «El club de los moderados» de César Leante, en el número 37 (30 de noviembre de 1959), «Las armas de la reacción» de Antón Arrufat, en el número 38 (7 de diciembre de 1959), «Prensa imparcial, un concepto falso» de José Barbeito, en el número 39 (14 de diciembre de 1959) o «Frustración política, conformismo intelectual» de Euclides Vázquez Candela, en el número 45 (1 de enero de 1960), son ilustrativos del compromiso de *Lunes de Revolución* con la destrucción de instituciones liberales de la opinión pública republicana, como *Diario de la Marina*, y con la expulsión del campo intelectual cubano de aquellos que ante los ojos de la nueva generación revolucionaria aparecían como letrados del antiguo régimen: Baquero, Mañach, ambos Vitier, Ichaso, Lizaso, Chacón y Calvo...

Lo curioso es que hasta un periódico como el *Diario de la Marina*, tan emblemático, en efecto, de la esfera pública republicana, apoyó explícitamente a la Revolución, por lo menos, hasta febrero o marzo de 1960. En los meses posteriores al triunfo revolucionario, este periódico celebró el triunfo revolucionario, sobre todo, por la amplia participación de católicos en el movimiento antibatistiano y por el explícito deslinde del comunismo que realizaron los líderes de la Revolución. En los primeros días de enero de 1959, *Diario de Marina* reprodujo opiniones de Jorge Mañach, quien acababa de regresar de España, y de la hermana de Fidel, Agustina Castro, a propósito de la ideología democrática del caudillo del movimiento revolucionario. José Ignacio Lasaga, el importante intelectual católico, propuso una impugnación del golpe de Estado del 10 de marzo, encabezado por Batista, desde la teología tomista. César García Pons publicó en la página editorial una serie de artículos contra la dictadura batistiana («la más cruenta tiranía entre cuantas registra la historia de América») y sobre los dos escenarios primordiales de la Revolución: la Sierra y el Llano. En esa misma página editorial, donde otrora publicaban Gastón Baquero y Francisco Ichaso, Anita Arroyo dio a conocer algunos de los artículos más elocuentes de adhesión al gobierno revolucionario como «Vienen de Oriente, traen barbas» o «La paloma al hombro». Y el propio director de la *Marina*, José Ignacio Rivero, sostuvo una charla con Fidel Castro, el 7 de enero de 1959, en la que el líder revolucionario reafirmó su vocación democrática y cristiana.[291]

En los primeros meses de la Revolución, el *Diario de la Marina* mantuvo, editorialmente, bajo una actitud de apoyo y colaboración con el gobierno revolucionario, su tradicional anticomunismo, su defensa de la religión católica y su ideología política liberal y democrática, reflejada en artículos como «Libertad de prensa» de José María Chacón y Calvo (27 de enero de 1959), «El orden jurídico» y «Los derechos humanos» (1 de febrero de 1959) de Óscar Gans (29 de enero de 1959), «La necesidad de que haya derecho» (29 de enero de 1959), «Libertad y cultura» de Miguel F. Márquez de la Cerra (1 de febrero de 1959), que apareció debajo de la caricatura de Roseñada «Close up del ciudadano que se pasa el día ante el televisor» –tal vez la primera caricatura opositora de la época revolucionaria, en la que aparecía el rostro de un señor, en cuyos ojos se reflejaba la figura de Fidel Castro, pronunciando un discurso detrás de un podio–; la extraordinaria serie de artículos de Anita Arroyo titulada «La hora de la responsabilidad» (3 de febrero de 1959) y «La Revolución y los periodistas» de Francisco A. Couceiro (27 de febrero de 1959). Desde finales de 1959 y, sobre todo, a partir de los primeros meses de 1960, el periódico comenzó a desarrollar un perfil editorial crítico que alcanzó una postura de franca oposición el 1 de mayo de 1960. Ese día de los trabajadores, apareció el editorial «Nadie puede ser buen católico y a la vez verdadero socialista», junto al artículo de George Cibian, «El artista en un Estado comunista» y el ensayo «Cuestiones económicas básicas de Cuba» de Ramiro Guerra, en el que el viejo historiador cubano hacía algunas advertencias críticas sobre la radicalidad de la Reforma Agraria.[292] Desde principios de 1960, en la página editorial del periódico eran insertadas cartas de lectores, mayoritariamente enfocadas contra el comunismo. A esa correspondencia se sumó una ofensiva editorial en la primera semana de mayo de ese año, encabezada por el propio director José Ignacio Rivero, que produjo textos como «¿Democracia directa?» (3 de mayo de 1960) y «La verdadera y la falsa democracia» (10 de mayo de 1960), en los que se denunciaba directamente la supresión de los mecanismos representativos de la República por parte del gobierno revolucionario.

Un proceso similar de adhesión y desencanto experimentó *Bohemia,* tal vez la más moderna y leída revista cubana e hispanoamericana. Desde los primeros meses de 1959, algunos de los colaboradores asiduos de esta publicación, que habían mantenido una posición crítica frente a la dictadura batistiana, como Jorge Mañach, Herminio Portell Vilá, Mario Llerena, Ángel del Cerro, Andrés Valdespino y Agustín Tamargo, defendieron al nuevo gobierno revolucionario. Mientras Mañach, Portell Vilá y Llerena insistían en la necesidad de realizar reformas sociales sin abandonar los patrones democráticos ni permitir que un necesario nacionalismo condujera a la ruptura con Estados Unidos, Del Cerro y Valdespino enfatizaban el componente católico y martiano de la ideología revolucionaria, como obstáculo espiritual al avance del comunismo, y Tamargo, por su lado, reclamaba la lealtad al régimen de los intelectuales.[293] En sus constantes demandas de adhesión, Agustín Tamargo llegó a publicar una nota sobre Fernando Ortiz, en la que se aludía rudamente al gran sabio cubano, contrastando su pasividad con la actitud de Enrique José Varona en la Revolución del 30: «Ortiz,,, estuvo encerrado en una concha de indiferencia durante los siete años en que el batistato desangró a la juventud cubana... No recibe a nadie. No quiere ver a nadie.»[294]

La nota de Tamargo sobre Ortiz provocó dos defensas consecutivas de Herminio Portell Vilá en los números posteriores de *Bohemia*.[295] En la segunda de aquellas respuestas, Portell Vilá reseñó elogiosa y profusamente el libro *Historia de una pelea cubana contra los demonios* de Ortiz, que apareció en noviembre de 1959.[296] Entre una y otra defensa de Portell Vilá, el propio Ortiz envió una carta al director de *Bohemia*, Miguel Ángel Quevedo, en la que el viejo antropólogo, satisfaciendo las demandas de Tamargo y otros jóvenes intelectuales revolucionarios, finalmente expresaba su opinión sobre la reforma agraria. Pero la carta de Ortiz estaba escrita en un tono irónico que debió inquietar a las nuevas generaciones fervorosas, ya que, en vez de celebrar la reforma agraria, el erudito advertía que «la idea-fuerza de la reforma agraria ya no puede asombrar a nadie. Al fin y al cabo, toda nuestra historia es un sucesivo encadenamiento de reformas agrarias. Ya desde antes de Cristóbal Colón».[297] Entre la primera reforma agraria cubana que, según Ortiz, había sido la expropiación de tierras de los siboneyes por los taínos, y la última, la aplicada durante la intervención norteamericana (1898-1902), Cuba experimentó, por lo menos, unas seis reformas agrarias más. De ahí que el final de la carta del viejo sabio fuera un llamado a la prudencia, dirigido a los jóvenes políticos que en enero de 1959 se había hecho cargo de los destinos del país:

... los conceptos de honradez y cultura, cuya definitiva instauración en Cuba es, para mi criterio, aún más trascendente que

183

la reforma agraria, porque sin aquellas concomitantes condiciones básicas de un pueblo digno de sobrevivir, toda otra reforma será escurridiza, pasajera y falsa. Presumo que los jóvenes gobernantes de Cuba tendrán que organizar con seriedad y programar sesudamente uno o varios planes sucesivos, de uno o más años cada uno, para subir firme y gradualmente al porvenir alto que otros pueblos se están asegurando por su propia capacitación y esfuerzo: ciencia, conciencia y paciencia.[298]

Los reclamos de definición y compromiso eran tan compulsivos en aquellos meses, que el propio Mañach, quien en sus artículos «Evocación de Chibás» (23 de agosto de 1959) y «La cura que quisimos» (30 de agosto de 1959) había proclamado su fe revolucionaria, a principios de 1960 tuvo que enfrentarse a quienes le reprochaban haber publicado en el *Diario de la Marina* durante la dictadura de Batista.[299] Ya desde mediados de enero de ese año, el segundo de la Revolución, los articulistas de *Bohemia*, adscritos en su mayoría al nacionalismo liberal o católico, comenzaron a entrar en polémicas con los comunistas, agrupados en *Hoy*. Uno de los primeros debates fue protagonizado, precisamente, por Mañach, quien en dos artículos, «Entre Camus y Alfonso Reyes. Diálogo post-mortem» y «El testamento de Camus», rindió homenaje póstumo al autor de *El exilio y el reino*. En el primero de aquellos artículos, Mañach transcribía una conversación imaginaria entre Camus y Reyes en la que, a pesar del desencanto europeo del francés y la esperanza americana del mexicano, ambos, con conocimiento de causa, coincidían en lo peligroso que era para cualquier país que una revolución genuina degenerara en la «tiranía del rencor».[300] En el segundo, sin embargo, Mañach reproducía largos pasajes de un ensayo de Camus sobre el compromiso del intelectual, en los que se plasmaba su principal diferencia con Sartre y los marxistas y su peculiar asunción del legado crítico del liberalismo. En uno de aquellos pasajes, decía Camus:

Estamos en un tiempo en que los hombres, empujados por mediocres y feroces ideologías, se acostumbran a tener vergüenza de todo. Vergüenza de sí mismos, vergüenza de ser felices, de amar, de crear. Un tiempo en el que Racine se sonrojaría de Berenice, mientras Rembrandt, para hacerse perdonar el haber pintado *La ronda nocturna*, correría a inscribirse en el comité de la esquina. Los escritores y los artistas actuales tienen enfermiza la conciencia y entre nosotros está de moda hacer que se excuse nuestro oficio.[301]

Y más adelante, Camus contraponía la función social del político y el ideólogo, comprendidos en la figura del *conquistador*, a la función estética y moral del escritor y el artista:

Por el solo hecho de existir, la obra de arte niega las conquistas de la ideología. La acción política y la creación son las dos caras de una misma rebelión contra los desórdenes del mundo. En ambos casos se quiere dar al mundo su unidad. Pero lo que busca el conquistador de izquierda o derecha no es la unidad, que representa ante todo la armonía de los contrarios, sino la totalidad, que es el aplastamiento de las diferencias. El artista distingue allí donde el conquistador nivela. El artista que vive y crea al nivel de la carne y de la pasión, sabe que nada es simple y que lo otro existe. El conquistador quiere que lo otro no exista; para él el mundo es un mundo de amos y esclavos. El mundo del artista es el del debate vivo, el de la comprensión. He aquí por qué es vano e irrisorio pedirnos justificación y compromiso (esto es, *engagement*, enrolamiento, militancia sectaria cerrada). El artista es, por su función misma, testigo de la libertad.[302]

La suscripción de este concepto libertario de la cultura, por parte de Mañach, en enero de 1960, justo cuando los marxistas se acercaban a Jean-Paul Sartre y a su idea del intelectual comprometido, produjo fuertes reacciones en el comunismo cubano. Desde las páginas de *Hoy*, el joven escritor Adrián García Hernández y Montoro le respondió a Mañach, rebatiendo a éste y a Camus con el argumento de que la independencia o la autonomía del intelectual en la Guerra Fría no era más que un «apoyo objetivo al capitalismo por miedo al socialismo», una «negación al compromiso con ninguna causa concreta, con ningún movimiento real que tienda a abolir la explotación y la opresión» y un «aislamiento que sólo puede servir a las clases dominantes y al desorden establecido».[303] Mañach, con su elegancia característica, inició su respuesta al joven comunista en *Bohemia* elogiando la labor de *Hoy* y defendiendo «lo saludable que es cotejar el propio pensar con el ajeno». Y aunque su defensa de la tesis de Camus era explícita —«si Camus predicó (y en realidad no predicó nada: sencillamente ejerció) una independencia de las ideologías, es porque todas, tarde o temprano, niegan ciertos valores humanos en nombre de su defensa de otros valores que a veces también acaban por traicionar»—, Mañach reconocía que el compromiso intelectual con una corriente política, como la comunista, asumida con flexibilidad, no necesariamente era perjudicial para la esfera pública: «El hecho de que tantos comunistas y filocomunistas se hurten también a condenar las salvajadas de Hungría, ¿basta por sí solo para condenar la buena fe que profesan al servicio de su causa?»[304]

Pero el tono de Mañach, en su respuesta al joven comunista, se enervaba al defender su integridad de escritor público, abocado, desde los años 20, a la crítica de gobiernos autoritarios. El «desasimiento» de las ideologías que Mañach compartía con Camus no podía, a su juicio, confundirse con apatía o indiferencia frente a los problemas políticos de Cuba, ya que él, «como decía Lezama con su garbo expresivo..., siempre había sido acusado por los intelectuales puros de haber cambiado la *fede* por la *sede*».[305] Como pruebas de la injusticia de la acusación de «indiferencia» que le hacía la nueva generación de escritores revolucionarios, Mañach mencionaba una serie de gestos relacionados con la solidaridad frente a la persecución de comunistas durante la República. Casi todos los ejemplos esgrimidos por Mañach en aquella rara autodefensa estaban, significativamente, relacionados con su respetuosa discordancia con el nacionalismo comunista:

Cuando asesinaron a Jesús Menéndez, por ejemplo, esta pluma mía publicó en *Bohemia* un artículo de protesta contra el crimen odioso y un elogio merecido del líder obrero, comunista por cierto; elogio que el periódico *Hoy* comentó con aplauso y con su pizca de sorpresa, como si procediera de un «insensible» profesional. Cuando lo de Guatemala, no sólo libré una campaña escrita contra los abusos de la United Fruit Company y el manotazo imperialista de Washington, sino que hablé en reuniones públicas y encabecé un manifiesto de intelectuales libres cubanos. A la dictadura batistiana la combatí incansablemente desde el 10 de marzo, y casi desde la víspera... Cuando el régimen estrenó su hipocresía pretendiendo honrar el centenario de Martí, rechacé todas las invitaciones a sumarme al coro, a título de «martiano», y sostuve en estas páginas una polémica con don José Vasconcelos. Cuando a Núñez Jiménez le quemaron su *Geografía*, y a Carlos Rafael Rodríguez le saquearon su biblioteca, tampoco estuvo ausente mi denuncia. Ni cuando los crímenes de la tiranía empezaron a regar sangre cubana. Y baste con esto.[306]

Pero Mañach advertía algo más en el ataque de García Hernández y el periódico *Hoy:* advertía una fuerte resistencia a la crítica del fenómeno revolucionario. Por eso, al final de su artículo, el autor de *Indagación del choteo* reconocía sus «reservas y matices de discrepancia sobre ciertas formas y modos del hecho revolucionario». Dicha actitud crítica, según Mañach, era inevitable ya que «en el ciudadano es un derecho y en el escritor público algo más aún: es un deber». El último párrafo de aquel artículo de mediados de febrero de 1960, que merece ser reproducido íntegramente por su elocuencia, no sólo era una temprana advertencia sobre la relación acrítica que los intelectuales comunistas intentaban establecer con el gobierno revolucionario, sino, tal vez, la primera exposición de las diferencias de Mañach con las prácticas autoritarias que la Revolución, convertida en poder, empezaba a incorporar a su ejecutoria política:

> Lo que en el fondo hay es que el mundo de hoy está, en todo, dividido entre la libertad y la seguridad. Así como en el orden social hay quienes más o menos voluntariamente sacrifican la libertad relativa a la seguridad, por ejemplo, económica, que los regímenes totalitarios procuran, así también hay escritores que prefieren la «seguridad» ideológica de los repertorios dogmáticos, que les ahorran el trabajo de pensar, a la libertad de juicio, que se ha mostrado más fecunda en la historia, pero también más riesgosa. Yo sigo prefiriendo esta última, pues permite la rectificación progresiva de los errores y la depuración de los aciertos mediante el contraste de opiniones y la libre discusión. Lo otro no conduce sino al estatismo en el doble sentido de la palabra: el de la política y el de la inteligencia.[307]

Luego de este artículo, Mañach comenzó a inclinarse aceleradamente a un discurso crítico del régimen revolucionario, como se evidenció en sus últimas colaboraciones en *Bohemia*. En «El templo y la rampa» (28 de febrero de 1960) criticó aquellas corrientes radicales, marxistas o nacionalistas, que aspiraban a imponer en el campo intelectual cubano la idea de que los reformistas y autonomistas del siglo XIX y liberales y republicanos del XX eran «ídolos de barro» y que Cuba carecía, virtualmente, de una tradición cultural respetable.[308] En «Una vieja voz por la libertad» (6 de marzo de 1960), vindicó la obra intelectual de John Stuart Mill, pensador clásico del liberalismo democrático anglosajón y reprodujo largas parrafadas del ensayo *Sobre la libertad* y, en especial, del capítulo segundo, «Sobre la libertad de pensamiento y discusión».[309] En «Sentido político del idioma» (24 de abril de 1960) defendió la lengua castellana y la corrección del habla y la escritura frente al ascendente populismo que, a su juicio, se propagaba en los medios intelectuales y políticos de la isla como consecuencia del cambio social emprendido por la Revolución.[310] Meses después, un Mañach enfermo y desencantado de la radicalización comunista del régimen revolucionario, que él mismo contribuyó a instaurar, emigró a San Juan, Puerto Rico, donde el rector de la Universidad de Río Piedras, Jaime Benítez, le ofreció una cátedra.

La deriva crítica de Mañach en *Bohemia*, durante los primeros meses de 1960, coincidió con otras polémicas entre católicos, liberales y comunistas. Uno de los debates más sonados fue, entonces, el que provocara Andrés Valdespino con su artículo «Entre *La Quincena* y la *Marina*» (14 de febrero de 1960), en *Bohemia*, y que suscitó respuestas de dos personalidades ubicadas en polos opuestos del campo intelectual cubano: José Ignacio Rivero, desde el *Diario de la Marina*, y Juan Marinello, desde *Hoy*. Valdespino, joven democratacristiano, había reaccionado en su artículo contra la crítica de Rivero al padre Biaín y *La Quincena* por el respaldo de éstos a la reforma agraria y las expropiaciones emprendidas por el gobierno revolucionario.[311] Según Valdespino, Rivero y *La Marina*, al insistir en la alternativa entre totalitarismo y democracia, entre comunismo y capitalismo, anulaban las posibilidades de crítica y oposición a la decadencia republicana y desconocían los avances de un pensamiento social católico que aseguraba el respaldo de los cristianos al proyecto revolucionario. En el debate entre católicos más o menos identificados con la Revolución y en la tensión entre cristianos y marxistas, Valdespino y *Bohemia* suscribían, pues, la perspectiva de *La Quincena* y reclamaban para sí una posición de centro, doblemente crítica del conservadurismo de Rivero y del jacobinismo de Marinello.

No discutimos al «Decano» [el *Diario de la Marina*] su postura anticomunista. Pero sí el derecho a combatir el comunismo sin hacernos solidarios de un sistema económico-social que, no ya por sus abusos, excesos y privilegios, sino por su propia estructura materialista y anticristiana ha engendrado en su seno al propio comunismo ateo y totalitario. Y nos negamos a admitir esa alternativa fatalista y angustiosa –terrible callejón sin salida– entre capitalismo y comunismo, que nos llevaría a la trágica y anticristiana conclusión de que la humanidad no tiene más que dos caminos: o aceptar el estado actual de cosas, o caer en las garras del comunismo... No, lo censurable en el capitalismo no son sólo las injusticias que puedan cometer los capitalistas. Lo censurable es el sistema en sí. Y ése ha sido también el criterio de la Iglesia.[312]

A medida que la polémica subía de tono, Valdespino desplazaba gradualmente el énfasis de su crítica contra Marinello y los comunistas cubanos. Dicho desplazamiento se volvió más visible cuando el *Diario de la Marina*, y no *Hoy*, publicó una respuesta de Marinello a Valdespino, en la que el viejo líder marxista acusaba a *Bohemia* de ser una publicación reaccionaria. El debate, articulado en torno a aquellas tres importantes publicaciones, *Bohemia*, *Diario de la Marina* y *Hoy*, se ramificó entre los tres nacionalismos cardinales del campo intelectual cubano: el liberal, el católico y el comunista. Valdespino y *Bohemia* asumían, así, un centrismo socialdemócrata o demócrata-cristiano, heredero del nacionalismo liberal y republicano de la etapa prerrevolucionaria, desde el cual podían cuestionar y eludir la contraposición binaria entre comunismo y democracia. En este sentido, Valdespino y otros articulistas de *Bohemia*, como el propio Mañach, Ángel del Cerro, Mario Llerena, Herminio Portell Vilá y Agustín Tamargo, parecían advertir que para que el cambio revolucionario se condujera dentro de cauces liberales y democráticos no era conveniente que el choque entre comunismo y anticomunismo, es decir, la tensión ideológica de la Guerra Fría, se apoderara del campo intelectual y político cubano.

El hecho de que los Rivero se decidan por el capitalismo y los Marinello por el comunismo no altera lo esencial de la cuestión, que es la angustiosa y fatalista conclusión de que sólo a través de un sistema, como el capitalista, en que la justicia social se sacrifica a una supuesta libertad política, o a través de otro, como el comunista, en que la libertad humana se sacrifica a la supuesta seguridad económica, encontrará la humanidad el camino de su salvación. Por eso, tanto para los unos como para los otros, resulta inadmisible la postura de los que rechazamos de plano la falsa alternativa, y entendemos –como entiende la Revolución cubana– que es posible y necesario construir un sistema social donde se armonicen los principios de justicia social y de respeto a la dignidad humana, donde para procurar el progreso material de los ciudadanos no haya necesidad de cercenarles sus valores espirituales, destruyendo, entre otras, la libertad de pensamiento, la libertad religiosa y la libertad de enseñanza, o donde los privilegios, la injusta distribución de las riquezas y la subordinación de la dignidad humana al lucro empresarial no hagan ilusorias las libertades democráticas.[313]

Todavía en abril de 1960, los representantes de las principales asociaciones católicas de la isla (Acción Católica Cubana, Consejo Nacional de Caballeros Católicos, Consejo Nacional de Mujeres de Acción Católica...) publicaron en *Bohemia* una protesta, firmada por decenas de laicos, contra el discurso de Juan Marinello ante el Congreso Nacional de la Juventud Socialista. En aquel discurso, Marinello, en tono amenazante, había dicho que los católicos debían «permanecer dentro de sus templos adorando sus imágenes, pero si salen del templo y hacen contrarrevolución nos encontrarán en primera fila y luchando contra ellos, no por católicos, sino por contrarrevolucionarios».[314] En su manifiesto, los católicos cubanos, luego de recordar, una vez más, el aporte cristiano a la insurrección contra Batista, afirmaban que la libertad religiosa y, en especial, el ejercicio público de la fe, estaban reconocidas por la Ley Fundamental de la República, es decir, por la adaptación de la Constitución de 1940 que había introducido el gobierno revolucionario y que, por lo tanto, la práctica civil del catolicismo, fuera de los templos, no era contraria a la Revolución. Al final del manifiesto, los líderes católicos reafirmaban su «adhesión a los principios de justicia social, soberanía nacional y moralidad en las costumbres públicas que inspiraron la revolución cubana» y aplaudían «sin reservas las medidas adoptadas por el gobierno revolucionario encaminadas a redimir de la miseria, el hambre y la explotación a nuestras clases más humildes y necesitadas».[315] Los católicos cubanos insistían en que el anticomunismo, en tanto oposición a «la base atea, materialista y totalitaria, negadora de los valores espirituales y morales, en que descansa la doctrina marxista», no debía ni podía ser calificada de «contrarrevolucionaria». Y concluían: «Revolución y comunismo no son términos sinónimos.»[316]

El centro de la disputa entre católicos y comunistas en los primeros meses de la Revolución, tal y como lo planteara Valdespino en su apasionada defensa de la filosofía cristiana de la propiedad del padre franciscano Félix Alluntis, más que una fractura generacional entre revolucionarios y contrarrevolucionarios fue un forcejeo por determinar la orientación ideológica de la Revolución, que unos y otros apoyaban: los católicos con la doctrina social de la Iglesia y los comunistas con la filosofía del marxismo-leninismo.[317] Mientras Fidel Castro y el gobierno revolucionario se mantuvieron equidistantes, frente a ese dilema doctrinal, negociando la pertenencia de católicos y comunistas al campo revolucionario, la ruptura logró evitarse. Ya en el otoño de 1960, cuando comienza a publicarse *Bohemia Libre* en Nueva York, el campo se ha escindido bipolarmente. Intelectuales católicos, como Ángel del Cerro y Andrés Valdespino, o liberales, como Jorge Mañach y Herminio Portell Vilá, que habían defendido las medidas más radicales de los dos primeros años de la Revolución, desde una perspectiva nacionalista, justiciera y democrática, se convencieron entonces de que la dirigencia revolucionaria abandonaba su imparcialidad y adoptaba el modelo comunista.

Un repaso de los principales artículos de opinión aparecidos en *Bohemia Libre* entre el otoño de 1960 y el verano de 1961, cuando el fracaso de Bahía de Cochinos aceleró la alianza entre La Habana y Moscú, y firmados por importantes intelectuales y políticos republicanos (Lino Novás Calvo, Jorge Mañach, Mario Llerena, Antonio Ortega, Ángel del Cerro, Andrés Valdespino, Herminio Portell Vilá, Agustín Tamargo, José Pardo Llada, José Ignacio Rasco, Luis Conte Agüero...), demuestra que, aun cuando la mayoría de los autores hacía explícito su desencanto ante la personalidad de Fidel Castro, a quien, inicialmente, no consideraron comunista, todos persistían en la defensa del programa nacionalista, justiciero y democrático de la Revolución que triunfó en enero de 1959. En especial, cuatro articulistas, Ángel del Cerro, Andrés Valdespino, Mario Llerena y Lino Novás Calvo, levantaron la plataforma opositora de *Bohemia Libre,* desde un trasfondo liberal, católico o socialista, favorable a la construcción de un régimen político que hiciera posible la coexistencia entre soberanía, justicia y democracia.[318] En especial, los artículos de Lino Novás Calvo, sobre todo su serie «Cuba, primer estado bolchevique de América», publicada en el verano de 1961, alcanzan una elocuencia que resulta inquietante por su crítica al comunismo a partir de una ideología socialista para la cual el as-

193

censo de Fidel Castro y sus hombres al poder es resultado de la movilidad social experimentada por la pequeña burguesía cubana en la primera mitad del siglo XX. La joven clase media de la isla, según Novás Calvo, hija de inmigrantes, industriales, hacendados y comerciantes, en su afán de encumbramiento social había entrado en la baja política republicana con el impulso irrefrenable de liquidar el mundo burgués que la generó.

Pero una vez más, sería Jorge Mañach quien, desde un bagaje doctrinal diverso, donde se entrelazaban ideas liberales, católicas y socialistas, formularía más claramente la frustración de aquellos intelectuales republicanos, arrastrados, inicialmente, por el entusiasmo revolucionario. En una entrevista concedida a *Bohemia Libre*, desde su exilio en Puerto Rico, poco después de Bahía de Cochinos y poco antes de su muerte, Mañach afirmará:

El establecimiento de una República Socialista Popular de Cuba es una doble traición. Primero, a la vocación histórica de Cuba, asociada a la de todos los países americanos bajo el signo de la libertad, consagrada en nuestra isla por más de medio siglo de luchas heroicas y por el designio democrático de nuestros padres fundadores. Después, es una traición al mandato tácito que Fidel Castro recibió cuando peleaba en la Sierra Maestra y a los convenios explícitos que firmó con otros grupos de la oposición. El pueblo de Cuba −todas las clases sociales y muy especialmente la clase media− le apoyaron moral y materialmente para que liberara al país de la satrapía batistiana, y después, con la autoridad de esa victoria, convocase a unas elecciones, que sin duda habría ganado abrumadoramente, poniéndose así en condiciones constitucionales de hacer efectivas las grandes reformas y rectificaciones que la Constitución del 40 había ya contemplado. A lo que no estaba autorizado el fidelismo era a cambiar radicalmente, por sí y ante sí, la estructura institucional y social de la nación cubana sin el previo y el explícito consentimiento de nuestro pueblo, otorgado mediante un proceso de amplia decisión pública y en un ambiente de plena libertad. El asentimiento de una muchedumbre fanatizada ante una tribuna, no da autoridad bastante para alterar el destino que un pueblo se ha ido forjando desde sus propias raíces culturales e históricas.[319]

Esta idea de Mañach, reiterada semanas más tarde en su último artículo en *Bohemia Libre* («José Martí: rompeolas de América») tal vez sea el primero y más claro discernimiento de la tensión entre la legitimidad histórica de la Revolución de 1959 y la ilegitimidad política del Socialismo de 1961, entendida esta última, naturalmente, desde la tradición liberal y democrática del orden republicano.[320] Aunque la radicalización socialista del proceso revolucionario, claramente perceptible desde el otoño de 1960, escindió el campo intelectual entre quienes no aceptaban la ilegitimidad del nuevo régimen y quienes respaldaban la transformación marxista emprendida por el joven liderazgo, los tres grandes discursos del nacionalismo republicano –el liberal, el católico y el comunista– experimentaron una curiosa subsistencia durante la primera década socialista. Las polémicas de los años 60, que enfrentaron a la nueva generación de intelectuales revolucionarios (Guillermo Cabrera Infante, Pablo Armando Fernández, Roberto Fernández Retamar, Alfredo Guevara, Tomás Gutiérrez Alea, Lisandro Otero, Ambrosio Fornet, Edmundo Desnoes...) con la vieja generación marxista (Juan Marinello, Mirta Aguirre, Carlos Rafael Rodríguez, Félix Pita Rodríguez, Edith García Buchaca, José Antonio Portuondo...) y con la intelectualidad católica que permaneció en Cuba (José Lezama Lima, José María Chacón y Calvo, Raimundo Lazo, Cintio Vitier, Fina García Marruz, Eliseo Diego...) fueron, de algún modo, la continuación, por otros medios, de las guerras culturales de la República.

Desde *Lunes de Revolución* y el último número de *Ciclón* quedaron establecidos los dos frentes de aquellas guerras culturales: el choque generacional y la disputa entre dos modos –el estalinista y el heterodoxo– de asumir la cultura nacional bajo el socialismo. Tras la censura de *PM* y el cierre de *Lunes,* en 1961, y la celebración, al año siguiente, del Primer Congreso de Escritores y Artistas, que dio lugar a la creación de la Unión de Escritores y Artistas de Cuba (UNEAC) y de su órgano editorial, *La Gaceta de Cuba* –que, de acuerdo con sus editores (Nicolás Guillén y Lisandro Otero) y a diferencia de *Orígenes, Ciclón* y *Lunes,* no sería «un espejo para Narciso, sino fragua para Vulcano..., ni estaría hecho por un grupo para un grupo, ni respondería a capillas o sectas...»–, las querellas de las élites no desaparecieron sino que se desplazaron hacia diversos posicionamientos ideológicos y culturales dentro del campo revolucionario y socialista. Expurgado dicho campo de la presencia del nacionalismo liberal y republicano y subordinado políticamente a la construcción del orden totalitario, los otros dos nacionalismos, el comunista y el católico estuvieron en mejores condiciones para administrar sus conflictos.

Sería relativamente sencillo reconstruir el mapa de tensiones entre aquellas políticas intelectuales por medio de cinco polémicas de los años 60, en las que chocaron generaciones e ideologías: 1) la que sostuvieron Virgilio Piñera, Roberto Fernández Retamar y Gil Blas Sergio, en los primeros números de *La Gaceta de Cuba* (abril-mayo de 1962), a propósito de la literatura previa y posterior a la Revolución y su mayor o menor grado de compromiso político; 2) el debate sobre la novela *No hay problema* (1962) de Edmundo Desnoes, en junio de ese año y en la misma revista, entre Virgilio Piñera, Antón Arrufat, Heberto Padilla, Ambrosio Fornet, César Leante, Lisandro Otero y José Soler Puig; 3) la interesante discusión sobre el nuevo teatro cubano que protagonizaron Antón Arrufat, José Ramón Brene, Abelardo Estorino, M. Reguera Saumell, José Triana y Rine Leal, en junio de 1963 y también en *La Gaceta;* 4) la larga e intensa polémica sobre «Cine y Revolución», desde el verano de 1963 hasta la primavera de 1964, en varias publicaciones habaneras *(Revolución, Hoy, Bohemia, El Mundo, La Gaceta de Cuba, Cuba Socialista* y *Cine Cubano)* y que involucró a jóvenes cineastas como Tomás Gutiérrez Alea, Humberto Solás, Pastor Vega, Julio García Espinosa, Octavio Cortázar, Jorge Fraga y Raúl Macías, y a funcionarios y teóricos culturales como Blas Roca, Alfredo Guevara, Edith García Buchaca, Mirta Aguirre y Sergio Benvenuto, 5) el inteligente debate, a mediados de 1964, entre José Antonio Portuondo y Ambrosio Fornet, suscitado por la novela *El derrumbe* (1964) de José Soler Puig y que se extendió, por el camino, a la valoración de toda la narrativa producida en Cuba después de 1959.[321]

Un recorrido superficial por aquellas polémicas y otras que vendrían después, como las de *Unión, Casa de las Américas* y *El Caimán Barbudo,* permitiría dividir las posiciones en tres grandes bloques heterogéneos e inorgánicos: el de aquellos creadores de diversas generaciones, provenientes, algunos, de publicaciones como *Orígenes, Ciclón* y *Lunes,* que defendían una cultura socialista nacional y cosmopolita, con cierto margen de autonomía frente al poder y desligada de rígidas formulaciones clasistas e ideológicas (Virgilio Piñera, Heberto Padilla, José Rodríguez Feo, Tomás Gutiérrez Alea, Antón Arrufat, Rine Leal, Edmundo Desnoes, Ambrosio Fornet...), el de los teóricos y burócratas de la cultura, seguidores del marxismo ortodoxo soviético y del realismo socialista, y asociados, fundamentalmente, al viejo partido comunista (Juan Marinello, Blas Roca, Mirtha Aguirre, Nicolás Guillén, José Antonio Portuondo, Edith García Buchaca...) y el de políticos e intelectuales que, aunque no comulgaban con las tesis de la ortodoxia soviética, aspiraban a una estética realista que abasteciera las demandas simbólicas de la Revolución: Armando Hart, Haydée Santamaría, Alfredo Guevara, Roberto Fernández Retamar, Lisandro Otero... Como es sabido, luego de un breve predominio del segundo grupo en la dirección cultural del país, el tercero, siempre en pugna con la ortodoxia marxista y, al mismo tiempo, vigilante y represivo con las disidencias del primer bloque, terminaría acaparando el liderazgo de instituciones como Casa de las Américas y el ICAIC y, finalmente, controlando la UNEAC y el Ministerio de Cultura.

Desde mediados de los sesenta, las tensiones políticas y culturales se reconstruyeron dentro de la más joven generación de intelectuales cubanos. Las disputas entre Ediciones *El Puente* y la revista *El Caimán Barbudo* son reveladoras de un desplazamiento del debate ideológico hacia otras zonas discursivas, impactadas por el cambio revolucionario, como las subjetividades sexuales y raciales.[322] Los poetas y narradores de *El Puente* (José Mario, Ana María Simo, Isel Rivero, Gerardo Fulleda León, Ana Justina Cabrera, Nancy Morejón, Miguel Barnet...), a pesar de inscribirse en la misma plataforma revolucionaria —Fulleda León diría más tarde que «ningún verso, línea de algún cuento o réplica de una obra de los publicados en *El Puente* atentó contra el proceso revolucionario con un pétalo»—, fueron confrontados, con celo ideológico y estético, por los redactores del primer *Caimán Barbudo*: Jesús Díaz, Guillermo Rodríguez Rivera, Luis Rogelio Nogueras, Elsa Claro... A partir de entonces, y hasta el surgimiento de la generación posmoderna en los ochenta, las poéticas del campo intelectual cubano se vieron restringidas por políticas basadas en versiones más o menos ortodoxas del marxismo y más o menos autoritarias del nacionalismo.

NOTAS

1. Christopher Lash, *La rebelión de las élites y la traición a la democracia*, Barcelona, Paidós, 1996, pp. 31-50.

2. Joseph Brodsky, *El dolor y la razón*, Barcelona, Destino, 2000, pp. 399-401.

3. Jon Juaristi, *El bosque originario*, Madrid, Taurus, 2000, pp. 13-24.

4. Hans Blumenberg, *Trabajo sobre el mito*, Barcelona, Paidós, 2003, pp. 287-321 y 663-672.

5. Alexis de Tocqueville, *La democracia en América*, México, Fondo de Cultura Económica, 1957, pp. 395-398 y 567-569.

6. Octavio Paz, *El laberinto de la soledad*, Madrid, Cátedra, 1995, pp. 359-361.

7. Mario Vargas Llosa, *La utopía arcaica. José María Arguedas y las ficciones del indigenismo*, México, Fondo de Cultura Económica, 1996, pp. 335-336.

8. Roger Bartra, *La jaula de la melancolía. Identidad y metamorfosis del mexicano*, México, Grijalbo, 1996, pp. 31-35 y 43-51.

9. Cintio Vitier, *Lo cubano en la poesía*, La Habana, Instituto del Libro, 1970, pp. 133-178.

10. Jacques Derrida, *Mal de archivo. Una impresión freudiana*, Madrid, Trotta, 1997, pp. 91-102.

11. José Lezama Lima, *Obras completas*, México, Aguilar, 1997, t. II, p. 51.

12. *Ibid.*, pp. 56-57.

13. *Ibid.*, p. 56.

14. *Ibid.*, p. 61.

15. Fernando Ortiz, *Historia de la arqueología indocubana*, La Habana, Imprenta Siglo XX, 1922.

16. Fernando Ortiz, «Cómo eran los indocubanos», *Revista Bimestre Cubana*, vol. XXXV, 1935, La Habana, p. 26.

17. Fernando Ortiz, *Etnia y sociedad*, La Habana, Editorial de Ciencias Sociales, 1993, p. 6.

18. Lydia Cabrera, *Páginas sueltas*, Miami, Universal, 1994, p. 363.

19. *Ibid.*, p. 371.

20. Julián B. Sorel, *Nacionalismo y revolución en Cuba, 1823-1998*, Madrid, Fundación Liberal José Martí, 1998, pp. 23-31. Véase también Carlos Alberto Montaner, «Cómo y por qué la historia de Cuba desembocó en la Revolución», *Encuentro de la Cultura Cubana*, núm. 19, invierno de 2000-2001, pp. 65-78.

21. Rafael Rojas, «El intelectual y la revolución. Contrapunteo cubano del nihilismo y el civismo», *Encuentro de la Cultura Cubana*, núm. 16/17, primavera-verano de 2000, pp. 80-88.

22. Arnold Toynbee, *A Study of History*, Nueva York, Portland House, 1988, pp. 171-179.

23. Hortensia Pichardo, *Documentos para la historia de Cuba*, La Habana, Editorial de Ciencias Sociales, 1973, t. I, pp. 403-404. Véase también Marta Bizcarrondo y Antonio Elorza, *Cuba/España. El dilema autonomista, 1878-1898*, Madrid, Colibrí, 2001, pp. 58-120.

24. José Martí, *Obras completas*, La Habana, Lex, 1953, t. I, p. 477.

25. Enrique José Varona, *Textos escogidos*, México, Porrúa, 1974, p. 57.

26. Rubén Martínez Villena, *La pupila insomne*, La Habana, Úcar y García, 1936.

27. Pablo de la Torriente Brau, *El periodista Pablo*, La Habana, Letras Cubanas, 1989, pp. 308-313 y 244-246.

28. Raúl Roa, *Escaramuza en las vísperas y otros engendros*, Santa Clara, Universidad Central de Las Villas, Editora Universitaria, 1966, pp. 73-75.

29. Fidel Castro, *La historia me absolverá*, La Habana, Oficina de Publicaciones del Consejo de Estado, 1993, pp. 108-109.

30. François Furet, *La revolución a debate*, Madrid, Encuentro, 2000, pp. 66-68.

31. Véase el acápite «El sueño de Cuba de José Martí», en Antonio Elorza, *La religione politica. Il fundamentalismi*, Roma, Riuiniti, 1996, pp. 202-222.

32. George Steiner, *Nostalgia del absoluto*, Madrid, Siruela, 2001, p. 19.

33. Véase Fidel Castro, *Porque en Cuba sólo ha habido una Revolución*, La Habana, Departamento de Orientación Revolucionaria del Comité Central del Partido Comunista de Cuba, 1975, pp. 9-68. He analizado esta operación retórica en mi libro *Isla sin fin. Contribución a la crítica del nacionalismo cubano*, Miami, Universal, 1998, pp. 87-99.

34. Fidel Castro, *La historia me absolverá*, La Habana, Oficina de Publicaciones del Consejo de Estado, 1993, p. 542.

35. José Martí, *Obras completas*, La Habana, Lex, 1953, t. I, pp. 954-957.

36. Luis Ortega, *El sueño y la distancia*, México, Ganivet, 1968, pp. 13-46.

37. Pere Saborit, *Anatomía de la ilusión*, Valencia, Pretextos, 1997, pp. 17-48.

38. Sobre la ambivalencia entre «progreso» y «retorno», véase Leo Strauss, *¿Progreso o retorno?*, Barcelona, Paidós, 2004, pp. 149-168.

39. Cornelius Castoriadis, *Hecho y por hacer. Pensar la imaginación*, Buenos Aires, Eudeba, 1998, pp. 310-320.

40. Albert Camus, *El hombre rebelde*, Buenos Aires, Losada, 1998, pp. 17-26; Octavio Paz, *El laberinto de la soledad*, México, Fondo de Cultura Económica, 2004, pp. 128-162; Octavio Paz, *El ogro filantrópico*, Barcelona, Seix Barral, 1990, pp. 153-167; Friedrich Katz, *Revuelta, rebelión y revolución. La lucha rural en México del siglo XVI al siglo XX*, México, Era, 1990, pp. 9-24.

41. François-Xavier Guerra, *México. Del Antiguo Régimen a la Revolución*, México, Fondo de Cultura Económica, 1988, t. I, pp. 426-444, t. II, pp. 81-100.

42. Duanel Díaz Infante, *Mañach o la República*, La Habana, Letras Cubanas, 2003, pp. 171-172.

43. Rafael Soto Paz, *La falsa cubanidad de Saco, Luz y Del Monte*, La Habana, Alfa, 1941, p. 15.

44. *Ibid.*, p. 15.

45. *Ibid.*, pp. 56-67 y 136-139.

46. *Ibid.*, pp. 23-52, 71-81 y 105-132.

47. Carlos Rafael Rodríguez, *El marxismo y la historia de Cuba*, La Habana, Ediciones Sociales, 1942; Sergio Aguirre y Carlos Rafael Rodríguez, «El marxismo y la historia de Cuba», *Dialéctica*, marzo-abril de 1943; Ángel Augier, «Revisión de la cubanidad», *Hoy*, 15 de octubre de 1945; Ángel Augier, *Prosa varia*, La Habana, Letras Cubanas, 1982.

48. Zenobia Camprubí, *Diario. Cuba (1937-1939)*, Madrid, Alianza, 1991, pp. 153-200; Gonzalo Santorja, *Un poeta español en Cuba: Manuel Altolaguirre. Sueños y realidades del primer impresor del exilio*, Barcelona, Círculo de Lectores, 1994, pp. 183-185.

49. Leonel Antonio de la Cuesta, *Constituciones cubanas. Desde 1812 hasta nuestros días*, Nueva York, Exilio, 1974, p. 254.

50. Gustavo Pittaluga, *Diálogos sobre el destino*, Miami, Florida, Mnemosyne, 1969, pp. 14 y 141-163.

51. *Ibid.*, p. 164.

52. *Ibid.*, p. 39.

53. *Ibid.*, p. 410.

54. Luis Amado Blanco, *Juzgar a primera vista*, La Habana, Centro de Investigación y Desarrollo de la Cultura Cubana Juan Marinello/Boloña, 2003, pp. 105-106.

55. Gustavo Pittaluga, *Diálogos sobre el destino*, Miami, Mnemosyne, 1969, pp. 11-12.

56. *Ibid.*, pp. 17-18.

57. José María Chacón y Calvo, «Don Gustavo Pittaluga y sus *Diálogos sobre el destino*», *Diario de la Marina*, 21 de marzo de 1954, p. 4.

58. Medardo Vitier, *Valoraciones*, Santa Clara, Universidad Central de Las Villas, 1960, t. I, p. 335.

59. *Ibid.*, p. 336.

60. *Ibid.*

61. *Ibid.*, pp. 338-341.

62. *Ibid.*, pp. 422-423.

63. Rafael García Bárcena, *Proa*, La Habana, Taller Tipográfico de Pérez, Sierra y Cía, 1927, pp. 73-82.

64. *Ibid.*

65. Rafael García Bárcena, *Responso heroico*, La Habana, La Verónica, 1943, pp. 13-15.

66. Rafael García Bárcena, «¿Qué necesita Cuba para ser una gran nación?», *Bohemia*, 14 de septiembre de 1947, p. 12.

67. *Ibid.*

68. *Ibid.*

69. *Diario de la Marina,* 7 de abril de 1953, pp. 1, 21 y 24.

70. Rafael García Bárcena, *Redescubrimiento de Dios. Una filosofía de la religión,* La Habana, Lex, 1956, pp. 8-10 y 13-24.

71. *Ibid.,* pp. 25-42, 43-70 y 71-126.

72. *Ibid.,* pp. 127-146.

73. *Ibid.,* pp. 163-173.

74. Medardo Vitier, *Valoraciones,* Santa Clara, Universidad Central de Las Villas, 1960, t. I, pp. 396-401.

75. Carlos Rafael Rodríguez, *Letra con filo,* La Habana, Editorial de Ciencias Sociales, 1987, t. I, pp. 243-254.

76. José de la Luz y Caballero, *Aforismos,* La Habana, Editorial de la Universidad de la Habana, 1962, pp. XXIII-XXVIII.

77. *Ibid.*

78. Medardo Vitier, *La lección de Varona,* México, El Colegio de México, 1945, pp. 37-59.

79. Luis Aguilar León, *Pasado y ambiente en el proceso cubano,* La Habana, Ínsula, 1957, p. 8.

80. *Ibid.,* p. 9.

81. *Ibid.,* p. 28.

82. *Ibid.,* pp. 62-83.

83. Luis Aguilar León, «Lo cubano en la poesía», *Diario de la Marina,* 18 de octubre de 1958, p. 4.

84. Medardo Vitier, «Los que ven», *Diario de la Marina,* 5 de febrero de 1959, p. 4.

85. Enrique Berros, «Un cubano en la poesía. Comentario a un libro de Cintio Vitier», *Lunes de Revolución,* núm. 1, 23 de marzo de 1959, p. 2; Raimundo Fernández Bonilla, «Refutación a Vitier», *Ciclón. Revista Literaria,* vol. 4, núm. 1, 1959, pp. 51-68.

86. Cintio Vitier, *Lo cubano en la poesía,* La Habana, Instituto del Libro, 1970, p. 585.

87. *Ibid.,* p. 584.

88. *Ibid.,* pp. 584-585.

89. *Ibid.,* p. 585.

90. Raimundo Fernández Bonilla, «Refutación a Vitier», *Ciclón. Revista literaria,* vol. 4, núm. 1, 1959, p. 52.

91. Lorenzo García Vega, *Los años de Orígenes,* Caracas, Monte Ávila, 1978, pp. 88-90 y 138-140.

92. Julia Kristeva, *El porvenir de la revuelta,* México, Fondo de Cultura Económica, 1999, p. 24.

93. Sobre la maquinaria fundacional de los nacionalismos hay una vasta bibliografía. Me limito a citar algunos textos cardinales: Eric Hobsbawm, *Nations and Nationalism Since 1780. Programme, Myth, Reality,* Cambridge, Cambridge

University Press, 1990, pp. 101-130; Ernest Gellner, *Naciones y nacionalismo*, México, Alianza/CONACULTA, 1991, pp. 117-141; Benedict Anderson, *Comunidades imaginadas. Reflexiones sobre el origen y la difusión del nacionalismo*, México, Fondo de Cultura Económica, 1993, pp. 77-101; Partha Chatterjee, *The Nation and Its Fragments. Colonial and Postcolonial Histories*, Princeton, Princeton University Press, 1993, pp. 3-13; Andrés de Blas Guerrero, *Nacionalismos y naciones en Europa*, Madrid, Alianza, 1994, pp. 32-46; Gil Delannoi y Pierre-André Taguieff, *Teorías del nacionalismo*, Barcelona, Paidós, 1994, pp. 9-17.

94. François Furet y Ernst Nolte advirtieron sobre la poderosa influencia del comunismo y el fascismo en los movimientos descolonizadores de mediados del siglo XX. François Furet y Ernst Nolte, *Fascismo y comunismo*, México, Fondo de Cultura Económica, 1999, pp. 112-113 y 128-129.

95. Juan Donoso Cortés, *Ensayo sobre el catolicismo, el liberalismo y el socialismo*, Madrid, Espasa Calpe, 1949, pp. 11-20; Julián Marías, *El intelectual y su mundo*, Madrid, Espasa Calpe, 1956, pp. 39-48 y 75-82.

96. Tomo prestadas las nociones de *mito* y *archivo* del sugestivo libro de Roberto González Echevarría, *Myth and Archive. A Theory of Latin American Narrative*, Durham, Duke University Press, 1998, pp. XV-XVIII.

97. Fernando Ortiz, *Entre cubanos. Psicología tropical*, La Habana, Editorial de Ciencias Sociales, 1987, pp. 14-15; Jorge Mañach, *Indagación del choteo*, Miami, Universal, 1991, pp. 57-58; «El choteo», *Albur*, mayo de 1992, La Habana, Instituto Superior de Arte, pp. 70-100.

98. Juan Marinello, «Notas sobre la *Revista de Avance*», en *Índice de las revistas cubanas*, La Habana, Biblioteca Nacional José Martí, 1969, t. II, p. 11.

99. *Ibid.*, p. 12.

100. Carlos Ripoll, «La *Revista de Avance* (1927-1930), vocero del vanguardismo y pórtico de la Revolución», *Revista Iberoamericana*, Pittsburg, julio-diciembre de 1964; Carlos Ripoll, *La generación del 27 en Cuba y otros apuntes sobre el vanguardismo*, Nueva York, Las Américas, 1968; Ana Cairo Ballester, *El Grupo Minorista y su tiempo*, La Habana, Editorial de Ciencias Sociales, 1979; Marta Lesmes Albis, *Revista de Avance o el delirio de la originalidad americana*, La Habana, abril de 1996; Celina Manzoni, *Un dilema cubano. Nacionalismo y vanguardia*, La Habana, Casa de las Américas, 2001, pp. 85-113.

101. Juan Marinello, *Cuba: cultura*, La Habana, Letras Cubanas, 1989, p. 147.

102. Alejo Carpentier, *Conferencias*, La Habana, Letras Cubanas, 1987, p. 123.

103. *Ibid.*, p. 124.

104. *Órbita de la Revista de Avance*, La Habana, Instituto Cubano del Libro, 1965, pp. 7-26.

105. *Ibid.*, p. 15.

106. *Ibid.*, p. 14.

107. *Ibid.*, p. 25.

108. *Ibid.*, pp. 25-26.

109. *Ibid.*, p. 333.

110. *Ibid.*, p. 331.

111. Juan Marinello, *Cuba: cultura*, La Habana, Letras Cubanas, 1989, p. 140.

112. Imeldo Álvarez García, «Juan Marinello: escritor a la altura del combate», en Juan Marinello, *Ensayos*, La Habana, Arte y Literatura, 1977, pp. 18-19.

113. Juan Marinello, *Literatura hispanoamericana. Hombres, meditaciones*, México, Ediciones de la Universidad Nacional de México, 1937, pp. 55-63.

114. Rubén Martínez Villena, *Poesía y prosa*, La Habana, Letras Cubanas, 1978, pp. 346-354.

115. Raúl Roa, *Órbita*, La Habana, Unión, 2004, pp. 47-71.

116. José Antonio Portuondo, «Períodos y generaciones en la historiografía literaria hispanoamericana», México, Sobretiro de Cuadernos Americanos, 1948, pp. 238-239.

117. Carlos Espinosa Domínguez, «Polemiza, que algo queda», *Encuentro en la Red*, 6 de junio de 2005, pp. 1-2.

118. *Índice de las revistas cubanas*, La Habana, Biblioteca Nacional José Martí, 1969, t. II, pp. 45-49, 55-61, 51-53 y 63-66.

119. *Órbita de la Revista de Avance*, La Habana, Instituto Cubano del Libro, 1965, p. 349.

120. *Ibid.*, pp. 52-53 y 57-58.

121. Félix Lizaso, *Ensayistas contemporáneos*, La Habana, Trópico, 1938; Félix Lizaso, *Panorama de la cultura cubana*, México, Fondo de Cultura Económica, 1949.

122. Juan Marinello, *Homenaje a Rubén Martínez Villena*, La Habana, Ayón, 1950, p. 19.

123. *Órbita de la Revista de Avance*, La Habana, Instituto Cubano del Libro, 1965, p. 29.

124. Juan Marinello, *Ensayos*, La Habana, Arte y Literatura, 1977, p. 432.

125. Juan Marinello, *Americanismo y cubanismo literarios*, La Habana, Hermes, 1932, pp. XXII-XXV.

126. Rafael Esténger, *Cuba en la cruz*, México, Talleres Cooperativa Modelo, 1960, p. 62.

127. Ángel del Cerro, «Radiografía de una traición», *Bohemia Libre*, núm. 3, año 52, 23 de octubre de 1960, pp. 36, 37 y 66; Andrés Valdespino, «La Revolución que hay que salvar», *Bohemia Libre*, núm. 5, año 52, 6 de noviembre de 1960, pp. 40, 41-42; Herminio Portell Vilá, «La simulación en política», *Bohemia Libre*, núm. 11, año 52, 18 de diciembre de 1960, pp. 8 y 94; Luis Ortega Sierra, «El drama de Cuba. ¿Sobre qué bases

se ha de fundar la Tercera República?», *Bohemia Libre*, núm. 10, año 52, 11 de diciembre de 1960, pp. 38-39 y 53.

128. Andrés Valdespino, «En torno a las revelaciones de un dirigente comunista», *Bohemia Libre*, núm. 11, año 52, 18 de diciembre de 1960, pp. 33-35 y 58; Agustín Tamargo, «Carpentier, traidor a la cultura», *Bohemia Libre*, núm. 11, año 52, 18 de diciembre de 1960, p. 57; Armando de Selis, «El poema que ya no recita Nicolás Guillén», *Bohemia Libre*, núm. 13, año 53, 1 de enero de 1961, p. 3.

129. Agustín Tamargo, «Los descarados», *Bohemia Libre*, núm. 21, año 53, 26 de febrero de 1961, pp. 34-36 y 68.

130. «Una carta de Jorge Mañach», *Bohemia Libre*, núm. 26, año 53, 2 de abril de 1961, p. 23.

131. Armando de Selis, «El poema que ya no recita Nicolás Guillén», *Bohemia Libre*, núm. 13, año 53, 1 de enero de 1961, p. 3.

132. Gastón Baquero, *La evolución del marxismo en Hispanoamérica*, Madrid, Centro de Estudios Sociales de la Santa Cruz del Valle de los Caídos, 1965, pp. 12 y 18.

133. Andrés Valdespino, *Jorge Mañach y su generación en las letras cubanas*, Miami, Universal, 1971, pp. 146-147.

134. Ángel Rama, *La ciudad letrada*, Hanover, Ediciones del Norte, 1984, pp. 10-20.

135. Jean Baudrillard, *La izquierda divina*, Barcelona, Anagrama, 1985, p. 75; Antonio Gramsci, *Pasado y presente*, Barcelona, Gedisa, 1977, pp. 270-271; Jacques Le Goff, *Los intelectuales en la Edad Media*, Barcelona, Gedisa, 1985, pp. 10-15.

136. Anthony D. Smith, *La identidad nacional*, Madrid, Trama, 1997, pp. 60-68. Véase también el sugerente libro de David A. Hollinger, *Postethnic America. Beyond Multiculturalismo;* Nueva York, Basic Books, 1995, pp. 20-32.

137. Alejandro de la Fuente, *Una nación para todos. Raza, desigualdad y política en Cuba. 1900-2000*, Madrid, Colibrí, 2000, pp. 384-395; Duanel Díaz, *Mañach o la República*, La Habana, Letras Cubanas, 2003, pp. 164-171; Lynn Stoner, *De la casa a la calle. El movimiento cubano de la mujer a favor de la reforma legal (1898-1940)*, Madrid, Colibrí, 2003, pp. 124-150.

138. Fina García Marruz, *La familia de Orígenes*, La Habana, Unión, 1997, p. 12.

139. Cintio Vitier, *Para llegar a Orígenes*, La Habana, Letras Cubanas, 1994, p. 94.

140. Lorenzo García Vega, *Los años de Orígenes*, Caracas, Monte Ávila, 1979, pp. 30-55.

141. *Verbum*, núm. 1, año I, junio de 1937.

142. *Ibid.*, pp. 42-55; *Verbum*, núm. 2, año I, julio-agosto de 1937, pp. 3-11 y 46-57; *Verbum*, núm. 3, año I, noviembre de 1937, pp. 11-17 y 29-30.

143. *Espuela de Plata*, A, La Habana, agosto-septiembre de 1939, pp. 3-7.

144. *Espuela de Plata*, H, La Habana, agosto de 1941, pp. 10-12.

145. José Lezama Lima, *Imagen y posibilidad*, La Habana, Letras Cubanas, 1981, pp. 182 y 199.

146. *Poeta*, núm. 1, noviembre de 1942, p. 1; *Poeta*, núm. 2, diciembre de 1942, pp. 1-5.

147. *Clavileño*, núm. 6/7, enero-febrero de 1943, pp. 2, 8-9 y 12.

148. *La Verónica*, núms. 1, 2, 3, 4, 5 y 6, año I, 26 de octubre de 1942, 2 de noviembre de 1942, 9 de noviembre de 1942, 16 de noviembre de 1942, 23 de noviembre de 1942 y 30 de noviembre de 1942; James Valender, *El impresor del exilio. Tres revistas de Manuel Altolaguirre*, Madrid, Publicaciones de la Residencia de Estudiantes, 2003, pp. 27-45.

149. *La Gaceta del Caribe*, núm. 1, año I, marzo de 1944, pp. 3-5.

150. *Ibid.*

151. *La Gaceta del Caribe*, núm. 3, año I, mayo de 1944, p. 30.

152. *La Gaceta del Caribe*, núms. 9/10, año I, noviembre-diciembre de 1944, pp. 30 y 35.

153. Duanel Díaz Infante, «Límites del origenismo», *Encuentro de la Cultura Cubana*, núm. 33, verano de 2004, pp. 103-111. Véase también, Duanel Díaz Infante, *Los límites del origenismo*, Madrid, Colibrí, 2005.

154. *La Gaceta del Caribe*, núm. 1, año, I, marzo de 1944, pp. 3-5.

155. José Lezama Lima, *Imagen y posibilidad*, La Habana, Letras Cubanas, 1981, p. 182.

156. *Ibid.*, p. 173.

157. Gramsci ilustraba su «organicidad» como intelectual comunista italiano criticando la «superficialidad» con que Nicolái Bujarin identificaba la «forma y el contenido artístico en el *Prometeo* de Goethe» en su muy difundido manual *La teoría del materialismo histórico*. Antonio Gramsci, *La política y el Estado moderno*, Barcelona, Península, 1971, pp. 22-23.

158. Roger Chartier ha insistido en la importancia de las *jergas* para la formación de una «comunidad de lectores». Roger Chartier, *El orden de los libros. Lectores, autores, bibliotecas en Europa en los siglos XIV y XVIII*, Barcelona, Gedisa, 1994, pp. 23-40.

159. Para una distinción conceptual entre «esfera pública civil» y «esfera pública política», véase Jürgen Habermas, *El cambio estructural de lo público*, Buenos Aires, Amorrortu, 1987, pp. 63-67, y Jean-Marc Ferry y Dominique Wolton, *El nuevo espacio público*, Barcelona, Gedisa, 1992, pp. 10-15.

160. Humberto Piñera Llera, *Panorama de la filosofía cubana*, Washington D.C., Unión Panamericana, 1960, pp. 99-111.

161. Aníbal Rodríguez, «Filosofía y nacionalidad en Cuba», *Federación de Doctores en Ciencias y en Filosofía y Letras*, núm. 2, junio-diciembre de 1945, pp. 132-139. Hay un estudio reciente sobre esa tradición filosófica:

Alexis Jardines, *Filosofía cubana in nuce. Ensayo de historia intelectual*, Madrid, Colibrí, 2005.

162. *Bohemia*, núm. 39, año LI, 25 de septiembre de 1949, p. 78.

163. *Ibid.*, p. 90.

164. *Bohemia*, núm. 40, año XLI, 2 de octubre de 1949, p. 7.

165. *Ibid.*

166. *Ibid.*, p. 8.

167. *Bohemia*, núm. 42, ano XLI, 16 de octubre de 1949, pp. 63 y 107. La polémica se extendió a los periódicos *Prensa Libre* y *Diario de la Marina* con las intervenciones de Luis Ortega y Cintio Vitier. *Prensa Libre*, núm. 2444, 2 de octubre de 1949, pp. 1-3; *Diario de la Marina* (26 de octubre de 1949, 28 de octubre de 1949 y 30 de octubre 1949). Véase también Ana Cairo Ballester, «La polémica Mañach-Lezama-Vitier-Ortega», *Revista de la Biblioteca Nacional José Martí*, La Habana, enero-junio de 2001; Duanel Díaz Infante, *Mañach o la República*, La Habana, Letras Cubanas, 2003, pp. 33-40.

168. José Lezama Lima, *Imagen y posibilidad*, La Habana, Letras Cubanas, 1981, p. 191.

169. *Ibid.*

170. Cintio Vitier, *Cincuenta años de poesía cubana*, La Habana, Dirección de Cultura del Ministerio de Educación, 1952, pp. IX-X.

171. Cintio Vitier, «Recuento de la poesía lírica en Cuba», *Diario de la Marina*, 22 de diciembre de 1953, p. 6 A; José María Chacón y Calvo, «La poesía de Cintio Vitier», *Diario de la Marina*, 18 de abril de 1954 y 25 de abril de 1954, p. 4. *Diario de la Marina*, La Habana, 22 de diciembre de 1953 y 25 de abril de 1954, p. 4.

172. Octavio R. Costa, «Cómo vive y trabaja el poeta José Lezama Lima», *Diario de la Marina*, 3 de octubre de 1954, p. 6 D.

173. Gastón Baquero, «De la continuidad en el esfuerzo cultural: *Orígenes*», *Diario de la Marina*, 6 de marzo de 1955, p. 4.

174. *Ibid.*

175. Véase, por ejemplo, el debate entre Blas Roca y Gastón Baquero a propósito de los artículos de este último, «La ofensiva de paz del señor Malenkov», 7 de abril de 1955, p. 4 y «Las entrañas de la paz soviética», *Diario de la Marina*, 9 de marzo de 1955, p. 4.

176. Gastón Baquero, «De la continuidad en el esfuerzo cultural: *Orígenes*», *Diario de la Marina*, 6 de marzo de 1955, p. 4.

177. *Nuestro Tiempo*, La Habana, Letras Cubanas, 1989, pp. 191-193.

178. *Ibid.*, pp. 318-319.

179. *Ibid.*, pp. 55-56.

180. *Ibid.*, p. 203.

181. *Ibid.*, p. 214.

182. *Ibid.*, p. 273.

183. *Ibid.*, p. 306.

184. *Ibid.*, pp. 82-83.

185. *Ibid.*, p. 196.

186. *Ibid.*, p. 286.

187. *Ibid.*, p. 101.

188. *Ibid.*, p. 387.

189. *Ibid.*, p. 337.

190. *Ibid.*, p. 366.

191. Carlos Márquez Sterling, *Historia de Cuba*, Nueva York, Las Américas, 1969, pp. 573-583.

192. Véase el iluminador ensayo de Tomás Maldonado, *¿Qué es un intelectual? Aventuras y desventuras de un rol*, Barcelona, Paidós, 1998, pp. 64-76.

193. Norberto Bobbio, *La duda y la elección. Intelectualidad y poder en la sociedad contemporánea*, Barcelona, Paidós, 1998, pp. 61-64.

194. Carlos Rafael Rodríguez, *Letra con filo*, La Habana, Editorial de Ciencias Sociales, 1983, t. II, pp. 49 y 53.

195. *Ibid.*, p. 57.

196. *Ibid.*, pp. 57 y 59.

197. *Ibid.*, p. 45.

198. *Ibid.*, p. 53.

199. Avishai Margalit, *La sociedad decente*, Barcelona, Paidós, 1997, pp. 125-132.

200. Norbert Elias, *El proceso de la civilización. Investigaciones sociogenéticas y psicogenéticas*, México, Fondo de Cultura Económica, 1994, pp. 99-105.

201. Zygmunt Bauman, *En busca de la política*, México, Fondo de Cultura Económica, 1999, pp. 96-118.

202. Aurelio Arteta, *La virtud en la mirada. Ensayo sobre la admiración moral*, Valencia, Pretextos, 2002, pp. 67-86 y 107-136.

203. Heberto Padilla, *Fuera del juego*, Miami, Universal, 1998, p. 7.

204. Claudio Magris, *El anillo de Clarisse. Tradición y nihilismo en la literatura moderna*, Barcelona, Península, 1993, pp. 73-98.

205. Raúl Rivero, *Lesiones de Historia*, Cádiz, Aduana Vieja, 2005.

206. José María Heredia, *Niágara y otros textos*, Caracas, Biblioteca Ayacucho, 1990, p. 92.

207. Juan Clemente Zenea, *Poesías*, La Habana, Instituto de Literatura y Lingüística, 1966, pp. 265-266.

208. Juana Borrero, *Rimas*, La Habana, Imprenta Tipográfica La Constancia, 1895, pp. 7-8.

209. Julián del Casal, *Selección de poesías*, La Habana, Cultural, 1931, p. 95.

210. José Martí, *Poesía completa*, México, UNAM, 1998, p. 227.

211. José Martí, *Obras completas*, La Habana, Lex, 1953, vol. I, pp. 389 y 425.

212. José Martí, *Tallar en nubes*, México, Aldus, 1999, p. 13.

213. Simón Bolívar, *Discursos, proclamas y epistolario político*, Madrid, Editora Nacional, 1981, pp. 350-351.

214. *Epistolario Boti-Poveda*, La Habana, Arte y Literatura, 1977, p. 248.

215. Cintio Vitier, *Cincuenta años de la poesía cubana*, La Habana, Dirección de Cultura del Ministerio de Educación, 1952, p. 117.

216. Nicolás Guillén, *Obra poética*, México, Universidad de Guadalajara, 1978, t. I, p. 204.

217. José María Heredia, *Niágara y otros textos*, Caracas, Biblioteca Ayacucho, 1990, p. 70.

218. Virgilio Piñera, *Poesía y prosa*, México, CONACULTA, 1994, p. 56.

219. *Orígenes. Revista de arte y literatura*, edición facsimilar, México, El Equilibrista, 1989, vol. IV, pp. 60-61.

220. *Orígenes. Revista de Arte y Literatura*, edición facsimilar, México, El Equilibrista, 1989, pp. 156-157.

221. Cintio Vitier, *Poética*, Madrid, Colección Aguaribay de Poesía, 1973, pp. 9-10.

222. *Nuestro Tiempo*, La Habana, Letras Cubanas, 1989, pp. 5-8. Véase también Carlos Franqui, *Retrato de familia con Fidel*, Barcelona, Seix Barral, 1981, pp. 2-12.

223. *Ciclón*, núm. 3, vol. I, mayo de 1955, pp. 36-48; *Ciclón*, núm. 5, vol. I, septiembre de 1955, pp. 41-50. Véase también Victor Fowler, *Rupturas y homenajes*, La Habana, Unión, 1998, pp. 142-155.

224. Virgilio Piñera, *Poesía y prosa*, México, CONACULTA, 1994, pp. 271-274.

225. «Borrón y cuenta nueva», *Ciclón*, núm. 1, vol. 1, enero de 1955, pp. 4-5.

226. *Ibid.*, pp. 26-28.

227. Virgilio Piñera, «Cuba y la literatura», *Ciclón*, núm. 2, vol. I, marzo de 1955, pp. 52-53.

228. *Ibid.*, p. 53.

229. *Ibid.*

230. *Ibid.*, p. 55.

231. José Rodríguez Feo, «Cultura y moral», *Ciclón*, núm. 6. vol. I, noviembre de 1955, pp. 36-38.

232. *Ibid.*

233. Antón Arrufat, «En el alero del existencialismo», *Ciclón*, núm. 3, vol. I, mayo de 1955, p. 49; *Ciclón*, núm. 1, vol. II, enero de 1956; *Ciclón*, núm. 6., vol. II, noviembre de 1956.

234. Antón Arrufat, «Acerca de Eugenio Florit», *Ciclón*, núm. 4, vol. II, julio de 1956, p. 62.

235. Witold Gombrowicz, «Contra los poetas», *Ciclón*, núm. 5, vol. I,

septiembre de 1955, pp. 9-10; Álvaro Conrado, «La crisis del héroe», *Ciclón*, núm. 4, vol. I, julio de 1955, pp. 32-36.

236. *Ciclón*, núm. 3, vol. I, mayo de 1955, p. 51.

237. *Ibid.*, p. 52.

238. *Ciclón*, núm. 2, vol. III, junio de 1957, pp. 63-64.

239. *Ciclón*, núm. 1, vol. IV, enero-marzo de 1959, pp. 3-9.

240. *Ibid.*, p. 11.

241. *Ibid.*, p. 12.

242. *Ibid.*, p. 65.

243. *Ibid.*, p. 67.

244. *Ibid.*, p. 1.

245. *Ibid.*, pp. 1-3.

246. Mario Riera Hernández, *Cuba política (1898-1955)*, La Habana, Impresora Modelo, 1955, pp. 258 y 271; Julio Le Riverend, *Órbita de Fernando Ortiz*, La Habana, UNEAC, 1973, pp. 24-29, 69-80 y 99-119.

247. Fernando Ortiz, *Etnia y sociedad*, La Habana, Editorial de Ciencias Sociales, 1993, p. XXI.

248. Jorge Mañach, *Pasado vigente*, Madrid, Trópico, 1999, p. 11; *Historia y estilo*, Miami, Cubana, 1994, p. 64.

249. Véase el acápite «El prejuicio contra la política», en Hannah Arendt, *¿Qué es la política?*, Barcelona, Paidós, 1997, pp. 49-51.

250. Lisandro Otero, *Llover sobre mojado. Memorias de un intelectual cubano. 1957-1997*, México, Planeta, 1999, pp. 28-29.

251. Fernando Ortiz, *Historia de una pelea cubana contra los demonios*, Madrid, Erre, 1973, p. XIII.

252. José Lezama Lima, *Confluencias*, La Habana, Letras Cubanas, 1988, p. 399.

253. Jean-Paul Sartre, *Sartre visita Cuba*, La Habana, Ediciones R, 1961, pp. 23 y 54.

254. Ernesto Che Guevara, *El socialismo y el hombre en Cuba*, México, Grijalbo, 1971, p. 118.

255. Norberto Bobbio, *La elección y la duda. Intelectuales y poder en la sociedad contemporánea*, Barcelona, Paidós, 1998, pp. 72-74.

256. Friedrich Nietzsche, *El nihilismo. Escritos póstumos*, Barcelona, Península, 1998, pp. 30-34.

257. Albert Camus, *El hombre rebelde*, Buenos Aires, Losada, 1998, p. 229.

258. *Ibid.*, pp. 281-282.

259. Alejo Carpentier, *El siglo de las luces*, Barcelona, Seix Barral, 1984, p. 112.

260. Jean Starobinski, *1789. Los emblemas de la razón*, Madrid, Taurus, 1988, pp. 55-68.

261. François Furet, *El pasado de una ilusión*, México, Fondo de Cultura Económica, 1995, p. 77.

262. *Ibid.*, p. 113.

263. Rafael Rojas, *Isla sin fin. Contribución a la crítica del nacionalismo cubano*. Miami, Universal, 1999, pp. 73-86 y 188-197.

264. Roger Reed, *The Cultural Revolution in Cuba*, Ginebra, University of Geneva Press, Latin American Round Table, 1991, pp. 67-98.

265. Esta idea se plasma claramente en Juan Marinello, «Sobre la Revista de Avance y su tiempo» y «A medio siglo de la *Revista de Avance*», *Obras*. Cuba: Cultura, La Habana, Letras Cubanas, 1989, pp. 131-144; y Alejo Carpentier, «Un camino de medio siglo» y «Un ascenso de medio siglo», *Ensayos*, La Habana, Letras Cubanas, 1984, pp. 90-107 y 273-303.

266. Sigo aquí la clásica idea de Antonio Gramsci en *La política y el Estado moderno*, Barcelona, Península, 1971, p. 67.

267. Marifeli Pérez-Stable, *La revolución cubana. Orígenes, desarrollo y legado*, Madrid, Colibrí, 1998, pp. 175-177.

268. Ramón Eduardo Ruiz, *Cuba. Génesis de una revolución*, Barcelona, Noguer, 1972, pp. 147-148.

269. Jorge Domínguez, *Cuba. Order and Revolution*, Harvard, The Belknap Press of Harvard University Press, 1978, pp. 320-322.

270. Guillermo Cabrera Infante, *Mea Cuba*, México, Vuelta, 1993, p. 102.

271. Véase Janette Habel, *Proceso al sectarismo*, Buenos Aires, Jorge Álvarez Editor, 1965, pp. 7-20.

272. Janette Habel, *Proceso al sectarismo*, Buenos Aires, Jorge Álvarez Editor, 1965, pp. 7-10.

273. Roger Reed, *The Cultural Revolution in Cuba*, Ginebra, University of Geneva Press, Latin American Round Table, 1991, pp. 67-97.

274. Ernesto Che Guevara, *El socialismo y el hombre en Cuba*, México, Grijalbo, 1971, p. 116.

275. *Ibid.*, pp. 115-117.

276. *Ibid.*, p. 118.

277. *Ibid.*

278. Carlos Rafael Rodríguez, *Letra con filo*, La Habana, Editorial de Ciencias Sociales, 1983, t. II, pp. 437-438.

279. En su reseña de *Retrato de familia con Fidel*, Guillermo Cabrera Infante realiza una interesante semblanza biográfica de Franqui, *Mea Cuba*, México, Vuelta, 1993, pp. 281-293.

280. Carlos Franqui, «Respuesta de Carlos Franqui», *Libre*, febrero de 1972, pp. 9-10.

281. Véase Hugh Thomas, *La guerra civil española*, Barcelona, Grijalbo Mondadori, 1995, t. I, pp. 309-334, y Harrison Evan Salisbury, *The New Emperors. China in the Era of Mao and Deng*, Londres, Little Brown, 1992, pp. 12-17.

282. Carlos Rafael Rodríguez, *Letra con filo*, La Habana, Editorial de Ciencias Sociales, 1983, t. II, pp. 442-443.

283. Carlos Rafael Rodríguez, *Letra con filo*, La Habana, Editorial de Ciencias Sociales, 1983, t. I, pp. 15-29, 61-76, 243-254 y 306-310.

284. *Nuestro Tiempo*, La Habana, Letras Cubanas, 1989, p. 411.

285. *Ibid.*, p. 105.

286. Raúl Roa, *La revolución del 30 se fue a bolina*, La Habana, Instituto del Libro, 1969, p. 24. Véase también, Duanel Díaz, *Mañach o la República*, La Habana, Letras Cubanas, 2003, pp. 95-97.

287. Duanel Díaz, *Mañach o la República*, La Habana, Letras Cubanas, 2003, pp. 152-155.

288. Heberto Padilla, «Mañach y la *Marina*», *Lunes de Revolución*, 2 de noviembre de 1959, y «La poesía en su lugar», *Lunes de Revolución*, 7 de diciembre de 1959; Antón Arrufat, «Las armas de la reacción», *Lunes de Revolución*, 7 de diciembre de 1959.

289. William Luis, *Lunes de Revolución. Literatura y cultura en los primeros años de la Revolución Cubana*, Madrid, Verbum, 2003, pp. 57-135.

290. Enrique Berros, «Un cubano en la poesía», *Lunes de Revolución*, 23 de marzo de 1959.

291. José Ignacio Lasaga, «Los golpes de Estado a la luz de la filosofía católica», *Diario de la Marina*, 6 de enero de 1959, p. 4; César García Pons, «La voz de la libertad», *Diario de la Marina*, 6 de enero de 1959, p. 4 y «Hombres de la montaña y el llano», *Diario de la Marina*, 7 de enero de 1959, p. 4; Anita Arroyo, «Vienen de Oriente, traen barbas», *Diario de la Marina*, 8 de enero de 1959, p. 4 y «La paloma al hombro», *Diario de la Marina*, 11 de enero de 1959, p. 4.

292. George Cibian, «El artista en un Estado comunista», *Diario de la Marina*, 1 de mayo de 1960, p. 4; Ramiro Guerra, «Cuestiones económicas básicas de Cuba», *Diario de la Marina*, 1 de mayo de 1960, p. 4.

293. Véanse, por ejemplo, Jorge Mañach, «La cura que quisimos», *Bohemia*, 30 de agosto de 1959, p. 49; Herminio Portell Vilá, «Otro cuatro de julio», *Bohemia*, 12 de julio de 1959, pp. 53 y 98; Andrés Valdespino, «Ley de Reforma Agraria: ¿comunismo o justicia social?», *Bohemia*, 19 de julio de 1959, pp. 58-59 y 93; Ángel del Cerro, «O Cristo o Wall Street. Política social no es comunismo», *Bohemia*, 26 de julio de 1959, pp. 62-63 y 82; Agustín Tamargo, «8 maneras de combatir la contrarrevolución», *Bohemia*, 9 de agosto de 1959, pp. 54-56 y 97.

294. Agustín Tamargo, «Torquemadas de bolsillo», *Bohemia*, 12 de julio de 1959, pp. 60-62.

295. Herminio Portell Vilá, «Dos épocas», *Bohemia*, 19 de julio de 1959, pp. 88-90.

296. Herminio Portell Vilá, «Cuando Lucifer hizo de las suyas en Las Villas», *Bohemia*, 10 de enero de 1960, pp. 33 y 111.

297. Fernando Ortiz, «Tranquilo espero mi última partida de Cuba», *Bohemia*, 23 de agosto de 1959, p. 3.

298. *Ibid.*, p. 146.

299. Jorge Mañach, «Respuesta a buenos entendedores», *Bohemia*, 10 de enero de 1960, p. 40.

300. Jorge Mañach, «Entre Camus y Alfonso Reyes. Diálogo postmortem», *Bohemia*, 24 de enero de 1960, pp. 44-83.

301. Jorge Mañach, «El testamento de Camus», *Bohemia*, 31 de enero de 1960, p. 75.

302. *Ibid.*, pp. 75 y 82.

303. Jorge Mañach, «Compromiso con la verdad entera. Réplica a un joven discrepante», *Bohemia*, 14 de febrero de 1961, p. 55.

304. *Ibid.*

305. *Ibid.*

306. *Ibid.*, p. 87.

307. *Ibid.*

308. Jorge Mañach, «El templo y la rampa», *Bohemia*, 28 de febrero de 1960, p. 47.

309. Jorge Mañach, «Una vieja voz por la libertad», *Bohemia*, 6 de marzo de 1960, pp. 47 y 97-98.

310. Jorge Mañach, «Sentido político del idioma», *Bohemia*, 24 de marzo de 1960, pp. 52 y 87.

311. Andrés Valdespino, «Entre *La Quincena* y la *Marina*», *Bohemia*, 21 de febrero de 1960, pp. 36-37 y 95; José Ignacio Rivero, «Entre la justicia social y el extremismo», *Bohemia*, 21 de febrero de 1960, pp. 64-65 y 70.

312. Andrés Valdespino, «Los puntos sobre las íes», *Bohemia*, 28 de febrero de 1960, pp. 44-45.

313. Andrés Valdespino, «Anticomunismo y contrarrevolución», *Bohemia*, 20 de marzo de 1960, pp. 52-53 y 75.

314. «Los católicos y el comunismo», *Bohemia*, 17 de abril de 1960, pp. 55 y 76.

315. *Ibid.*, p. 55.

316. *Ibid.*

317. Andrés Valdespino, «Un libro para el momento cubano», 24 de abril de 1960, p. 56.

318. Ángel del Cerro, «Radiografía de una traición», 23 de octubre de 1960, pp. 36, 37 y 66, «Examen de conciencia», 13 de noviembre de 1960, pp. 28, 29 y 65, «Las nuevas fronteras de la libertad», 20 de agosto de 1961, pp. 28-29 y 82; Andrés Valdespino, «La Revolución que hay que salvar», 6 de noviembre de 1960, pp. 40-42, «El último velo», 4 de diciembre de 1960, pp. 6-8 y 87, «Lo que el fidelismo no podrá destruir», 15 de enero de 1961, pp. 32-34 y 78, «Adoctrinamiento y paredón. Las dos caras del terror

comunista en Cuba», 12 de febrero de 1961, pp. 38-40 y 57, «El falso dilema de las democracias», 26 de marzo de 1961, pp. 30-32 y 65, «Entre la cruz y la hoz», 4 de junio de 1961, pp. 36-38 y 82; Mario Llerena, «Fidelismo es una mala palabra», 5 de febrero de 1961, pp. 42 y 60, «Los medios, los fines y el fetiche revolucionario», 26 de febrero de 1961, pp. 48-49 y 65, «La batalla de Cuba es ideológica y no admite transacciones», 26 de febrero de 1961, pp. 23 y 66, «Las trampas verbales del comunismo», 9 de abril de 1961, pp. 20-21 y 94, «La batalla de la verdad», 21 de mayo de 1961, pp. 8-9 y 95; Lino Novás Calvo, «La tragedia de la clase media cubana», 1 de enero de 1961, pp. 28-29 y 76-77, «Por dónde entra el comunismo», 19 de febrero de 1961, pp. 34-36 y 54-55, «Lo que entonces no podíamos saber», 19 de marzo de 1961, pp. 40-43 y 55, «Cuba, primer estado bolchevique de América. I, II y III», 11 de junio de 1961, pp. 22-23 y 67, 25 de junio de 1961, pp. 14-15, 83 y 89, 2 de julio de 1961, pp. 12-13, 83 y 89, «Trucos, trampas y engañifas de los fidelistas americanos», 6 de agosto de 1961, pp. 2-23 y 67.

319. Jorge Mañach, «Habla para *Bohemia Libre* el Doctor Jorge Mañach», 18 de junio de 1961, p. 82.

320. Jorge Mañach, «José Martí: rompeolas de América», *Bohemia Libre*, 23 de julio de 1961, pp. 7 y 95.

321. *La Gaceta de Cuba*, núm. 2, 1 de mayo de 1962, pp. 2-7; *La Gaceta de Cuba*, núm. 3, 15 de mayo de 1962, pp. 4-5 y 15-16; *La Gaceta de Cuba*, núm. 4, 5 de junio de 1962, pp. 5-6; *La Gaceta de Cuba*, núm. 19, 3 de junio de 1963, pp. 3-6; *La Gaceta de Cuba*, núms. 23, 26, 27, 28, 29, 30, 31, 32 y 33, agosto de 1963 a marzo de 1964; *La Gaceta de Cuba*, núm. 39, 5 de julio de 1964, pp. 6-8 y 9-11; *La Gaceta de Cuba*, núm. 40, 8 de octubre de 1964, pp. 6-7; *La Gaceta de Cuba*, núm. 41, noviembre de 1964, pp. 12-16. Acerca de la polémica sobre cine, véase también Alfredo Guevara, *Revolución es lucidez*, La Habana, ICAIC, 1998, pp. 201-218.

322. Sobre la polémica entre *El Puente* y *El Caimán Barbudo* se han escrito, recientemente, algunos ensayos esclarecedores: José Mario, «La verídica historia de *El Puente*», *Revista Hispano Cubana*, Madrid, núm. 6, 2002, pp. 89-99; Roberto Zurbano, «Re-pasar *El Puente*», *La Gaceta de Cuba*, núm. 4, julio-agosto, 2005, pp. 2-4; Gerardo Fulleda León, «Aquella luz de La Habana», *La Gaceta de* Cuba, núm. 4, julio-agosto, 2005, pp. 4-6; Norge Espinosa, «Para cruzar sobre las aguas turbulentas», *La Gaceta de Cuba*, núm. 4, julio-agosto, 2005, pp. 10-15; Antonio José Ponte, «Un puente de silencio», *Encuentro en la red* (21 de marzo de 2006).

# PERFILES INACABADOS

## MANUEL MORENO FRAGINALS: LA NOVEDAD DEL PASADO

En una rara conferencia, pronunciada en el Instituto Superior de Arte de La Habana, antes de su salida definitiva de Cuba, Manuel Moreno Fraginals formuló, por primera vez, una crítica radical de toda la tradición historiográfica cubana. Desde los primeros historiadores coloniales (Arrate, Valdés, Guiteras, Arango...) hasta los revolucionarios (Le Riverend, Roca, Aguirre, Pino Santos...), pasando por los republicanos (Guerra, Santovenia, Portell Vilá, Leví Marrero, a quien entonces distinguió, por cierto, como el autor del «esfuerzo intelectual más serio hecho por un cubano de escribir una historia global de Cuba, en toda nuestra vida como nación»), la historia nacional, según Moreno, había sido escrita de acuerdo con una concepción mecánica del devenir que Walter Benjamin definió como el «tiempo vacío de los relojes».[1] Moreno proponía, entonces, «sustituir ese tiempo mecánico», que mitifica el pasado desde las prioridades políticas del presente, por «el tiempo fluido de la vida humana en su constante transformación».[2]

Si algo distinguió la obra del historiador cubano Manuel Moreno Fraginals fue, precisamente, su pertinaz desconfianza frente a los mitos nacionales que puede acumular una historiografía oficial. Como todo revisionista incorregible, Moreno fue plagando sus libros con frases como «según la historia tradicional...», «los historiadores oficiales suponen que...», «... pero la realidad histórica es otra», «lo cierto es que...». Esta idea –plenamente moderna– del saber como una continua desmitificación se percibe en sus textos más difundidos: el estudio sobre José Antonio Saco, los ensayos sobre plantación y esclavitud recogidos en *La historia como arma* y *El Ingenio*, una monumental reconstrucción del complejo agroindustrial del azúcar en Cuba, durante los siglos XVIII y XIX.[3]

En el expediente del joven historiador que se preserva en El Colegio de México, consta que una de las personalidades de la historia mexicana que más atrajo a Moreno y a la cual dedicó algún trabajo de curso fue la del prócer de la independencia y fugaz emperador, entre 1821 y 1823, Agustín de Iturbide. En los años 40, cuando Moreno estudió en México, la historiografía mexicana, producida al calor del nacionalismo, todavía consideraba a Iturbide, lo mismo que a Maximiliano de Habsburgo, como una figura negativa, emblemática de la tradición conservadora que era preciso negar desde el liberalismo de la Reforma de 1857 y de la Revolución de 1917. Con su interés por la extraña heroicidad iturbidista, Moreno atisbó las corrientes revisionistas de la historiografía política del siglo XIX mexicano que, varias décadas después, con libros como *El imperio de Iturbide* (1990) de Timothy Anna y *Siglo de caudillos* (1994) de Enrique Krauze, reintegrarían al trágico emperador dentro del legado histórico de México.[4]

En su último libro, *Cuba/España. España/Cuba* (Barcelona, Crítica, 1995), que fue el primero y el único que publicó viviendo ya fuera de Cuba, el tono desmitificador se acentuó. Tal vez porque en esta obra la batalla parecía librarse en el mismo terreno de la historiografía tradicional. Moreno incursionaba, por primera vez, en la escritura de una historia general de la isla, a la manera de Ramiro Guerra, Emeterio Santovenia, Herminio Portell Vilá, Leví Marrero y otros historiadores de la época republicana. El libro abarcaba –sólo explícitamente– cuatro siglos del tiempo cubano: desde la *conquista-colonización*, en las primeras décadas del siglo XVI, hasta la pérdida definitiva de la soberanía española sobre la isla, en 1898. Justo en dicha premisa salta a la vista la gran diferencia entre este texto y el de la historiografía republicana que, al fin y al cabo, no se ha transformado sustancialmente en la época revolucionaria. A pesar de su narrativa en *longue durée*, Moreno no intentaba historiar la nación cubana desde su época formativa. Su objetivo no era narrar el devenir nacional a partir de los orígenes coloniales. En este libro, los cuatro siglos del tiempo colonial aparecen actuando sobre un espacio que no es, fundamentalmente, *protonacional.* Cuba, en términos políticos, es narrada como lo que era: nada más y nada menos que un territorio de España. Se trata, como lo reconoce Josep Fontana en su «Presentación», del primer intento de historiar a Cuba dentro de España y a España dentro de Cuba.[5] Una interrelación tan decisiva, en el contexto hispanoamericano, que la independencia no llega a verificarse hasta un siglo después. Un vínculo tan intenso y singular que las élites criollas, como señala Moreno, nunca, ni siquiera en 1898, logran visualizarse plenamente como los grupos subalternos de un orden colonial. Una interdependencia tan estrecha que José Martí, el líder del último movimiento separatista, dedica un poema a la Madre Patria y los soldados españoles, al final de la guerra, se esconden en el monte para no regresar a la Península.

De modo que Moreno Fraginals logra apartarse del paradigma historiográfico nacionalista de la República y la Revolución en la medida que no recurre al tiempo colonial para describir el nacimiento de la nación cubana. Este escape de la teleología nacional lo consigue reemplazando, en la escritura de la historia, la hegemonía de un discurso político rígido con la de un discurso cultural flexible. Es decir, Moreno, como todo historiador, hace lo que recomendaba Marc Bloch: desenrolla la bobina, va del presente al pasado para narrar, simbólicamente, desde allí. Sólo que su presente, en vez de ser imaginado como una comunidad política cerrada, se lo representa como una comunidad cultural abierta. La nación no es, para él, el resultado político definitivo del devenir de la isla, sino una construcción cultural viva e inconclusa.

Esta perspectiva le permite hacer confluir en el texto varios enfoques historiográficos. Así, por ejemplo, en el acápite «La tierra y el mar» se aproxima a la geografía culturológica practicada por la escuela de los *Annales* y, en especial, por Fernand Braudel en su canónico estudio *El Mediterráneo y el mundo mediterráneo en la época de Felipe II*.[6] En «Corsarios, piratas, contrabandistas y oficios similares» se percibe la influencia de la historia social británica, a la manera de Edward P. Thompson y Eric Hobsbawm, en la que las asociaciones gremiales son entendidas como grupos donde los miembros comparten un imaginario social y una moralidad económica.[7] Los acápites dedicados a la oligarquía azucarera y sus representaciones ideológicas demuestran un uso creativo de la teoría marxista de las clases.[8] Así como aquellos en los que se estudian los ritos culturales de cada estamento social y el repertorio simbólico, generado por la economía azucarera, ilustran una aplicación original de los métodos de la historia de las mentalidades, cuyo paradigma se ha fijado en las obras de Jacques Le Goff, Georges Duby y Philippe Ariés.[9]

Sin embargo, tampoco faltan en este libro los pasajes donde Moreno Fraginals regresa a las dos avenidas más transitadas por sus investigaciones: la historia económica y la demografía histórica. El acápite «Tabaco, azúcar, ganado» es una pequeña muestra de cómo puede interpretarse, en la mejor tradición de Henri See y Ernest Labrouse, la continuidad económico-cultural de ciertos productos y mercados.[10] Por otro lado, en «Negros y mulatos: vida y sobreviva» y «Un nuevo paisaje cubano» se intenta desmontar el cuadro demográfico de la isla, durante los siglos XVIII y XIX, a través del volumen poblacional de cada grupo étnico y su respectivo modo de representación cultural.[11] Llama la atención, en este libro, el eficaz tratamiento del sistema político colonial como un contenido más del orden cultural de la isla. Moreno, al igual que François-Xavier Guerra, entiende que en Hispanoamérica la sociabilidad política moderna se inicia a finales del siglo XVIII y principios del siglo XIX, con las reformas borbónicas y la Constitución de Cádiz. Pero en Cuba, esos años de descomposición del antiguo régimen de los Habsburgo son, precisamente, los mismos en que las élites criollas alcanzan una mayor autonomía administrativa dentro del imperio español. Ésta es una de las condiciones históricas que explica la postergación de la independencia hasta finales del siglo XIX.

La pluralidad de enfoques historiográficos se hace acompañar del uso de conceptos provenientes de las ciencias sociales. Las nociones de *modernidad* y *modernización,* en el sentido que les atribuyó Max Weber, son constantemente referidas en el texto. La idea de *semiperiferia,* que aparece en la sociología histórica de Immanuel Wallerstein, es aplicada a la economía colonial de servicios portuarios que ofrece Cuba en los siglos XVI y XVII. También los conceptos de *inculturación, deculturación y transculturación,* acuñados por la antropología funcionalista y orticiana, son hábilmente transferidos al estudio de las relaciones de poder entre los distintos grupos culturales que intervinieron en la formación de la nacionalidad cubana.

Esta apertura conceptual y metodológica del último libro de Manuel Moreno Fraginals contrasta con la rigidez marxista que aún predomina en ciertas zonas de la historiografía oficial de la isla. Varios historiadores cubanos, residentes en la isla (Jorge Ibarra, Óscar Zanetti Lecuona, Joel James Figarola, Óscar Loyola Vega...), han reconocido que la escritura de la historia, durante las décadas intermedias del castrismo, cayó en un marasmo dogmático que le impedía abordar ciertas zonas del pasado.[12] Pero todavía en un artículo de mediados de los 90, el historiador de las ideas, Eduardo Torres Cuevas, defendía una *idea* de la *historia* en tanto «oficio con reglas muy precisas», «profesión con perfiles muy definidos» o «ciencia social» autónoma y cerrada, que no debe contaminarse con otras formas del saber.[13] Cualquier infiltración, en el texto historiográfico, de nociones procedentes de la filosofía, la sociología o la antropología; cualquier intelección narrativa o poética de la historia, es considerada como un acto de «paracaidismo» intelectual que desvirtúa el trabajo del historiador.

Frente a esta imagen hermética, gremial y parcelada del saber histórico, que recuerda las peores manías del positivismo burgués, Moreno Fraginals ofrece una lección de apertura y permeabilidad intelectual. Las referencias y documentos que ordenan las interpretaciones del texto son de una diversidad admirable: junto a las series estadísticas, aparecen coplas, versos, artículos, recortes de prensa, informes, memoriales y grabados. Toda esta amalgama documental se inserta en una narración animada, que prescinde de los rituales académicos de la cita, la tabla, el gráfico y la nota aclaratoria. En este sentido, *Cuba/España. España/Cuba* debe más a las obras históricas del antropólogo Fernando Ortiz, como el *Contrapunteo cubano del tabaco y el azúcar*, *El huracán, su mitología y sus símbolos* e *Historia de una pelea cubana contra los demonios*, que a los textos canónicos de la historiografía republicana y revolucionaria.

Como decíamos, el amplio registro de metodologías y referencias que hay debajo de este libro asegura una narrativa histórica cuyo fin primordial es despojarse –y despojarnos– de los mitos nacionales. Moreno desconfía de esa *lógica del cambio* que los historiadores oficiales, en la impaciencia por llegar al presente socialista, atribuyen al orden –sumamente conservador– del pasado colonial. Así, por ejemplo, Félix Varela, Francisco de Arango y Parreño, José de la Luz y Caballero, José Antonio

Saco y otros ideólogos de mediados del siglo XIX, a quienes se considera fundadores de la nación cubana, son caracterizados como representantes tardíos de una cultura criolla blanca, surgida a fines del siglo XVIII, cuyo fundamento es la plantación azucarera esclavista. Este enfoque marxista heterodoxo, que Moreno toma de Raúl Cepero Bonilla y que aparece ya en su temprano ensayo *José Antonio Saco. Estudio y bibliografía*, le permite concebir la mentalidad oligárquica del criollismo cubano como una estructura cultural de larga duración, que sobrevive a través del siglo XIX. El libro está lleno de discordancias similares con la historiografía oficial. Salta a la vista, por ejemplo, el retrato amable de don Tomás Estrada Palma, quien fuera sustituto de José Martí en la dirección del Partido Revolucionario Cubano y primer presidente de la República de Cuba. En la ideología revolucionaria este personaje es una encarnación de todos los males del pasado: agente del imperialismo, anexionista, corrupto, traidor... Moreno, en cambio, habla de la «vida vertical, completa honestidad y dedicación absoluta a la causa cubana» de este político. Su juicio no podría ser más comprensivo: «Obró de acuerdo a su formación social y cultural, haciendo siempre lo que pensó que era lo mejor.» De ahí que arremeta contra aquellos que en «un acto de soberbia a destiempo derribaron la estatua que le levantó el pueblo de La Habana».[14]

Sin embargo, la mayor desmitificación es que este libro concluya sin un desenlace nacionalista. El último acápite, «La huella indeleble», dedicado a la intervención de Estados Unidos en la guerra de independencia, se aleja demasiado de la imagen histórica oficial. Aquí Moreno desarrolla la idea de que en 1898, al sumarse Estados Unidos al conflicto separatista, se desató una intensa comunicación entre españoles, cubanos y norteamericanos que aceleró la integración nacional. Este «acercamiento mutuo» permitió el montaje político de la República no como mera imposición neocolonial, sino como un pacto entre las élites políticas involucradas. Moreno insiste en que dicho entendimiento excluyó a un actor fundamental: la población negra. Este grupo, que representaba uno de los elementos originarios de la nacionalidad, quedó al margen del pacto republicano.

De modo que el final de la narración se ubica en la caída del orden colonial español. Pero ni siquiera en ese momento, es decir, en los inicios de la época republicana, la nación es un sujeto enteramente conformado. Las tensiones entre los grupos étnicos y culturales se mantienen bajo nuevas formas de contacto civil. La independencia no interrumpe el proceso de *españolización* de la isla, ni el régimen republicano logra la integración social del negro. Este desenlace abierto, o esta falta de desenlace, permite comprender el devenir cubano más allá de las rupturas simbólicas que la ideología oficial impone. Para Manuel Moreno Fraginals una historia de la Cuba colonial no es la teleología nacionalista de la Cuba independiente, sino la narrativa de un proceso cultural discontinuo e inacabado. Por ese camino sus textos van descubriendo el territorio del nuevo pasado cubano.

*Morir en Miami*

Cuando Manuel Moreno Fraginals pidió asilo en Miami, en 1994, los políticos de la isla no se asombraron. Conocían, desde hacía años, el malestar del historiador, sus reiteradas y cada vez más públicas objeciones a un gobierno que, a su entender, amenazaba con destruir la riqueza cultural y económica de Cuba. Los que sí se sorprendieron fueron sus colegas de adentro y afuera, los intelectuales y académicos que, mientras residió en La Habana, lo veneraron como a un gurú, pero que, en cuanto se exilió, le dieron la espalda. ¿Cómo podía el autor de *El Ingenio*, el marxista flexible y heterodoxo de *La historia como arma*, irse a vivir a Miami? ¿Acaso no sabía que esa decisión afectaría su prestigio intelectual, tan reconocido en los medios universitarios latinoamericanos, europeos y norteamericanos, y que muchas puertas, incluso en los Estados Unidos, antes abiertas de par en par, ahora se le cerrarían? En los círculos oficiales de la cultura cubana, el exilio de Moreno se vio como una señal de decadencia. Algunos discípulos suyos asumieron que era un mal final para una carrera tan brillante. Cuando en 1995 apareció *Cuba/España. España/Cuba* los más prudentes enmudecieron, ante una narración tan lúcida, desprejuiciada y plural de la historia de Cuba, entre 1492 y 1898. Aun así, no faltó quien intentara disminuir el valor de ese extraordinario ensayo histórico, aludiendo al hecho de que había sido escrito, en Miami, bajo un estado de desilusión política con el régimen castrista. Quienes vimos a Moreno en esos años, en Miami, y antes lo habíamos visto en La Habana, sabemos que ese libro refleja la liberación que el exilio trajo a su obra: el viejo maestro se desinhibía, reflexionaba libremente, especulaba con sutileza de filósofo, divagaba como el sabio que era, opinaba sin aquella vigilancia ideológica que tanto lo acosó en la isla.

El exilio en Miami fue, por el contrario, el desenlace natural de la biografía intelectual y política de Manuel Moreno Fraginals. El rasgo distintivo de Moreno, como historiador, fue la curiosidad, el insaciable apetito de saber, la apertura epistemológica, a riesgo, siempre, de resultar herético a las buenas conciencias académicas. Su ensayo sobre José Antonio Saco renovó la historia intelectual del siglo XIX cubano al iluminar el lado reaccionario del patriciado criollo. *El Ingenio* es la más completa radiografía de la plantación esclavista azucarera, no sólo como un sistema económico, sino como la matriz cultural de la nacionalidad cubana. Pero incluso su libro más ideológico, *La historia como arma*, es revelador de la aproximación heterodoxa y matizada de Moreno al marxismo.[15] Esa valiente heterodoxia que le trajo más de un problema en La Habana de los 70 –como las reacciones del régimen contra su crítica a la zafra de los diez millones y su amistad con José Lezama Lima, de cuyo *Oppiano*

*Licario* escribió el prólogo a la primera edición– fue la que lo llevó al exilio a sus setenta y cinco años.

Las desavenencias de Moreno Fraginals con el régimen de la isla no sólo estuvieron motivadas por su heterodoxia marxista, sino, también, por su rebelión intelectual contra el nacionalismo estrecho y maniqueo que controla, desde hace cuarenta años, la política cultural y educativa cubana. Aunque respetó y admiró a sus maestros y condiscípulos, Moreno se opuso siempre a las interpretaciones oficiales de la historia de Cuba –postuladas por historiadores serios, como Ramiro Guerra o Julio Le Riverend, y no tan serios, como Sergio Aguirre y Óscar Pino Santos– que atribuían todos los males de Cuba a los Estados Unidos y presentaban el pasado prerrevolucionario como una época miserable. Quien lo quiera comprobar sólo tiene que leer las páginas que le dedicó a la intervención norteamericana de 1898 y al primer gobierno republicano de Tomás Estrada Palma. Manuel Moreno Fraginals fue, en efecto, un historiador nacionalista, pero nunca satanizó a los Estados Unidos ni a la República, como es de rigor en La Habana de hoy si se quiere ser un intelectual que goza de los beneficios del poder.

Una de las virtudes de Moreno Fraginals que más admiré y que siempre intentaré preservar, dentro de su cuantioso legado, fue su insistencia en que la historia es una ciencia social y, a la vez, un arte literario.[16] El capítulo «Sexo y producción» de *El Ingenio*, donde comentaba las novelas de Anselmo Suárez Romero, es revelador de tal aprovechamiento historiográfico de la literatura a favor del saber social. Esa doble condición hermenéutica y estilística era, a su juicio, la esencia de las humanidades en la tradición occidental. Por eso defendía el uso de la poesía y la novela como fuentes documentales de la historia y rechazaba los estudios cientificistas, tan frecuentes en la academia norteamericana, que reducían toda la argumentación a unos cuantos datos, cinco tablas y diez gráficas. Quien haya leído *El Ingenio* sabe que esa crítica venía desde adentro, es decir, de alguien que había dibujado las curvas del precio del azúcar y calculado los ingresos arancelarios del puerto de La Habana. Alguien, justo es reconocerlo, que también criticaba aquellos estudios que, a fuerza de magnificar la ideología o la retórica, no pasaban de ser meros ejercicios de estilo.

La vida de Moreno Fraginals fue tan pintoresca como la de aquellos sacarócratas que él retrataba en sus libros, los cuales siempre aspiraron al raro ideal del empresario erudito. A sus veintidós años, mientras cursaba la carrera de Derecho en la Universidad de La Habana, la vocación de historiador se le reveló en su primera investigación, *Viajes de Colón en aguas de Cuba* (1942), que fue premiada por la Sociedad Colombista Panamericana. Luego de graduarse, Moreno formó parte de la primera generación de estudiantes del doctorado en Historia del Colegio de México. Allí, bajo el magisterio de Gaos, Cosío Villegas y O'Gorman, escribió el estudio *Misiones cubanas en los archivos europeos* (1951), que publicó en México el Instituto Panamericano de Geografía e Historia. A su regreso a La Habana el joven historiador inició su larga y fecunda carrera docente, como profesor de la Universidad de Oriente, y ocupó el puesto de subdirector de la Biblioteca Nacional.

Como tantos intelectuales cubanos, Manuel Moreno Fraginals emigró a mediados de los 50, cuando arreció la dictadura de Fulgencio Batista. De 1954 a 1959 vivió en Venezuela, donde tuvo ocupaciones empresariales: gerente de la Cervecería Caracas, jefe de producción de Televisa, director de información de Radio Continente, dueño de la emisora Radio Junín y copropietario de la agencia publicitaria Los Molinos. Al triunfo de la Revolución, Moreno ofreció esta doble experiencia, como empresario e historiador, al joven gobierno de Fidel Castro. Durante los años 60, alternó su trabajo como profesor de historia de la Universidad Central de Las Villas con asesorías y representaciones del Ministerio de Comercio Exterior de Cuba. En los 70, cuando el dogmatismo marxista-leninista le cerró las

225

puertas de la Universidad de La Habana, el historiador se refugió en la cátedra de Cultura Cubana del Instituto Superior de Arte, donde trabajó hasta su salida de Cuba en 1994.

Miami ofreció a Moreno la posibilidad de terminar algunos proyectos que contemplaba desde los años 60 y 70 y de iniciar otros que, lamentablemente, dejó inconclusos. Quienes lo vimos en Coral Gables, disertando con el entusiasmo de un niño sobre los gobiernos ilustrados del Marqués de la Torre y Luis de las Casas –«los dos mejores políticos que ha tenido Cuba: país de mala política»–, debemos ofrecer el testimonio de su virtuoso y fecundo final. ¿Cómo podía él sentir alguna deshonra en el hecho de vivir en la ciudad que tanto admiró Leví Marrero, su querido maestro, a quien rindió un merecido homenaje en cuanto llegó al exilio? Vivir en Miami, donde descansan algunos de sus admirados predecesores intelectuales, como Emeterio Santovenia, Herminio Portell Vilá, José Manuel Pérez Cabrera, Carlos Márquez Sterling, Rafael Esténger o Juan J. Remos y Rubio, fue para Manuel Moreno Fraginals motivo de un misterioso orgullo.

Cualquier lector, más o menos enterado, de libros de historia de Cuba se percatará del trasfondo irónico de esa muerte. Moreno fue, acaso, el historiador que con mayor eficacia criticó la historiografía oficial del antiguo régimen cubano, esto es, del lapso republicano que va de 1902 a 1959. Antes que cualquier otro historiador de su generación (Le Riverend, Aguirre, Pichardo...), Moreno Fraginals movilizó el legado marxista de Raúl Cepero Bonilla contra la historia nacional burguesa que practicaron sus maestros (Ortiz, Guerra, Santovenia, Portell Vilá)...[17] Sin embargo, como todos los buenos discípulos que devienen en maestros, Moreno reconoció, al final de su vida, las virtudes de esa historiografía tradicional contra la cual reaccionó en su juventud. Aquellos historiadores, decía, «tuvieron una dimensión hispanoamericana y una exigencia de estilo que se perdieron en nuestra generación». Su tardío exilio en Miami lo ayudó, pues, a conseguir esa serenidad que, como quería Heidegger, permite destilar un legado, ponderar una tradición.

La obra de Manuel Moreno Fraginals no pertenece a Miami o a La Habana, sino a Cuba, que es la isla más todos sus exilios. Aun después de que se reediten los ensayos breves, dispersos entre tantas publicaciones y llenos de maravillosos vislumbres, su gran libro orgánico –qué duda cabe– seguirá siendo *El Inge nio*, una investigación realizada y publicada en La Habana de los 60 y dedicada al Che Guevara. Me consta, sin embargo, que en los últimos años su mayor orgullo fue haber escrito un artículo sobre el naufragio del niño Elián González, publicado por *El País*, en el que polemizaba con Gabriel García Márquez y que mereció un elogio de Mario Vargas Llosa. Quiero decir con esto que quienes se empeñen en valorar la obra historiográfica de Manuel Moreno Fraginals, sin prejuicios ni manipulaciones dictadas por algún uso político, deberán mirar de frente el desenlace de su biografía intelectual y no aferrarse a la imagen del «sabio despistado», conocedor de su pasado, pero perdido en su presente. Moreno fue algo más que un profesor, más que un profesional, más que un historiador, más que un académico, más que un escritor, más, incluso, que un intelectual. Fue un humanista. Un hombre, como diría Steiner, aquejado por la nostalgia de lo absoluto.

Refiriéndose a su admirado José Antonio Saco, Moreno Fraginals escribió: «Fue lo que Azaña denominaba un *ser heredo-histórico;* para quien la Historia era un pasado a cuestas, una razón de presente y una lección de futuro.»[18] Esas palabras y estas otras podrían aplicarse al propio Moreno: «Porque su verdad histórica está escrita para reflejar su verdad cubana, expresarla en forma absoluta e irrebatible. Y necesita que su verdad sea en todo momento la verdad útil y necesaria. Lógicamente no se pudo fundamentar en el cuerpo de doctrinas románticas porque esas doctrinas eran contrarias a sus ideas y sus prejuicios.»[19] Lo que para Saco fue el romanticismo criollo, para Moreno fue el

227

marxismo castrista: una camisa de fuerza que ambos historiadores intentaron domesticar por medio de sutilezas hermenéuticas y que, llegado el momento decisivo, abandonaron para entregarse al viejo sueño de la reconciliación entre memoria y verdad.

## CINTIO VITIER: POESÍA Y PODER

La concesión, en 2002, del Premio Juan Rulfo al escritor cubano Cintio Vitier hizo justicia a sesenta y cinco años de entrega a la literatura y la historia, desde una idea poética del mundo, que hoy nos parece más la herencia apagada del siglo XIX que alguna posibilidad de escritura para el siglo XXI. Julio Ortega, presidente de aquel jurado, dijo que Vitier era «el último escritor que cree en la poesía como un camino esencial de perfección y que, como Mallarmé, a quien tradujo, cree que los poetas pueden devolverle a su tribu un lenguaje más cierto».[20] De modo que este premio, además de un acto de justicia, fue un ritual de nostalgia, en el que asistimos al ungimiento de una criatura en extinción: el Poeta, en tanto Príncipe del Parnaso, Monarca Secreto de la Ciudad, que atisba las encarnaciones de la Metáfora en la Historia y reclama una educación lírica para que el ciudadano vislumbre al fin la Imagen de la República. Quien conozca la elocuencia de Vitier sabrá por qué estas mayúsculas no son meros artilugios de la prosa.

El mejor crítico y biógrafo de Vitier ha sido el propio Cintio. En la estela de sus autointelecciones se ubican las lecturas de sus discípulos cubanos más jóvenes: Emilio de Armas, Enrique Saínz, Jorge Luis Arcos, Enrique Ubieta.[21] Esta múltiple condición, de poeta, narrador, ensayista y crítico, crea vasos comunicantes entre los géneros de su escritura, pero, también, propicia una ambigüedad, un espejismo de valoraciones, en el que la crítica y la historia se vuelven vías de afirmación de un discurso poético o histórico e, incluso, de una ideología. Esto último es perceptible, sobre todo, en las lecturas que Vitier ha realizado de sus dos genios tutelares: José Martí y José Lezama Lima. El Martí y el Lezama de Vitier son rígidos emblemas de una concepción poética de la historia de Cuba que no tolera refutaciones, ni siquiera en el propio terreno de la poesía.

En *Experiencia de la poesía* (1944), un ensayo de aprendizaje poético, Vitier evocó su iniciación lírica bajo la sombra de Juan Ramón Jiménez. Sus dos primeros cuadernos, *Poemas* (1937-1938) y *Sedienta cita* (1943), fueron escritos en plena invocación del autor de *Lírica de una Atlántida*, quien ofrecía a su joven discípulo cubano «aquella ternura natural por lo mínimo armonioso y sugerente de una nostalgia absoluta convertida en método y forma insensibles».[22] Fue a partir de *Extrañeza de estar* (1944) y *De mi provincia* (1945) cuando la lectura de dos poetas hispanoamericanos, César Vallejo y José Lezama Lima, hizo a Vitier abandonar esa «distancia óptica, que le aseguraba un reposo y una libertad encubridores de su rigidez última».[23] En el primero encontró la carnalidad de una imaginación cristiana, el «hombre poético que pulsa los nervios del pecado»; en el segundo descubrió la noción del poema como marea o espiral ascendente de metáforas, que «sube propagándose y a veces girando mediante un proceso activísimo de saturación».[24]

Así, con sólo veintitrés años, Cintio Vitier se hizo de una mínima poética, de un breve relato metafísico con el cual darle sentido a su voluntad de escritura. Entre 1944 y 1952, Vitier escribió la que es, para mi gusto, su mejor poesía: *Extrañeza de estar* (1944), *De mi provincia* (1945), *Capricho y homenaje* (1946), *El hogar y el olvido* (1946-1949) y, sobre todo, *Sustancia* (1950) y *Conjeturas* (1951), dos cuadernos formidables, que deslumbraron a Octavio Paz, atravesados por el extrañamiento y la duda, en los que el poeta narraba la batalla espiritual que se libraba en su interior: la guerra íntima entre la sustancia y el imposible, «la batalla honda y angustiosa / entre lo izquierdo y lo derecho... / entre los infiernos suaves y los atroces paraísos / y las acciones rápidas como rayos / o lentísimas como descomunales nubes / que se disputan el tesoro».[25]

229

Toda esta poesía se miraba en el espejo intelectual del primer fragmento de la *Poética* de Vitier, titulado «Mnemosyne» y escrito entre 1945 y 1947. Aquí el poeta entendía la reminiscencia no sólo como una vía de conocimiento, a la manera de Platón, sino como una función poética que dotaba de sentido al tedio de los «hechos sucesivos» y llenaba de presencias espirituales el vacío de la Historia.[26] Al esgrimir la Memoria como una entidad correctora del Tiempo, Vitier no pensaba únicamente en el devenir universal, sino en la trama nacional que se escenificaba ante sus ojos: la República cubana, precipitada hacia su segunda frustración, es decir, hacia el desencanto que sucedió a la Constitución de 1940 y, sobre todo, a la elección presidencial de Ramón Grau San Martín en 1944. La revista *Orígenes*, fundada por José Lezama Lima ese mismo año, ofrecería algunos de los más elocuentes testimonios de la segunda frustración republicana. El reverso lírico de aquella poética de la evocación, concebida por Vitier, fue, justamente, el poema «Memoria», del cuaderno *El hogar y el olvido* (1946-1949):

¡Memoria siempre de una venturanza,
dichosa calidad de lo vivido,
en desesperación o en esperanza!
Más que ser y soñar es haber sido,
y mayor que el dolor de la añoranza
es el bien a que alude lo perdido:
su voz de oscura bienaventuranza.
¡Oh festejo anhelante y dividido
por cada espuma que el azar sellado
en la costa ilumina de mi ausencia!
¡Oh deslumbrada luz de lo olvidado,
mirar la noche hasta la transparencia
del tiempo amante y el espacio amado:
tierra de frenesí; cielo de esencia![27]

En algunos de sus textos autobiográficos –*El Violín* (1968), *De Peña Pobre* (1978), las *Conversaciones con Arcadio Díaz Quiñones* (1979-1980)– Cintio Vitier ha contado que entre 1952 y 1953 sintió la urgencia de convertirse a la religión católica. En unos apuntes de 1983, titulados *Hacia De Peña Pobre*, dirá: «Ya a principios de 1953, sabía o presentía, por algunas señales, que se cerraba para mí un ciclo y que todo lo anterior adquiría una calidad de vísperas.»[28] Esta conversión al catolicismo, en plena adultez, logró importantes reflejos en su poesía. Uno de los primeros fue el poema «Palabras del Hijo Pródigo», en el que describe la comunión con Cristo como un acto de reconocimiento en los otros hombres y de aceptación de la voz del Señor como un canto de alegría.[29] Sin embargo, la nueva religiosidad será asumida plenamente en el cuaderno que sigue, *Canto llano* (1953-1955). Allí, en una virtual transcripción del *Himno al Cuerpo de Cristo* de Santo Tomás de Aquino, Vitier asignará a la poesía la tarea de cantar los misterios de la creación: «Canta, lengua, la alabanza / de los gloriosos misterios / y la vida como un rayo / desde el polvo hasta lo eterno... / Canta, lengua, con la voz / que en ti se está deshaciendo, / como la lluvia en la grama / y la nieve sobre el heno.»[30]

Toda conversión, dice William James en las lecciones novena y décima de *The Varieties of Religious Experience*, se verifica sobre un estado psicológico de culpabilidad que impulsa al sujeto a una regeneración espiritual.[31] La conversión, como se manifiesta en los célebres casos de San Pablo y San Agustín, es un renacimiento de la criatura dentro de la hermandad cristiana. Pero ¿cuáles eran los pecados contra los que reaccionaba la culpa de Vitier? A juzgar por un hermoso pasaje de su novela de memorias, *De Peña Pobre* (1978), aquellos pecados no eran más que los síntomas de una melancolía en la modernidad, de un malestar en la cultura profana o, más bien, de una desorientación en la Historia, similar a la que por aquellos años sintieron Sartre, Camus o el Cioran de *Silogismos de la amargura*

(1952), especialmente, el de «Vértigo de la historia» y «En las raíces del vacío».[32] Una melancolía, estudiada recientemente por Dany-Robert Dufour, que aquejó a la primera generación de la Segunda Posguerra, la cual debió asimilar espiritualmente, desde referencias decimonónicas, el auge de la sociedad hipermoderna, regida por la tecnología y el mercado:[33]

> Y ahora la voz que había empezado a sospechar, a distinguir, a reconocer, desde la confusa adolescencia, la voz silenciosa, paciente... Y esa voz se lo reprochaba todo, todo lo que había hecho con su vida, que ya iba mediando su camino, como una dilapidación monstruosa, y especialmente la amarga, solitaria, clandestina escritura, que sólo le dejaba un hambre huraña e insaciable. Y esa voz le exigía un acto, ni una palabra más, ni una lectura más, ni un pensamiento más: un acto que era, rigurosamente, un salto al vacío. Vaciarse del vacío, de la inmundicia del vacío, de la cobardía y traición del vacío, limpiar los establos del alma, echar a patadas los grotescos, sutiles, ridículos demonios, desafiar la opinión, matar el amor propio, morir, exactamente eso, morir y volver a nacer.[34]

Algún día habrá que medir la cuantiosa deuda de Cintio Vitier con la literatura católica francesa de entreguerras y, en especial, con dos escritores conversos: Jacques Rivière y Paul Claudel. Un par de libros del primero, *À la trace de Dieu* (1925) y *Rimbaud* (1930), fueron, al parecer, decisivos para ese arraigo juvenil de una doble visión de la poesía: como testimonio de fe y como crítica de la palabra. Claudel, por su parte, fue siempre una presencia cercana a *Orígenes*, en cuyo número 38, de 1955, apareció su pieza teatral *El canje*, traducida y presentada por Vitier, quien, cuatro años antes, le había dedicado a su maestro francés la apasionada crítica «Contorno del teatro de Claudel» (1951).[35] No es difícil advertir cómo algunos giros del tono regañón y mojigato de Claudel, en su *Correspondencia con André Gide* (1949), a propósito de la homosexualidad y el paganismo en la novela *El Inmoralista*, fueron incorporados por Vitier en sus apuntes sobre dos poetas cubanos, homosexuales y paganos: Emilio Ballagas y Virgilio Piñera.

Si la mejor poesía de Vitier, en la segunda mitad de los 40, se nutrió de la tensión entre Memoria y Tiempo, ahora, en la segunda mitad de los 50, su mejor ensayística se alimentará de un rechazo a los tenaces desencuentros de la Poesía y la Historia, adquirido en la cercanía intelectual con el pensamiento de José Lezama Lima. En la continuación de su *Poética* –«La palabra poética» (1953), «Sobre el lenguaje figurado» (1954) y «La zarza ardiendo» (1958)– Vitier, de la mano de Dante y Claudel, infiltrará nociones teológicas en su discurso con el fin de describir el «misterio de la participación» de la palabra poética y celebrar la que llama «nupcialidad del ser», esto es, las bodas de la imaginación simbólica y la realidad tangible.[36] En otro libro de ensayos, menos conocido, *La luz del imposible* (1957), insistirá en esta proyección de la Poesía sobre la Historia por medio de la defensa de la «visibilidad de lo imposible» y del abandono de cualquier noción autorreferencial o aislada de la literatura. Algunos aforismos de «Raíz diaria» son, a propósito, reveladores de este giro hacia una concepción católica de la poesía, que no oculta cierto resabio antiintelectual, propio de la tradición conservadora:

> Las palabras han sido y son para mí un umbral, nada más... La Obra, la Escritura, son bellas y terribles figuraciones diabólicas que pueden devorarnos... ¿Huyó Rimbaud para no ser devorado por ese monstruo?... Que la palabra no sirva a su ídolo [la letra, la «página absoluta» de Mallarmé] sino a su cuerpo viviente, que es el Verbo, el Dios vivo.[37]

Ya en un fragmento de su *Poética*, Vitier había zanjado la célebre asimetría entre Rimbaud y Mallarmé, en favor del primero. Y antes, en su ensayo «Imagen de Rimbaud» (1952), que se editaría luego junto con sus propias traducciones de *Un golpe de dados* e *Iluminaciones*, confirmaba su apego a la «renuncia» y el «silencio» del «niño» y, a la vez, esa «delicia de la reticencia» que, desde su temprano «Apunte a Mallarmé» (1948), le provocara el autor del *Príncipe Igitur*.[38] Difícil no percibir, detrás de la protesta de Vitier contra la comprensión autotélica de la escritura, un reparo sutil a su maestro y amigo José Lezama Lima, tan admirador de Mallarmé, quien, en aquel entonces –mediados de los 50–, renegaba de su juvenil, «hímnico» y «whitmaniano» proyecto de una Teleología Insular, formulado en el *Coloquio con Juan Ramón Jiménez* (1937), y se aferraba a la Obra como un náufrago en el mar de la Historia. Justo el mismo momento en que Lezama conminaba a su generación a «tener Novela», mientras Vitier confesaba sus escrúpulos antilibrescos: «Nunca he sabido realmente qué pensar de ese monstruo, la novela.»[39]

La conversión católica de Vitier, en 1953, abrió un ciclo en su literatura, donde el ensayo ofrece lo mejor de sí, que alcanza su esplendor con *Lo cubano en la poesía* (1958) y se cierra a principios de los 60, con algunos de los textos que luego integrarán los volúmenes de *Crítica sucesiva* (1971) y *Crítica cubana* (1988). En esta etapa, como advirtiera Arcadio Díaz Quiñones en su libro *Cintio Vitier: la memoria integradora* (1987), se acentúa en el ensayista una idea de la tradición como linaje que asigna al letrado la misión de ordenar el archivo de la identidad nacional.[40] Esta vocación genealógica, que se había iniciado con las importantes antologías *Diez poetas cubanos. 1937-1947* (1948) y *Cincuenta años de la poesía cubana. 1902-1952* (1952), no se agotó en *Lo cubano en la poesía* (1958), ya que en los años 60 y 70 Vitier completaría una parte decisiva de su trabajo crítico e historiográfico sobre las letras cubanas. Pienso, sobre todo, en estudios como *Los versos de Martí* (1968), *Poetas cubanos del siglo XIX* (1969) y *La crítica literaria y estética en el siglo XIX cubano* (1971).[41]

234

*Lo cubano en la poesía* es el más sofisticado intento de arqueología de las «esencias de la cubanidad» a lo largo de la tradición lírica de la isla. Aquellas esencias o «constelaciones de valores y sentidos» *(arcadismo, ingravidez, intrascendencia, cariño, despego, frío, vacío, memoria, ornamento)* se manifestaban en la escritura cubana, desde *Espejo de paciencia* (1608) de Silvestre de Balboa hasta *Alabanzas, conversaciones* (1955) de Roberto Fernández Retamar.[42] Pero Vitier no encontraba el nacimiento de la lírica cubana en el célebre poema de Balboa, sino antes, en el *Diario de navegación* de Cristóbal Colón, ya que, a su juicio, la historia de la poesía cubana se confundía con la historia de lo cubano en la poesía.[43] De ahí que, a pesar de las múltiples objeciones que se han hecho, y todavía se harán, a ese *canon*, tan autoritario y excluyente como cualquier otro, *Lo cubano en la poesía* sea un ensayo clásico de la literatura hispanoamericana, emparentado con *Radiografía de la Pampa* (1933) de Ezequiel Martínez Estrada y *El laberinto de la soledad* (1950) de Octavio Paz, y descendiente directo de *Indagación del choteo* (1928) de Jorge Mañach y *Contrapunteo cubano del tabaco y el azúcar* de Fernando Ortiz (1940).[44]

En las páginas finales de aquel libro, escritas en el invierno de 1957, Cintio Vitier lamentaba la discordancia entre una tradición poética tan nacionalista y un devenir político tan quebradizo y frustrado, dependiente de Estados Unidos y sometido al *«american way of life»*. De ahí que la conclusión gravitara, una vez más, hacia la dicotomía primordial de su poética: «Porque la poesía nos cura de la historia y nos permite acercarnos a la sombra del umbral.»[45] Era inevitable que la conciencia que escribió estas palabras se viera conmocionada un año después, cuando Fidel Castro entró triunfante en La Habana, luego de derrocar la dictadura de Fulgencio Batista. Por fin la Historia parecía encontrarse con la Poesía en doscientos años de tiempo cubano. Por fin la nación prometía ser tan independiente y maravillosa como la cantaban sus poetas. En el poema «El rostro», escrito el 6 de enero de 1959, Cintio Vitier expresó, no sin reservas, su entusiasmo por la Revolución:

> Te he buscado sin tregua, toda mi vida te he buscado, y cada vez te enmascarabas más y dejabas que pusieran en tu sitio un mascarón grotesco, imagen del deshonor y del vacío...
>
> ¡Pero hoy, al fin, te he visto, rostro de mi patria! Y ha sido tan sencillo como abrir los ojos.
>
> Sé que pronto la visión va a cesar, que ya se está desvaneciendo, que la costumbre amenaza invadirlo todo otra vez con sus vastas oleadas. Por eso me apresuro a decir:
>
> El rostro vivo, mortal y eterno de mi patria está en el rostro de estos hombres humildes que han venido a liberarnos...[46]

Acaso por esta precaución frente al efecto corrosivo de las costumbres, aprendida en lecturas existencialistas, la poesía de Cintio Vitier entre 1959 y 1967, no fue profusa en testimonios de adhesión al proceso revolucionario. Más bien se mantuvo distante y hasta en algunos poemas de *Testimonios* (1966) defendió el rol «contemplativo» del poeta en una época de compulsión política («La voz abrasadora», «Cada vez que vuelo a ti»), asumió su cristianismo en plena oficialización del ateísmo marxista («La balanza y la cruz», «Examen del maniqueo», «Respuesta al examen del maniqueo») o vindicó a un intelectual como Jorge Mañach, quien en aquel entonces era considerado, en los círculos oficiales de la cultura de la isla, «traidor» a la nación cubana.[47] Es a partir de 1967, con *Entrando en materia* (1968) y, desde luego, con *La fecha al pie* (1968-1975), cuando la poesía de Vitier se abre plenamente al discurso de compromiso con la Revolución cubana, en poemas como «Cántico nuevo», «Ante el retrato del Che Guevara», «No me pidas», «La forma de la Patria», «Ese niño ardiendo», «Trabajo» o «Lugares comunes».[48]

Justo en ese momento, el año 1968, Cintio Vitier incorpora, por primera vez, a la Revolución en el devenir de su poética, atribuyéndole el papel de una epifanía temporal que liberará, al fin, la tensión entre Poesía e Historia. Esta comprensión poética del suceso revolucionario, que en *El violín* (1968) se describirá como un acto revelador de una nueva fe a la que debe convertirse el poeta, le permitirá a Vitier entrelazar la idea tomista de la «metáfora participante» con una visión de la historia de Cuba, en tanto devenir frustrado e inconcluso, y proponer, así, la más elocuente justificación nacionalista y católica del gobierno de Fidel Castro. La Revolución era, pues, un evento que revelaba la participación de la metáfora en la historia y, por lo tanto, una confirmación de la realidad de la poesía, que se manifestaba cosificando el destino de la nación. Veamos cómo Cintio Vitier describió, en 1968, esta segunda conversión, que operaba sobre la culpa de una incredulidad e, incluso, un escepticismo («el peor ídolo») en el pasado reciente:

> Al llegar, como un rayo de otra fe, la revelación épico-histórica, arrasadoramente popular, del primero de enero del 59, pareció que el cielo y la tierra se unían para enseñarnos el rostro de la Patria terrenal y celeste, y esto fue verdad un instante, el instante sin tiempo de la visión poética... A la impetuosa impulsión del tiempo nuevo, colmado de aconteceres contradictorios, aturdidores, se fue sumando, para el testimonio poético, una necesidad hasta entonces casi desconocida: la de asumir los hechos públicos desde el fondo del corazón. Un nuevo fuego se había despertado para la poesía: el implacable fuego de la conciencia. Si antes podíamos llevar, de una parte, clavada mudamente en el alma la angustia mortal del país, y de la otra buscar en la poesía y en la fe las guerras del espíritu, ahora esto era imposible: había una sola guerra, una sola angustia, una sola realidad invisible. La Revolución nos abrió los ojos para esa realidad.[49]

El propio Vitier ha escrito que «toda conversión es como una revolución íntima que vuelve las cosas aparentemente al revés, para ponerlas al derecho».[50] Semejante estetización del suceso revolucionario, en el núcleo de una Poética, tuvo que producir ajustes en la escritura de Cintio Vitier. Dichos acomodos son perceptibles, sobre todo, en su narrativa de memorias –*De Peña Pobre* (1977), *Violeta Palma* (1978), *Los papeles de Jacinto Finalé* (1981) y *Rajando la leña está* (1984)–, en su importante ensayo *Ese sol del mundo moral. Para una historia de la eticidad cubana* (1975) y en sus estudios críticos sobre José Martí, José Lezama Lima y el grupo *Orígenes*. El primer ajuste, plasmado en la novela *De Peña Pobre*, es de tipo autobiográfico y tiene que ver con la invención de un vínculo espiritual entre la conversión católica de 1953 y la conversión revolucionaria de 1967. En *Hacia De Peña Pobre* Vitier lo establecerá claramente: «No podía entonces imaginar [1953] que mi conversión a Cristo, por deficiente y frágil que fuese, era la conversión a la posibilidad en mí, de la Revolución social que aquel mismo año se iniciaba con un baño de sangre.»[51] A pesar de que el propio Vitier había reconocido muchas veces que antes de 1959 sólo tenía ojos para la «patria invisible», ahora, en sus *Memorias*, la biografía íntima del poeta y la biografía pública de la Revolución se entrelazaban.

Esta corrección autobiográfica, a partir de una idea de la Revolución como Destino de la persona y de la patria, logró una expresión paralela en la ensayística de este laborioso autor. Vitier se propuso, en su tratado *Ese sol del mundo moral*, tender una genealogía intelectual de la historia de Cuba, en la que algunos pensadores y políticos de la época colonial –Félix Varela, José de la Luz y Caballero, José Martí– y otros del período republicano –Julio Antonio Mella, Rubén Martínez Villena, Antonio Guiteras– escribían y actuaban como profetas de la Revolución de 1959.[52] La historia cubana estaba providencialmente cifrada, escrita en sus discursos y sus prácticas, siguiendo un plan divino, el cual debía desembocar en la Revolución de 1959. De ahí que, en un uso cabal de la idea tomista del saber como revelación, Cintio Vitier le atribuyera al letrado la función de descifrar el curso teleológico de la nación.[53] El ensayo de Vitier estaba salpicado de citas de Fidel Castro, de principio a fin, y, por momentos, no hacía más que desarrollar intelectualmente la tesis expuesta en el famoso discurso *Porque en Cuba sólo ha habido una Revolución*, del 10 de octubre de 1968.[54] Sin embargo, Vitier escribía desde el lugar de un poeta, nacionalista y católico, que no había participado en el movimiento revolucionario. De ahí que el objetivo del libro fuera legitimar su inserción, en tanto sujeto intelectual no marxista, en el campo revolucionario.[55] En un momento de institucionalización del socialismo cubano, de acuerdo con el patrón del Estado soviético, la vehemencia nacionalista de Vitier tuvo recepciones encontradas en la élite del poder. Esto explica que *Ese sol del mundo moral* se haya editado en México, en la editorial Siglo XXI, en 1975, y que sólo veinte años después, en una época de franco acomodo de la ideología de la Revolución cubana al nacionalismo poscomunista, fuera reeditado en la isla.[56]

En este proceso intelectual de integración al campo revolucionario, Cintio Vitier intentó sumar a su generación, la de los poetas de *Orígenes* y, en especial, a José Lezama Lima, quien en la primera mitad de los años 70 había sido condenado al ostracismo por su implicación en el caso Padilla. En un pasaje de *Ese sol del mundo moral*, donde reseñaba la labor de resistencia y promoción cultural de la intelectualidad republicana, Vitier citaba un texto de Lezama de 1953, «Secularidad de José Martí», en el que el poeta afirmaba que el centenario martiano debía traer una «impulsión histórica» que permitiera «avizorar las cúpulas de los nuevos actos nacientes».[57] Vitier encontró en estas palabras la profecía del asalto al cuartel Moncada, encabezado por Fidel Castro en julio de 1953. Esa conexión simbólica entre José Lezama Lima y *Orígenes,* de un lado, y Fidel Castro y la Revolución cubana, del otro, sería desarrollada por Vitier en varios textos, publicados después de la muerte del autor de *Paradiso:* «Introducción a la obra de José Lezama Lima» (1976), «De las cartas que me escribió Lezama» (1982), «La casa del alibi» (1986), «Un párrafo para Lezama» (1986) y «La aventura de *Orígenes*» (1991).[58] La lectura revolucionaria de Lezama, emprendida por Vitier, se apoya en los testimonios de rechazo a la política republicana que, en efecto, abundan en la obra lezamiana y en algunos textos incidentales, en favor de la Revolución, que escribiera el poeta en los años 60.[59] Sin embargo, dicha lectura, además de ocultar la incomodidad que Lezama sintió al final de su vida, bajo el orden revolucionario, y que expresó, sobre todo, en las cartas a su hermana Eloísa, desvirtúa y, en cierto modo, vulgariza una política intelectual, formulada desde la autonomía del campo literario y diferida a un vínculo secreto con la ciudad que se establece dentro de la poesía, es decir, en la práctica de una escritura o, incluso, en la historia de una expresión, pero jamás dentro de la razón de Estado.[60] Es cierto que Lezama compartió con Vitier esa fértil idea de la participación de la Imagen en la Historia que, en buena medida, fundamentó su teoría de las «eras imaginarias».[61] Pero su enlace con la Revolución cubana, en textos como «A partir de la poesía» (1960) o «El 26 de Julio: imagen y posibilidad» (1968), fue siempre sutil, elusivo, tangencial, distante del discurso ideológico, ajeno a las solemnidades éticas y, sobre todo, reacio a las transparencias de la vocación pública.[62]

La diferencia sustantiva entre la «teleología insular» de Lezama y la de Vitier no radica, sin embargo, en la mayor o menor intensidad del discurso revolucionario, sino en una divergente apuesta frente al dilema de la Poesía y la Historia. Cuando Lezama aludió, por primera vez, a un «insularismo», en su *Coloquio con Juan Ramón Jiménez* (1937), aclaró que dicha inquietud provenía de una «cámara donde flota la poesía», en la que «no interesaban las respuestas de un sociólogo o un estadista».[63] Y más adelante confesaba: «Me gustaría que el problema de la sensibilidad insular se mantuviese solo con la mínima fuerza secreta para decidir un mito.»[64] Pero Lezama no se refería a un «mito de Estado», que alimentara las formas políticas del nacionalismo cubano, sino a una narrativa mínima y secreta sobre la cual edificar una obra literaria trascendente. A diferencia de Vitier, quien siempre lamentó la zozobra de una escritura sin gravitación histórica, Lezama apostó por la Poesía, en tanto espacio perdurable para la expresión del saber y la sensibilidad.

Los usos políticos de Vitier contrastan, por su rigidez y gravedad, con sus lecturas de la poesía y la narrativa de Lezama, tan flexibles y versátiles.[65] Lo mismo sucede con sus estudios sobre José Martí, reunidos en la serie *Temas martianos*, y escritos con su esposa, la excelente poeta Fina García Marruz. El lector curioso de *Versos sencillos* y *Versos libres*, de las *Escenas norteamericanas* y el *Diario de Cabo Haitiano a Dos Ríos*, de *Ismaelillo* y *Nuestra América* cede su lugar, con frecuencia, al sentencioso exégeta de los evangelios martianos, donde se anuncia la llegada del Mesías (Fidel Castro) y el advenimiento del Paraíso (la Revolución cubana).[66] Así como en el dilema de su poética Vitier liberó la tensión entre Poesía e Historia a favor de la segunda, en su biografía privilegió, al final, el rol de ideólogo y político antes que el de poeta y crítico. Este desequilibrio, lejos de superar la antinomia entre lo poético y lo histórico, de por sí insuperable, reforzó la instrumentalidad ideológica de su literatura.

Una zona importante de la creación historiográfica y crítica de Cintio Vitier en los años 70 y 80 se orientó hacia la búsqueda de un reconocimiento, como intelectual católico y revolucionario, por parte del Estado cubano. Su hora llegó en 1992, cuando la desaparición de la Unión Soviética obligó al gobier-

241

no de la isla a rearticular su ideología en favor del nacionalismo poscomunista. En ese escenario la ensayística de Vitier resultó sumamente valiosa y el viejo intelectual católico, antes sospechoso, se convirtió ahora en la voz del socialismo tardío. El poeta fue elegido diputado a la Asamblea Nacional del Poder Popular y logró eficaces intervenciones en la política «inmediata», «visible» y «mundana» del castrismo real. A tal punto llegó la consagración de Vitier como intelectual orgánico del régimen cubano que, a fines de junio de 2002, una semana antes del fallo favorable del Premio Juan Rulfo, Fidel Castro condecoró al autor de *Ese sol del mundo moral* con la Orden José Martí, la más alta distinción por aportes a la cultura cubana que concede el gobierno de la isla.[67] Y como desenlace de estos amores entre la poesía y el poder, al día siguiente del anuncio del galardón en Guadalajara, Castro visitó a Vitier en su departamento del Vedado. Por fin el Caudillo entraba en la casa del Poeta, la Historia visitaba el hogar de la Poesía.

El paralelo entre este Vitier, que exalta la «sacralidad de la pobreza» y repudia la secularización moderna, y aquel Pound, que intentó transcribir la Historia de la Tribu en la épica de sus *Cantos*, se antoja explorable. Al igual que Vitier, Ezra Pound entendió la tradición como pertenencia, linaje o *sangre*, más que como legado o herencia.[68] Ambos poetas, salvando distancias líricas y políticas, buscaron un refugio que los protegiera contra el mercado y la urbe, la técnica y el dinero, la usura y el capitalismo. Ambos creyeron en la existencia de un paraíso terrenal, que se edificaba a partir de la encarnación de una Imagen en la Historia, donde la criatura moderna hallaba, al fin, paz y sosiego. Sólo que el estadounidense encontró su paraíso en la Italia de Mussolini, desde referencias paganas y clásicas, mientras que el cubano, con fuentes católicas y martianas, lo descubrió en la Revolución de Fidel Castro.

Cintio Vitier hizo de la Revolución una clave íntima de su literatura. Sin embargo, la Revolución no gobierna toda la literatura de Cintio Vitier. El dulce desasosiego de *Extrañeza de estar*, la metafísica solar de *Sustancia*, el piadoso entusiasmo de *Canto llano*, la lúcida pasión de *La zarza ardiendo*, el juicio sensible de *Lo cubano en la poesía* y la valiente evocación de *El violín* escapan al insaciable apetito de un poder que se atribuye la fantasía del dominio sobre el tiempo. Esos versos y esa prosa juntan páginas ingobernables porque no pertenecen al pasado o al presente, sino al territorio libre de la eternidad. Allí se alimentan de las sanas enemistades entre Poesía e Historia, sin aspirar a que esos seres se doblegen mutuamente, ni a que la palabra desaparezca en el acto o la imagen en su devenir.

GUILLERMO CABRERA INFANTE: EL ESTILO CONTRA
LA HISTORIA

En la cultura cubana, la idea de que la nación posee un estilo, cuyas manifestaciones espirituales guían un devenir histórico y cifran el destino de la comunidad, ha quedado asociada al escritor Jorge Mañach, quien la expuso en uno de los ensayos que conforman el libro *Historia y estilo* (La Habana, Minerva, 1944).[69] De algún modo, aquella idea, que acumulaba toda la herencia del romanticismo moderno, no era más que la interpretación de la nacionalidad cubana, su política y su historia, desde ciertas virtudes de la alta literatura –conciencia de sí, equilibrio, transparencia, armonía, fluidez, autorreferencialidad–, tradicionalmente atribuidas al don del gran estilo en el arte. Lo que postulaba Mañach era, pues, leer la historia nacional como se lee una buena novela, dando por sentado que la trama histórica de Cuba podía ser equivalente a una ficción bien escrita.

Un raro escrito de María Zambrano sobre el caserón habanero de Lydia Cabrera, titulado «El estilo en Cuba y la Quinta de San José», da cuenta de la difusión del tema en la cultura re-

243

publicana. Aunque Zambrano no citaba a Mañach, la idea de que la nación cubana había alcanzado un estilo en la historia, el cual no sólo se reflejaba en la literatura y el arte, sino en la arquitectura y el diseño interior de las mansiones que el patriciado criollo del siglo XIX había legado a sus hijos y nietos –la nueva aristocracia republicana–, parecía haberse convertido en un tópico de la política espiritual de aquellas élites poscoloniales.[70] Que la nación cubana poseía un estilo histórico, el cual desdeñaba la mala política republicana, llegó a ser una certeza favorable a la mitología providencial de la Revolución, tal y como el propio Mañach sostuviera en la tercera parte de su libro.

En otro ensayo aparecido en *Bohemia* (8 de enero de 1959), a pocos días del triunfo revolucionario, aunque escrito en la primavera de 1958, titulado «El drama de Cuba», Jorge Mañach concluía que la historia cubana soportaba la estructura narrativa de un drama, cuyo desenlace, triste o feliz, determinado por la «incógnita natural de toda mutación», decidiría si el pueblo cubano era «ya suficientemente maduro en su vocación nacional como para querer ordenar de una vez sus destinos».[71] Aunque Mañach se había basado en la matriz simbólica del romanticismo para sostener la idea del «estilo de la nación», su certeza –expuesta en la reedición de *Indagación del choteo* de 1955– de que la cultura cubana se había «dramatizado», entre los años 30 y 50, con las dos dictaduras y las dos revoluciones, implicaba un ligero abandono del tópico de la tragicidad romántica.[72] Según Mañach, el cubano de mediados del siglo XX se alejaba del choteo, por la vía de la dramatización revolucionaria, pero nunca llegaba a ese «espíritu trágico» que había impulsado históricamente a las grandes naciones occidentales.[73]

En 1960, en el prólogo a su *Teatro completo*, Virgilio Piñera se referiría al mismo dilema entre tragedia y comedia, entre *choteo* y drama, en la cultura cubana. Es sabido que Piñera rechazaba el tipo de intelectual republicano, encarnado, primero, por Varona, y, luego, por Mañach, que alternaba sus intervenciones

244

públicas entre el periodismo, la tribuna y la academia. Ese rechazo, que se reflejó en la áspera correspondencia entre Piñera y Mañach, a principios de los 40, y que Antón Arrufat, quien lo heredó de su maestro, entendió como parte indispensable de una voluntad poética, de «entrega decisiva a una obra», no le impidió, sin embargo, a Piñera, echar mano de varias ideas de Mañach en su interesante prólogo.[74] Releyendo algunos pasajes de aquel texto, «Piñera teatral», nos percatamos de la centralidad del debate en torno a las formas retóricas y narrativas de la historia cubana, a mediados del siglo XX. En un momento de su prólogo, y a propósito de su obra *Electra Garrigó*, decía Piñera:

A mi entender un cubano se define por la sistemática ruptura con la seriedad entre comillas. Como cualquier mortal, el cubano tiene sentido de lo trágico. Lo ha demostrado precisamente con la insurrección que acaba de cumplir, con esta Revolución que no es juego de niños. Pero al mismo tiempo, este cubano no admite, rechaza, vomita cualquier imposición de la solemnidad. Aquello que nos diferencia del resto de los pueblos de América es precisamente el saber que nada es verdaderamente doloroso o absolutamente placentero. Se dice que el cubano bromea, hace chistes con lo más sagrado. A primera vista tal contingencia acusaría superficialidad en el carácter de nuestro pueblo. Mañana podrá cambiar ese carácter, pero creo firmemente que dicha condición es, en el momento presente, eso que el griego Sócrates definía en el «conócete a ti mismo», es decir, saber cómo eres. Nosotros somos trágicos y cómicos a la vez.[75]

Como Mañach, Piñera pensaba que el *choteo* o, más específicamente, una de sus modalidades, el chiste, denotaba una pulsión antiautoritaria que permitía reaccionar contra las frustraciones políticas y que distinguía al temperamento cubano entre otros caracteres nacionales de Occidente:

245

Un alemán frustrado se pasaría la vida lamentándose y diciéndose desdichado; en cambio, el cubano, frente a esa misma frustración –¡y qué frustración, hemos sido uno de los pueblos más frustrados del mundo!– elegía el chiste como método evasivo. Y he ahí nuestra asombrosa vitalidad, gracias a ella hemos sobrevivido, y a diferencia de los alemanes no hemos parado en el fatídico nazismo. Entre nosotros un Hitler, con sus teatralidades y su wagnerismo, sería desinflado al minuto. Por más de cincuenta años nos hemos defendido con el chiste. Si no podíamos enfrentarnos con los expoliadores del patrimonio nacional, al menos los ridiculizábamos. Por ejemplo, ¿qué hizo el pueblo cuando el gobierno de Grau construyó la fuente luminosa en Avenida de Rancho Boyeros? Pues sencillamente ridiculizó a Grau bautizando dicha fuente con la frase feliz de «el bidet de Paulina». Esta frase, y otras mil eran algo más que un chiste, eran, digo, la resistencia de un pueblo frente a los expoliadores. Esta resistencia impidió que, como decían los propios batistianos, este pueblo estuviera definitivamente podrido; esta resistencia hizo posible que Fidel Castro encontrara intacto a su pueblo para la gran empresa de la Revolución.[76]

Pero al igual que Mañach, este Piñera de 1960, intelectual orgánico de la Revolución y autocrítico de su propio nihilismo republicano, sabía que cualquier energía cívica, para ser impulsada, demandaba un sentido trágico de la historia. El dramaturgo que en los años 40 y 50 había sido «atacado por el bacilo griego», aquel aprovechamiento de la forma narrativa de la tragedia y el mito clásico para reflejar, paródicamente, dilemas de la cultura contemporánea, terminaría apostando por una dramatización de la cubanidad desde el orden revolucionario: «Puede ocurrir muy bien que esta Revolución cambie ese carácter. Porque, en definitiva, y en gran medida, ese chiste, esa broma perpetua no es otra cosa que evasión ante una realidad, ante una circunstancia que no se puede afrontar.»[77] La Revolución representaba para Mañach y Piñera la posibilidad de superar el déficit de sentido trágico, la primera oportunidad histórica de transitar, ya no del «reino de la necesidad al reino de libertad», como quería Hegel, sino del reino del *choteo* al reino del civismo.

Quince años después de «El drama de Cuba» de Mañach y del «Piñera teatral» de Virgilio, exactamente en 1974, la literatura cubana produjo dos relatos de la historia nacional que intentaron darle respuesta a aquella interrogante: *Ese sol del mundo moral. Para una historia de la eticidad cubana* de Cintio Vitier, y *Vista del amanecer en el trópico* (1974), de Guillermo Cabrera Infante. Los dos relatos, aparecidos el mismo año y fuera de Cuba, intentaron distribuirse parejamente la narrativa histórica de la nación cubana, según la tipología descrita por Hayden White en su libro *Metahistoria*.[78] Mientras Cintio Vitier, a la manera de un Michelet o un Ranke, describía la trayectoria de la isla como una comedia o un romance, en la que el pueblo de la isla realizaba felizmente, por medio de la Revolución de 1959, un destino glorioso, revelado por los padres fundadores de la nacionalidad en el siglo XIX, Guillermo Cabrera Infante, al modo de un Tocqueville o un Burkhardt, narraba el devenir cubano como la tragedia o la sátira de una comunidad, destinada por la providencia a vivir perpetuamente bajo la maldición de la crueldad y el fratricidio, de la violencia y el despojo.[79] Esta visión trágica y satírica del tiempo cubano ha producido, en la literatura de Guillermo Cabrera Infante, una consistente defensa de la cultura como geografía y un rechazo a cualquier desplazamiento del estilo hacia poéticas de la historia, como las de Lezama o Vitier, o hacia discursos cívicos o políticos, como los que abundaban en la prosa de Mañach, Ortiz y tantos otros intelectuales republicanos.

Dos años después de *Vista del amanecer en el trópico*, Cabrera Infante desarrolló aún más esta doble contraposición entre geografía e historia y entre escritura e ideología. En un libro experimental y, por momentos, inasible, titulado *Exorcismos de esti(l)o*, los dos grandes mitos de la nación cubana, la Isla y la Revolución, aparecían bajo la lupa del desencanto, en un par de dibujos de letras. La isla, como un mapa en blanco o en silencio, al centro de un ruidoso mar de palabras; la *Reichvolución*, como dos columnas de frases, que comenzaban con el saludo hitleriano *(«Sieg-Heil!»)* y terminaban con el saludo castrista («Fi-Del») y que, paralelamente, dibujaban dos botas militares en medio de la página. El mito de la isla había degenerado en un hueco de silencio, rodeado por un mar de consignas, y la ilusión revolucionaria se había desvanecido ante la realidad totalitaria del castrismo.[80]

Guillermo Cabrera Infante defiende, pues, una idea antiintelectual del estilo y de la escritura, donde cualquier ficción le debe más a la geografía que a la historia. Este apego a un territorio, La Habana, la isla, Londres, refuerza la personalización de la prosa, el uso del estilo como seña de una identidad singular. Toda la literatura de Guillermo Cabrera Infante es, en este sentido, una exposición del yo, un testimonio de sí que jamás apela a justificaciones trascendentes y que, de algún modo, se protege del exterior por medio de la voluntad y el capricho, de claves y misterios. El afán de afirmar una identidad única e irrepetible, a través de la escritura, logra una eficaz desautorización del juicio, de la crítica, frente a la prosa inconfundible de *Tres tristes tigres* (1967) o *La Habana para un infante difunto* (1979). Ante estos libros, el lector no tiene más remedio que imitar la prosa mentalmente, como si siguiera el dictado indescifrable de su autor o como si un demiurgo le despojara de toda coherencia o sentido para luego reinventar el lenguaje dentro de su cabeza.

Esta irremediable seducción de la lectura y la crítica, por el estilo de Cabrera Infante, se percibe, por ejemplo, en la antología preparada por los estudiosos cubanos Enrico Mario Santí y Nivia Montenegro, titulada *Infantería*.[81] Este libro produce el efecto de un milagro editorial, no por sus atributos físicos

(1.115 páginas, tapa dura, portada inverosímil de una playa frente al Morro habanero...) o por la resuelta publicación de un autor todavía incómodo para el público latinoamericano, sino por el hecho de que la antología parece ser un libro más de Guillermo Cabrera Infante, un nuevo volumen que ocupa su lugar en el estante, junto a *Vista del amanecer en el trópico* o *Mea Cuba* (1993). Toda antología reproduce y, en cierto modo, resta páginas a un autor. *Infantería*, en cambio, es la creación por inseminación editorial de un nuevo título de Guillermo Cabrera Infante. Este milagro es obra de dos venturas: el talento de Santí y Montenegro para alcanzar la mímesis de un espíritu, de por sí, paródico y burlón, y la naturaleza combinatoria, *pastichera* y, en cierto modo, *antológica* que identifica toda la obra del autor de *Tres tristes tigres*. Desde el título hasta el índice, *Infantería* es el cruce de dos miradas irónicas: la del autor y la de los antologadores.

*La geografía redentora*

En eso que, con una pizca de vanidad y otra de pedantería, llamaríamos el «gran estilo cubano», Guillermo Cabrera Infante es el único escritor que asume a cabalidad el desencanto de la ficción moderna. Las novelas y relatos de Lino Novás Calvo y Alejo Carpentier, de Virgilio Piñera y José Lezama Lima e, incluso, de Severo Sarduy y Reinaldo Arenas, son ficciones que ignoran su naturaleza ficticia, que se entregan sin culpa a la invención de otros mundos literarios. Cabrera Infante, en cambio, carga con esa desilusión de la prosa moderna que es más una herencia de Joyce que de Proust, de Mallarmé que de Valéry. Marcel Proust, por ejemplo, quien provoca tanta angustia de influencias en Lezama, Piñera, Arenas y Sarduy, no parece ser para Cabrera Infante un autor más hospitalario que Mark Twain, Joseph Conrad o Vladimir Nabokov. Lo cual no contradice, como veremos, el peso de la reminiscencia o la fuerza

249

de una modalidad de evocación, diferente a la de *En busca del tiempo perdido* y *Paradiso*, en *Tres tristes tigres* o *La Habana para un infante difunto*.

Esa escritura de una ficción que se sabe ficción, que recurrentemente se distancia por medio de la puesta en escena de alguna jerga, de la incorporación del autor como personaje, del emplazamiento fantástico de una persona real o de la persistente injerencia del retruécano, y que, en su caso, no es una simple figura estilística, sino una seña de identidad verbal, hace de Guillermo Cabrera Infante una rareza literaria en Hispanoamérica. Para él la literatura es el juego con los límites del lenguaje, la peregrinación por las fronteras de la fábula, con saltos intempestivos a una mirada que escruta su propia retórica y que proyecta una atmósfera evanescente en el mismo borde de la exterioridad del relato. Esta sombría poética de la ficción, que lo conecta con Borges –a quien hoy Cabrera Infante imagina buscando una Babel entre las nubes– y que se plasma de manera radical en *O, Exorcismos de esti(l)o* y en su rechazo a que libros como *Tres tristes tigres* y *La Habana para un infante difunto* sean leídos como novelas, tiene su origen en otra desilusión más profunda: la desilusión ante el Gran Relato de la Historia. Cabrera Infante percibe un mal metafísico en la historia, derivado de ese imponderable que Maquiavelo llamaba el «reino de la fortuna», el golpe de dados que nunca abolirá el azar, y que, como escribe al inicio de *Mea Cuba*, ha hecho de su país la Isla del Infortunio.[82]

El único remedio posible frente a una historia embrujada por el terror, como la que narra *Vista del amanecer en el trópico*, se halla en la experiencia sentimental de la geografía. Cabrera Infante escribe: «La historia, es decir, el tiempo, pasará, pero quedará siempre la geografía –que es nuestra eternidad.» Sugiero comprender la poética y la política literarias del autor de *Así en la paz como en la guerra* a partir de esa redención moral que sólo podría verificarse en el orden de la geografía. La fijeza de ciertas imágenes cincuenteras de la ciudad de La Habana en los libros de Cabrera Infante son alegorías de su personal panacea contra una historia de tiranía y destierro, contra un tiempo endemoniado por la soledad y el horror. En esas imágenes de la Rampa y el Malecón, del Vedado y Miramar, de Obispo y el Prado, que desfilan por *Tres tristes tigres* y *La Habana para un infante difunto*, se encuentra, a mi juicio, la confluencia de las tres dimensiones que animan la escritura de Guillermo Cabrera Infante: la memoria, el erotismo y el humor. Las estampas habaneras de los cincuenta son como cápsulas de una evocación perpetua que, expelidas por la pulsión de la libertad, conforman un mosaico de reminiscencias temporales y espaciales, un *cronotopos*, como diría Mijáil Bajtin, cuyos efectos balsámicos sobre la imaginación auguran la paz de los fieles. La «memoria –ha escrito Cabrera Infante– es la madre de la moral». De ahí que esos recuerdos habaneros sean, más bien, escaramuzas contra la historia.

Pero es en la reconstrucción de aquella Habana donde también se revelan dos de los atributos literarios más eficaces de Guillermo Cabrera Infante: la erótica y el humor. En su «Cronología a la manera de Lawrence Sterne... o no», los primeros encuentros sexuales de la adolescencia aparecen como hitos tan o más decisivos para la formación de su autoría que la lectura de *El señor Presidente* de Miguel Ángel Asturias, novela que determinó su vocación de escritor, o el descubrimiento del cine en un pequeño teatro de Gibara.[83] En la literatura de Cabrera Infante pueden hallarse todas las formas humanas o bestiales de la sexualidad y la escatología. Aunque hay dos instituciones que pueblan con demasiada recurrencia las tramas de *Tres tristes tigres* y *La Habana para un infante difunto*: me refiero al prostíbulo y la masturbación. Los burdeles de La Habana Vieja, en los años cuarenta y cincuenta, son lugares tan mitificados en esas novelas como los cabarets y los cines. Allí los jóvenes son iniciados por prostitutas, casi siempre negras, en los misterios de una vida privada que ocultará su turbulencia bajo la pulcritud de aquellos bailes, saturados de lino y champán, en los clubes exquisitos del Vedado y Miramar. La masturbación, en cambio, es un ritual erótico que se inscribe en el currículum vitae del aprendizaje sexual. La plena estetización, en *La Habana para un infante difunto*, de ese rito que Cabrera denomina, parodiando a Quevedo, «polvo enamorado» o «amor propio», ya que el «amor bien entendido, como la caridad, empieza por casa», produce una escena hilarante en la que espasmos onanistas aseguran el derrumbe del edificio de Zulueta 408, donde había unos baños públicos de mala fama, en el corazón de La Habana Vieja.[84]

El humor es el otro atributo que, junto al erotismo y la memoria, funda ese juego de infinitas posibilidades en la escritura de Guillermo Cabrera Infante. Desde *Así en la paz como en la guerra* hasta *Mea Cuba*, asistimos a la edificación de una prosa que, sin eludir tópicos graves o solemnes como el mal, la muerte, el absurdo o la impiedad, apela constantemente a la chanza y el choteo, al chisme y la broma. En cierto modo, podría pensarse que la magia del estilo de Cabrera Infante reside en esa abierta porosidad entre una imagen trágica de la historia y una noción cómica de la literatura. El humor en casi todos sus textos es un ropaje ligero y gracioso que, como pensaba Baudelaire, trasluce siempre alguna zozobra metafísica. Las parodias de Reinaldo Arenas, por ejemplo, en *La loma del Ángel*, y en *El color del verano*, resultan pueriles y hasta inocentes al lado de las de *Tres tristes tigres* y *Mea Cuba*. Esto se debe, una vez más, a esa resistencia a la ficción que promueve una idea trágica de la historia, ya que Cabrera Infante, a diferencia de Arenas, no parodia la trama sino el estilo de ciertos textos canónicos. *La loma del Ángel* es una reescritura torcida y despiadada del argumento de la novela romántica cubana *Cecilia Valdés*, de Cirilo Villaverde, pero «La muerte de Trotski referida por varios escritores cubanos, años después –o antes» es la reescritura de un mismo argumento a través de siete estilos diferentes: el de José Martí, el de José Lezama Lima, el de Virgilio Piñera, el de Lydia Cabrera, el de Lino Novás Calvo, el de Alejo Carpentier y el de Nicolás Guillén. La parodia de Arenas es un ejercicio textual enmarcado en los cánones de la novela moderna. Mientras que la de Cabrera Infante es una aventura intelectual que transgrede los límites entre historia y ficción, entre cultura y discurso.[85]

En todo caso, no es precisamente la parodia, sino el retruécano, es decir, el juego de palabras, la figura retórica que identifica la prosa de Guillermo Cabrera Infante. En su libro *El chiste y su relación con lo inconsciente*, Sigmund Freud, inspirándose en la teoría de la risa de Henri Bergson, afirmaba que a través del humor el hombre ahorraba su intenso gasto de lógica, vigilia y coerción, y se transportaba brevemente a la euforia perdida de la infancia. Pero entre todas las técnicas del chiste, el retruécano o «similicadencia», es decir, el juego con la fonética y la semántica de las palabras, es, según Freud, la más elemental, precaria y aburrida. El retruécano, dice Freud, «pertenece a la clase más íntima de chiste verbal, por ser los que con mayor facilidad y menor gasto de ingenio se producen».[86]

Guillermo Cabrera Infante, virtuoso del juego de palabras en castellano y en inglés, tiene una nueva razón para desconfiar del sentido de humor de Sigmund Freud, cuyo dogmatismo siempre le recuerda al de Marx. Esta repulsión, por cierto, del escritor cubano hacia el psicoanálisis de Freud es similar a la de su admirado Vladimir Nabokov, quien en su autobiografía *Habla, memoria* decía que el mundo freudiano, «con su indagación chiflada de símbolos sexuales (parecida al rastreo de acrósticos baconianos en la obra de Shakespeare) y sus amargados embrioncitos que desde escondrijos naturales espían la vida amorosa de sus padres, era vulgar, ruin y fundamentalmente medieval».[87] Esos juegos de palabras, que a Freud le parecían poco ingeniosos, han producido, en la literatura de Guillermo

Cabrera Infante, todo un nuevo catauro de cubanismos culturales, como el del «autorretracto de Padilla», los «celos de Risandro Otelo», la «Cinemanteca de Cuba», «la primabalerina Alicia Alonsova», «Mal Armé», «El Rapao», «Arcipestre de Hitaca», «Lope de Verga», «el incurable mal de la castroenteritis aguda», la «Reichvolución», o el «bacilo de Hitchcock». A partir de ese lúdico glosario podría volver a escribirse la historia de Cuba y el resultado sería algo así como una «Vista del anochecer en el trópico», un relato incoherente, chiflado, cuyos personajes centrales ya no serían la Violencia o el Terror del día, sino el Carnaval y la Risa de la noche habanera.

## Habanidad de habanidades

«Todo es habanidad», le gustaba decir a Guillermo Cabrera Infante. No es raro, entonces, que en la antesala de su primera novela, *Tres tristes tigres*, encontremos una curiosa advertencia –inspirada en la recomendación de Mark Twain de que nunca los personajes de una ficción moderna deben hablar de la misma manera– en la que el autor nos aclara que su libro «está en cubano, es decir, escrito en los diferentes dialectos del español que se hablan en Cuba». Para luego, apenas tres líneas más abajo, *aclarar* la *aclaración* y advertirnos que «sin embargo, predomina como un acento el habla de los habaneros y en particular la jerga nocturna que, como en todas las grandes ciudades, tiende a ser un idioma secreto».[88] Toda la Cuba de Cabrera Infante cabía dentro de La Habana y toda La Habana dentro de una noche.

La Habana de mediados del siglo XX, que aparece en la narrativa de Cabrera Infante, era cualquier cosa menos una «gran ciudad». Según el historiador Leví Marrero, esa Habana –no la provincia, sino el municipio de entonces– tenía poco más de 700.000 habitantes y tan sólo 113 kilómetros cuadrados.[89] La segunda ciudad cubana, entonces y ahora, Santiago de Cuba, al este de la isla, tenía siete veces la extensión de La Habana, pero su población apenas rebasaba los 150.000 habitantes.

Como en «La ruinas circulares», el relato de Jorge Luis Borges, ese pequeño territorio fue convertido por autor de *Tres tristes tigres* y *La Habana para un infante difunto* en un espacio saturado de mitos y ficciones: en un artefacto de la memoria cultural.

Cuando, en 1941, Guillermo Cabrera Infante llegó con su familia a La Habana, desde el pequeño pueblo rural de Gibara, la ciudad aún estaba regida por el Plan Forestier, de 1925, que había desplazado el centro político y cultural del área colonial –la Plaza de Armas, el Palacio de los Capitanes Generales, la Catedral y el Puerto– a la zona republicana: el Paseo del Prado, el Parque Central, el Centro Gallego, el Centro Asturiano y el Capitolio. Cuba experimentaba entonces una refundación republicana, impulsada por el movimiento revolucionario de 1933 y por la Constitución socialdemócrata de 1940. Durante los veinte años que vivió en La Habana, Cabrera Infante vería desplazarse el centro de la ciudad una vez más: de aquel entorno neoclásico a la franja modernista del Vedado y Miramar.

La nueva fisonomía urbana de la ciudad, obra del Plan Director de La Habana, concebido por el ministro de Obras Públicas del gobierno de Fulgencio Batista, Nicolás Arroyo, y diseñado por los arquitectos José Luis Sert, Paul Lester Wiener y Paul Shulz, de la firma Town Planning Associates, quedó establecida con la Plaza Cívica –un espacio fascistoide que Fidel Castro convertiría en escenario predilecto de sus manipulaciones políticas–, la línea de rascacielos del Malecón, los túneles bajo el río Almendares, que comunicaban El Vedado con el lujoso barrio residencial de Miramar, y el túnel que atravesaba la bahía y conectaba el Palacio Presidencial, Prado y Malecón con las playas del este habanero.[90]

Arsenio Cué, un personaje de *Tres tristes tigres*, se percataba de ese desplazamiento del vórtice de la urbe: «Es curioso cómo cambia el mundo de eje... Hace tiempo que éste era el centro de La Habana nocturna y diurna. El anfiteatro, esta parte del Malecón, los parques del Castillo de la Fuerza al Prado, la avenida de las Misiones... Era que éste era el centro, sin más explicaciones. Después lo fue el Prado, como antes debió serlo la Plaza de la Catedral o la Plaza Vieja o el Ayuntamiento. Con los años subió hasta Galiano y San Rafael y Neptuno y ahora está ya en La Rampa. Me pregunto adónde irá a parar este centro ambulante que, cosa curiosa, se desplaza, como la ciudad y como el sol, de este a oeste.»[91]

La precisión con que Cabrera Infante observaba las mutaciones de la ciudad tiene que ver con el hecho de que él mismo no fuera un habanero, sino un inmigrante que llega en la adolescencia a la capital y crece dentro de ella o, más bien, junto con ella. Esta tensión entre La Habana y el «interior» de las provincias insulares –similar a la que registra la historia literaria argentina, desde Echeverría hasta Borges– se hace perceptible en *Tres tristes tigres*. La carta de Delia Doce a Estelvina Garcés, al principio de la novela, transmite el hechizo que la capital, tentadora y pecaminosa, ejerce sobre la mentalidad tradicional de los campesinos de provincia: «... como te iba diciendo esa hija tulla se ha buelto buena perla aquí en La Habana que es una ciudá perniciosa para la jente joven y sin experiencia».[92]

Como Batista y Castro, sus dos odiados tiranos, Cabrera Infante era un «oriental» en La Habana: eso que los habaneros de hoy, reiterando la consabida analogía de los «judíos del Caribe», llaman un «palestino». Pero al igual que Batista, y a diferencia de Castro, quien vivió fuera de La Habana entre 1954 y 1958, es decir, en los cuatro años decisivos de la modernización de la ciudad, Cabrera Infante sintió la transformación urbana del último tramo de la historia republicana como se siente el crecimiento del propio cuerpo. Nacido en 1929, durante el esplendor cultural de la República, el autor de *La Habana para un infante difunto* llegó a la adultez justo cuando la ciudad adoptaba la nueva fisonomía de la modernidad americana. El cuerpo de Cabrera Infante y el cuerpo de La Habana llegaron, así, a experimentar una suerte de correspondencia vital: «... haciendo cierto el aserto, el viejo adagio que era más bien un allegro –La Habana, quien no la ve no la ama y yo la veía tal vez demasiado, la ciudad entrándome no sólo por los ojos sino por los poros, que son los ojos del cuerpo».

En otro momento de *Tres tristes tigres*, Arsenio Cué desarrolla su idea «de que la ciudad no fue creada por el hombre, sino todo lo contrario» y habla «con nostalgia arqueológica de los edificios como si fueran seres humanos, donde las casas se construyen con una gran esperanza, en la novedad, una Navidad y luego crecen con la gente que las habita y decaen y finalmente son olvidadas o derruidas o se caen de viejas y en su lugar se levanta otro edificio que recomienza el ciclo». Cabrera Infante introduce, entonces, la analogía entre esa «saga arquitectónica» de La Habana y el ciclo de ascenso y caída que, como una trama alegórica de la civilización occidental, proponía Thomas Mann al principio de *La montaña mágica*, cuando Hans Castorp llega al «sanatorio, petulante, seguro de su salud evidente, de alegre visita de vacaciones al infierno blanco, para saber más tarde que él también está tísico».[93]

La identidad habanera de la escritura de Cabrera Infante se construyó sobre la certidumbre de que, en Cuba, sólo la ciudad de La Habana podía ostentar un devenir civilizatorio de auge y decadencia, como el descrito por Spengler y Toynbee: un devenir civilizatorio similar al que distinguía la marcha histórica de Occidente. Por eso, en un diálogo memorable entre Cué y Silvestre ambos descubren que no son originarios de La Habana, que son del «campo», uno de un pueblo llamado Virana, y el otro de un pueblo vecino, llamado Samas. Al pronunciar esos nombres, los personajes se percatan de que, en Cuba, da lo mismo haber nacido en cualquier lugar que no sea La Habana. Esta ciudad, cuyo esplendor modernista entrañaba, también, una decadencia espiritual, era la única que dotaba de capacidad de recuerdo a la cultura cubana. Como un Funes habanero, Cué dice al final del diálogo: «Recuerdo casi todo y además recuerdo las veces que lo recuerdo... Pensé mirando el puerto que hay alguna relación sin duda entre el mar y el recuerdo. No solamente que es vasto y profundo y eterno, sino que viene en olas sucesivas, idénticas y también incesantes... Pensé que yo era el Malecón del recuerdo.»[94]

Las dos novelas habaneras de Guillermo Cabrera Infante, *Tres tristes tigres* y *La Habana para un infante difunto,* fueron ejercicios de memoria en torno a la vida de la ciudad entre 1948 y 1962. En *Tres tristes tigres* la evocación estuvo bastante centrada en el mundo nocturno de los bares, clubes y cabarets de La Habana Vieja, Centro Habana y El Vedado. El mismo mundo sensual y hedonista que aparece en las novelas de Hemingway y Greene y que consolidó a La Habana como fantasía de la imaginación occidental en los años previos al triunfo revolucionario. Sin embargo, a diferencia de Hemingway y Greene, Cabrera Infante narraba desde el corazón de la ciudad, rehuyendo los estereotipos al uso del curioseo exótico e insinuando claves secretas para descifrar la vida urbana. Una buena parte del impulso irónico con que su mirada captaba el torbellino habanero provenía de su ubicación en los medios letrados y artísticos de la isla. No es raro que la novela esté llena de alusiones a grandes escritores cubanos y que uno de sus mejores momentos sea el de las parodias de la muerte de Trotski según siete escritores cubanos: José Martí, José Lezama Lima, Virgilio Piñera, Lydia Cabrera, Lino Novás Calvo, Alejo Carpentier y Nicolás Guillén.

En *La Habana para un infante difunto* la trama, aunque enmarcada también en los años 50, se remonta, a ratos, un poco más atrás, debido a que una buena parte del texto está dedicada a reconstruir la iniciación sexual del autor en la década de los 40. Las lecturas pornográficas en Monte 822, las masturbaciones en Zulueta 408 y las visitas al teatro Shangai se alternaban, en aquel relato, con el trabajo periodístico en las revistas *Carteles* y *Bohemia* y con los inicios del activismo intelectual y político, junto a Carlos Franqui, en *Nuestro Tiempo* y *Nueva Generación*. Al igual que la novela previa, *La Habana para un infante difunto* contaba la aventura cultural de un joven escritor cubano, atrapado por el dilema entre nacionalismo y vanguardia, entre cosmopolitismo y tradición, y dispuesto a enfrentar dicho dilema por medio de equilibrios estéticos e ideológicos.[95]

Más que en sus novelas, la singular modernidad de la visión cultural de Cabrera Infante tal vez haya que encontrarla en el magazine *Lunes de Revolución*, que dirigió entre marzo de 1959 y noviembre de 1961, cuando fue clausurado por el gobierno de Fidel Castro. Aquella publicación, donde se reunió lo mejor del arte, la literatura, la crítica y el pensamiento cubanos de mediados del siglo XX, dedicó números a la religión afrocubana, la reforma agraria, la Guerra Civil española, Israel, la filosofía de los derechos humanos, México, Sartre, Camus, África, Neruda, *El Quijote*, los poetas modernistas, el nuevo cine, Stanislavski y la Segunda Guerra Mundial. Con *Lunes de Revolución*, el universo abigarrado de referencias cinematográficas y musicales, literarias e históricas, que caracteriza la narrativa de Cabrera Infante, se puso a disposición del proyecto de política cultural más democrático y renovador de la historia cubana contemporánea.[96]

A diferencia de la mayoría de los escritores de su generación (Roberto Fernández Retamar, Edmundo Desnoes, Heberto Padilla, Pablo Armando Fernández, Lisandro Otero...), que subordinó la literatura al gobierno de Fidel Castro y hasta comulgó con la idea de que la Revolución era la verdadera obra de arte, Guillermo Cabrera Infante mantuvo la experiencia revolucionaria y sus constantes incursiones en la política intelectual fuera de los textos narrativos. La política de Cabrera Infante hay que encontrarla en la prosa histórica de *Así en la paz como en la guerra* (1960) y *Vista del amanecer en el trópico* o en los artículos emergentes de *Mea Cuba*, no en *Tres tristes tigres* o *La Habana para un infante difunto*. La primera de aquellas novelas ya estaba escrita en 1965, cuando Cabrera Infante se exilió e hizo pública su oposición al régimen castrista. Pero la segunda, aunque escrita plenamente en el exilio y desde la oposición, carece de posicionamientos frente al comunismo cubano. De hecho, en un pasaje de *Vista del amanecer en el trópico* sobre la manipulación comunista de la revista *Nuestro Tiempo*, uno de los proyectos culturales más interesantes de la época batistiana, Cabrera Infante anota: «Pero no es de política ni de cultura ni aun de política cultural que hablo sino del amor y de sus formas y de las formas de mi amor, aun de las formas vacías del amor.»

Cabrera Infante mantuvo fuera de su obra narrativa la experiencia revolucionaria no sólo porque le resultara amarga o porque no quisiera contaminar de política sus ficciones, sino porque La Habana que a él le interesaba reconstruir había desaparecido entre 1959 y 1961. Aquella Habana profundamente occidental, abierta a las corrientes estéticas de la posguerra, era incompatible con el marxismo-leninismo, en tanto ideología de Estado, y con el totalitarismo comunista, en tanto orden social. La Habana como fantasía erótica de Occidente había sido reemplazada por La Habana como utopía tropical del comunismo. Los «hablaneros», aquellas criaturas de la ciudad que articulaban una jerga única e intraducible, habían mutado y ahora, en lugar de citadinos sensuales y paródicos, frívolos y cosmopolitas, las calles, parques y plazas se llenaban de multitudes solemnes y enardecidas que coreaban consignas bajo la batuta de un joven caudillo.

Frente a esa última mutación, Cabrera Infante decidió reservar su literatura para el testimonio de la ciudad perdida. Aquella apuesta, que con los años lo llevaría a refundar La Habana en su imaginación y su memoria, demostró ser sumamente seria, casi tozuda. En una pequeña cápsula del tiempo y el espacio, los 50 habaneros, parecía contenerse el código genético de la cultura cubana que le interesaba a Cabrera Infante: una cultura antiautoritaria –opuesta a la dictadura de Batista, aunque reacia a cualquier totalitarismo–, liberal y democrática, universalista y patriótica, sensual y lúcida, frívola e inteligente. Esa Habana, la de Jorrín y Pérez Prado, la de Rita Montaner y Beny Moré, la de Amelia Peláez y René Portocarrero, la de Virgilio Piñera y José Lezama Lima, la de los bares del puerto y los clubes de la Rampa, la de Tropicana y Teatro Estudio, la de *Bohemia* y Cinemateca, era, para Cabrera Infante, una pequeña infinitud, una reserva simbólica inagotable, que siempre estaría allí, resistiéndose al presente comunista desde el pasado republicano.

Tanto en *Tres tristes tigres* como en *La Habana para un infante difunto,* Cabrera Infante fijó su atención en ciertos atributos de la ciudad, como la multitud de coches gigantescos, atestados en las calles angostas de La Habana o deslizándose veloces por las grandes avenidas del Vedado y Miramar, o los bares nocturnos, donde, entre el bullicio irrefrenable de los habaneros, lograba escucharse un son, un chachachá, un mambo o un bolero. Sin embargo, dado que ambas novelas dibujaban la noche habanera, un personaje inevitable fue la luz: no sólo la luz solar o lunar, sino la de los anuncios lumínicos, «ese baño de luces, ese bautizo, esa radiación amarilla que nos envolvía y que le prestaba a la noche habanera un sortilegio único, inolvidable».[97]

Paseando por el Malecón, alguna noche de los 50, Guillermo Cabrera Infante llegó a percibir otra luz: la luz propia de la ciudad, generada por alguna fuente secreta de energía. Tal vez en aquella iluminación juvenil resida el misterio de la persistencia de su memoria, de la radical experiencia de su exilio y su nostalgia: «La fosforescencia de La Habana no era una luz ajena que venía del sol o reflejada como la luna: era una luz propia que surgía de la ciudad, creada por ella, para bañarse y purificarse de la oscuridad que quedaba al otro lado del muro. Desde esa curva del Malecón se veía toda la vía, la que da al paisaje de La Habana, de día y de noche, su calidad de única, la carrera que recorrería después tantas veces en mi vida sin pensar en ella como ámbito, sin reflexionar en su posible término, imaginándola infinita, creyéndola ilusoriamente eterna –aunque tal vez tenga su eternidad en el recuerdo.»[98]

## Chisme y biografía

El mundo literario de Guillermo Cabrera Infante podría ser descrito como un conjunto de obsesiones: La Habana de los 40 y 50, la música, el tabaco, el sexo, el cine... A cada una de esas obsesiones, el autor de *Así en la paz como en la guerra* dedicó un libro: *Un oficio del siglo XX* (1963), *Cine o sardina* (1993), *Mi música extremada* (1996), *Puro humo* (1985).[99] Sin embargo, el hilo que enlazaba ese rosario de pulsiones era un estilo siempre paródico, capaz de distanciarse del discurso justo, en el instante en que comenzaba a dotarse de gravedad. Tal vez no haya mejor exposición de esta idea de la literatura en tanto boicot contra la solemnidad que el pasaje de *Tres tristes tigres* en que Cué diserta sobre escritores cubanos y, luego de referirse a Carpentier como «el último novelista francés, que escribe en español devolviendo la visita a Herediá», le dice a su interlocutor: «¿Te ríes? Es el signo de Cuba. Aquí siempre tiene uno que dar a las verdades un aire de *boutade* para que sean aceptadas.»[100]

En la novela *Negra espalda del tiempo,* Javier Marías relató su último encuentro con Juan Benet en El Viso. Marías acababa de regresar de Londres, donde había estado con Guillermo Cabrera Infante y su esposa Miriam Gómez, y para alegrarle la noche al anciano escritor decidió reconstruir las divertidas historias que le contaron los cubanos. Una era sobre Borges en

Sitges («un lugar muy salvaje») atorado con una rebanada de *pa amb tomàquet;* otra, sobre un canguro erecto y «homosexualista» que escandalizaba a la fauna australiana; y otra más, sobre el doctor Dally, vendiendo libros prohibidos, con la mitad del cuerpo paralizada y de distintos colores, que variaban longitudinalmente. Al parecer, Benet estuvo al borde de un colapso de risa por obra y gracia de los chistes de los Cabrera, quienes, al decir de Marías, son «inagotables».[101]

El humor de Cabrera Infante, fondo y superficie de su literatura, se afina en esos juegos orales, que él llamaría «f(l)orales». Siempre he sospechado que el estilo inconfundible del autor de *Tres tristes tigres* es obra de cierta empatía entre la escritura y el habla. La magia del estilo, en la buena literatura, es precisamente eso: lograr que lo hablado y lo escrito confluyan en un mismo horizonte. Proust, Joyce y Kafka no escribían como hablaban, pero Borges, Lezama y Paz hablaron como escribieron. Cabrera Infante es, por arte y magia de su estilo, un maestro en plasmar esos momentos en que el ingenio sorprende una situación ridícula, es decir, risible: algo así como la fotografía instantánea de un *gag* o el esbozo apresurado de una caricatura que, como bien sabían Charles Baudelaire y Buster Keaton, no es más que el principio visual de lo cómico.

En el caso de Cabrera Infante, dos rasgos afianzan esa suerte de isomorfismo oral y textual: su interés en la transcripción del habla popular y su gusto por el chisme como forma narrativa perfecta. ¿Qué son los chismes literarios sino chistes, casi siempre mordaces, donde la imagen solemne de un escritor se relaja hasta conseguir su inversión; «enemigos rumores», como decía Lezama, que *chotean* al poeta o al novelista, desaliñando, graciosamente, su figura rígida y emperifollada? La farándula intelectual habanera de los años 30, 40 y 50, referencia básica de toda la literatura de Cabrera Infante, es una fuente inagotable de chismes. En sus cartas a Jorge Guillén, Pedro Salinas contaba que cada vez que hacía escala en La Habana encontraba a los escritores en un «estado de guerrilla perpetua». Versión de la cadena de golpes entre Songo y Burundanga, el mundillo literario habanero era un solar letrado: Chacón y Calvo decía horrores de Mañach, Mañach de Lezama, Lezama de Guillén y Guillén de Ballagas.

*Vida para leerlas*, «variación paródica de las *Bioi paralleloi»*, tiene, según su autor, una sola semejanza con la obra de Plutarco: la considerable importancia que dio el biógrafo antiguo al «chisme de salón y a los rumores de la corte». Se trata de biografías que le deben más a la ficción que a la historia. Aunque, por lo general, son ficciones que la tradición oral ha establecido como anécdotas reales. Así, esa prosa puede producir efectos hilarantes al visualizar a José Lezama Lima dando saltitos para eludir las piedras que le lanzaba Virgilio Piñera, mientras un grupo de muchachos gritaba: «¡Que salte el gordo! ¡Que salte el gordo!», o al imaginar a Calvert Casey atragantado con un *spaghetti alla Pignera* y tartamudeando la frase: «Antón, eres una vi-vi-vvv... víbora», o, simplemente, al ver el diente de algodón de Porfirio Barba Jacob volando por los cielos, a causa de una ventolera en el puerto de La Habana.[102]

Sin embargo, esas biografías revelan mucho más que un ingenio refinado y una prosa divertida. *Vidas para leerlas* logra algo extremadamente difícil: hace coexistir los juicios morales y los juicios estéticos. Es notable que Cabrera Infante, a pesar de su rechazo a las posiciones políticas de Alejo Carpentier y Nicolás Guillén, no oculta su admiración literaria por estos autores, así como por aquellos que, además de buenos escritores, fueron, como él, víctimas de la Revolución: Lezama, Piñera, Sarduy, Arenas, Novás Calvo, Montenegro, Labrador, Cabrera... En cierto modo, estos retratos escritos son la exhibición de un legado, el despliegue de una herencia, no sólo literaria, sino también moral. Así como las parodias de la muerte de Trotski, según varios escritores cubanos, en *Tres tristes tigres*, eran homenajes de estilo, estas biografías son, también, las memorias de un discípulo.

Al igual que en *Mea Cuba*, en *Vidas para leerlas* Cabrera Infante expone su política del espíritu. Una política que, como es bien sabido, se funda en la oposición al régimen totalitario que desde hace cuarenta y cinco años encabeza Fidel Castro en Cuba. Por momentos, la puesta en escena de esa posición alcanza una destilada elocuencia, casi filosófica. Así, cuando escribe frases como «el totalitarismo, que aspira a la historia, cuida su eternidad como el cuerpo su piel» o «la memoria es la madre de la moral», se nos presenta ya no como un prosista elegante, sino como un pensador sensible que ha reflexionado sobre los temas dramáticos de la modernidad. Su ironía no ejerce, pues, un control férreo sobre la retórica, permitiendo, a veces, que algunas densidades marquen la escritura con el sello de la lucidez. De esta forma, la prosa de Cabrera Infante exhibe cierto hieratismo, que la asemeja a un tejido de múltiples colores.

Hay textos memorables en la ensayística de Guillermo Cabrera Infante. Pienso en «Antonio Ortega vuelve a Asturias», que es la primera evocación, que conozco, del aporte del exilio español a la cultura cubana, o en «Colón imperfecto» y «Escenas de un mundo sin Colón» que equivalen, en la narrativa, a aquella interpretación, tan cara a Edmundo O'Gorman y José Lezama Lima, del almirante como un viajero que inventa el Nuevo Mundo por medio de la escritura.[103] Sin embargo, prefiero entre todos el que, a mi juicio, es uno de los ensayos más hermosos de la literatura hispanoamericana: «Lorca hace llover en La Habana.» Cabrera Infante reconstruye La Habana de la primavera de 1930 con imágenes de *Tener y no tener* de Hemingway, de las fotos de Walker Evans y de *San Cristóbal de La Habana*, el libro de viajes de Joseph Hergesheimer; luego hace caminar a Federico García Lorca por esas calles portuarias, abarrotadas de marinos escandinavos y dandys negros; y, por último, reproduce, gráficamente, un diluvio ante los ojos del poeta, que viene siendo como el verdadero homenaje de La Habana al autor del «Son de negros en Cuba»:

265

Mientras en el comedor los comensales devoraban el almuerzo cálido, indiferentes a la lluvia que era cristal derretido, espejo húmedo, cortina líquida, Lorca, sólo Lorca, vio la lluvia. Dejó de comer para mirarla y de un impulso saltó, se puso de pie y se fue a la puerta abierta del hotel a ver cómo llovía. Nunca había visto llover tan de veras. La lluvia de Granada regaba los cármenes, la lluvia de Madrid convertía el demasiado polvo en barro, la lluvia de Nueva York era una enemiga helada como la muerte. Otras lluvias no eran lluvia: eran llovizna, eran orballo, eran rocío comparadas con esta lluvia. «Y todas las cataratas de los cielos fueron abiertas», dice el Génesis, y el Hotel Inglaterra se hizo un arca y Lorca fue Noé. ¡Había gigantes en la poesía entonces! Lorca siguió en su vigía, en su vigilia (no habría siesta esa tarde), mirando solo, viendo organizarse el diluvio ante sus ojos.[104]

Hay tal concentración poética en esta prosa que el estereotipo de Guillermo Cabrera Infante como escritor de parodias y retruécanos se nos deshace bruscamente. Vemos detrás de esa escritura al narrador de *Ella cantaba boleros*, capaz de reconstruir, como nadie, un aguacero en La Habana de 1930, que cae sin clemencia sobre el Centro Gallego, el Centro Asturiano, la Manzana de Gómez, la Placita de Albear, el Floridita..., e incluso «sobre la estatua de Martí y su lívido brazo de mármol». Cada rincón de la ciudad es bañado por un diluvio mágico, que se precipita en la exhaustiva memoria de un escritor que no oculta su adoración por esas calles húmedas y estrechas. Tan sólo por dos o tres páginas de este ensayo, «Lorca hace llover en La Habana», Guillermo Cabrera Infante siempre será leído como lo que es: un maestro de la prosa hispanoamericana de todos los tiempos.

La política y la historia que le interesan a Guillermo Cabrera Infante hay que encontrarlas en esa escritura de evocaciones, en esa transcripción de la memoria que reconstruye una ciudad perdida, un lugar y una época que vagamente se atisban desde la imaginación literaria. Por eso, en su animada conversación con Danubio Torres Fierro, Cabrera Infante definía su poética como un intento de ironía literaria, en el que la «Historia era vista como simple historia y la vida histórica transformada en mera escritura, en versiones de la realidad –o mejor dicho de la "realidad"». El estilo de la nación, en esta poética, no es, por tanto, una restitución literaria de la historia, sino lo opuesto: una restitución histórica de la literatura. El arte de escribir, la articulación de una buena prosa, es, para Guillermo Cabrera Infante, el verdadero suceso histórico: el único boleto de regreso al paraíso perdido.

## HEBERTO PADILLA: DISIDENCIA Y CHOTEO

Una de las frases más recurrentes, en el lenguaje del poder cubano, durante los trece años (1967-1980) que duró la represión contra el autor de *El justo tiempo humano*, fue la siguiente: «Heberto Padilla quiere crear en Cuba problemas checoslovacos.» La somera revisión de los documentos oficiales, que justificaron la campaña de desprestigio contra el poeta en 1967, su fatídico encarcelamiento el 20 de marzo de 1971, la llamada «autocrítica» del 27 de abril, su marginación de casi diez años en La Habana y su exilio –parcialmente redentor, como todos los exilios– en 1980, arroja que lo que más irritaba a las élites habaneras de entonces era que Heberto Padilla fuese internacionalmente conocido y admirado, que su humillación suscitara la solidaridad de decenas de personalidades de la cultura occidental (desde Jean-Paul Sartre hasta Susan Sontag, pasando por Octavio Paz y Mario Vargas Llosa) y que su poesía y su persona se convirtieran en emblemas de una disidencia literaria bajo el comunismo cubano, equivalente a las de Pasternak o Solzhenitsyn en Rusia, Milosz en Polonia o Kundera en Checoslovaquia.[105]

267

Una de las primeras veces que apareció el argumento fue en la respuesta del Consejo de Redacción de la revista *El Caimán Barbudo* a una crítica de Padilla sobre la novela *Pasión de Urbino* de Lisandro Otero, en la cual el poeta protestaba contra el silencio, oficialmente decretado, en torno a *Tres tristes tigres*, la primera novela de Guillermo Cabrera Infante, que había ganado el Premio Biblioteca Breve de Seix Barral.[106] Allí, los jóvenes editores de *El Caimán Barbudo* (Jesús Díaz, Guillermo Rodríguez Rivera, Luis Rogelio Nogueras, Víctor Casaus...), quienes muy pronto también serían castigados por el régimen, afirmaban: «Padilla conocerá muy bien otros países socialistas –donde ha residido varios años como funcionario de la Revolución– pero conoce muy mal su propio país. Comete el deplorable error de juzgar a Cuba de acuerdo con esquemas importados...»[107] Luego, el mismo reproche emerge, con tonos de rencor y envidia, en los artículos publicados por Leopoldo Ávila, seudónimo del burócrata Luis Pabón Tamayo, en *Verde Olivo*, el periódico de las Fuerzas Armadas. En uno de aquellos artículos, Pabón se preguntaba: «No se sabe a qué estalinismo se refiere Padilla. En su manía persecutoria traslada mecánicamente a nuestra realidad problemas que no son nuestros.»[108] Lo que el funcionario no advertía era que esa paranoia de ver siempre una mano foránea, extranjera, detrás de la más leve crítica era, precisamente, un rasgo distintivo del estalinismo.

A fines de 1968, cuando el poemario *Fuera del juego* fue unánimemente premiado por un célebre jurado (J. M. Cohen, César Calvo, José Lezama Lima, José Zacarías Tallet y Manuel Díaz Martínez), la dirección de la UNEAC reprobó el dictamen aduciendo que «Padilla mantenía en sus páginas una ambigüedad mediante la cual pretendía situar su discurso en otra latitud... y, exonerado de sospechas, lanzarse a atacar la revolución amparado en una referencia geográfica».[109] Tres años después, ante la fuerte reacción internacional contra el encarcelamiento del poeta, la política cultural de la isla daría un giro definitivo hacia el modelo soviético en el Congreso Nacional de Educación y Cultura de 1971. En el discurso de clausura de aquel evento, Fidel Castro dejó clara la intención del régimen de no permitir otro premio como el de Padilla: «¿Concursitos aquí para venir a hacer el papel de jueces? ¡No!» Y en la declaración final, los delegados de aquel congreso decretaron la prohibición de la crítica, en tanto rol del intelectual moderno: «Rechazamos las pretensiones de la mafia de intelectuales burgueses pseudoizquierdistas de convertirse en la conciencia crítica de la sociedad.»[110]

Sin embargo, el texto donde mejor se plasma la fuerza de aquel persistente argumento sobre el carácter foráneo y anacrónico de la disidencia de Padilla es su propia autocrítica: un documento que, despojado de sus múltiples ironías, también forma parte del dossier oficial. Allí, el poeta admitía como su máxima culpa retórica el haber «querido identificar determinada situación cubana con determinada situación internacional de determinadas etapas del socialismo que ha sido superada en esos países socialistas, tratando de identificar situaciones históricas con esta situación histórica que nada tiene que ver con aquellas».[111] En ese *mea culpa* retórico que, como entrevió Octavio Paz, no era más que la «autohumillación de un incrédulo», se vuelven transparentes los motivos del poder. El dilema que creaba el cuaderno *Fuera del juego* al régimen cubano era, nada menos, el de permitir la circulación, en la isla, de un texto poético que inscribía a Cuba dentro de la experiencia totalitaria comunista, inaugurada en la Rusia de Lenin, además de tolerar el reconocimiento internacional que haría de su autor un crítico impune, intocable por la policía política. El propio Padilla fue, otra vez, el que logró, en su autocrítica, la formulación más nítida de esa disyuntiva que él mismo imponía al régimen castrista: «Yo me consideraba un intocable típico, como el que existe en los países socialistas, esos escritores que –como ustedes saben– escriben sus libros, los publican clandestinamente fuera de sus países y se convierten en intocables, en hombres que ningún estado puede tocar.»[112]

Los modelos de Padilla eran tentadores. Solzhenitsyn y Brodsky, antes de que lograran salir de Rusia a principios de los 70, gozaron de esa frágil «inmunidad del disidente».[113] También Milosz en la Polonia de los 50 y Kundera en la Checoslovaquia de los 60. Pero en Cuba, una vez más, las cosas tenían que ser distintas. ¿Por qué? ¿Acaso la disidencia de un poeta cubano frente al comunismo no reproducía el mismo terror del drama totalitario en Rusia o cualquier país de Europa del Este? Al parecer, no, y por tres razones: una histórica, la otra política y una más, metafísica. Quisiera, en las páginas que siguen, desglosar estas tres razones con el fin de proponer una arqueología de la represión castrista contra la persona y la escritura de Heberto Padilla. El arma simbólica de aquella represión será entendida, aquí, como un choteo de la disidencia, desde el poder: una eficaz degradación del rol del intelectual bajo el comunismo, a partir de su marginación del campo cultural de la isla. Como veremos, todos los emblemas que el poder impuso a Padilla (anacrónico, foráneo, paranoico, extranjerizante, eslavófilo...) no sólo revelaron la violencia de un nacionalismo puesto en función del terror, sino las múltiples y desconocidas fricciones culturales entre Cuba y sus aliados de Europa del Este.

*La subversión simbólica*

La poética disidente de Heberto Padilla, vertida en *Fuera del juego*, apareció justo cuando culminaba el deshielo de Nikita Jruschov, aquel interregno político que, entre 1956 y 1964, cobijó a los intelectuales díscolos de Europa del Este bajo la sombrilla de una crítica al estalinismo. Con la llegada al Kremlin, a mediados de aquella década, de Leonid Bréznev, asesorado entonces por Mijáil Suslov, discípulo del sombrío Zhdanov, se produjo una reanimación del artefacto comunista. Según Moscú, la crítica al estalinismo ya había sido suficiente y ahora se iniciaba una nueva etapa, que dejaba atrás aquellas «contradicciones» –palabra mágica– del culto a la personalidad, los interrogatorios, las censuras, los crímenes y el gulag. Criticar esa nueva aurora comunista era, a juicio de Suslov, un anacronismo, y condenar a Stalin por la represión de los años 30, sin ponderar su papel en la victoria sobre el nazismo, una injusticia. Así comenzó ese curioso neoestalinismo, con retórica discretamente antiestaliniana, que fue la era Bréznev y en la que debe inscribirse un buen tramo del castrismo: por lo menos, desde 1968 hasta 1989.[114] *Fuera del juego* aparece, pues, en el año crucial: unos meses después que Castro ha apoyado la invasión soviética a Checoslovaquia y, con tal gesto, ha mostrado su plena adhesión al estancamiento o *zastoi*. En ese escenario, versos como los de *El abedul de hierro* eran sacrílegos.

Ésta fue la razón histórica. Pero la razón política estaba más allá de encuentros o desencuentros entre el régimen cubano y el soviético: estaba, naturalmente, en el verdadero centro del poder, que es la mentalidad de Fidel Castro. El espaldarazo de La Habana al avance de los tanques soviéticos sobre Praga no fue sólo una señal de alineamiento con Moscú. El objetivo de Castro, virtuoso artista de la manipulación, era aliarse geopolíticamente a la URSS y, a la vez, mantener la imagen alternativa de su socialismo –cuyo mejor emblema era el martirio del Che en Bolivia– ante la izquierda latinoamericana y europea. En suma, esta sofisticada operación simbólica, que seguramente desbordó la imaginación del Kremlin, se proponía garantizarle al régimen cubano las ventajas de ambos aliados: el comunismo soviético y el liberalismo occidental.[115] Pero dos obstáculos se interpusieron a dicha empresa: el fracaso de la zafra de los diez millones en 1970, que provocó el desabastecimiento del Estado cubano y la consecuente integración al Consejo de Ayuda Mutua Económica (CAME), y Heberto Padilla, un poeta que con unos cuantos versos analógicos logró articular, dentro y fuera de Cuba, un

271

discurso que identificaba muchos síntomas de la sociedad revolucionaria con el orden totalitario del comunismo.

Entre 1968 y 1971, Heberto Padilla protagonizó la subversión simbólica más eficaz que ningún intelectual haya logrado en toda la historia del socialismo cubano. Él solo, con su poemario *Fuera del juego*, y con su intensa proyección internacional, desmontó aquel ardid caribeño, incomprensible para los soviéticos, que pretendía hacer de Cuba un comunismo de *closet*, seguidor fiel de los cánones de Moscú y, a la vez, propagador de una utopía libertaria, más heredera de Trotski y Mao, que de Lenin y Stalin. Cuando parodiaba el «canto de los césares» («es difícil construir un imperio, / cuando se anhela la inocencia del mundo»), cuando transcribía sus «Instrucciones para ingresar en una nueva sociedad», cuando afirmaba «el puñetazo en plena cara / y el empujón a medianoche son la flor de los condenados» o, simplemente, cuando servía de Cicerone a K. S. Karol, René Dumont, Hans Magnus Enzensberger, Jorge Edwards y otros intelectuales interesados en Cuba, ejerciendo una corresponsalía paralela y más elocuente que la de Prensa Latina, Heberto Padilla parecía gritar al mundo: «Stalin no ha muerto, vive aquí en la Habana», «el terror comunista se está reeditando en una isla del Caribe», «la Revolución cubana abandona su fase experimental y se institucionaliza a la manera soviética...»[116] Lo terrible es que esas tempranas denuncias de Padilla, que aun en 1968, 1969 y 1970, sólo muy pocos creían, requirieron de su encarcelamiento y confesión en 1971 para que fuesen aceptadas. Como se sabe, fue ese siniestro espectáculo –encarnación de los versos de Padilla contra su propio cuerpo– el que decidió la ruptura de la intelectualidad occidental con Fidel Castro. Leyendo hoy algunas opiniones de Octavio Paz sobre aquel proceso, y si no fuera, acaso, despiadado o cínico, podría entenderse la represión del poeta como un sacrificio:

Por lo visto –escribía Paz– la autodivinización de los jefes exige, como contrapartida, la autohumillación de los incrédu-

272

los. Todo esto sería únicamente grotesco si no fuese un síntoma más de que en Cuba ya está en marcha el fatal proceso que convierte al partido revolucionario en casta burocrática y al dirigente en César.[117]

Pero anunciábamos una tercera razón en el caso Padilla: la razón metafísica. Ésta tiene que ver con la lectura que el poder hizo, ya no de algunos de sus versos, sino del sentido profundo de su poética. Me atrevería a decir que el núcleo lírico de *Fuera del juego* y *En mi jardín pastan los héroes* es el mismo: la relación entre el hombre, con minúscula, y la Historia, con mayúscula. Como han mostrado Stanislaw Baranczak, Andrew Baruch Wachtel, Nicola Chiaromonte y otros autores, este tema era central en la literatura disidente de Europa del Este.[118] Escritores como Mandelstam, Pasternak y Solzhenitsyn habían trasladado a la literatura la experiencia límite del individuo bajo el comunismo; un régimen que, como demostrara Milosz en *El pensamiento cautivo*, esclaviza al ciudadano en nombre de la Historia porque se considera dueño del tiempo y bendecido por el futuro.[119] Consciente de ello, Padilla convirtió a la Historia en el personaje principal de *Fuera del juego*. Desde los primeros versos del libro («a aquel hombre le pidieron su tiempo / para que lo juntara al tiempo de la Historia») aparece ese personaje, como un espectro diabólico o una alegoría del mal. La Historia es siempre algo que se sufre, un altar de sacrificios donde se rinde o avasalla la voluntad humana.[120] El más intenso deseo de libertad, que para Padilla –al igual que para Goethe o Eliot– estaba encarnado en la poesía, era capaz de doblegarse a los pies de esa diosa maldita: «No lo olvides poeta / en cualquier sitio y época / en que hagas o en que sufras la Historia, / siempre estará acechándote algún poema peligroso.»[121] Esa sumisión, verificable en cualquier tiempo o espacio de la civilización occidental, en el comunismo se volvía especialmente humillante:

Ahí está nuevamente la miserable humillación
mirándote con los ojos de perro,
lanzándote contra las nuevas fechas
y los nombres.

¡Levántate, miedoso,
y vuelve a tu agujero como ayer, despreciado,
inclinando otra vez la cabeza,
que la Historia es el golpe que debes aprender a resistir.
La Historia es ese sitio que nos afirma y nos desgarra.
La Historia es esa rata que cada noche sube la escalera.
La Historia es el canalla
que se acuesta de un salto también con la Gran Puta.[122]

Ante la disyuntiva planteada en el poemita «Dicen los viejos bardos» (hacer o sufrir la Historia Padilla resuelve que el poeta está condenado a sufrir la Historia. Pero el hecho de transcribir el dilema en su propia poesía debe entenderse como una rebelión contra esa fatalidad.[123] Una rebelión contra la dictadura de la Historia sobre la Poesía y también contra la tradición lírica cubana que, desde el siglo XIX, había intentado desconectar lo poético y lo histórico en una suerte de bloqueo mental de aquella perversa condición. Padilla tenía la impresión, y los historiadores de la cultura cubana deberíamos comprobarla o rebatirla, que desde Heredia hasta Lezama o desde Plácido hasta Guillén, la poesía de la isla gradualmente iba debilitando su intervencionismo público, mientras que la política se volvía cada vez más totalizadora. De manera que cuando la Revolución da paso al régimen comunista, los poetas cubanos se hallan en el punto más alejado de la política, inmersos en líricas trascendentales o personalísimas que, ante el cuadro turbulento de la historia, prefieren mirar a otro lado. En su prólogo a la última edición de *Fuera del juego*, en 1998, Padilla admitiría que esa tesis del desencuentro secular entre poesía e historia, o entre literatura y política, era, en buena medida, la motivación poética de *Fuera del juego:* un cuaderno que quería desmarcarse de la pesada herencia nihilista de la cultura cubana:

Me lo sigue pareciendo, pero en los años setenta los poetas mayores del país proclamaban la búsqueda de «una aventura metafísica o mística y por lo tanto muchas veces hermética». Sus poemas eran graves, suntuosos, bien armados, donde reinaban la imagen y la metáfora; la historia nunca fue vista como problema, ni siquiera la que había irrumpido en la vida nacional trayendo un brusco cambio de instituciones. Por un lado se hacía añicos nuestra tradición de vida, se desgarraba el mundo familiar del que han sido la consecuencia inmediata los jóvenes cubano-americanos; por otro lado andaba una poesía que no se enteraba de la catástrofe. Ni para exaltarla ni para negarla. Simplemente aquello no era asunto suyo, sino de la vida social, de la política. Lo mismo había ocurrido a finales del siglo XIX, cuyos poetas dieron apoyo unánime a la lucha de independencia, pero en cuya poesía nunca aludieron a ello. Su negación de la colonia se dio principalmente en la asunción de una lengua moderna influida, como en Rubén Darío, por la literatura francesa... La rebelión se daba por el idioma.[124]

En el malestar de esa incomunicación entre poesía e historia se halla el sentido profundo del civismo de Heberto Padilla. Un civismo que no sólo corresponde al poeta que escribe un poema disidente, sino al intelectual que encarna una disidencia, de la cual la poesía es el medio más refinado de expresión, pero no el único. Jorge Edwards retrata a Padilla en los primeros días de 1971 como un escritor cultísimo, capaz de citar a Eliot, Auden y Lowell de memoria, pero también como un conocedor de los horrores del comunismo en Europa del Este. En su famosa conversación con Carlos Verdecia, Padilla reconocería que su amistad con intelectuales checos, como Otta Sic y Karel Kosic, pola-

275

cos, como Oscar Lange y Leszek Kolakowsky, húngaros, como Georg Lukács, y rusos, como Evgueni Evstuchenko, había reforzado esa percepción trágica de la historia.[125] Y como decíamos, en su caso no se trató sólo de un hallazgo teórico, sino de una vivencia: una constatación en carne propia de que la Historia, bajo el comunismo, es una entidad opresiva. Padilla experimentó en su cuerpo la furia de un poder que se asume como sujeto principal de la Historia y que concibe a la literatura como una actividad potencialmente criminal y traicionera por su capacidad de producción ideológica. En el comunismo cubano, esta desconfianza del poder frente a los intelectuales generó una curiosa parcelación de roles: los políticos gobiernan la cultura, a cambio de que los intelectuales no escriban sobre política. Heberto Padilla fue el primer poeta que violó ese pacto.

En el prólogo a *En mi jardín pastan los héroes* y en *La mala memoria* se narran el encarcelamiento y los interrogatorios que sufrió el escritor cubano en la primavera de 1971. La mejor prueba de que la obsesión con la Historia no era sólo de Padilla, sino del propio régimen, es que Álvarez, el oficial de la Seguridad del Estado que lo interrogó, al escuchar que el poeta decía que «estaba dispuesto a asumir su responsabilidad histórica», gritó colérico: «Los contrarrevolucionarios no tienen historia.»[126] También en los dos encuentros con Fidel Castro que el poeta debió sufrir durante los trece años de su represión salió aquel tema tan metafísico como real. En el Hospital Militar, mientras Padilla se recuperaba de los golpes que le dieron en Villa Marista, Castro le dijo en tono de consuelo: «Porque echar a pelear revolucionarios no es lo mismo que echar a pelear literatos, que en este país no han hecho nunca nada por el pueblo, ni en el siglo pasado ni en éste; están siempre trepados al carro de la Historia.»[127] En su aturdimiento, el escritor debió pensar en la terrible coincidencia entre el tirano y el poeta, dos actitudes irreconciliables en la historia, pero que podían «encontrarse en ciertas encrucijadas».[128] Él también pensaba que el nihilismo volvía pasivos a los intelectuales, pero, a diferencia de Castro, no concebía que dicha pasividad fuera razón para aplastarlos desde el Estado.

Nueve años después, en marzo de 1980, días antes de salir de Cuba para siempre, Padilla tuvo otra conversación con Castro, que en realidad fue, como la primera, un monólogo más del Comandante. En esa ocasión, luego de insistir en su certeza de que los «intelectuales no se interesan por la obra social de las revoluciones», Castro sostuvo la tesis de que mientras los políticos, príncipes de la Historia, son capaces de comprender a los escritores, éstos, en cambio, no entienden a los políticos. «Lenin –decía un ingenioso Fidel– entendió más a su adversario Berdiaev que los exiliados rusos que lo esperaban cuando el gobierno soviético le pidió que se fuera a París.» Y concluía: «Era un temperamental que no entendió la historia... como tú.»[129] Aunque la afirmación de Castro escondiera, cínicamente, que la comprensión leninista de Berdiaev fue la causa del destierro de aquel filósofo ruso, no era del todo falsa.[130] En efecto, Berdiaev fue rechazado por la emigración rusa, pero su obra en el exilio alcanzó un verdadero esplendor con libros como *Una nueva edad media, Las fuentes y el sentido del comunismo ruso* y *El cristianismo y el problema del comunismo*. La interpretación de aquella advertencia es monstruosa: Castro le decía a Padilla que la única manera de «entender la Historia» era colaborando con el poder, pero, además, le vaticinaba que fuera de su país tampoco encontraría comprensión en los círculos políticos del exilio. Lo que no podía imaginar el caudillo es que en el destierro, el escritor recuperaba su libertad y su palabra: los dos bienes más preciados de un poeta.

*El choteo desde el poder*

Cuando Fernando Ortiz y Jorge Mañach estudiaron esa acción social, tan típica de la cultura cubana, que es el *choteo*, siempre la vieron como una práctica popular que se moviliza contra las autoridades establecidas en cualquier esfera de la sociedad. En ese difundido impulso antiautoritario, Mañach distinguió dos modalidades: una profunda y escéptica y la otra ligera y exterior. A la primera corresponden quienes *chotean* valores, símbolos, instituciones, personas, y todo aquello que revista cierta solemnidad o circunspección, porque tienen «siniestro el ingenio» y ya son incapaces de percibir nada «sublime o venerable en el orden físico y humano».[131] La segunda, en cambio, es la de aquellos que asumen la pose del *choteador*, conscientes del lado sombrío de la verdadera inteligencia, pero que detrás de tanta «frivolidad y escepticismo esconden un alma sensitiva y crédula de niños».[132] La formulación de Mañach es óptima, pero, quizás por esa manía suya, tan noble, de compensar el cuadro siniestro de la sociedad cubana con buenos augurios, su aplicación a la historia de Cuba resultó bastante ingenua. En la tercera y última edición de la *Indagación del choteo*, de 1955, Mañach agregó esta alentadora observación:

Hoy día se puede afirmar, si no la desaparición del choteo en Cuba desde los años críticos que vinieron poco después de escrito este ensayo (1927), al menos su atenuación. El proceso revolucionario del 30 al 40, tan tenso, tan angustioso, tan cruento a veces, llegó a dramatizar al cubano, al extremo de llevarlo en ocasiones a excesos trágicos. Ya el choteo no es, ni con mucho, el fenómeno casi ubicuo que fue antaño; ya la trompetilla apenas se escucha, o, por lo menos, no tiene presencia circulatoria. La historia nos va modificando el carácter.[133]

Lo que no imaginó Mañach entonces, aunque llegó a percibirlo pocos años después, fue que a mediados de aquella década el *choteo* parecía atenuarse porque estaba en proceso de convertirse en poder. En efecto, la Revolución de 1959 supo instrumentar, desde el primer momento, esa energía antiautori-

278

taria de la cultura popular cubana para combatir a sus diversos enemigos: Eisenhower, Kennedy, la burguesía nacional, los políticos republicanos, los revolucionarios democráticos y, por supuesto, los intelectuales liberales. En una década, Fidel Castro y los publicistas del nuevo régimen *chotearon*, desde las cámaras de la televisión o las primeras planas de los periódicos, a muchísimas personalidades de la política y la cultura, entre ellas, al presidente Manuel Urrutia, al ministro José Miró Cardona, al comandante Huber Matos, al intelectual Mario Llerena, al comunista Aníbal Escalante, al narrador Guillermo Cabrera Infante y, por supuesto, al poeta Heberto Padilla. Mañach advertía que, entre todas las víctimas del choteo cubano, una de las más propicias era el intelectual: «Si en todas partes el intelectual respira más o menos indiferencia, aquí ha solido respirar los gases asfixiantes del choteo.»[134] Al transformarse en técnica de poder, el choteo castrista desinhibió rencores sociales que produjeron una radicalización de algunos rasgos del choteo republicano, como la identidad entre lo decente y lo contrarrevolucionario o la atribución exclusiva de la elegancia a las élites económicas.

El choteo, como técnica de poder, en la Revolución cubana cumple el mismo rol que las humillaciones públicas de disidentes en la China de Mao o que los juicios populares en la Rusia de Stalin. Se trata de variantes del «terror de baja intensidad» en el totalitarismo comunista que reconstruyen, a partir de un principio más ideológico que étnico, el ritual del pogromo antisemita de los países centroeuropeos.[135] En Cuba, la forma más depurada de esa técnica se alcanza a fines de los años 70 con el «acto de repudio», una práctica de escarnio colectivo que se ejerció, primero, contra quienes solicitaban salida legal del país y que, en los años 80 y 90, se ha aplicado también contra la disidencia. Pero el «terror de baja intensidad» no se limita al «acto de repudio», que es más bien una ceremonia, sino que se disemina en la microfísica del poder castrista a través de intrigas vecinales, incautación de bienes, decesos o presiones laborales, vigilancias y frecuentes visitas de agentes de la Seguridad del Estado. La historia de los trece o catorce años que duró la represión del poeta Heberto Padilla pasa por todos los grados, bajos, medios y altos, del terror en Cuba. El poeta sufrió acoso, encarcelamiento, tortura, desocupación, secuestro, vilipendio, difamación, exilio y una variante refinada del choteo desde el poder: la autocrítica del 27 de abril de 1971.

Además de poeta, condición social de choteo en la cultura antiintelectual del poder cubano, Padilla era portador de un mensaje fácilmente ridiculizable por élites tan soberbias: su insistencia en la tragicidad de la historia. Aunque en Cuba hubiera una larga tradición poética, de Heredia a Casal y de Poveda a Lezama, que concebía la historia como una dimensión esencialmente trágica, esa mirada intelectual chocaba con el arraigado choteo popular y político que establecía que, «entre cubanos», la tragedia era imposible.[136] Esa tragicidad, de la que Occidente no ha podido prescindir desde la Antigüedad grecolatina y que, como señala George Steiner, es fuente de la mejor literatura moderna, no era asimilable para criaturas frívolas y relajadas, alegres y sensuales, a perpetuidad, como los divertidos cubanos. Desde ese enclave antropológico, manipulado con eficacia por el poder castrista, una poesía como la de Padilla, entregada a la narración del terror comunista, en tanto modelo moderno de la tragedia política, era fácilmente choteable por «extranjera» y «solemne». Lo curioso es que el carácter supuestamente «foráneo» de aquel mensaje, en el choteo del poder, se asociaba con la literatura disidente de los países de Europa del Este, que eran aliados de Cuba. Padilla, según el discurso oficial, trataba de importar a la isla un mensaje checo o polaco, cuyas claves trágicas jamás serían comprendidas por un lector cubano, ya que su cultura graciosa y liviana se lo impedía.

Por mucho que Padilla insistiera en que Cuba era una porción de Occidente donde podía arraigarse un régimen estalinista, el gobierno de Fidel Castro había logrado un aparato de legitimación, demasiado eficaz, que desactivaba esos mensajes. En 1967, antes del arresto, Padilla escribía frases como ésta: «El hecho de que en Cuba se puedan repetir errores de otros tiempos y de otras situaciones históricas ha dejado de alarmarnos. Muchos de esos errores se han repetido y se han reconocido públicamente. En tan corta vida revolucionaria hemos tenido, incluso, nuestro estalinismo en miniatura, nuestro Guanahacabibes, nuestra *dolce vita*, nuestra UMAP [Unidades Militares de Ayuda a la Producción].»[137] Pero ni siquiera los amigos de Padilla, aquellos intelectuales que lo rodeaban y que luego aparecieron implicados en el juicio, daban crédito a sus palabras. En Cuba no podía haber estalinismo, no podía haber terror, y esas experiencias de persecución y encierro de homosexuales, escritores, artistas, políticos inconformes y pequeños empresarios independientes eran sólo «irregularidades», «negligencias», «descuidos» que luego algunos intelectuales exageraban. El gobierno revolucionario había logrado un siniestro espejismo: construir un régimen comunista a partir de la creencia de que la sociedad cubana, por su cultura desinhibida y lúdica, era inmune al comunismo. Frente a una maquinaria tan sofisticada, ese Heberto Padilla que retrata Jorge Edwards, con su lamento metafísico contra la Historia, no podía ser más que un profeta ignorado.

Pero si antes de 1971 había alguna duda sobre la capacidad del régimen de Fidel Castro para instrumentar el terror comunista, a partir de la prisión y escarnio del poeta Padilla ya la evidencia fue incontrovertible. En ese año, como ha documentado Jeannine Verdès-Leroux, se consumó la «pérdida de honor» de la Revolución cubana.[138] Aquellos esfuerzos por crear una nueva cultura de izquierda, heterodoxa y, a la vez, refinada, que se verificó en *Lunes de Revolución,* la activa política editorial, Casa de las Américas, el ICAIC, el primer *Caimán Barbudo,* el *Salón de Mayo* de 1967 y el Congreso Cultural de La Habana, en 1968, fueron desplazados por el encierro del pensamiento den-

281

tro de los moldes políticos del castrismo. A partir de entonces, y aunque el régimen cubano se empeñe en presentar la isla como un paraíso, la tragedia no ha dejado de gravitar sobre la historia de Cuba. Si no son trágicos el presidio de centenares de miles de personas, el éxodo del Mariel, la locura y el suicidio de tantos hombres y mujeres, el fusilamiento de generales, empresarios y políticos, la prisión de cientos de disidentes o la fuga de miles de balseros por el estrecho de la Florida, entonces habrá que inventar otra moral y otro lenguaje para describir el drama cubano. Heberto Padilla fue el primero que, desafiando la metafísica del choteo, se atrevió a hablar de tragedia entre nosotros. Fue nuestro primer testigo: el que vio, como dicen aquellos versos suyos, «cárceles y ciudades mojadas y vías férreas...» con «un ojo de cristal y el otro que aún se disputan el niño y el profeta».

ROBERTO FERNÁNDEZ RETAMAR: LAS LETRAS POR LAS ARMAS

La importante obra del poeta y ensayista cubano Roberto Fernández Retamar podría dividirse en tres regiones: la poesía, la crítica y la teoría literarias y el ensayo histórico, cultural y político sobre Cuba y América Latina. En las páginas que siguen propongo un acercamiento a dicha obra, deteniéndome, sobre todo, en las dos mutaciones o tránsitos intelectuales de su biografía política: de *Orígenes* a la *Revolución* (1950-1962) o, lo que es lo mismo, de una concepción letrada de la cultura a otra socialista y realista, propia de un intelectual orgánico del nuevo régimen, y del anticolonialismo armado al nacionalismo poscomunista (1987-2005), en que recupera cautelosamente el rol del letrado, profundizando su funcionalidad orgánica bajo el poder e insertándose en el circuito académico de los estudios latinoamericanos en Estados Unidos.

Este breve recorrido quisiera contribuir a pensar los dilemas que debe enfrentar el intelectual público de izquierda en

282

Cuba y en América Latina, en las actuales condiciones de universalización y radicalización de la democracia. El principal aporte de Fernández Retamar al pensamiento de la izquierda latinoamericana, esto es, la alegoría histórica de *Calibán*, el bárbaro letrado, el utopista armado, tiene cada vez menos posibilidades de generación de sentido para la cultura y la política y cada vez más resonancia, como noticia arqueológica, en las principales cátedras de estudios latinoamericanos en Estados Unidos. En un mundo migratorio y desplazado, por excelencia, aquella teluricidad insular de *Calibán*, como ha dicho el crítico cubano Iván de la Nuez, sólo tendría sentido como destierro, como éxodo, lo que quiere decir, como negación de sí.[139] Pero esa apuesta, por lo visto, es demasiado costosa.

## De «Orígenes» a la «Revolución»

Tal vez Roberto Fernández Retamar (1930) sea el escritor más propiamente letrado de la generación del 50 en Cuba.[140] Doctorado en Filosofía y Letras por la Universidad de La Habana, en 1954, Fernández Retamar completó su depurada formación clásica y moderna con estancias en La Sorbona, Londres, El Colegio de México, Yale y Columbia y viajes por España, Italia, Grecia, Holanda y Bélgica. Cuando triunfa la Revolución, en enero de 1959, Fernández Retamar había escrito ya algunas obras de poesía y crítica, como los cuadernos *Patrias* (1952) y *Alabanzas, conversaciones* (1955) y los ensayos *La poesía contemporánea en Cuba* (1954) e *Idea de la estilística* (1958), que le otorgaron un temprano reconocimiento literario en la isla.

Fueron precisamente el refinamiento y la erudición del joven Fernández Retamar los que atrajeron la mirada de Cintio Vitier y otros intelectuales de la generación de *Orígenes*. Con sólo veintidós años y un par de cuadernos publicados –el ya citado *Patrias* y uno anterior, *Elegía como un himno. A Rubén Martínez Villena* (1950)– Fernández Retamar fue el último poeta incluido por Vitier en la antología *Cincuenta años de poesía cubana* (1952), editada por la Dirección de Cultura del Ministerio de Educación del flamante gobierno de Fulgencio Batista.[141] El otro poeta de la generación del 50 que aparece en aquella antología es Fayad Jamís, nacido en Zacatecas, México, en el mismo año de 1930, y quien, a diferencia de Fernández Retamar, no se interesó en la historia ni en la teoría literarias.

Por las notas de presentación de ambos poetas parece evidente la preferencia de Vitier por la lírica y el pensamiento poético de Fernández Retamar, tal vez el poeta de su generación que reunía los dos atributos de un discípulo del autor de *Lo cubano en la poesía:* la fascinación por la imagen y la pasión por la historia. Vitier decía que *Patrias* era un «libro claro y fino, resueltamente en la línea de la *esbeltez,* que la mayor parte de los poetas de *Orígenes* había roto para obtener otras perspectivas».[142] Cuando Vitier se refería a esa «mayor parte» de *Orígenes* tenía en mente, por supuesto, a Lezama, pero también a Ángel Gaztelu, Octavio Smith, Justo Rodríguez Santos, Lorenzo García Vega y a la propia poesía que él y Fina García Marruz escribían a principios de los 50. No a otros poetas de *Orígenes* como Gastón Baquero o Eliseo Diego, quienes, junto con Eugenio Florit y Emilio Ballagas, eran lecturas recurrentes del joven Fernández Retamar.

Más adelante, en aquella misma nota, Vitier afinaba su juicio e insertaba a Fernández Retamar en la tradición de *Orígenes:* «Hay en él una apetencia distinta, que contiene su más viva promesa –visible ya en un poema como "Palacio cotidiano"– y que, junto a la búsqueda de una poesía "humana" en el sentido de sus poetas predilectos mencionados (Garcilaso, Martí, Machado y Vallejo), supone también la experiencia de algunos integrantes de *Orígenes.*»[143] Pruebas de esta inscripción en la estela origenista son el hecho de que *Patrias*, un cuaderno que obtuviera el Premio Nacional de Poesía en 1952, se editara en la imprenta Úcar y García y que el ensayo *La poesía contempo-*

*ránea en Cuba (1927-1953)* fuera publicado por la editorial Orígenes.

Esta afiliación fue confirmada varias veces durante la década de los 50 con siete colaboraciones en la revista *Orígenes* –tres de ellas fueron ensayos espléndidos sobre el americanismo de Borges, la poesía de Reyes y el cuaderno *Vísperas* (1953) de Cintio Vitier– y todavía, en 1958, con una nota muy elogiosa sobre *Por los extraños pueblos* (1958) de Eliseo Diego, aparecida en el periódico *El Mundo*.[144] El vínculo hereditario de Fernández Retamar con *Orígenes* y, especialmente, con Vitier podría explicar la cuidadosa intensidad de su ajuste de cuentas con las poéticas de aquella generación, a partir de 1959, y la profunda transformación que experimentó, durante la década del 60, su poesía y su prosa.

A diferencia de otros poetas y narradores de su generación, como Heberto Padilla, José Álvarez Baragaño, Pablo Armando Fernández, Antón Arrufat, Lisandro Otero, Ambrosio Fornet o Guillermo Cabrera Infante, Fernández Retamar escribió poco en *Lunes de Revolución*, la publicación que entre 1959 y 1961, y bajo el aliento de Virgilio Piñera, enfrentó a *Orígenes* como hito de alienación política en la literatura cubana prerrevolucionaria. En *Lunes*, Fernández Retamar afirmó su lealtad al nuevo orden revolucionario reproduciendo poemas como «Elegía como un himno» o «Sí a la Revolución», pero sus aportes principales serían en números especiales como los dedicados a Pablo Neruda, Rubén Martínez Villena, Emilio Ballagas y José Martí.[145] Donde sí escribió Fernández Retamar varias prosas políticas, de las mejores escritas por aquellos años en Cuba, fue en el periódico *Revolución*, durante todo el año 1959.

Algunas de aquellas prosas, como «Otra salida de Don Quijote» (10 de enero de 1959), «De cómo La Habana se volvió una Venecia silvestre» (30 de julio de 1959), «La Habana, encrucijada de América» (19 de agosto de 1959), «Destino cubano» (25 de agosto de 1959) y «De un nacionalismo abierto» (31 de agosto, 1 de septiembre y 2 de septiembre de 1959), pueden ser leídas hoy como piezas excelentes del género del ensayo político.[146] Las razones de esta vigencia son múltiples: por un lado, se trataba de una prosa armada desde las mejores y más diversas referencias del género en lengua castellana (el Ortega y Gasset de *Meditaciones del Quijote*, el Mañach de *Historia y estilo*, el Lezama de *Tratados en La Habana*, el Vitier de *La luz del imposible*); por el otro, Fernández Retamar se asomaba a la política desde la exterioridad del letrado, por lo que aún preservaba la autonomía de la voluntad y del discurso y no subordinaba la presencia de su prosa a la producción de sentido para el nuevo orden político.

Sin embargo, algunos de los ataques feroces o velados a *Orígenes* en *Lunes*, como el de Heberto Padilla en su artículo «La poesía en su lugar» o los de Pablo Armando Fernández en «Un lugar para la poesía» y «Breves notas sobre la poesía cubana en 1959», aprovechaban la poética revolucionaria de autores como José Álvarez Baragaño en *Poesía, Revolución del ser* (1960) y el propio Fernández Retamar en poemas como «Sí a la Revolución» y «El Otro», recogidos en cuadernos como *Vuelta de la antigua esperanza* (1959) y *En su lugar, la poesía* (1961). Curiosamente, el artículo de Padilla aludía al título de un poema de Fernández Retamar, el mismo de este último cuaderno, pero escrito en 1958 y que, realmente, no captaba aún la radicalización revolucionaria del poeta. En aquel poema, la poesía no era una práctica de escritura revolucionaria sino una experiencia de la sensibilidad y el conocimiento: «El orden majestuoso de estar, / que no concede superficiales esplendores / y se prodiga entre hojas y estrellas, pero sólo raramente nos es dado / contemplar cuando en verdad vamos a olvidarlo.»[147]

Debido a la deuda con *Orígenes* y a su búsqueda de la política en otras partes –la cotidianidad, la memoria, la metáfora–, dicha radicalización, en el caso de Fernández Retamar, fue más gradual, aunque, a la larga, más profunda. La mutación simbólica que implicó el avance hacia un compromiso político, según el cual las reglas del arte perdían su autonomía y se subordinaban a la producción del discurso revolucionario, podría describirse por medio de la transformación del patriotismo dentro de la lírica que va de *Patrias* (1952) a *Con las mismas manos* (1962). Es cierto que las primeras composiciones de Fernández Retamar, en *Elegía como un himno* (1950), denotaban ya una gravitación hacia la poesía cívica y el aliento elegíaco. Pero de aquella «carne y sangre ardiendo en la tierra / de ausencia a presencia» al mundo de los «palacios cotidianos» de la poesía de mediados de los 50 se observa un repliegue de lo público a lo privado que entonaba más con el temperamento de *Orígenes* que con el de la generación del 30.

La patria de la que habla Fernández Retamar en sus poemas de los 50 es la de la naturaleza exuberante, el tomeguín y la ceiba, el ciclón y las frutas, los pueblos y los oficios. La afirmación nacional recurre a la romántica celebración física de la isla para enfrentar cualquier nihilismo o indefinición ontológica de lo nacional: «Y sin embargo, es honda, terriblemente hermosa y honda, / esta tierra sin piedras, este río de casi nada, / este poco de viento orgulloso, esta vida.»[148] La patria es en aquella poesía, ni más ni menos, esa «dulce y compacta tierra, con sus pájaros y frutas, con su luz y sus palmas, sus guitarras y sus sones, su sol entero, sus tomeguines, ceibas y ciclones».[149]

Pero también es, como en el Eliseo Diego de *En la Calzada de Jesús del Monte*, el «palacio cotidiano», la vida diaria llena de misterios y sorpresas, el universo doméstico con su inquietante paz: «Ahora veo el dorado / temblor que se levanta del pedazo de pan, / y el crujido caliente de su piel. Y me es fácil / entrar en el palacio cotidiano, manual / de las enredaderas del patio, donde un príncipe / de silencio y de sombra calladamente ordena.»[150] Este patriotismo lírico del joven Fernández Retamar, compensado por la travesía cosmopolita de los hermosos poemas mediterráneos escritos durante sus viajes por Italia, Grecia, Francia y España, actuaba, de un modo similar al de los poetas de *Orígenes*, como un dispositivo simbólico contra la frustración histórica de la nación cubana.

A fines de los 50, en un tono muy parecido al de las páginas finales de *Lo cubano en la poesía* de Vitier, Fernández Retamar comenzará a reaccionar contra el desencuentro entre literatura e historia. El poeta se preguntará entonces qué debe hacer la poesía para reencontrarse con la historia: «¿Qué hace la poesía, la piadosa / la lenta, renaciendo inesperada, / torso puro de ayer, cuando los broncos / ruidos llenan el aire, y no hay un sitio / su impecable reino que no colme / la agonía?»[151] El poema «La Voz» parecía responder la pregunta y resolver aquella antinomia, cuando en el subsuelo histórico del «país fragmentario» emergía «distante, reconocida, familiar, la voz que nos anuncia Cuba libre» y realiza, finalmente, la profecía de la «isla recuperada».[152]

No es raro, pues, que el 1 de enero de 1959 Roberto Fernández Retamar, un joven poeta hasta entonces obsesionado con la contraposición entre poesía e historia que sostenía *Orígenes*, escribiera los tan citados versos de «El Otro»: «Nosotros, los sobrevivientes, / ¿a quiénes debemos la sobrevida? / ¿quién se murió por mí en la ergástula, / quién recibió la bala mía, / la para mí, en su corazón? / ¿Sobre qué muerto estoy yo vivo, / sus huesos quedando en los míos; / los ojos que le arrancaron, viendo / por la mirada de mi cara, / y la mano que no es su mano, / que no es ya tampoco la mía, / escribiendo palabras rotas, / donde él no está, en la sobrevida?»[153]

El poema transcribe con nitidez el dilema del duelo del sobreviviente de una guerra civil, tan bien planteado por Elias Canetti en *Masa y poder*, y que en el caso de Fernández Retamar y muchos otros intelectuales de su generación se expresaba como un complejo de culpa por no haber intervenido en la Revolución y no haber muerto por ella. A partir de 1959, la escritura poética se convertirá para muchos de aquellos intelectuales en la purga de un pasado pecaminoso, de alienación y pasividad, de ocio letrado y frivolidad cosmopolita. El poema «Patria», escrito en 1962 y concebido como un diálogo nebuloso con José Martí, es, tal vez, la mejor prueba de que aquella mutación simbólica del patriotismo se ha consumado dentro de la lírica de Fernández Retamar.

Ahora lo sé: no eres la noche: eres
Una severa y diurna certidumbre,
Eres la indignación, eres la cólera
Que nos levantan frente al enemigo.

Eres la vida que ayer fue promesa
De los muertos hundidos en tu entraña.
Eres el sitio del amor profundo,
De la alegría y del coraje y de
La espera necesaria de la muerte.

Eres la forma de nuestra existencia,
Eres en que nos afirmamos,
Eres la hermosa, eres la inmensa caja
Donde irán a romperse nuestros huesos
Para que siga haciéndose tu rostro.[154]

Los poemas que Fernández Retamar escribió entre 1959 y 1964 están llenos de testimonios similares de su adhesión al nuevo orden socialista. Una adhesión que siempre era expresada como un gesto de contrición, de *mea culpa* por no haber descubierto antes la experiencia revolucionaria y por no haberse entregado a tiempo a una escritura comprometida. Junto a la erotización de las milicianas, a la estetización del obrero y la autodenigración del rol del letrado, en tantos versos cercanos a las poéticas del realismo socialista, Fernández Retamar siempre insertaba frases típicas de todo converso político como «¡qué lejos estábamos de las cosas verdaderas!», «entonces era otra cosa / eran los tiempos de la desesperanza... / eran los tiempos de conocer, pero también de huir, de olvidar», «hemos construido una alegría olvidada», «ahora entiendo que nuestra historia es la Historia / y que la llamarada que ha quemado mi mano (no digo mi mano de letras, / sino mi mano real, hablo de fuego de veras) / no puedo espantarla más».[155] El poema «Con las mismas manos» capta como ningún otro de aquellos años ese complejo de culpa, asociado no sólo a un pasado «burgués» sino a la condición misma del hombre de letras: «Y me eché a aprender el trabajo de los hombres elementales, luego tuve mi primera pala y tomé el agua silvestre de los trabajadores; / y fatigado, pensé en ti, en aquella vez / que estuviste recogiendo una cosecha hasta que la vista se te nublaba.»[156] Una manifestación especialmente compulsiva de aquel complejo de culpa era la envidia que sintieron tantos poetas de la generación del 50 por el rol del dirigente revolucionario. La culpa de no haber hecho la Revolución era sublimada por medio de una exaltación de la figura del caudillo revolucionario en tanto sujeto protagónico de la historia.

Así como la Revolución era la verdadera poesía, el verdadero artista no era el poeta, sino el Comandante –Camilo, el Che, Fidel–, ante quien el intelectual debía sacrificar sus dones. Varios años después, en uno de los poemas de *Algo semejante a los monstruos antediluvianos*, Fernández Retamar ilustraría esa rendición de sí con el poema «Querría ser»: «Este poeta delicado / querría ser aquel comandante / que querría ser aquel filósofo / que querría ser aquel dirigente / que guarda en una gaveta con llave / los versos que escribe de noche.»[157] El obrero y el comandante eran, en esta poesía, los arquetipos de la fantasía del letrado acomplejado por su papel secundario en la historia.

A partir de mediados de los años 60, la poesía de Roberto Fernández Retamar, a medida que se subordinaba más y más al poder, fue perdiendo calidad. Ahí están los poemas revolucionarios y pro soviéticos, hoy intrascendentes o rebasados por la estética y la historia, de *Que veremos arder* (1970), de *Cuaderno paralelo* (1973) y de *Circunstancia de poesía* (1974). Hay, sin embargo, un momento previo a esa burda politización de la poesía en el que la lírica de Fernández Retamar ofrece lo mejor de sí. Me refiero al cuaderno *Historia antigua* (1964), publicado por su amigo Fayad Jamís en la editorial La Tertulia y donde poemas como «Arte Poética» se internan en una honda reflexión sobre el acto de la escritura, sin otro horizonte valorativo que no sea la voluntad, a veces débil, de desentrañar el misterio de la diversidad del mundo.[158]

Nunca, sin embargo, aquella recurrencia al duelo del sobreviviente, a la documentación de la culpa del letrado, abandonó la poesía de Fernández Retamar. Ahí están los conocidos versos «usted tenía razón, Tallet, somos hombres de transición: sólo los muertos no son hombres de transición» y tantos otros de los años 70 para dar fe de aquel malestar bajo la condición del intelectual revolucionario.[159] Habrá que esperar hasta fines de los 80, o más claramente, hasta mediados de los 90, para que la poesía de Fernández Retamar recupere un poco, sólo un poco, aquel tono elegíaco y sutil de los años 50. Algunos poemas de *Cosas del corazón* (1997) y de *Aquí* (1998) escenifican, como ha señalado Jorge Luis Arcos, una vuelta a la mejor tradición de la poesía histórica cubana e hispanoamericana, donde el vaivén entre «nostalgia» y «esperanza» producen un discurso sobre «relatividad del conocimiento histórico» desde una «perspectiva poética de lo temporal».[160]

Por el camino, Fernández Retamar dejó escritos algunos poemas como «Felices los normales» u «Oyendo un disco de Benny Moré», que hoy pueden ser leídos como piezas ejemplares de la poética conversacional que él tanto defendiera como paradigma estético de la época revolucionaria, pero que, raras veces, alcanzó la entonación, el aliento o el ingenio de otros poetas latinoamericanos de su generación como Nicanor Parra o Ernesto Cardenal. Visto así, como autor de unos cuantos poemas buenos, Roberto Fernández Retamar será recordado como el escritor, entre otros, de la elegía coloquial «¿Y Fernández?», dedicada a la muerte de su padre e incluida en el cuaderno *Juana y otros poemas personales* (1981). Pocas veces, en la historia de la lírica cubana y latinoamericana, se ha logrado esa difícil confluencia del tono elegíaco con la versificación coloquial. «Ahora entra aquí él, para mi sorpresa», era el primer verso de aquella larga elegía que terminaba con la escena del padre muriendo, mientras el hijote leía pasajes de *El conde de Montecristo:* «Tenía un dolor insoportable y se estaba muriendo. Pero el conde / sólo me pidió, gallardo mosquetero de ochenta o noventa libras, / que por favor le secase el sudor de la cara.»[161]

## La poesía, ¿reino autónomo o habla de la Revolución?

Es paradójico que el intelectual más tradicionalmente letrado de su generación, Roberto Fernández Retamar, haya producido el discurso revolucionario más orgánico de los años 60 y 70 en Cuba. Es también paradójico que un poeta, como ha dicho Arcos, de «mirada temporalísima, relativizadora, donde el hecho escueto, personal o histórico, es traspasado por su concepción trágica, agónica, de la existencia y de la Historia», haya defendido con tanta vehemencia la funcionalidad centralmente política, cuando no propagandística, de la poesía y la literatura, y el rol antiletrado del intelectual público bajo el socialismo.[162] En una entrevista de 1963, Fernández Retamar llegó a afirmar que, en términos literarios, no se trataba de «cantar la Revolución, sino de ser la Revolución: de revolucionarse... No: la Revolución no es algo que se canta, sino una posición desde la cual se canta».[163]

Si se observa con cuidado la evolución del pensamiento literario e histórico de Fernández Retamar entre mediados de los 50 y principios de los 70, es decir, entre la publicación de sus ensayos *La poesía contemporánea en Cuba* (1954) e *Idea de la estilística* (1958) y la aparición de *Calibán, apuntes sobre la cultura en nuestra América* (1971), es difícil no detectar un progresivo abandono de la idea de la autonomía estética del arte y la literatura y una aproximación a postulados contraculturales, antiletrados y, por momentos, antioccidentales, propios de la izquierda más autoritaria y violenta de las primeras décadas de la Guerra Fría. En los años 60 y 70, Fernández Retamar era de los que pensaban que los artistas latinoamericanos no debían ser las «vestales» de la vanguardia europea y que América Latina y Europa del Este poseían una especificidad cultural, «marginada» o «explotada», que las convertía en territorios propicios para la rebelión antioccidental.

El primero de aquellos ensayos, *La poesía contemporánea en Cuba*, fue un intento, anterior al del propio Vitier en *Lo cubano en la poesía*, de resolver la tensión histórica entre continuidad y ruptura que experimentaban entonces dos generaciones de poetas cubanos: la de los 20 o de *Avance* (Guillén, Ballagas, Guirao, Florit, Brull, Marinello, Martínez Villena, Tallet...) y la de los 40 o de *Orígenes* (Lezama, Baquero, Piñera, Gaztelu, Smith, Rodríguez Santos, Diego, García Marruz, García Vega...). Fernández Retamar, en la actitud del heredero que aspira a integrar un legado, se sentía atraído por diferentes atributos de cada una de aquellas generaciones y admiraba con la misma intensidad a Florit y a Diego, a Ballagas y a Baquero. Le interesaba el tono directo y comunicativo de la poesía de los 20 y los 30, pero también comulgaba con la idea origenista de la poesía como forma de conocimiento, portadora de una racionalidad misteriosa, y con la denuncia, tan cara a Lezama y a Vitier, del desencuentro entre metáfora y tiempo en la historia de Cuba.[164]

Su segundo libro de ensayos, *Idea de la estilística* (1958), escrito bajo el influjo de los estudios de Helmut Hatzfeld y Pierre Guiraud, intentaba una síntesis teórica del problema del estilo en el campo de la lingüística. Fernández Retamar, a partir de relecturas muy ponderadas de autores clásicos y modernos como Humboldt, Bühler, Saussure, Bally, Vossler, Spitzer, Curtius, el círculo lingüístico de Praga y la teoría de la Gestalt, proponía allí entender la estilística como «el estudio de lo que hay de extralógico en el lenguaje».[165] En aquel libro, la posición teórica de Fernández Retamar, aunque formulada de un modo flexible y abierto a cierto eclecticismo doctrinal, se acercaba a una defensa de la morfología y el estructuralismo lingüístico, sobre todo, en su compresión de la autoría y la obra literarias y en su definición del papel de la crítica.

Así, por ejemplo, sorprende leer en las páginas finales de *Idea de la estilística* un elocuente cuestionamiento del historicismo, que bien podría asociarse a cualquiera de las corrientes marxistas por entonces en boga, y una propuesta de centrarse en la construcción verbal del estilo, no en el contexto histórico en que se produce una obra o vive un autor. En un pasaje de aquellas páginas finales, Fernández Retamar señalaba: «En lo que no parecen reparar demasiado algunos de los censores de la estilística es que si esta disciplina se preocupara por diseñar el ambiente en que surge el texto, devendría otra cosa que ella misma –sociología, historia, cuando más historia de la literatura.»[166] Y en otro, más adelante, parecía esbozar, *avant la lettre*, la teoría de la deconstrucción de Jacques Derrida: el autor, aunque aparente lo contrario, «no prescinde de nada, porque lo ignora, y las piezas fragmentarias que debieron servir de armazón, sin saberlo él, van reapareciendo aquí y allá, aunque más bien como *desarmazón*».[167]

Sin embargo, el momento en que Fernández Retamar se aparta más plenamente del marxismo es en el pasaje dedicado a Garcilaso de la Vega y la posible influencia de la «circunstancia» del renacimiento español –orteguianamente entendida– en la obra literaria. «Mientras el conocimiento de aquella circunstancia –decía– nos da lo que hay de general, de compartido en las obras..., el estudio estilístico destacará lo que la época en sí no ha provocado...: la cualidad única, irrepetible, el golpe de gracia.»[168] Fernández Retamar basaba entonces su apuesta por la «estructura verbal» del texto literario no sólo en una declarada simpatía por autores como Valéry, Eliot y Borges, sino en una vehemente celebración del pensamiento literario hispanoamericano: Dámaso Alonso, Carlos Buosoño, Amado Alonso, José Ortega y Gasset, Alfonso Reyes y Octavio Paz.[169] Esto era lo que escribía Fernández Retamar a mediados de los 50. Todavía en 1957 –según confesara luego–, en una conferencia en la Universidad de Columbia, Nueva York, auspiciada por Eugenio Florit, el autor de *Idea de la estilística*, suscribía aquella estrategia de *Orígenes* de contraponer a un «país frustrado en su esencial político» una expresión que alcanzara «otros cotos de mayor realeza».[170] Sin embargo, apenas dos años después, en su ensayo «La poesía en los tiempos que corren» (1959), Fernández Retamar rechaza a aquellos pensadores, como Ortega y Gasset y Dámaso Alonso, que sostienen que la poesía debe «constituirse en un órgano de contemplación y conformidad» y propone sustituir a Eliot y Pound con Maiakovski y Neruda.[171]

Cuidadosamente, dado su todavía fresco vínculo con *Orígenes*, Fernández Retamar comenzaba aquel ensayo vindicando la tradición romántica de Shelley –«poeta que tanto amó la Poesía y la Revolución» y quien afirmaba que los poetas eran «los legisladores no reconocidos de la humanidad»–, para luego postular que con el triunfo revolucionario la «poesía, enemistada o mal amistada con la historia, se ha ido a marinar por su cuenta con el tiempo» y concluir que es preciso pasar de la «poesía metafísica a la poesía de la realidad inmediata, maravillosa, espesa e irónica; la poesía conversacional de lo cercano».[172] De los poetas y críticos de *Orígenes* no mencionaba entonces a su amigo y maestro Vitier, mal visto por su falta de compromiso con la Revolución, sino, sólo, a Eliseo Diego, sobre quien había escrito, apenas, un año atrás, una nota celebratoria de *Por los extraños pueblos*, y a quien dedica ahora este pasaje regañón:

Menciono sólo un nombre: Eliseo Diego. Pero lo que ha sido, por crueles exigencias de su realidad, vuelco hacia la me-

295

moria, añoranza, caricia de lo destruido, va adquiriendo una abertura confiada a las cosas que el ojo carnal apresa, y las que es dable tocar no con la nostalgia sino con la esperanza. No puede la poesía ignorar en su centro los extraordinarios acontecimientos que Cuba está viviendo. Si hacer que la imagen encarne en la historia ha sido el sueño de los hombres a quienes una hosca circunstancia arrojó a la angustiosa batalla de las palabras cerradas (o abiertas para un combate secreto cuyas victorias y derrotas escapaban al país terrestre); ahora que lo histórico se ha cargado de la más rica y desafiante poesía, la de las letras está obligada a henchirse para abarcar ese rostro grandioso de guerrero griego, de esos que levantaban solos una piedra que cien hombres no lograrían alzar.[173]

Quien en 1957 pensaba que «perdida la esperanza en las soluciones inmediatas, una búsqueda oscura y profunda de lo esencial de nuestra patria se realiza», ahora, en 1959, afirma: «No es menester buscar hogar en el mitológico pasado: el presente se ha hecho habitable, y tiene ya la misteriosa calidad de lo recordado.»[174] Fue en aquel texto de 1959 donde Fernández Retamar realizó, tal vez, su primera defensa abierta de la «poesía conversacional», ya no como una alternativa poética más sino como la poesía correcta de la cultura revolucionaria. A su juicio, los nuevos tiempos demandaban pasar de la «poesía metafísica a la poesía de la realidad inmediata, maravillosa, espesa o irónica; la poesía conversacional de lo cercano».[175]

Por lo visto, el vínculo hereditario con *Orígenes*, que en los años 60 era preciso negar para dotarse de una identidad revolucionaria, no dejaría de ser un problema para Fernández Retamar en las décadas siguientes. En diciembre de 1992, desaparecida ya la Unión Soviética y reajustado constitucionalmente el régimen cubano en términos de un nacionalismo poscomunista, Fernández Retamar escribió una minuta autobiográfica, insertada como posdata, al final de su ensayo «Hacia una intelectualidad revolucionaria en Cuba» (1966), el cual fue incluido en la antología *Para el perfil definitivo del hombre* (1980), elogiosamente prologada por Abel Prieto. Vale la pena reproducir esa nota curricular aunque nos desvíe un poco, ya que en ella puede leerse el esfuerzo de Fernández Retamar de reconstruirse como intelectual en las condiciones del poscomunismo nacionalista de los 90, para el cual *Orígenes* aporta un inestimable capital simbólico, afirmando y negando, al mismo tiempo, su pertenencia a aquel grupo. El mensaje final de este párrafo parece ser sí y no: estuve y no estuve con *Orígenes:*

> En cuanto a mi propia ubicación (que sólo es útil conocer para que no parezca que pretendí escribir *sub especie aeternitatis),* después de haber sido hecho un socialista romántico y un vanguardista alrededor de 1946 [entonces Retamar tenía dieciséis años], por autores como Bernard Shaw en un caso y Gómez de la Serna en otro, a quienes sigo admirando; de haber conocido la cárcel en 1949, por boicotear una delegación dizque cultural enviada por el gobierno franquista, en 1950, publiqué mi primer cuaderno de versos, *Elegía como un himno,* dedicado a la memoria de Rubén Martínez Villena, a quien también sigo admirando, y estuve entre los fundadores de la Sociedad Nuestro Tiempo. Poco después, en 1951, empecé a colaborar en *Orígenes,* y me sentí a gusto entre los admirables poetas de más edad enucleados en torno a aquella noble revista, que acogería luego a poetas de mi propia generación con quienes iba a estar muy unido, como Fayad Jamís, sobre todo, y Pablo Armando Fernández [en la edición de este mismo texto en *Cuba defendida* (La Habana, Letras Cubanas, 2004, p. 290), Fernández Retamar agregó aquí a Pedro de Oraá]. Sin embargo, no me consideré (ni, lo que acaso cuenta más, no me consideraron sus integrantes, a varios de los cuales quiero y debo mucho) miembro del que sería conocido como Grupo Orígenes, no obstante haber sido él para mí un taller,

como recordó el propio Lezama al comentar los vínculos que con razón veía entre *Orígenes* y *Casa de las Américas*.[176]

Aunque en aquel ensayo de 1959 no había marxismo aún, ya Fernández Retamar se deshacía de autoridades recurrentes de su ensayística anterior como Dámaso Alonso y Ortega y Gasset. Apenas unos años después, en los textos reunidos en *Papelería* (1962) y *Ensayo de otro mundo* (1967), la defensa del realismo comenzará a apelar al universo comunista o soviético, en formulaciones que bordeaban las tesis del «realismo socialista» y que, por momentos, aludían a *Orígenes* ya sin el cuidado de los primeros años de la Revolución. Según Fernández Retamar la «poesía de nuestro tiempo» debía ser una «poesía directa, realista, apta para expresar la vida inmediata, sus glorias y conflictos, apta para la alegría y el dolor. Una poesía, en fin, en las antípodas de la evasión de otras tierras o épocas imaginarias».[177] Entonces los poetas de cabecera de Fernández Retamar ya no eran Eliot, Pound, Reyes, Borges o Paz sino Maiakovski, Cardenal, Alberti y Sabines, y el poeta cubano más admirado, a quien dedicaría su libro *El son de vuelo popular* (1972), no era Eliseo Diego sino Nicolás Guillén.

Una carta de Fernández Retamar a Cintio Vitier, del 26 de abril de 1969, en medio de la querella desatada en torno a *Fuera del juego* de Heberto Padilla y al exilio de Guillermo Cabrera Infante, y a propósito del cuaderno *Testimonios*, transmite el orgullo que sentía entonces el discípulo por el hecho de haber ayudado a la conversión revolucionaria del maestro: «La nobleza de esas páginas, requieren recorrer el camino que te ha llevado a apreciar la *materia* de la historia, y a entrar en ella, precisamente en un duro momento en que otros prefieren apartarse de ella.»[178] En el pensamiento poético de Fernández Retamar, la poesía, de reino autónomo de la estilística, pasó a ser, ya no el idioma o la lengua, sino el habla de la Revolución, y el poeta, en vez de aquel demiurgo del lenguaje que lograba una expresión singular, aun contra la corriente de la historia, era ahora un soldado de la retórica del poder.

Otro ajuste con *Orígenes* de Fernández Retamar, a principios de los 60, fue la sonada polémica con Virgilio Piñera en los primeros números de *La Gaceta de Cuba*. Piñera había escrito, en el segundo número de aquella publicación, un artículo titulado «Notas sobre la vieja y la nueva generación» en el que caracterizaba a la suya –la de *Orígenes* y, sobre todo, la de *Ciclón*, a la que llamaba «generación del 42»– como una promoción de escritores nacida de la frustración del proceso revolucionario del 33 y, por lo tanto, asqueada de la política, decidida a concentrarse ascéticamente en la obra literaria y desdeñosa del periodismo, la academia y el éxito.[179] Con todo, Piñera aseguraba que esa entrada a la literatura había preparado el camino para la emergencia de la generación siguiente, la de los 50, más plenamente revolucionaria, y mencionaba una larga lista de autores y obras de dicha generación (Cabrera Infante, Pablo Armando, Arrufat, Baragaño, Escardó, Leante, Casey, Jamís, Desnoes, Llópiz...), entre los cuales, sólo faltaba uno, nada despreciable: Roberto Fernández Retamar. Éste, por su parte, respondió a Piñera en el número siguiente de *La Gaceta*, el tercero del primer año, con un texto titulado «Generaciones van, generaciones vienen», que no ha sido reeditado en ninguna de las múltiples autoantologías de su autor y en el que, lejos de lo que podría pensarse, Fernández Retamar no sale en defensa de *Orígenes*, sino de escritores comunistas o realistas, ligados a *La Gaceta del Caribe, Viernes, Nuestro Tiempo* y *Nueva Generación*, como José Antonio Portuondo, Ángel Augier, Mirta Aguirre, Dora Alonso, Carlos Felipe, Onelio Jorge Cardoso, Samuel Feijóo, Ernesto García Alzola, Alcides Iznaga y Aldo Menéndez.[180]

Pero tan sintomática de la biografía intelectual de Roberto Fernández Retamar fue aquel deslinde de *Orígenes*, aquella vindicación de la literatura comunista republicana y aquella defensa de una poesía comprometida, en las primeras tres décadas de la Revolución, como su regreso, tras la caída del Muro de Berlín, la desaparición de la Unión Soviética y el ajuste ideológico del régimen cubano en términos de un nacionalismo poscomunista, a sus posiciones de los años 50, cercanas a *Orígenes*, y favorables a mantener viva la tensión entre literatura e historia. En el año 2000, Fernández Retamar tituló su compilación de ensayos poéticos con una frase, hasta entonces, inimaginable en su escritura: «La poesía, reino autónomo.» Como en su propia poesía, los últimos años del siglo XX provocaron, en él y en tantos otros intelectuales orgánicos del régimen cubano, una regresión acrítica a la idea «burguesa» de la creación artística o, en el mejor de los casos, a una ponderación de los márgenes de neutralidad que debe preservar la cultura bajo el socialismo.

## El desarme de Calibán

Así como en su concepción de la poesía, Fernández Retamar ha regresado, en los últimos años, a sus orígenes prerrevolucionarios, en otra zona importante de su ensayística, la de los estudios latinoamericanos, ha tratado de pacificar, cuando no de desarmar, la violencia anticolonial de sus textos de los años 60, 70 y 80. Los primeros ensayos latinoamericanos, de carácter histórico o político, de Fernández Retamar, *Ensayo de otro mundo* (1967), *Modernismo, noventa y ocho, subdesarrollo* (1970) y *Calibán, apuntes sobre la cultura en nuestra América* (1971), aparecieron justo en el momento de la máxima radicalización totalitaria del socialismo cubano: los años que van de la llamada «Ofensiva Revolucionaria» al Congreso Nacional de Educación y Cultura en 1971, el ingreso de Cuba al CAME en ese mismo año y el inicio de la institucionalización soviética de la isla.

En el plano de la cultura, esos años coinciden con un creciente autoritarismo, algunos de cuyos hitos fueron la remoción del primer grupo redactor de *El Caimán Barbudo*, el caso Padilla y el cierre de la revista *Pensamiento Crítico*. Fernández

Retamar, quien había jugado un importante papel como secretario coordinador de la UNEAC, luego del Primer Congreso Nacional de Escritores y Artistas, en 1961, celebrado tras la censura del film *PM* de Sabá, Cabrera Infante y Orlando Jiménez Leal y la clausura de *Lunes de Revolución* –el magazine dirigido por Guillermo Cabrera Infante–, era, desde 1965, director de la revista *Casa de las Américas* y, desde aquella posición, uno de los colaboradores más cercanos de Haydée Santamaría en su misión de atraer hacia las posiciones de la izquierda revolucionaria a la mayor cantidad posible de intelectuales latinoamericanos.

Durante aquellos años, Fernández Retamar no sólo escribió los ensayos fundamentales de su pensamiento latinoamericano sino que protagonizó los principales debates públicos y polémicas epistolares con aquellos escritores de la región que, como Octavio Paz, Mario Vargas Llosa y Carlos Fuentes, se distanciaron del régimen cubano por su represión contra el poeta Heberto Padilla. Aquellos ensayos deben ser leídos, pues, en el contexto de las guerras culturales que vivió América Latina entre fines de los 60 y mediados de los 70 y que tenían, como telón de fondo, las guerras militares y políticas entre las izquierdas pro cubanas o pro soviéticas y las dictaduras o gobiernos latinoamericanos respaldados por Estados Unidos. Pero aunque fechados en plena Guerra Fría, esos ensayos de Fernández Retamar reflejaban convicciones que, luego de tantos acomodos textuales, siguen estando ahí, formando parte del archivo intelectual socialista y del aparato de legitimación simbólica del régimen cubano.

Como parte de su comisariado político, primero como director de la revista *Casa de las Américas* y, luego, como presidente de esa institución fundamental del proselitismo habanero, Fernández Retamar protagonizó, en los años 60, 70 y 80, las principales cruzadas del radicalismo de la izquierda latinoamericana contra revistas como *Cuadernos por la Libertad de la*

*Cultura, Mundo Nuevo, Libre, Plural* y *Vuelta* y contra escritores y críticos que, desde las más diversas geografías políticas, tomarían distancia del gobierno de Fidel Castro: desde Pablo Neruda y Jorge Luis Borges hasta Emir Rodríguez Monegal y Ángel Rama.[181] Algunas de aquellas cruzadas llegaron a extremos verdaderamente ridículos, como la tristemente célebre carta contra Pablo Neruda, por su asistencia a una reunión del Pen Club de Nueva York en el verano de 1966, redactada por el propio Fernández Retamar, Lisandro Otero, Edmundo Desnoes y Ambrosio Fornet, y que provocara la terrible semblanza del «sargento Retamar» en las memorias del Nobel chileno, *Confieso que he vivido*:

> Los entusiastas redactores, promotores y cazadores de firmas para la famosa carta, fueron los escritores Roberto Fernández Retamar, Edmundo Desnoes y Lisandro Otero. A Desnoes y a Otero no recuerdo haberlos leído nunca ni conocido personalmente. A Retamar sí. En La Habana y en París me persiguió asiduamente con su adulación. Me decía que había publicado incesantes prólogos y artículos laudatorios sobre mis obras. La verdad es que nunca lo consideré un valor, sino uno más entre los arribistas políticos y literarios de nuestra época.[182]

Textos de aquellos años como «Martí en su (tercer) mundo» (1964), «Para leer al Che» (1966) y «Hacia una intelectualidad revolucionaria en Cuba» (1966), recogidos en *Ensayo de otro mundo* (1967), son reveladores del desplazamiento de una visión letrada de la cultura por otra visión, revolucionaria u orgánica, de la historia y la literatura. El Martí de Fernández Retamar, desarrollado luego en el libro *Introducción a José Martí* (1978), es, además del profeta del asalto al cuartel Moncada y creador mediúmnico de discursos y textos de Fidel Castro como la *Primera* (1960) y la *Segunda Declaración de La Habana*

(1962) y hasta de la *Constitución de la República Socialista* (1976), ante todo, un luchador anticolonial en el Caribe hispano, equivalente histórico del húngaro Sandor Petöffi, el búlgaro Xristo Botez, el chino Sun Yat-Sen y, sobre todo, el vietnamita Ho Chi Minh.[183] Lo fundamental de la obra literaria y política de Martí, según Fernández Retamar, era la oposición a Occidente y a Estados Unidos, en tanto forma más avanzada de la sociedad capitalista occidental, y que lo hizo precursor no sólo de los movimientos anticoloniales del siglo XX en África, Asia y América Latina, sino del comunismo en Europa del Este. ¿Cómo lo logró? Llegando, por otras vías, a las mismas ideas de Marx, Engels, Lenin, el Che y Fidel.[184]

En el otro ensayo, «Para leer al Che», Fernández Retamar habla más de Lenin y de Castro que del propio Guevara. No hay en ese texto, ni siquiera, la menor insinuación de las fricciones del Che con el comunismo soviético y que sí eran reconocidas, en aquella época, por autores como Michael Löwy, Regis Debray y los editores de *Pensamiento Crítico*.[185] El texto «Hacia una intelectualidad revolucionaria en Cuba», finalmente, concluía con una interesante denuncia, muy a tono con los años del «deshielo», del «congelamiento monolítico» del campo socialista, y una defensa del «pluricentrismo» en la teoría marxista, con entusiastas alusiones a Louis Althusser y a otros marxistas occidentales.[186] Fernández Retamar lamentaba, entonces, la ausencia de una «verdadera» cultura marxista en Cuba. Desde hoy, cabría la pregunta: si esa cultura no se produjo en las décadas comunistas, entonces, ¿cuándo se produjo?, ¿no se produjo nunca?, ¿fue la cubana una cultura «falsa» dentro del mundo socialista?

Pero por el camino, Fernández Retamar esbozaba una breve historia generacional de la cultura cubana en el siglo XX –ya adelantada en su polémica con Virgilio Piñera en los primeros números de *La Gaceta de Cuba* (1962)–, en la que salía muy bien parada la generación del 30, expurgada ya de sus voces «reaccionarias» (Mañach, Lizaso, Ichaso, Lamar...), relativamente salvada la obra de *Orígenes*, despreciada la labor de los filósofos de los años 40 y 50 (Humberto Piñera Llera, Rafael García Bárcena, Roberto Agramonte, las hermanas García Tudurí...) –«estos no serán ni filósofos ni pensadores, sino pedantes enseñadores de filosofía»–, exaltados los comunistas (Nicolás Guillén, Juan Marinello, Carlos Rafael Rodríguez, José Antonio Portuondo, Mirta Aguirre...) y consagrada, como primera generación plenamente «revolucionaria», la suya, la de los 50, luego del reconocimiento y la superación, instruidos por el Che en *El socialismo y el hombre en Cuba* (1965), de su propio rezago y sus propios atavismos «burgueses» frente a la «vanguardia política» que encabezaba Fidel Castro.[187]

La vertiente más fecunda de la ensayística de Fernández Retamar en los años 60 y 70 fue la relacionada con sus estudios sobre la generación del 98, el modernismo y el subdesarrollo. En esa vertiente, el texto más emblemático y, a la vez, fuente de innumerables variaciones a lo largo de las tres últimas décadas, es, sin dudas, *Calibán*, un ensayo aparecido originalmente en el número 68 (septiembre-octubre de 1971) de *Casa de las Américas* y publicado en México, por la editorial Diógenes, a fines de ese mismo año. Aunque con múltiples irradiaciones internas, en materia de historia intelectual atlántica e hispanoamericana, que sigue siendo lo más atractivo del texto, la idea de aquel ensayo es bastante simple: la figura de Calibán, tomada de *La tempestad* de Shakespeare y de una variopinta tradición de lecturas y reescrituras de esa obra (Renan, Rodó, Darío, Césaire, Brathwhite...), en las condiciones de la «lucha anticolonial» de aquellas décadas, podía funcionar como un arquetipo contrapuesto a otras dos entidades simbólicas y transhistóricas, la de Próspero, emblema del imperialismo occidental, y la de Ariel, símbolo de la intelectualidad «burguesa» que no se rebela contra el poder imperial.[188]

La primera parte del ensayo, en la que se rastrea los usos simbólicos de los emblemas shakespeareanos en la tradición

304

atlántica, sigue siendo atractiva, como decíamos, por su erudito despliegue de una arqueología simbólica. Pero esa porción del ensayo, justamente la más letrada, es para Fernández Retamar un preludio a la zona prioritaria de sus argumentos: la ideológica y política que se plantea, inicialmente, en el acápite «Nuestro símbolo» –destilación empobrecedora de la historia americana desde el paradigma revolucionario–, y que continúa a partir del titulado «Del mundo libre». Sobre la jerarquización política del relato histórico, en *Calibán*, ya he anotado algo en mi libro *Un banquete canónico* (México, Fondo de Cultura Económica, 2000). Ahora me gustaría centrarme, justo, en la parte más panfletaria del libro, que ha sido la más reescrita y aligerada por Fernández Retamar en las últimas décadas.

Presentándose como un heredero de Martí –Calibán– que se enfrenta a los herederos de Sarmiento y Rodó –Ariel–, en una rígida genealogía intelectual de la historia latinoamericana, Fernández Retamar dedica páginas llenas de estereotipos de desprecio y subvaloración, nada menos, que a Jorge Luis Borges, Carlos Fuentes, Emir Rodríguez Monegal, Severo Sarduy, Guillermo Cabrera Infante y Juan Goytisolo. Así, nos encontramos con frases del más burdo marxismo, mezcladas con otras más o menos ofensivas, antiletradas y, por momentos, racistas y homofóbicas como «Borges es un típico escritor colonial, representante entre nosotros de una clase ya sin fuerzas», «pienso en la llamada *mafia* mexicana, una de cuyas conspicuas figuras es Carlos Fuentes», «la pesantez profesoral de Emir Rodríguez Monegal o el mariposeo neobarthesiano de Severo Sarduy».[189]

Toda vez que, en *Calibán*, Roberto Fernández Retamar manejaba un concepto sumamente rígido de la identidad latinoamericana, en el que se mezclaban enunciados históricos, culturales y políticos, el ensayo de 1971 nos resulta hoy, no sólo conceptualmente trasnochado, sino víctima de una inversión de valores, típica de cualquier intransigencia revolucionaria, tal y como han estudiado dos profesores de Princeton: Albert O.

Hirschman en *Retóricas de la intransigencia* (1991) y Barrington Moore en *Pureza moral y persecución en la historia* (2000).[190] A la ficticia «pureza» de los valores civilizados, occidentales, capitalistas, burgueses, coloniales, imperiales y norteamericanos, Fernández Retamar oponía otra invención de la pureza, cuya subjetividad histórica, en este caso, la «latinoamericana», «la bárbara», compartía no pocos elementos de su contraria: estetización de la violencia, intolerancia del otro, paternalismo colonial hacia el «subalterno», homogeneización de la diversidad.

A partir de la segunda mitad de los 80, cuando el avance de la filosofía posmoderna agudizó la crisis del marxismo y en Europa del Este comenzaron a removerse las bases del orden totalitario comunista, Fernández Retamar inició una serie de reescrituras de *Calibán* que parecen haber terminado con la edición de *Todo Calibán* (2003), con prólogo de Frederic Jameson.[191] Algunas de las más importantes de esas reescrituras serían «Calibán revisitado» (1987), «Calibán en esta hora de Nuestra América» (1991), «Casi veinte años después» (1992), «Adiós a Calibán» (1993) y «Calibán quinientos años más tarde» (1995). Por medio de todas esas reescrituras, Fernández Retamar fue apaciguando multilateralmente su texto hasta dejarlo listo, es decir, desarmado, y así hacerlo apto para circular en medio de la corrección política del mundo poscomunista que ha sucedido a la Guerra Fría. El machismo, el racismo, la genealogía, la homofobia, la violencia, la teleología, la identidad, en suma, todos los dispositivos simbólicos de aquel texto, propios de la ideología marxista y revolucionaria de su autor, han sido neutralizados y el Calibán de principios del siglo XXI ya no es el bárbaro armado de los 60 ni el sujeto subalterno de los 90, sino, simplemente, el letrado en el poder.

Una parte sustancial de ese tránsito del «compromiso» a la «neutralidad» –o de las *armas* a las *letras*– es la revaloración literaria o crítica, insistentemente asumida por Fernández Retamar, de intelectuales ferozmente atacados por él en el pasado reciente como Pablo Neruda, Jorge Luis Borges, Octavio Paz o Ángel Rama. Pareciera que el Estado insular, con la racionalidad típica del viejo comunismo soviético, ha encomendado a Roberto Fernández Retamar, quien otrora fuera perseguidor de cualquier disidencia «anticubana», la canonización literaria de sus enemigos públicos. Quien en los años 60, 70 y 80 condenaba a muerte histórica a los letrados tradicionales de América Latina, es el mismo que, a partir de los 90, reconstruye el panteón de las letras latinoamericanas con aquellos criterios modernos y occidentales, o sea, «burgueses», que tanta infamia, tanto odio y tanta violencia provocaban en el oficialismo habanero y que tan fervorosamente fueran cuestionados en el ensayo *Para una teoría de la literatura hispanoamericana* (1975).[192]

La plataforma propicia para el desarme de *Calibán* fue ofrecida, nada menos, que por un movimiento intelectual dentro de Estados Unidos: las corrientes de los estudios poscoloniales, subalternos y culturales que se han difundido en universidades norteamericanas desde fines de los 80. El interés de estudiosos como Gayatri Chakravorty Spivak, Frederic Jameson, John Beverly y Walter Mignolo en *Calibán* le ha permitido a Fernández Retamar, como puede leerse en el libro coordinado por Elzbieta Sklodowska y Ben A. Heller, *Roberto Fernández Retamar y los estudios latinoamericanos* (2000), convertirse, ya no en un clásico del pensamiento hispanoamericano, sino en un autor canónico de los estudios culturales latinoamericanos en Estados Unidos. Dentro de ese corpus de las academias del «centro», no de la «periferia», el personaje de Fernández Retamar representa, como su propio *Calibán*, al marginado, al poscolonial, al subalterno, al «profesional de la utopía», al «bárbaro» del Tercer Mundo que ha logrado dominar las herramientas de la cultura letrada para enfrentarse al poder imperial.[193]

Lo curioso es que Fernández Retamar, miembro del Consejo de Estado del gobierno de Fidel Castro y presidente de una institución fuerte, no sólo de la política cultural de la isla, sino del aparato mundial de legitimación del socialismo cubano, no se asume como letrado poscolonial ni subalterno, sino como intelectual orgánico de un gobierno concreto. El imperialismo al que se enfrenta Fernández Retamar es muy diferente al que aparece en libros como *Cultura e imperialismo* (1993) de Edward Said, *Imperio* (2000) y *Multitud* (2004) de Michael Hardt y Antonio Negri, *Debating Empire* (2003) de Gopal Balakrishnan o *Colossus* (2004) de Niall Ferguson.[194] El imperialismo de Fernández Retamar ya no es, siquiera, el de Lenin, Hilferding, Hobson y otros teóricos del capitalismo avanzado en el siglo XX. El suyo no es, propiamente, un imperio global o supranacional, definido desde cualquier modalidad del marxismo, sino simplemente el gobierno de un país con nombre y apellidos: Estados Unidos de América.

La ideología actual de Fernández Retamar no hay que buscarla en libros como *Todo Calibán*, que circulan prioritariamente en medios académicos norteamericanos, sino en libros como la última edición de *Cuba defendida* (2004), todo un compendio de la entrega del intelectual latinoamericano al poder de su Estado-nación. Como se observa en ese libro, dicha ideología tiene poco que ver ya con el marxismo –en Cuba, las corrientes del neomarxismo contemporáneo no se estudian ni se debaten por miedo a que las «impurezas» posmodernas que arrastran: psicoanálisis, deconstrucción, feminismo, multiculturalismo..., amenacen la cohesión de una subjetividad revolucionaria y nacionalista– y se formula desde el más maniqueo y teológico nacionalismo revolucionario. Ese nacionalismo, propio de un régimen totalitario que basa su legitimidad en el síndrome de plaza sitiada, asegurado por el conflicto con Estados Unidos, tiene en Roberto Fernández Retamar a uno de sus intelectuales orgánicos mejor dotados.

A excepción de los artículos publicados en el periódico *Revolución*, en el año 1959, y que, como hemos dicho, no carecen de interés y vigencia, precisamente, por haber sido escritos en un momento de transición entre la cultura letrada y la cultura revolucionaria, el grueso de ese volumen –incluido el panfleto historiográfico «Cuba hasta Fidel»– es una muestra muy ilustrativa de las prácticas del intelectual orgánico bajo un régimen no democrático del Tercer Mundo.[195] Como se observa allí, la interlocución prioritaria que busca ese intelectual no es con la ciudadanía, ni siquiera con el campo intelectual de la isla, sino con el poder o, más específicamente, con aquellos miembros de las élites del poder que toman decisiones sobre los asuntos ideológicos y culturales del Estado: Fidel Castro, Ernesto Guevara –a quien Fernández Retamar, además de dedicar varios ensayos, envió una extensa carta, escrita en tono de admiración al caudillo y, a la vez, de asesoría letrada del experto cultural al funcionario de Estado, a propósito del texto del Che, *El socialismo y el hombre en Cuba*–, Haydée Santamaría, Armando Hart, Alfredo Guevara y, por último, Abel Prieto, ministro de Cultura, con cuya loa termina el ensayo «A 40 años de Palabras a los Intelectuales», auténtica vindicación, en pleno siglo XXI, de la máxima de la política cultural fidelista: «Dentro de la Revolución todo, contra la Revolución nada.»[196]

Como ingeniero de las almas de esos revolucionarios profesionales escribe el intelectual orgánico y, como defensor de esos caudillos en la arena internacional de la cultura, se enfrenta a aquellos intelectuales latinoamericanos que los critican por su larga permanencia en el poder o que, tan sólo, cuestionan públicamente la falta de democracia en Cuba, como Carlos Fuentes y Mario Vargas Llosa. A estos dos últimos, Fernández Retamar, designado por su gobierno, dedica un par de «réplicas» en *Cuba defendida*, a medio camino entre quien pide disculpas por sus excesos verbales de la Guerra Fría y quien se mantiene firme en su convicción de que ambos, Vargas Llosa y Fuentes, son «escritores burgueses al servicio del imperialismo yanqui».[197]

Roberto Fernández Retamar, como su maestro Vitier y tantos otros intelectuales valiosos de la segunda mitad del siglo XX cubano, entregó su literatura a una Revolución que, honestamente, creyó justa. Cuando constató que bajo esa Revolución actuaba un régimen unipersonal y totalitario, que aspiraba a regir por largo tiempo la nación cubana, no se atrevió a oponerse. No se atrevió porque ya para entonces estaba demasiado involucrado y comprometido con la deriva autoritaria en que cayó dicho régimen desde fines de los 60 o porque creía, sinceramente, que la falta de libertades públicas era el precio a pagar por la preservación de la soberanía y la profundización de la justicia social. Ahora, desaparecido el bloque soviético y puesto en evidencia que en Cuba aquella «soberanía» no es más que la fachada de un funcional diferendo con Estados Unidos y que aquella «justicia social» no puede realizarse, ante todo, por el hecho de que la economía está subordinada a la prioridad de la política —mantener intacto el régimen—, tampoco se atreve y liga para siempre su destino al del caudillo por quien sacrificó una vasta cultura.

## JESÚS DÍAZ: EL INTELECTUAL REDIMIDO

El drama de Jesús Díaz (1941-2002) resume todas las posibilidades de un intelectual crítico frente a la Revolución cubana. Este novelista fue, como su contemporáneo Reinaldo Arenas (1943-1990), el adolescente que juega a la conspiración contra la dictadura de Batista y celebra frenético, en enero de 1959, el arribo a La Habana de sus tres héroes: Fidel, Camilo y el Che.[198] También fue el joven que se entrega en cuerpo y alma a la Revolución naciente, aunque ya percibe que su vocación literaria es mal vista en un régimen tan autoritario. Como el autor de *Antes que anochezca*, el joven Jesús Díaz persiste en su inclinación por las letras y escribe un libro de cuentos, *Los años duros* (1966), donde narra episodios de la guerra civil cubana con la frialdad de un reportero del *New York Times*. Al

310

igual que Arenas, el novel autor logra entonces un temprano reconocimiento: gana el Premio Casa de las Américas, la mítica institución dirigida por Haydée Santamaría que propiciaba el diálogo entre la Revolución y la izquierda intelectual latinoamericana y europea.

A pesar de haber sido escritos, resueltamente, como pequeños relatos dentro de la gran narrativa revolucionaria, *Los años duros* se aproxima al otro bando con un realismo inusual, en el que no faltan testimonios de la humanidad e, incluso, de la coherencia moral del adversario. Tres personajes de aquel libro serían buenos ejemplos de una caracterización justa del rival: Boby, el joven revolucionario que se exilia en los últimos años de la dictadura de Batista y que regresa a La Habana convencido de que la Revolución no debe forzar una ruptura con Estados Unidos, el Diosito, un revolucionario católico que debe enfrentarse al rechazo ideológico de sus compañeros de armas y, finalmente, el Niño, un «bandido» valiente, que comparte los mismos atributos de «hombría» e intransigencia de los milicianos que lo persiguen por los montes del Escambray.[199]

Justo aquí, las biografías de Arenas y Díaz se bifurcan. El éxito de Arenas, impulsado por su novela *Celestino antes del alba* (1967), provoca que los ojos del poder escruten a ese personaje rústico, homosexual, irreverente y lo rechacen con saña. Díaz, en cambio, joven habanero de clase media baja, con una formación política asegurada por estudios en el Ministerio de Relaciones Exteriores, el Instituto Cubano de Amistad con los Pueblos y el Departamento de Filosofía de la Universidad de La Habana, es mirado con simpatía por los *headhunters* del comunismo tropical. Ese mismo año, 1966, el narrador y filósofo recibe el encargo de editar el suplemento cultural del periódico *Juventud Rebelde*, órgano de la Unión de Jóvenes Comunistas de Cuba. El magazine será llamado, en alusión a la geografía de la isla revolucionaria, *El Caimán Barbudo*, y en su primer consejo de redacción intervendrán algunos de los escritores más interesantes de aquella generación: Luis Rogelio Nogueras, Guillermo Rodríguez Rivera, Víctor Casaus, Elsa Claro y Mariano Rodríguez Herrera.[200]

*El Caimán Barbudo,* a pesar de sus arremetidas homofóbicas y elitistas, aspiró a una proeza que ya en la Rusia de los años 20 resultó imposible: crear un espacio de libertad y rigor intelectual bajo el comunismo. En su primer número, Jesús Díaz afirmaba que la revista era «obra de jóvenes revolucionarios, comprometida con la Revolución, con su Partido, que es igual a estar comprometida con la verdad y con el arte». Más adelante advertía que los editores eran «conscientes de que los dogmas no han hecho siempre sino frenar el desarrollo de la cultura» e, invocando a Antonio Machado, concluía que «escribir para el pueblo era llamarse Cervantes en España, Shakespeare en Inglaterra, Tolstói en Rusia».[201] Ni más ni menos, el sueño de una vanguardia heterodoxa, que deslumbró a Maiakovski y a Gorki, y que Lenin y Stalin convirtieron en pesadilla.

Pero todavía en La Habana de los 60 se podía soñar con una cultura crítica, refinada, que compartiera los valores socialistas de la Revolución y, a la vez, rechazara los impulsos totalitarios de la nueva élite del poder. El andamiaje doctrinario e institucional del comunismo soviético aún no se había trasplantado a la isla y la izquierda intelectual en América Latina y Europa (Paz y Sartre, Vargas Llosa y Calvino, Cortázar y Sontag...) creía que Cuba era un experimento social, nacionalista y justiciero, que no sucumbiría al hechizo de Europa del Este. Los intelectuales cubanos más suspicaces, Guillermo Cabrera Infante, Carlos Franqui y Heberto Padilla, también le apostaron a ese socialismo libertario hasta que la persecución, el encarcelamiento y juicio de este último, entre 1967 y 1971, les demostrara a ellos tres y a miles de izquierdistas ingenuos de este mundo que Fidel Castro no era más que una réplica de Stalin con oratoria martiana y gestualidad mussolinesca.

El primer tropiezo de Jesús Díaz bajo el régimen castrista estuvo relacionado con el emblemático *affaire* Padilla. En 1967, la revista que él dirigía publicó un artículo de Heberto Padilla en el cual el poeta juzgaba duramente («pastiche de Carpentier y Durrell..., prosa cargada de andariveles...., salto a la banalidad») la novela *Pasión de Urbino*, de Lisandro Otero, entonces viceministro de Cultura, y en el que, para colmo, se elogiaba *Tres tristes tigres* («una de las novelas más brillantes, más ingeniosas y más profundamente cubanas que hayan sido escritas alguna vez..., llena de verdadera fuerza juvenil, de imaginación, atrevimiento y genio») de Guillermo Cabrera Infante, exiliado en Londres.[202] *Tres tristes tigres* ganó el Premio Biblioteca Breve de Seix Barral aquel año, y la nota de Heberto Padilla pasó a la historia como el único elogio a Guillermo Cabrera Infante, publicado en Cuba, en los últimos 40 años. Jesús Díaz fue cesado como director de *El Caimán Barbudo* por haber autorizado la publicación de aquella merecida alabanza.

Entre 1967 y 1971, Díaz se involucró en otra aventura intelectual bajo el comunismo cubano: la revista *Pensamiento Crítico*. Esta publicación, dirigida por el filósofo Fernando Martínez y editada por el Departamento de Filosofía de la Universidad de La Habana, se propuso dar a conocer «el desarrollo del pensamiento político y social del tiempo presente» y las contribuciones al mismo de la «Cuba revolucionaria».[203] Alentada por la búsqueda de un socialismo autónomo, distante de Moscú y Pekín, aquella revista intentó ofrecer a la Revolución un discurso heterodoxo, en el que confluyeran la tradición nacionalista y latinoamericanista del pensamiento cubano (Varela, Martí, Varona, Guerra, Ortiz...), y el marxismo y el liberalismo occidentales de Gramsci y Lukács, de Althusser y Marcuse, de Korch y Bloch, Adorno y Sartre, Hobsbawm y Aron.[204] Justo cuando las élites habaneras fraguaban una alianza definitiva con la URSS, anunciada ya por el apoyo de Fidel Castro a la invasión soviética de Checoslovaquia, aquellos jóvenes se arriesgaron a tender una conexión cubana con el 68. Paradojas de la izquierda, como las que tan bien describe Elizabeth Burgos: mientras Cuba era un sím-

313

bolo en las calles de París, Praga y México, en La Habana oficial, la causa de mayo del 68 era percibida como una amenaza.[205]

*Pensamiento Crítico* editó números impactantes para el medio intelectual y político de la isla, a fines de los 60: el 18/19 de 1968, por ejemplo, estuvo dedicado al estructuralismo y la lingüística en el teatro, la historia, el cine y la literatura, con ensayos de autores franceses como Jean Cuisenier, Marc Barbut, Paul Ricoeur, Michel Delahaye, Jacques Rivette, Lucien Sebag y Henri Lefebvre;[206] el 21 de ese mismo año, donde se reprodujo la entrevista de Jean-Paul Sartre con la revista *Le Point*, «El intelectual frente a la Revolución», en la que se respaldaba la revuelta estudiantil de París, y que incluyó, además, varios estudios sobre las dos Alemanias;[207] el 30 de 1969, dedicado a la cibernética, el 34/35 de ese mismo año, con los ensayos de Robin Blackburn y Perry Anderson sobre cultura y nación y el estudio de François George sobre Althusser o el 39 de 1970, dedicado a la Revolución del 30, con textos de Enrique José Varona, Gabriela Mistral, Eduardo Chibás, Pablo de la Torriente Brau y Antonio Guiteras.[208]

Una contribución especialmente valiosa de Jesús Díaz a la revista fue su ensayo «El marxismo de Lenin. Del X Congreso a la muerte (1921-1924)», aparecido en el número 38 de 1970. El tema de la relación de Lenin con el marxismo clásico había sido tratado antes en la revista por medio de reproducciones de textos de Lunacharski, en el número 27 de 1969, y de Althusser en el 34/35 a fines de ese mismo año.[209] Jesús Díaz, sin la menor inhibición frente a autoridades en la materia, desarrolló sus atrevidos argumentos sobre Lenin, insistiendo en pasajes polémicos de su biografía intelectual y política como las «desgarradoras disyuntivas» entre «internacionalismo o chovinismo, desarrollo o estancamiento, democracia o burocratización, contrarrevolución y comunismo».[210] En la interpretación de Díaz se mezclaban, naturalmente, la mirada del novelista y el razonamiento del filósofo. De ahí su interés en captar «la imprescindible llama de utopía...», y, bajo ella, toda la ciencia, el realismo y la angustia de quien mensuraba las posibilidades y sabía que eran pocas».[211] La principal conclusión de su ensayo era que Lenin, muy lejos de las semblanzas acumuladas por la mitología estalinista, era un pragmático, un realista del poder: «Lenin reconoce exactamente el sentido real de la historia, por sobre el sentido ideológico de todos los marxistas ortodoxos y neortodoxos.»[212]

En aquellos años, el compromiso intelectual de Jesús Díaz con una Revolución, asumida desde posiciones libertarias, no dogmáticas, de la cultura, fue expresado de manera elocuente en ensayos como «Para una cultura militante» (1966) o «Vanguardia, tradición y desarrollo» (1971), escrito con Juan Valdés Paz. Ya en el exilio, en una entrevista concedida a Lilliam Oliva Collmann, Díaz tuvo el valor de reconocer aquella entrega a la Revolución, pero estableciendo matices que no deberían ignorarse a la hora de valorar la obra y el pensamiento de tantos intelectuales que defendieron el socialismo, desde visiones autónomas y críticas de la cultura. Entre mediados de los 60 y principios de los 70, Díaz, según sus propias palabras, «asumió completamente la Revolución, sin discusión alguna y con gran pasión, no obstante concederle un enorme grado de autonomía a la literatura» o a entender la creación artística y literaria «de un modo distinto a como lo entendía la cultura autoritaria populista con la cual polemizaba».[213]

Tras la clausura de *Pensamiento Crítico* y la acusación de «diversionismo ideológico» a sus editores, en 1971, Jesús Díaz se concentró en su obra narrativa y cinematográfica. Su paso por el cine, según los entendidos, no fue siempre afortunado. Para calibrarlo bien, sin embargo, habría que rescatar el sentido antropológico de su filmografía en los años 70 y 80, junto con las instrumentaciones ideológicas de esa obra desde el poder. Es cierto que tuvo la osadía de abordar el tema tabú del exilio cubano en el documental *55 hermanos* (1978) y en el largometra-

315

je de ficción *Lejanía* (1985). Pero en ambos, así como en su película *Polvo rojo* (1981), la construcción de los personajes y la trama no logró liberarse del *canon* estético del realismo socialista. El arquetipo del exiliado, en aquellos filmes, representaba todos los valores negativos, según el código de las buenas costumbres comunistas: egoísmo, frivolidad, altivez, indiferencia, soberbia, abulia, pasividad. En cambio, la figura del obrero estaba sometida a un alto grado de idealización moral. Sólo en el último tramo de su carrera cinematográfica, Díaz logró burlar el cerco ideológico y estético del Estado, colaborando en la redacción del guión de *Alicia en el pueblo de maravillas* (1990), película de Daniel Díaz Torres, que formulaba una alegoría infernal del régimen cubano y que fue censurada por las autoridades de la isla.

Aquella penitencia de los años 70 produjo, sin embargo, la primera novela de Jesús Díaz: *Las iniciales de la tierra*. Esta novela, originalmente llamada *Biografía política*, estuvo censurada durante los años en que Jesús Díaz, refugiado en el ICAIC, realizó una importante obra de cinematografía documental, a medio camino entre la etnografía cultural y la propaganda anticolonial.[214] Aquella novela contaba la historia de un joven cubano que, como el propio autor, había crecido frente a una abigarrada pantalla, en la que se proyectaban imágenes de Disney y Hollywood, de Máximo Gómez y José Martí, de la religión católica y el culto afrocubano. A partir de 1959, el joven abraza la causa revolucionaria y protagoniza, como un héroe griego, todos los actos de la epopeya socialista: la Campaña de Alfabetización, Bahía de Cochinos, la Crisis de los Misiles, la Zafra de los Diez Millones... Pero a principios de los años 70, cuando es considerado su ingreso al Partido Comunista, una serie de intransigencias, deslealtades, dubitaciones y equívocos provoca la desconfianza de compañeros y superiores.[215] La trama, que hoy nos parece exagerada o pueril, aunque bien pulida en el plano de la memoria cultural, captó el ambiente de rigidez moral que propagara la Revolución, por lo que el gobierno cubano prohibió la edición de la novela. *Las iniciales de la tierra*, como decíamos, estuvo vetada catorce años, desde 1973 hasta 1987, cuando una reivindicación de todos los intelectuales cercanos al primer *Caimán Barbudo* y a *Pensamiento Crítico* permitió su publicación en La Habana y Madrid.

Muy pronto, en 1989, Jesús Díaz comprendería que aquel desagravio era oportunista y engañoso. Frente a la caída del Muro de Berlín, el régimen cubano, lejos de cambiar o, tan siquiera, reformarse, se aferró literalmente a la *antiperestroika* y la *antiglasnost*. Tras la censura decretada contra la película *Alicia en el pueblo de maravillas*, escrita por Díaz y el joven narrador Eduardo del Llano, el autor de *Las iniciales de la tierra* se trasladó a Berlín, gracias a una beca de la Oficina Alemana para las Relaciones Culturales con el Extranjero (DAAD). En aquel viaje, que resultó definitivo, llevaba consigo el manuscrito de *Las palabras perdidas*, acaso su novela más ambiciosa, que fue publicada en 1992 por la editorial Anagrama. A principios de aquel año, Díaz participó, en Zurich, en un debate sobre la situación cubana, organizado por el semanario suizo *Woz*, con el escritor uruguayo Eduardo Galeano y el novelista austríaco Erich Hackel. Allí leyó su conocido ensayo «Los anillos de la serpiente», en el que expuso su «oposición tanto al bloqueo criminal de los Estados Unidos contra Cuba como a la terrible disyuntiva fidelista de socialismo o muerte», y que precipitó su ruptura con el régimen de la isla.[216] Hoy resultan casi inocuos, pero también vigentes, los pasajes más críticos de aquel texto:

De seguir las cosas como van, la situación económica continuará deteriorándose hasta amenazar las bases mismas de la civilización en la isla e inclusive la propia vida en ella, tal y como augura la luctuosa consigna oficial: *Socialismo o Muerte*. Es seguro que Cuba sola, pobre y bloqueada no podrá alcanzar el socialismo ¿Debe entenderse entonces que la muerte del

317

país es el único fin posible del periodo especial, y que la solidaridad, o la insolidaridad, con el Gobierno cubano consiste en facilitar de un modo u otro este desenlace? No parecería posible que nadie en su sano juicio pudiera pretender tal cosa; sin embargo, tanto la izquierda como la derecha, en Cuba y fuera de ella, están llevando agua a ese siniestro molino. La primera, al apoyar la consigna criminal de socialismo o muerte; la segunda, al apoyar un bloqueo no menos criminal que ya dura 30 años. Ambas políticas se complementan y no dejan otra alternativa que la tragedia, de la que todo un pueblo es prisionero ante los ojos atónitos o morbosos del mundo.[217]

Luego de conocer el pronunciamiento de Díaz en Zurich, el ministro de Cultura de Cuba, Armando Hart, hizo circular en los medios oficiales de La Habana una carta de excomunión, dirigida al escritor, la cual, sin embargo, nunca fue enviada a su residencia en Berlín. El documento pasó de mano en mano, como un edicto papal entre monjes medievales, sin que su destinatario jamás recibiera una copia. En aquella carta, luego de acusar a Díaz de sumarse a las «exigencias del imperialismo y socavar la solidaridad con Cuba», el funcionario exhibía una prosa inquisitorial, en la que cristaliza la férrea intolerancia cultural y política del castrismo:

Tus declaraciones me causan la profunda decepción que produce la traición. Has traicionado a tu cultura; has recorrido el camino de la deslealtad de los que van por la vida acumulando rencores. Tu crimen es peor que el de los bárbaros ignorantes que ametrallaron, hace semanas, a cuatro hombres amarrados. Ellos no merecieron perdón, pero tú lo mereces menos. Las leyes no establecen la pena de muerte por tu infamia; pero la moral y la ética de la cultura cubana te castigarán más duramente. Te has vendido, Jesús, por un plato de lentejas. Debieras llamarte Judas.[218]

¿Cuál fue la traición de Jesús Díaz? Simplemente atreverse a decir lo que pensaba: que «Cuba no podía seguir siendo dirigida unipersonalmente, como si de una hacienda particular se tratara». Y esto lo decía después de reconocer que «la Revolución cubana significó el momento más alto de la esperanza latinoamericana desde la independencia» y de rechazar «el dominio irrestricto del capital sobre el planeta y el regreso de la isla a la infamante condición de semicolonia que nos avergonzó durante tanto tiempo». Ése era, pues, el gran pecado de Jesús Díaz: hablar desde una izquierda patriótica, socialista, que se desmarcaba del discurso vengativo e intransigente del exilio cubano tradicional y, al mismo tiempo, no ocultaba su hartazgo frente a la falta de democracia en la isla. El propio autor de *Las palabras perdidas* lo resumiría con una frase: «Mi crimen consiste en haber hablado y en haberlo hecho sin unir mi voz al coro de los anexionistas de la Cuban American National Foundation.»[219]

Tras la misiva infamante de Armando Hart, Jesús Díaz fue expulsado del Partido Comunista y de la Unión de Escritores y Artistas de Cuba, lo cual equivalió a una condena de extrañamiento perpetuo. Comenzó, entonces, para el escritor, un intenso período de reconstrucción intelectual en las condiciones de libertad y lejanía que definen todo exilio. En mayo de 1994, Jesús Díaz participó en un encuentro de escritores cubanos, residentes dentro y fuera de Cuba, organizado por el Centro Internacional Olof Palme, en Estocolmo, Suecia. Allí, el novelista reiteró su posición pública a favor de una transición a la democracia en la isla y de un levantamiento del embargo comercial de los Estados Unidos, aunque agregó un matiz: el rechazo a que el manido argumento del «bloqueo» funcionara como subterfugio retórico para silenciar la crítica al régimen cubano. Una vez más, su argumentación era nacionalista: «Me parece inmoral seguir condicionando el abordar seriamente la solución de los problemas cubanos a la decisión norteamericana de le-

319

vantar o no el embargo. Dicha actitud significa el colmo de la abyección política: poner el control de nuestros destinos en manos de un gobierno extranjero.»[220]

En 1995, Jesús Díaz se trasladó de Berlín a Madrid, donde encabezaría el proyecto intelectual que ocupó sus últimos años: la revista *Encuentro de la Cultura Cubana*. El primer número de esta publicación apareció en el verano de 1996 y seis años después, en el verano de 2002, arribaba a su entrega 24 con un amplio reconocimiento internacional. En la concepción del proyecto, Jesús Díaz hizo suya la idea de que «la cultura nacional es un lugar de encuentro», formulada por el poeta Gastón Baquero, miembro de la generación de *Orígenes* y exiliado en Madrid desde 1959.[221] Así, desde la certidumbre de que una cultura, como la cubana, artificialmente escindida entre un *adentro* y un *afuera*, no podía ser definida en términos territoriales o políticos, *Encuentro* se propuso reunir en sus páginas a intelectuales y académicos de la isla y de la diáspora, del exilio histórico y de las nuevas emigraciones. Ese intento de «deslocalizar» la cultura cubana, como lo llamó Gastón Baquero, no implicó, en modo alguno, una disolución de las diferencias estéticas o ideológicas, ya que la revista conservó desde sus primeros números una pluralidad polémica.

Mientras *Encuentro* abría el estrecho y quebrado espacio público de la Revolución y el exilio, Jesús Díaz renovaba silenciosamente su narrativa. En 1992 apareció *Las palabras perdidas*, una novela que rememoraba la aventura intelectual de *El Caimán Barbudo* y rendía homenaje a la gran literatura de la isla (Guillén, Carpentier, Lezama, Diego Piñera...), la cual era invocada, casi, como una tabla de salvación nacional frente a la mezquindad de la política.[222] Si en *Las iniciales de la tierra* el personaje del joven arquitecto Carlos Pérez Cifredo encarnaba las tensiones entre la fragilidad afectiva y la rigidez ideológica, sin que jamás se cuestionara el compromiso político, ya en *Las palabras perdidas*, los tres intelectuales –el Gordo, el Flaco y el

Rojo– rozan el distanciamiento moral del artista bajo el comunismo, justo cuando sienten que las demandas del poder imponen la renuncia a la búsqueda de una expresión en la alta literatura.[223] «Escribir o callar» era el dilema que emergía en las páginas finales de *Las palabras perdidas*, casi como la confesión de un pecado de silencio. En la última escena, luego de rememorar sus desavenencias con la política de la cultura, el narrador se miraba al espejo y anotaba: «Tenía en el rostro las marcas del silencio y en la cabeza voces, gritos, preguntas a las que no sabía cómo responder.»[224] La siguiente novela de Jesús Díaz, *La piel y la máscara* (1996), abordará frontalmente el drama del artista cubano en el socialismo, colocando a cada personaje frente a un espejo moral. Esta obra reconstruía el proceso de filmación de *Lejanía*, la película en la que Jesús Díaz, desde una posición oficial, había contado el reencuentro en La Habana, a fines de los años 70, de una familia cubana dividida por la Revolución y el exilio. Sólo que, a la manera de Pirandello, los protagonistas de la novela eran hibridaciones entre los personajes del guión y los actores de la película. El resultado fue un inquietante juego de escondidas en el que todos ocultaban algo, sugiriendo, así, una alegoría de la simulación y el espejismo que caracterizan a la sociedad cubana. «Yo oculto», afirmaba uno de los personajes, «con la absoluta certeza de haber dado al fin con el lema que guiaría mis acciones.»[225]

En *La piel y la máscara*, Jesús Díaz confesó, una vez más, su silencio y complicidad bajo el régimen cubano y articuló una corrección narrativa y política de su film *Lejanía*, en el cual había reproducido varios estereotipos castristas. Esta compulsión política del ajuste de cuentas se percibe también en su siguiente novela, *Dime algo sobre Cuba*, publicada por Espasa Calpe en 1998. Allí narraba la historia del dentista cubano Stalin Martínez, hijo de un gallego comunista, quien, a mediados de los 90, logra cruzar la frontera entre México y Estados Unidos y reunirse con su hermano en Miami. Para ser favorecido por la Ley de Ajuste Cubano del Departamento de Estado, que concede residencia a los *balseros* que alcanzan las costas norteamericanas, el personaje se somete a un año de ayuno y baños de sol y agua salada, en la azotea de la casa de su hermano, hasta encarnar el aspecto físico y mental de un náufrago.[226] La trama, a pesar de su extravagancia, permitió a Díaz describir la precariedad de la vida habanera, violentada por el hambre, la estrechez y el control, y, a la vez, retratar la suspicacia y la cursilería que distinguen a la cultura cubano-americana de Miami.[227]

Con *Siberiana* (2000) Jesús Díaz se propuso liberar su narrativa de las urgencias del discurso político. Si bien el protagonista y la trama —un negro periodista cubano, violado en la adolescencia por un general revolucionario, que viaja a Siberia con el encargo de realizar un reportaje sobre la construcción del ferrocarril Baikal-Amur y se enamora de una joven rusa— estaban diseñadas desde el recurso de lo insólito, tan propicio para la transmisión de mensajes morales, es perceptible el deseo de inscribir el argumento en un horizonte lírico, distanciado de la cuestión cubana.[228] Bajo la historia de amor de Bárbaro y Nadiezhda latían los contrastes entre la nieve y el trópico, entre la religiosidad afrocubana y la ideología comunista, entre la virginidad y la lujuria. Sin embargo, esas tensiones se ocultaban detrás de algunas escenas idílicas, bien logradas, como un beso en un trineo a toda velocidad o un enlace frente al espectáculo de la descongelación del río Angará.[229]

*Las cuatro fugas de Manuel* (2002), última novela de Jesús Díaz, fue la confirmación de aquel avance de su escritura hacia un territorio de significaciones universales, ubicado más allá o más acá del absorbente drama de la política cubana. Con las sutilezas de una ficción mínima, controlada, el narrador logró transcribir las peregrinaciones del científico cubano Manuel Desdín, en busca de asilo, por seis países de Europa: Rusia, Suiza, Finlandia, Suecia, Polonia y Alemania.[230] Las trabas migratorias con las que chocaba el personaje, a cada paso, tenían su origen, naturalmente, en su compleja identidad nacional y política: era uno de esos miles de jóvenes cubanos, educados en las escuelas revolucionarias de la isla y en las universidades comunistas de la Unión Soviética, que alcanzaba su madurez moral justo cuando caía el Muro de Berlín y se desintegraba el campo socialista.[231] Esta localización de la trama imprimió al último relato de Jesús Díaz un aliento cosmopolita y contemporáneo, tributario de su propia experiencia como inmigrante latinoamericano en la Europa poscomunista.

Hace apenas quince años, cuando tomó la decisión de romper con el régimen de La Habana, Jesús Díaz era un escritor y cineasta desencantado de la Revolución cubana, a la cual había entregado su juventud y su talento. Una década después, en víspera de su muerte, era uno de los intelectuales públicos más importantes de la transición a la democracia en Cuba. En tan sólo diez años de exilio, Jesús Díaz escribió cuatro novelas y varias decenas de ensayos y artículos, editó veinticuatro números de la revista *Encuentro de la Cultura Cubana*, fundó y dirigió el diario digital *Encuentro en la Red* y asesoró a Víctor Batista en la creación y desempeño de *Colibrí*, la mejor editorial de ciencias sociales de la diáspora cubana. A Jesús Díaz le bastaron diez años para reconstruirse como intelectual moderno por medio de una evolución múltiple: del silencio a la palabra, del miedo a la libertad, del desencanto a la fundación, del rencor a la crítica. Paul Johnson ha escrito que el intelectual laico de la modernidad es una criatura que luego de vaciar su cerebro de religión, lo llena con ideología.[232] Jesús Díaz, como intelectual poscomunista, debió dar un paso más: vaciar su moral de ideología y llenarla de crítica.

En este tipo de mutaciones intelectuales es frecuente el desplazamiento de la pasión autoritaria hacia una voluntad de liderazgo democrático. Sin embargo, en el caso de Díaz, así como en el de Solzhenitsyn o Michnik, dicho proceso no siguió los

323

síntomas de una conversión mística o del mecánico reemplazo de un compromiso por otro, sino las pautas racionales de la asunción de un nuevo rol en el espacio público. Norberto Bobbio, en su formidable refutación del compromiso sartreano, desglosó esas pautas en tres gestos morales: la duda, la elección y la responsabilidad.[233] Jesús Díaz cumplió cabalmente este ciclo: dudó de la justicia del régimen cubano, eligió ejercer la crítica del mismo a costa del exilio y la calumnia y se hizo responsable de las consecuencias de su fundación pública por medio de la memoria y el testimonio de una escritura.

## RAÚL RIVERO: UN POETA PRESO

Durante un viaje proselitista a México, la hija del Che, Aleida Guevara March, defendió los encarcelamientos de setenta y cinco opositores pacíficos cubanos, en la primavera de 2003, con el argumento de que aquellos «mercenarios» –fueron sus palabras– habían sido procesados con «estricto apego a derecho» y que en los juicios contra los disidentes «no se había violado una sola ley». Lo terrible del caso cubano es que la hija del Che tiene razón: las condenas de entre seis y veintiocho años de cárcel para los opositores de la isla fueron dictadas de acuerdo con la legislación socialista que rige en Cuba. Según esa peculiar concepción del derecho, cualquier ciudadano que exprese públicamente su oposición al gobierno de Fidel Castro o se asocie al margen del Estado cubano, incurre en un delito de «traición a la patria» y, por lo tanto, debe ser castigado.

Los setenta y cinco opositores cubanos encarcelados en la primavera de 2003 y los más de trescientos presos de conciencia que malviven en las cárceles de la isla tendrían que ser liberados sin condiciones porque nunca debieron ser recluidos. Cualquier distinción entre ellos, cualquier ponderación entre unos y otros o cualquier jerarquía ideológica o política, que intente aplicarse a una comunidad moral, profundamente comprometida con un cambio de régimen pacífico y pactado, corre el riesgo de actuar como una disculpa mezquina, que avala las arbitrariedades del derecho totalitario. Sin embargo, hay un caso, cuya singularidad escapa al deseo de ser justos y de evitar deslindes entre víctimas cuya inocencia no puede ser sometida a gradaciones como las que el castrismo impone con sus sentencias. Me refiero al cronista y poeta Raúl Rivero Castañeda, nacido en Morón, Camagüey, en 1945.

De no haber sido liberado, a fines de 2004, Rivero habría cumplido sus sesenta años en la cárcel. Aun así, el último año y medio de una vida en la isla, tan expuesta a fuertes pasiones literarias y políticas, lo pasó dentro de una celda de la prisión de máxima seguridad de Canaleta, Ciego de Ávila. Pero para un autor de la estirpe de Rivero, que asume la escritura de crónicas y poemas como la inscripción de una experiencia personal, la cárcel se convirtió en una nueva estación de su biografía literaria. Dos amigos suyos, el poeta Manuel Díaz Martínez, exiliado en España, y el novelista Eliseo Alberto, exiliado en México, lo advirtieron en su momento: el gobierno de Fidel Castro, lejos de resolver el «caso Rivero», creó, con el encarcelamiento del autor de *Recuerdos olvidados* (2003), uno de los testimonios más elocuentes y perdurables sobre la entraña despótica del socialismo cubano.[234]

Raúl Rivero no es, tan sólo, un buen poeta: es, dentro de la buena poesía cubana, el lírico más sensible a los problemas políticos de la isla. Bastaría con recordar que su poética se formó en los revolucionarios sesenta y setenta, con cuadernos como *Papel de hombre* (1969) y *Poesía sobre la tierra* (1972), en los que defendía abrir los ojos a la realidad y narrar el dramático cambio social de las dos primeras décadas del castrismo.[235] Aquella voluntad de testimonio –rechazada por algunos como «antipoesía», celebrada por otros como «estética conversacional» y aprovechada por el aparato político para combatir las corrientes «menos comprometidas» de la literatura cubana– era, en efecto, antile-

325

trada o antilibresca, pero no antiintelectual, ya que otorgaba a la poesía una nueva función pública.

Hacia 1980, la poesía de Rivero experimentó un repliegue espiritual, que se plasmó en los poemas autobiográficos y amorosos de *Corazón que ofrecer* (1980) y *Cierta poesía* (1981).[236] Pero a mediados de aquella década, con *Poesía pública* (1984) y *Escribo de memoria* (1985), el poeta regresó a sus obsesiones civiles: el verso como habla de la ciudad, como crónica del olvido social.[237] La vocación pública retomada entonces por Raúl Rivero no hizo más que nutrirse de significados políticos a medida que la historia contemporánea cerraba sus ciclos en torno a la isla de Cuba: *perestroika*, «rectificación», caída del Muro de Berlín, desintegración de la URSS, transiciones democráticas, «período especial». Ya a mediados de los 90, cuando el poeta, marginado por su intervención en la *Carta de los Diez*, decidió reunir los poemas que forman el cuaderno *Firmado en La Habana* (1996) y *Estudios de la naturaleza* (1997), la poesía crítica que emergió fue plenamente una poesía opositora.[238]

Raúl Rivero no es el único poeta cívico que ha dado Cuba en cuarenta y cinco años de dictadura. De hecho, en los momentos de mayor despotismo del régimen, ha habido siempre un poeta víctima: Reinaldo Arenas en los 60, Heberto Padilla en los 70, María Elena Cruz Varela en los 80 y Raúl Rivero en los 90. Pero Rivero es, sin duda, quien ha llevado la poesía cívica hasta las formas más transparentes y comunicativas que ha conocido la literatura cubana bajo el castrismo. De ahí que el caso Rivero, para perturbar la conciencia de la mayoría de los escritores de la isla, no sea simplemente un caso judicial, sino también un caso literario. Raúl Rivero estuvo preso por producir un tipo específico de literatura: aquella que con los mismos instrumentos realistas de una estética revolucionaria narra el malestar de la ciudadanía cubana en los últimos quince años.

Los verdaderos motivos del encierro de un poeta que escribió versos como «por qué me tengo que morir / no en mi patria / sino en las ruinas de este país / que casi no conozco...» hay que encontrarlos en los ojos del poder, en la mirada del caudillo que lee con rabia.[239] La misma mirada biliosa con que Stalin, como cuenta Martin Amis en *Koba the Dread. Laughter and the Twenty Million* (2002), leyó a Mandelstam, a Shalamov, a Pasternak, a Ajmátova y a Bábel. Que el tono de los poemas y las crónicas de Rivero sea dulce y compasivo, sereno y gracioso, suave y directo no hace más que enervar esa lectura de odio. Tan sólo habría que imaginar a los lectores de la *nomenklatura* frente a un poema como «Socialismo real», incluido en *Puente de guitarra* (2002): «Lo pavoroso del asunto / no es que yo haya querido / dar mi vida un día / sino que ahora / me la quieran quitar.»[240]

La hija del Che tiene razón: los opositores cubanos están presos porque violaron las leyes socialistas que contemplan como delito el derecho de cualquier ciudadano a asociarse y expresarse libremente, al margen o en oposición a las instituciones del Estado. Pero uno de esos presos, el poeta y periodista Raúl Rivero, estuvo en la cárcel por violar otra ley: la ley no escrita que establece que un buen escritor residente en la isla no puede escribir poemas y crónicas opositoras, como las que conforman *Herejías elegidas* (1998), *Pruebas de contacto* (2003) y *Sin pan y sin palabras* (2003). Raúl Rivero violó el pacto castrista entre los intelectuales y el poder. No hay otro que lo haya hecho y que hoy no esté en la cárcel, el exilio o el más allá.[241]

La tradición jurídica occidental quiere persuadirnos de que las cárceles fueron inventadas para proteger a la sociedad de ciudadanos peligrosos. La privación de libertad es un castigo horrendo, que hace de la persona una sombra, un fantasma en cautiverio. De ahí que la prisión injusta sea uno de los más graves crímenes que puede cometer un Estado. El presidio político, esto es, el encarcelamiento de individuos por sus ideas o creencias, por sus aficiones o costumbres, es considerado en el mundo moderno un delito gubernamental que debería poner tras las rejas a los propios fiscales.

Los trescientos presos políticos que malviven en las cárceles cubanas son víctimas de un crimen de Estado. Todos, sin excepción ni jerarquías, merecen la solidaridad del mundo democrático y, en especial, de la oposición cubana. Hay uno, sin embargo, que agregó a su inocencia una vocación sumamente peligrosa bajo un régimen totalitario: la poesía. La cárcel de Rivero fue justificada o subvalorada, dentro y fuera de Cuba, con argumentos mezquinos. Se dijo que el poeta estuvo preso por «afán protagónico», por «ambición», por «oportunismo», por «ingenuidad». Se insinuó que su reconocimiento literario era mera consecuencia de un activismo político, impulsado por el deseo de lavar un pasado oficialista. No ha faltado, por supuesto, quien reste importancia a la prisión de Rivero con la justa observación de que no es el primer poeta encarcelado en cuarenta y cinco años de dictadura.

Sin embargo, no hay argumento que disminuya el hecho de que Raúl Rivero estuvo preso por escribir poemas y crónicas en los que hizo pública su oposición al gobierno de Fidel Castro, y por fundar una agencia de prensa independiente del Estado cubano. A esos delitos, tipificados por la legislación totalitaria de la isla, Rivero sumó una virtud que el régimen cubano, tan receloso del arte, la literatura y el pensamiento, asume como agravante: escribir bien. La escritura de Raúl Rivero es buena no sólo por razones de estilo, sino también por razones políticas: se trata de una literatura que rehúye cualquier autorreferencialidad letrada y se ofrece como testimonio de la vida cotidiana en la isla.

Raúl Rivero ha sido siempre un poeta con los ojos abiertos a su realidad. Esta condición, expuesta en las dos ramas de su escritura, la poesía y la crónica, lo inscriben en la estirpe de los grandes poetas cronistas de la literatura cubana: José Martí, Julián del Casal, Nicolás Guillén, Eliseo Diego, Heberto Padilla. Los temas de un libro como *Sin pan y sin palabras* (Barcelona, Península, 2003), compilación de su prosa periodística, no son muy distintos de los que pueblan poemarios como *Puente de guitarra* o *Recuerdos olvidados*. La dura vida habanera, con su galería de *jineteras* y policías, delatores y turistas, *macetas* y burócratas, pordioseros y disidentes... Una ciudad donde, entre el miedo y el hambre, la gente sabe rodearse de amor y nobleza, recuerdos e ilusiones.

Son discernibles los atributos de la poesía de Rivero: el *patriotismo* («te conozco, Patria / te conozco, / y una definición insulsa / se parece a mi traje»), el *testimonio* («nadie avisó de esta guerra y estalló sin banda sonora»), la *denuncia* («ninguno de nuestros ministros es rico, / ninguno tiene fincas, fábricas ni propiedades / ¡ni falta que les hace!»), la *memoria* («sigo en La Habana / Alicia / sigo en Cuba que es / por lo menos para mí, / el país de mis maravillas, / sigo en La Habana / y lo recuerdo todo»), la *compasión* («ahora me propongo perdonarlo todo / para dejar limpio mi corazón cansado / dispuesto sólo a la fatiga del amor»), el *humor* («soy un productor de taquicardia, / alguien que no quiere irse / ni se quiere quedar»). Los poemas escritos en la cárcel y recogidos en el cuaderno *Corazón sin furia* (2005) nos retratan a una víctima que tiene la valentía de perdonar, a un poeta laico que habla la lengua cristiana.[242]

Sin embargo, Raúl Rivero es, ante todo, la prueba viviente de que en Cuba un escritor puede cambiar –en el sentido más profundo del verbo–. Cambio de actitud moral y política frente al poder, como aquel que demandara el Nobel húngaro de Literatura, Imre Kertész, víctima doble del fascismo y el comunismo, y cuyo único equivalente generacional acaso sea Jesús Díaz. Cambio de carne y espíritu, que no reniega de su pasado revolucionario pero tampoco elude su responsabilidad en la tragedia: «¿Por qué, Adelaida, me tengo que morir / en esta selva / donde yo mismo alimenté / las fieras, / donde puedo escuchar hasta mi voz / en el horrendo concierto de la calle?»[243]

*El templo y sus guardianes*

En 1971, cuando el poeta Heberto Padilla fue encarcelado en La Habana por escribir una poesía crítica que «distorsionaba la realidad del socialismo cubano» y «ofrecía argumentos a los enemigos de la Revolución», la izquierda intelectual latinoamericana se partió en dos. Como ha estudiado detenidamente Claudia Gilman, en un lado se colocaron aquellos que, sin dejar de mantener una adhesión a las ideas socialistas, expresaron su reproche al gobierno cubano, el cual, a su juicio, experimentaba con nuevas fórmulas de emancipación social y nacional, pero reproducía no pocas prácticas estalinistas. En el otro se ubicaron quienes, a pesar de reprobar el encarcelamiento del poeta y su *autocrítica* ante la membresía de la Unión de Escritores y Artistas de Cuba, decidieron apoyar al gobierno de Fidel Castro.[244]

Los primeros (Octavio Paz, Mario Vargas Llosa, Carlos Fuentes...) se atrevieron a criticar públicamente un proyecto que respaldaban, a riesgo de perder la amistad de la dirigencia de la isla. Los segundos (Gabriel García Márquez, Julio Cortázar, Mario Benedetti...) optaron por preservar la confianza y la cercanía de un gobierno que, acosado por Estados Unidos, se preparaba para sellar su alianza con la URSS y adoptar el modelo soviético. Ambos lados eran conscientes del autoritarismo de La Habana y ambos se sentían decepcionados por la sovietización de la isla. Sólo que unos resolvieron hacer público su desencanto, acaso con la esperanza de que el liderazgo habanero rectificara, y los otros prefirieron ocultarlo, motivados por la certeza de que la Revolución cubana era mucho más importante que sus errores.[245]

Con el tiempo, aquellos intelectuales que expresaron su rechazo a la represión contra el poeta Padilla acabaron deslindándose de las ideas y los métodos del socialismo cubano y defendiendo la democracia liberal como opción para América Latina. La mayoría de los otros, los que se mantuvieron al lado de La Habana, también terminó prefiriendo la democracia en sus paí-

ses, aunque persistieran en la defensa del socialismo para Cuba.
Hacia 1989, cuando la caída del Muro de Berlín vino a consumar el tránsito de la izquierda revolucionaria a la izquierda democrática en América Latina, la mejor intelectualidad del continente apostaba por un modelo político que combinara responsabilidades sociales y libertades públicas. La única diferencia era que algunos pensaban que ese modelo también debía ser adoptado por Cuba y otros no.[246]

¿A qué se debe esta dicotomía? Una explicación racional e, incluso, cándida, que se aparta de juicios morales o interpretaciones malévolas, sería que aquellos intelectuales latinoamericanos que durante décadas han evitado pronunciar críticas al régimen cubano, aunque no dejen de compartirlas en ámbitos privados, lo han hecho porque creen honestamente que sus opiniones podrían «ofrecerle argumentos al enemigo» y «prestarse a la campaña internacional en contra de Cuba» que justifica la «agresión del imperialismo yanqui». Para esos intelectuales, la Revolución cubana, con todas sus virtudes y a pesar de todos sus defectos, es un símbolo necesario para la ecología cultural y política del planeta, puesto que representa el único gobierno del Hemisferio Occidental que se resiste a la hegemonía de Estados Unidos y al predominante modelo liberal y democrático de organización de la sociedad.

El apoyo a Fidel Castro, entre estos intelectuales, es una afirmación del carácter excepcional del sistema cubano, por su condición de vecino rival de Estados Unidos, y no un reconocimiento de la validez universal del mismo. De hecho, en estas actitudes lo importante no es la realidad del socialismo cubano, su deficiente rendimiento económico, sus exitosos o fracasados programas sociales o su ausencia constitucional de derechos civiles y políticos, sino su eficacia simbólica como némesis moral de Estados Unidos, como pequeño David caribeño eternamente contrapuesto al gigante filisteo: el «imperialismo yanqui». Ese símbolo es una garantía del equilibrio mundial y es preciso sostenerlo y cuidarlo, callando críticas o susurrándolas al oído de algún funcionario cubano.

Hay en esta protección del símbolo cierta subsistencia del principio del «centralismo democrático» –aplicado en la URSS por Lenin y Stalin–, según el cual, las críticas al socialismo sólo pueden proferirse «en el seno del partido», ya que son, en propiedad, *autocríticas* de los propios revolucionarios que no deben trascender a la opinión pública para no «regalar ideas al enemigo». Esta concepción restringida de la libertad de expresión, además de verse complementada por una instrumentación propagandística de los medios informativos, era producto de aquella mentalidad binaria y paranoide de la Guerra Fría que imaginaba al *enemigo* –el imperialismo yanqui, la CIA, el Pentágono, el Capitolio, la Casa Blanca...– como un actor unívoco y racional, capaz de controlar al mundo entero a través de cualquier gobierno o cualquier organismo internacional.[247]

Treinta y cinco años después del *affaire* Padilla, la relación del gobierno de Fidel Castro con la intelectualidad de la izquierda occidental sigue determinada por ese imperativo de la «crítica desde adentro». Tras los arrestos, «juicios sumarísimos» y condenas de entre seis y veintiocho años de cárcel, contra setenta y cinco opositores pacíficos y moderados, y el fusilamiento de tres secuestradores de una embarcación, a principios de abril de 2003, importantes intelectuales europeos y latinoamericanos, como el portugués José Saramago, el español Manuel Vázquez Montalbán y el uruguayo Eduardo Galeano, quienes en los últimos diez años habían defendido la «solidaridad con Cuba» como una de las causas de la izquierda poscomunista, expresaron públicamente su desacuerdo con la represión política. Una carta promovida por el Ministerio de Cultura cubano, el 19 de abril, y firmada por importantes creadores de la isla, como la bailarina Alicia Alonso, los músicos Leo Brouwer, Silvio Rodríguez y Chucho Valdés, el historiador Eusebio Leal y los poetas Cintio Vitier y Fina García Marruz, decía textualmente:

En los últimos días hemos visto con sorpresa y dolor que al pie de manifiestos calumniosos contra Cuba se han mezclado consabidas firmas de la maquinaria de propaganda anticubana con los nombres entrañables de algunos amigos. Al propio tiempo, se han difundido declaraciones de otros, no menos entrañables para Cuba y los cubanos, que creemos nacidas de la distancia, la desinformación y los traumas de experiencias socialistas fallidas. Lamentablemente, y aunque ésa no era la intención de estos amigos, son textos que están siendo utilizados en la gran campaña que pretende aislarnos y preparar el terreno para una agresión militar de Estados Unidos contra Cuba.[248]

La carta insinuaba la fantasía de un mundo totalmente controlado por Estados Unidos, en el que textos como «Sin novedad» de Manuel Vázquez Montalbán *(El País,* 7 de abril de 2003) o «Cuba duele» de Eduardo Galeano *(La Jornada,* 18 de abril de 2003) serían «utilizados» por el Departamento de Estado o la Casa Blanca para justificar su política hostil contra Cuba. En dicha fantasía, la disolución de matices es tal que poco importa el marcado perfil izquierdista de estos intelectuales o sus vehementes afirmaciones de rechazo al gobierno de George W. Bush y su estrategia contra la isla. A pesar del esfuerzo retórico de estos intelectuales –y de otros, más identificados con esa posición desde el caso Padilla, como Carlos Fuentes y Juan Goytisolo– por sostener una crítica doble, a Washington y a La Habana, el gobierno cubano recibió sus opiniones como ofensas o traiciones.

Galeano, por ejemplo, hablaba en su texto de la «alevosa impunidad de la carnicería de Irak», de la «claudicación de la socialdemocracia del sargento Tony Blair», de esa «incansable fábrica de dictadores en el mundo» que es Estados Unidos, donde «hay un partido disfrazado de dos». Vázquez Montalbán, por su parte, se refería al «capitalismo multinacional que

333

mutila niños y destruye familias» y al «cinismo político exhibido en tiempos de globalización». Galeano, incluso, suscribía ese estereotipo castrista que presenta a los disidentes como vulgares «mercenarios» de Washington: «Esta oposición democrática no tiene nada que ver con las genuinas expectativas de los cubanos honestos..., por su notoria nostalgia de los tiempos coloniales en un país que ha elegido el camino de la dignidad nacional.»

Pero ambos se atrevían a algo muy grave: criticar, ya no unas medidas extremas, como los encarcelamientos y las ejecuciones, sino la médula totalitaria del sistema cubano. Galeano se escudaba en la autoridad socialista de Rosa Luxemburgo para pedir lo mismo que han pedido siempre todos los críticos de la Revolución cubana y que, en efecto, desde una óptica imperial, también exige Estados Unidos: «Elecciones generales, libertad de prensa y reunión ilimitadas, lucha de opiniones.» Vázquez Montalbán, por su lado, demandaba la sustitución de la lógica binaria de la Guerra Fría por una dialéctica intelectual que permita a la izquierda criticar a Cuba sin suscribir, por ello, la agresividad norteamericana: «El sentido crítico de los nuevos tiempos se siente asfixiado por el maniqueísmo... la represión antidemocrática es la represión antidemocrática allí donde se dé.»

El gobierno cubano, sin embargo, a pesar de sostener constitucionalmente que el marxismo-leninismo es su ideología oficial, no acepta esta dialéctica. Cuba, según Fidel Castro, vive en un estado de guerra perpetua contra Estados Unidos, en el que sólo hay dos bandos: el de los amigos y el de los enemigos, el de los cómplices y el de los traidores. Tal vez, por su larga experiencia dentro del Partido Comunista portugués, José Saramago pudo comprender mejor esta adaptación cubana del «centralismo democrático» a la opinión pública occidental y, consciente de que en el espectro de La Habana sólo hay dos colores, blanco o negro, decidió presentar su crítica como una deserción o un divorcio: «Hasta aquí he llegado. Desde ahora en adelante Cuba seguirá su camino, yo me quedo.»

El argumento central de Saramago, en su breve texto «Hasta aquí he llegado» *(El País,* 14 de abril de 2003), explora la paradoja que Cuba implica para la izquierda occidental. Por un lado, la isla y su Revolución conforman un símbolo mundial de resistencia al capitalismo y a la hegemonía de Estados Unidos que personifica una política de Estado, basada en principios emancipatorios como la justicia social o la soberanía nacional.

Por el otro, Cuba garantiza esa simbología mundial por medio de un sistema político cerrado y unipersonal, en el que la amplia satisfacción de derechos sociales se contrapone a la ausencia de derechos civiles y políticos. En pocas palabras: para ser un país disidente en el mundo, Cuba necesita ser un país sin disidencia interna. De ahí, que el reclamo de Saramago valga para ambas dimensiones de la crítica: «Disentir es un derecho que se encuentra y se encontrará con tinta invisible en todas las declaraciones de derechos humanos pasadas, presentes y futuras. Disentir es un acto irrenunciable de conciencia.»

Con su «hasta aquí he llegado» de la primavera de 2003, Saramago se anticipaba a la excomunión que el gobierno cubano le aplicaría por su crítica. Pero su gesto no parecía revelar un repentino desencanto o una súbita desilusión, sino el fin de una transacción ética, por la cual, un escritor de izquierda, aunque consciente del autoritarismo cubano, ocultaba sus críticas al régimen de Fidel Castro para proteger un símbolo mundial. Saramago, Galeano, Vázquez Montalbán y tantos otros intelectuales eran los últimos guardianes del Templo de la Revolución cubana, los últimos centinelas de un mito funcional, que abastecía a Occidente de la creencia en la posibilidad de un Estado nacional, plenamente soberano y no constituido a partir de premisas liberales y democráticas.

En un pasaje de su novela *Memorial del convento,* José Saramago transcribió el diálogo imaginario entre Domenico Scarlatti y el cura portugués Bartolomeu de Gusmao. «Para que los hombres puedan ceñirse a la verdad, tendrán primero que conocer los errores y practicarlos», decía el músico. «Pero así no está el hombre libre de creer abrazar la verdad y hallarse ceñido por el error», replicaba el sacerdote.[249] La conversación parecía estancarse en un callejón sin salida, ya que mientras el artista reclamaba la necesidad del cambio y la duda, del aprendizaje y la rectificación, el religioso, lo mismo que un ideólogo o un político autoritario, suscribía el apego al dogma y la lealtad sin fisuras.

Como el Scarlatti de su novela, José Saramago es un escritor que se atreve a corregir sus posiciones públicas. El «hasta aquí he llegado» de la primavera de 2003, revela la voluntad de cancelar esa transacción simbólica por la cual un segmento autoritario de la izquierda occidental, empeñado en proteger el mito de la Revolución cubana, oculta sus críticas al gobierno de Fidel Castro. La evidencia de que aquella revolución fue una cosa –un profundo cambio social que trajo equidad e independencia a la ciudadanía de la isla– y el gobierno cubano es otra –un régimen totalitario que niega derechos civiles y políticos elementales a la población– bastaría para cuestionar esa moratoria del juicio que La Habana pretende imponer a sus feligreses en el mundo. Ahora que Saramago ha vuelto a La Habana castrista debería hacer pública su nueva percepción de la realidad insular o retractarse de aquel «hasta aquí he llegado».

En su autodifusión mundial como un símbolo de resistencia al capitalismo y a Estados Unidos, el gobierno de Fidel Castro traslada a la opinión pública occidental la «Ley Mordaza» que rige en la isla y, por la cual, fueron condenados a veinte años de cárcel intelectuales de izquierda como el poeta Raúl Rivero y el economista Óscar Espinosa Chepe: ambos, defensores del levantamiento del embargo comercial y del cese de las políticas hostiles de Washington contra La Habana. Según esa ley, quien expresa públicamente su desacuerdo con el sistema político de la isla o con su líder máximo contribuye a la «campaña anticubana» que «pudiera» propiciar una invasión militar de Estados Unidos contra Cuba y, por tanto, debe ser encarcelado bajo el cargo de «traición a la patria». Si La Habana pudiera impartir cabalmente su «justicia revolucionaria» en el mundo, hoy José Saramago y Günter Grass, Mario Vargas Llosa y Carlos Fuentes, Juan Goytisolo y Carlos Monsiváis estarían presos.

Sin embargo, la funcionalidad simbólica de Cuba en un mundo cada vez más globalizado está tan arraigada que, tras su reciente exhibición de intolerancia a la crítica, el régimen cubano podrá contar todavía con algunos guardianes del templo. Ése es el caso, por ejemplo, del escritor uruguayo Mario Benedetti, quien le reprochó a Saramago su distante mirada europea y, luego de afirmar que los opositores pacíficos y moderados de la isla están bien donde están –en la cárcel–, apenas alcanzó a decir que las ejecuciones de los secuestradores habían sido un «error de Fidel Castro, ya que los gobernantes progresistas también se equivocan» (La Jornada, 21 de abril de 2003). El reparo principal de Benedetti a Saramago era que, aunque las críticas fueran válidas, «el problema no es como para borrarse totalmente del apoyo a Cuba». Pero Benedetti sabía que si Saramago no se borraba a sí mismo, entonces sería Castro quien lo borraría a él de su lista de amigos en el mundo.

Más de treinta años después del encarcelamiento del poeta Heberto Padilla, los términos de la relación del gobierno cubano con la intelectualidad de la izquierda occidental, no han cambiado. La Habana sigue reclamando lealtad absoluta en su guerra simbólica contra el «imperialismo yanqui», solidaridad acrítica en su lucha por la preservación de un régimen totalitario. Lo curioso es que el carácter cada vez más mundial de la política cubana hace inevitable que los intelectuales de izquierda, en América Latina y Europa, asuman una posición pública ante el gobierno de Fidel Castro. La Revolución cubana, qué duda cabe, es todavía un mito poderoso de la imaginación occidental. Por eso, su crítica se ha convertido en un gesto ineludible para la construcción de la identidad democrática de la izquierda poscomunista.

337

*La represión preventiva*

Al cabo de tres años, aquella oleada represiva se ve más clara. En una típica maniobra de guerrilleros globales, el gobierno de Fidel Castro aprovechó la guerra de Estados Unidos y Gran Bretaña contra Irak, en la primavera de 2003, para desatar la más violenta represión política de los últimos cuarenta y cinco años en la isla. Entre el 18 y el 21 de marzo, fueron arrestados setenta y ocho opositores pacíficos, afiliados a las asociaciones de periodistas, bibliotecarios y economistas independientes y miembros de las principales organizaciones civiles y políticas, promotoras del respeto a los derechos humanos, que existen en Cuba. A principios de abril, los setenta y ocho disidentes, que conforman la franja ejecutiva de una naciente red nacional de oposición democrática, fueron sentenciados, de acuerdo con la Ley 88 de 1999, aprobada unánimemente por el Parlamento Cubano, a penas que oscilan entre doce y veintisiete años de cárcel, aunque los fiscales llegaron a solicitar sentencias de setenta y cinco años de prisión y cadena perpetua.

En juicios sumarios, celebrados a toda velocidad y sin apego a las más elementales normas jurídicas de un Estado de derecho, los opositores fueron declarados culpables del delito de «realización de actos subversivos encaminados a afectar la independencia y la integridad territorial cubana». En las «Conclusiones Provisionales Acusatorias» del fiscal Miguel Ángel Moreno Carpio contra el poeta Raúl Rivero y el periodista Ricardo González Alfonso, se establece que esos delitos «contra la seguridad del Estado» consisten en dos tipos de actividades: escribir opiniones críticas sobre el régimen cubano en publicaciones independientes de la isla y el exilio, como *El Nuevo Herald* (Miami), *De Cuba* (La Habana), *Encuentro de la Cultura Cubana* (Madrid) y *Revista de la Fundación Hispano-Cubana* (Madrid), y mantener un vínculo recurrente con diplomáticos de la Sección de Intereses de Estados Unidos en La Habana, una oficina a través de la cual sólo llega una parte del escaso apoyo financiero y tecnológico que la disidencia recibe del exterior.[250] Intentemos razonar esta degeneración de la justicia revolucionaria en Cuba, aunque su irracionalidad nos abrume. En un sistema político como el cubano, el cual, a pesar de las reformas económicas e ideológicas de los 90, sigue siendo una copia caribeña de la Constitución estalinista de la URSS de 1936, no existen libertades públicas al margen del Estado. Esto significa que asociarse civil o políticamente fuera de las instituciones del gobierno, o expresar un juicio frontalmente crítico del régimen cubano y, sobre todo, de su máximo líder, Fidel Castro, es realizar un acto ilegal. Algo más grave aún: es cometer un delito de sociabilidad y conciencia, contemplado en los artículos 53, 54 y 62 de la Constitución socialista, y tipificado en el 18 y el 91 del Código Penal, como «asociación ilícita» y «propaganda enemiga». La Ley 88 de 1999, concebida inicialmente como una legislación antídoto de la enmienda Helms-Burton, que en 1996 intensificó el embargo comercial de Estados Unidos contra la isla, refleja claramente la peligrosidad que el régimen de Fidel Castro atribuye a la oposición y la crítica.

Pero ¿cuáles eran las ideas peligrosas de los disidentes cubanos? La economista Marta Beatriz Roque, condenada a veinte años de cárcel, demandaba en sus escritos que el gobierno cubano autorice la pequeña y mediana empresa privada. Otro economista, Óscar Espinosa Chepe, también sentenciado a veinte años de prisión, abogaba por el cese del embargo comercial de Washington, el aumento de las inversiones europeas y latinoamericanas y la normalización de las relaciones diplomáticas entre Estados Unidos y Cuba. El politólogo Héctor Palacios (veinticinco años), defensor del *Proyecto Varela*, pensaba que era posible partir de la actual legislación socialista para proponer una reforma que garantice el derecho de asociación. El periodista Ricardo González Alfonso (veinte años), desde las

339

páginas de la revista *De Cuba*, que él dirigía, intentaba abrir un espacio para la libertad de expresión, en el que concurran diversas opciones reformistas y donde predomine la crítica de la realidad cubana, tan enaltecida por la prensa oficial.

Los poemas y crónicas que Raúl Rivero enviaba al mundo, además de ser fragmentos de la mejor literatura cubana contemporánea –verdad que reconocen en el silencio de su vergüenza los políticos culturales de la isla– hablaban, con mezcla de humor y amargura, de las miserias de la vida habanera: los *camellos* y guaguas abarrotados de gente, la colas interminables, los derrumbes y apagones, el hambre y la sed, las conquistas de una *jinetera*, los acosos de un policía. ¿Cuál era la verdadera culpa de Raúl Rivero? Sencillamente, exportar «tergiversaciones de la realidad» cubana: difundir una imagen «desvirtuada» del paraíso castrista. Y eso es muy grave, ya que un régimen totalitario como el cubano, construido sobre una Revolución inmensamente popular, necesita para subsistir de esa aureola mítica de redención y felicidad que envuelve a la isla y, gracias a la cual, una parte del mundo todavía rinde pleitesía a Fidel Castro en su guerra santa contra el imperialismo.

Estas percepciones críticas de la sociedad cubana las comparten muchos intelectuales y políticos de la isla. Sin embargo, lo que determina la condición de un opositor no es qué piensa, sino desde dónde lo hace. Los disidentes cubanos han decidido pensar y asociarse al margen de las instituciones políticas del Estado y eso, desde la lógica partisana del poder revolucionario, no es oposición, sino enemistad, traición y no disidencia. En Cuba, la cualidad de «mercenario», «agente del imperialismo yanqui» o «contrarrevolucionario al servicio de una potencia extranjera», por la cual un ciudadano puede perder las garantías individuales básicas de cualquier sociedad moderna, está definida jurídicamente por la comisión de un doble delito: de conciencia –expresar públicamente su desacuerdo con el sistema– y de sociabilidad: formar parte de una asociación independiente del Estado.

En los juicios «sumarísimos» celebrados en La Habana a principios de abril de 2003, ningún fiscal presentó una sola prueba de que alguno de los setenta y ocho opositores, acusados de «atentar contra la independencia de Cuba», conspirara para propiciar una invasión de Estados Unidos contra la isla, la anexión de ésta al país vecino, un atentado contra alguna personalidad o institución del gobierno, una revuelta armada o, tan siquiera, un llamado a la desobediencia civil. En ninguno de los exhaustivos registros de la policía en las casas de los disidentes se encontraron armas: sólo libros, revistas, periódicos, manuscritos, computadoras, cámaras fotográficas, grabadoras, televisores y vídeos. Los fiscales demostraron que estos opositores pacíficos tenían contactos frecuentes con diplomáticos de la Sección de Intereses de Estados Unidos en La Habana. Pero ocultaron la evidencia de que también sostenían una relación, cada vez más fluida, con las embajadas de Francia y Alemania, República Checa y Polonia, Suecia y Holanda, España y Gran Bretaña, México y Chile.

La fiscalía castrista no presentó prueba alguna de que uno o varios disidentes realizaran labores de espionaje o inteligencia en Cuba o que hubieran sido reclutados alguna vez por la CIA. En cambio, destapó a doce agentes de la Seguridad del Estado que se habían infiltrado en la disidencia: uno de ellos, Manuel David Orrio, fue el organizador de las «ofensivas» reuniones de la oposición en casa del diplomático norteamericano James Cason. Tampoco demostró que las asociaciones de periodistas, economistas y bibliotecarios independientes, que los partidos políticos o los organismos no gubernamentales de derechos humanos, que agrupan a esta oposición pacífica y moderada, fueran instituciones subordinadas al gobierno de Estados Unidos, a la Fundación Nacional Cubano-Americana o a cualquier otra organización política del exilio cubano. En ninguno de los juicios se expusieron evidencias de que cualquiera de las publicaciones de la diáspora, implicadas en los casos, estuvieran financiadas y dirigidas por el gobierno de Estados Unidos o alguna institución cubano-americana.

Si un gobierno como el cubano, capaz de condenar a veintisiete años de cárcel a un opositor pacífico y moderado, no presenta pruebas incriminatorias en un juicio «sumarísimo» es porque carece de ellas. De manera que la acusación de «atentado contra la seguridad del Estado» es un subterfugio para la desarticulación de una red opositora, que se conduce cívicamente, por medio del encarcelamiento de su liderazgo nacional. Sin un verdadero expediente judicial, pero temeroso de la influencia creciente de esa oposición pacífica, el gobierno de Fidel Castro ha tenido que recurrir a la ficción de que los disidentes no trabajan para cambiar un régimen, sino para destruir un país. Esta ficción, como es sabido, se inspira en la totalitaria identidad entre Estado y Nación, Patria y Revolución, Fidel Castro y Cuba que postula la ideología oficial y que difunde el equívoco de que la independencia nacional de la isla sólo puede preservarse bajo un régimen no democrático.

Sin embargo, los trescientos opositores cubanos, hoy injustamente privados de libertad, son políticos nacionalistas, inspirados en una moralidad patriótica que puede resultar excesiva desde latitudes más cosmopolitas o desencantadas. Los testimonios de que desean, a la vez, la soberanía y la democracia para su país están plasmados con elocuencia en documentos como *La patria es de todos* (1997), de Vladimiro Roca, Marta Beatriz Roque, Félix Bonne Carcasés y René Gómez Manzano, o el *Proyecto Varela*, promovido por Oswaldo Payá y el Movimiento Cristiano de Liberación. Ese patriotismo es el que motiva estos versos de Raúl Rivero, donde la «intensa aventura» de la disidencia aparece como un deber cívico: «Te conozco, Patria, / te conozco, / y una definición insulsa / se parece a mi traje. / Yo te conozco / personalmente, digo, / y es en la intensidad de esta aventura / donde te puedo conocer, / Tierra que sufro / que nos sufrimos / que nos sufriremos.»[251]

La ficción castrista, que presenta a los opositores y a los

exiliados cubanos como apátridas y mercenarios, se relaciona con otra no menos perversa: aquella que representa a Cuba como una plaza sitiada, como una pequeña nación en guerra contra Estados Unidos, siempre a punto de ser invadida y conquistada por el imperio. Nadie, con cultura histórica media, se atrevería a negar que las relaciones entre Estados Unidos y Cuba, a partir de 1959, han sido hostiles. Subsistencias de esa confrontación son, hoy, el impolítico embargo comercial, la extraterritorial Ley Helms-Burton, la llamaba Ley de Ajuste Cubano que, unida a la falta de libertades públicas en la isla, alienta la dramática emigración ilegal, pero, también, la represión de opositores pacíficos y la persistente descalificación del exilio, por parte del gobierno de Fidel Castro. Aun así, en la última década, Washington ha ido abandonando gradualmente la política de subversión del régimen cubano. Hoy el Pentágono admite que Cuba no representa peligro alguno para la seguridad estadounidense, la oposición interna y externa es mayoritariamente no violenta y moderada, los grupos beligerantes del exilio son reliquias de la Guerra Fría y los ejércitos de ambos países mantienen una desconocida y eficiente colaboración en temas militares, migratorios y de lucha contra el narcotráfico.

El escenario de una invasión de Estados Unidos a Cuba es una fantasía perversa que permite al gobierno cubano, y a sus defensores irracionales en el mundo, justificar la represión. Consciente de la naturaleza ficticia de ese peligro, el gobierno de Fidel Castro ajustó el operativo policíaco al cronograma de la campaña en Irak, con el fin de camuflar un acto de terrorismo de Estado bajo el clima mundial de rechazo a la guerra. El 18 de marzo de 2003, cuando vencía el ultimátum de Bush, comenzaron los arrestos, y el 9 de abril, mientras caía Bagdad, el canciller cubano Felipe Pérez Roque anunciaba el fin de los juicios «sumarísimos» contra los «mercenarios». La comunidad internacional, en vez de cerrar los ojos a la represión cubana, supo mirar a ambos lados y manifestar su rechazo a la guerra de Estados Unidos y Gran Bretaña contra Irak y al injusto encarcelamiento de decenas de opositores pacíficos y moderados en La Habana. Hoy, la mejor opinión pública mundial se opone, con la misma pasión, al unilateralismo de George W. Bush y al totalitarismo de Fidel Castro.

NOTAS

1. Manuel Moreno Fraginals, «El tiempo en la historia de Cuba», *Credo*, núm. 2, año I, abril de 1994, pp. 8-14.

2. *Ibid.*, p. 9.

3. Manuel Moreno Fraginals, *José Antonio Saco. Estudio y bibliografía*, Santa Clara, Universidad Central de Las Villas, Dirección de Publicaciones, 1960, pp. 33-51; Manuel Moreno Fraginals, *La historia como arma y otros estudios sobre esclavos, ingenios y plantaciones*, Barcelona, Crítica, 1983, pp. 11-23; Manuel Moreno Fraginals, *El Ingenio. Complejo económico social cubano del azúcar*, Barcelona, Crítica, 2001, pp. 1-3.

4. Timothy Anna, *El imperio de Iturbide*, México, Alianza, 1990, pp. 9-12; Enrique Krauze, *Siglo de caudillos*, México, Tusquets, 1994, pp. 97-118.

5. Manuel Moreno Fraginals, *Cuba/España. España/Cuba. Historia común*, Barcelona, Crítica/Mondadori, 1995, pp. 7-9.

6. *Ibid.*, pp. 45-51.

7. *Ibid.*, pp. 68-84.

8. *Ibid.*, pp. 145-156.

9. *Ibid.*, pp. 105-127.

10. *Ibid.*, pp. 95-104.

11. *Ibid.*, pp. 85-94 y 206-219.

12. Jorge Ibarra, «Historiografía y Revolución», *Temas*, núm. 1, marzo de 1995, pp. 5-17; Óscar Zanetti Lecuona, «La historiografía social en Cuba», *Temas*, núm, 1, marzo de 1995, pp. 119-128; Joel James Figarola, «Urgencias y exigencias historiográficas», núm. 1, marzo de 1995, pp. 129-132; Óscar Loyola Vega, «Reflexiones sobre la escritura de la historia en la Cuba actual», *Temas*, núm. 6, abril de 1996, pp. 94-100.

13. Eduardo Torres Cuevas, «Apología de nuestra historia», *Contracorriente*, núm. 1, agosto-septiembre de 1995, pp. 14-19, y núm. 2, octubre-diciembre de 1995, pp. 4-12.

14. Manuel Moreno Fraginals, *Cuba/España. España/Cuba. Historia común*, Barcelona, Crítica/Mondadori, 1996, pp. 284-300.

15. Manuel Moreno Fraginals, *La historia como arma*, Barcelona, Crítica, 1983, pp. 11-23.

16. Manuel Moreno Fraginals, *El Ingenio*, Barcelona, Crítica, 2001, pp. 293-308.

17. Raúl Cepero Bonilla, *Escritos históricos*, La Habana, Editorial de Ciencias Sociales, 1989, pp. 11-18.

18. Manuel Moreno Fraginals, *José Antonio Saco. Estudio y bibliografía*, Santa Clara, Universidad Central de Las Villas, Dirección de Publicaciones, 1960, pp. 16-17.

19. *Ibid.*, p. 19.

20. Julio Ortega, «Recobrar la palabra», *La Jornada*, 9 de julio de 2002, p. 3a.

21. Emilio de Armas, «Prólogo» a la *Poesía* de Cintio Vitier, La Habana, Ediciones Unión, 1997, pp. 7-24; Enrique Saínz, «Prólogo» a *Obras. Poética* de Cintio Vitier, La Habana, Letras Cubanas, 1997, pp. 7-19; Enrique Saínz, «La lírica de Cintio Vitier: una lectura», en *Vigencia de Orígenes*, La Habana, Editorial de la Academia, 1996, pp. 24-34; Jorge Luis Arcos, *Orígenes: la pobreza irradiante*, La Habana, Letras Cubanas, 1994; Enrique Ubieta Gómez, «Cintio Vitier y la conjugación martiana de lo bello, lo justo y lo verdadero», en *Vigencia de Orígenes*, La Habana, Editorial de la Academia, 1996, pp. 35-46.

22. Cintio Vitier, *Obras. Poética*, La Habana, Letras Cubanas, 1997, pp. 27-29. Sobre la influencia de Juan Ramón Jiménez en Cuba véase Alfonso Alegre Heitzmann, «El último mar de Juan Ramón Jiménez», en Juan Ramón Jiménez, *Lírica de una Atlántida*, Barcelona, Círculo de Lectores, 1999, pp. 5-30.

23. *Ibid.*

24. *Ibid.*, pp. 29-44.

25. Cintio Vitier, *Poesía*, La Habana, Unión, 1997, pp. 185-188. Refiriéndose a *Sustancia*, Octavio Paz escribió: «... piedra blanca sobre lo negro, fruto reconcentrado que resiste el asedio de lo amarillo solar. Sustancia que se modela; encuentra su forma y se abre paso a través de ella». Véase Rafael Rojas, «El gato escaldado. Viaje póstumo de Octavio Paz a La Habana», en *Anuario de la Fundación Octavio Paz*, México, Fundación Octavio Paz, 1999, pp. 159-165.

26. Cintio Vitier, *Obras. Poética*, La Habana, Letras Cubanas, 1997, pp. 63-76.

27. Cintio Vitier, *Poesía*, La Habana, Unión, 1997, p. 137.

28. Cintio Vitier, *Obras. Poética*, La Habana, Letras Cubanas, 1997, p. 215.

29. Cintio Vitier, *Poesía*, La Habana, Unión, 1997, pp. 224-228.

30. *Ibid.*, pp. 244-246.

31. William James, *Selected Writings*, Nueva York, Book of the Month Club, 1997, pp. 211-280.

32. E. M. Cioran, *Silogismos de la amargura*, Barcelona, Laia, 1986, pp. 91-112.

33. Dany-Robert Dufour, *Locura y democracia. Ensayo sobre la forma unaria*, México, Fondo de Cultura Económica, 2002, pp. 26-57.

34. Cintio Vitier, *De Peña Pobre (Memoria y novela). Edición completa*, México, Universidad Veracruzana, 1990, pp. 125-127.

35. Cintio Vitier, *Crítica sucesiva*, La Habana, UNEAC, 1971, pp. 48-56.

36. Cintio Vitier, *Obras. Poética*, La Habana, Letras Cubanas, 1997, pp. 77-121.

37. *Ibid.*, pp. 167-168.

38. Cintio Vitier, *Crítica sucesiva*, La Habana, UNEAC, 1971, pp. 44-47. Véase también Stéphane Mallarmé, Arthur Rimbaud, Paul Valéry, *Poesía francesa*, México, El Caballito, 1973.

39. Cintio Vitier, *Obras. Poética*, La Habana, Letras Cubanas, 1997, p. 167.

40. Arcadio Díaz Quiñones, *Cintio Vitier: la memoria integradora*, San Juan, Puerto Rico, Sin Nombre, 1987, pp. 21-81.

41. Cintio Vitier, *Crítica cubana*, La Habana, Letras Cubanas, 1988, pp. 7-241 y 279-342.

42. Cintio Vitier, *Lo cubano en la poesía*, La Habana, Instituto del Libro, 1970, pp. 567-585.

43. *Ibid.*, pp. 17-25.

44. Norge Espinosa, «Sobre *Lo cubano en la poesía*», *Encuentro de la Cultura Cubana*, núm. 24, primavera de 2002, pp. 140-142.

45. Cintio Vitier, *Lo cubano en la poesía*, La Habana, Instituto del Libro, 1970, p. 585.

46. Cintio Vitier, *Poesía*, La Habana, Unión, 1997, pp. 274-276.

47. *Ibid.*, pp. 280-302.

48. Cintio Vitier, *La fecha al pie*, La Habana, UNEAC, 1981, pp. 11-38.

49. Cintio Vitier, *Obras. Poética*, La Habana, Letras Cubanas, 1997, p. 210.

50. *Ibid.*, p. 204.

51. *Ibid.*, p. 216.

52. Cintio Vitier, *Ese sol del mundo moral. Para una historia de la eticidad cubana*, La Habana, Unión, 1995, pp. 13-123.

53. Véase la polémica entre Cintio Vitier, Arturo Arango y Rafael Rojas sobre este tema en *Casa de las Américas*, núm. 194, 1994, pp. 85-113.

54. Fidel Castro, *Porque en Cuba sólo ha habido una Revolución*, La Habana, Departamento de Orientación Revolucionaria, 1975, pp. 9-67.

55. He estudiado los casos de Vitier y otros historiadores nacionalistas,

como Jorge Ibarra y Ramón de Armas, en mi libro *Isla sin fin. Contribución a la crítica del nacionalismo cubano*, Miami, Universal, 1998, pp. 73-104.

56. Cintio Vitier, *Ese sol del mundo moral (Para una historia de la eticidad cubana)*, México, Siglo XXI, 1975.

57. José Lezama Lima, *Imagen y posibilidad*, La Habana, Letras Cubanas, 1981, p. 198.

58. Cintio Vitier, *Crítica cubana*, La Habana, Letras Cubanas, 1988, pp. 415-470; Cintio Vitier, *Para llegar a Orígenes*, La Habana, Letras Cubanas, 1994, pp. 18-96.

59. José Lezama Lima, *Imagen y posibilidad*, La Habana, Letras Cubanas, 1981.

60. José Lezama Lima, *Cartas a Eloísa y otra correspondencia*, Madrid, Verbum, 1998.

61. José Lezama Lima, *La cantidad hechizada*, La Habana, UNEAC, 1970, pp. 9-141.

62. José Lezama Lima, *Confluencias*, La Habana, Letras Cubanas, 1988, p. 398.

63. José Lezama Lima, *Obras completas*, México, Aguilar, 1977, t. II, pp. 46-47.

64. *Ibid.*, p. 51.

65. Véase, por ejemplo, su edición crítica de *Paradiso*, París, UNESCO, 1988.

66. Cintio Vitier y Fina García Marruz, *Temas martianos*, La Habana, Biblioteca Nacional José Martí, 1969, pp. 121-173.

67. *Bohemia*, 14 de junio de 2002, pp. 56-57.

68. Ezra Pound, «La Tradición», en *Ensayos literarios*, México, CONACULTA, 1993, pp. 19-22.

69. Jorge Mañach, *Historia y estilo*, La Habana, Minerva, 1944, pp. 202-206.

70. María Zambrano, «El estilo en Cuba y la Quinta de San José», *Bohemia*, 21 de mayo de 1952, pp. 47-48 y 63.

71. Jorge Mañach, «El drama de Cuba», *Bohemia,* 8 de enero de 1959, pp. 6-9.

72. Rafael Argullol, *El héroe y el único. El espíritu trágico del romanticismo*, Madrid, Taurus, 1999, pp. 35-46.

73. Jorge Mañach, *Indagación del choteo*, La Habana, Editorial Libro Cubano, 1955, p. 44.

74. Carlos Espinosa Domínguez, *Virgilio Piñera en persona*, Denver, Colorado, Término, 2003, pp. 88-95.

75. Virgilio Piñera, *Teatro completo*, La Habana, Ediciones R, 1960, p. 10.

76. *Ibid.*, p. 11.

77. *Ibid.*, p. 10.

78. Hayden White, *Metahistoria. La imaginación histórica en la Europa del siglo XIX*, México, Fondo de Cultura Económica, 1992, pp. 135-252.

79. Cintio Vitier, *Ese sol del mundo moral. Para una historia de la eticidad cubana*, La Habana, Unión, 1995, pp. 151-178; Guillermo Cabrera Infante, *Vista del amanecer en el trópico*, Barcelona, Galaxia Gutenberg/Círculo de Lectores, 1998, pp. 190-194.

80. Guillermo Cabrera Infante, *Exorcismos de esti(l)o*, Bogotá, La Oveja Negra, 1987, pp. 250-251.

81. Enrico Mario Santí y Nivia Montenegro, *Infantería*, México, Fondo de Cultura Económica, 1999.

82. Guillermo Cabrera Infante, *Mea Cuba*, México, Vuelta, 1993, p. 13.

83. Guillermo Cabrera Infante, *O*, Madrid, Ediciones de la Universidad/Fondo de Cultura Económica, 1998, pp. 185-201.

84. Guillermo Cabrera Infante, *La Habana para un infante difunto*, Barcelona, Seix Barral, 2000, pp. 123-124.

85. Guillermo Cabrera Infante, *Así en la paz como en la guerra*, Barcelona, Seix Barral, 1974, pp. 7-11; Guillermo Cabrera Infante, *Tres tristes tigres*, Barcelona, RBA, 1993, pp. 205-236.

86. Sigmund Freud, *El chiste y su relación con lo inconsciente*, Madrid, Alianza, 1973, pp. 35-79.

87. Vladimir Nabokov, *Habla, memoria. Una autobiografía revisitada*, México, Edivisión, 1992, pp. 16 y 20-21.

88. Guillermo Cabrera Infante, *Tres tristes tigres*, Barcelona, RBA, 1993, p. 2.

89. Leví Marrero, *Geografía de Cuba*, Nueva York, Minerva Books, 1966, pp. 451-495

90. Emma Álvarez-Tabío Albo, *La invención de La Habana*, Barcelona, Casiopea, 2000, pp. 317-379; Jorge Pavez Ojeda, *El Vedado: 1850-1940. De monte a reparto*, La Habana, Centro Juan Marinello, 2003, pp. 109-158.

91. Guillermo Cabrera Infante, *Tres tristes tigres*, Barcelona, RBA, 1993, p. 274.

92. *Ibid.*, pp. 22-27.

93. *Ibid.*, p. 275.

94. *Ibid.*, pp. 276-277.

95. Guillermo Cabrera Infante, *La Habana para un infante difunto*, Barcelona, Seix Barral, 2000, pp. 121-122.

96. William Luis, *Lunes de Revolución. Literatura y cultura en los primeros años de la Revolución Cubana*, Madrid, Verbum, 2003, pp. 9-54.

97. Guillermo Cabrera Infante, *La Habana para un infante difunto*, Barcelona, Seix Barral, 2000, p. 18.

98. *Ibid.*, pp. 18-19.

99. Guillermo Cabrera Infante, *Un oficio del siglo* XX, Madrid, El País/Aguilar, 1993; Guillermo Cabrera Infante, *Cine o sardina*, Madrid, Alfaguara, 1997; Guillermo Cabrera Infante, *Mi música extremada*, Madrid, Espasa Calpe, 1996; Guillermo Cabrera Infante, *Puro humo*, Madrid, Alfaguara, 2000.

100. Guillermo Cabrera Infante, *Tres tristes tigres*, Barcelona, RBA, 1993, p. 312.

101. Javier Marías, *Negra espalda del tiempo*, Madrid, Alfaguara, 1998, pp. 216-217.

102. Guillermo Cabrera Infante, *Vidas para leerlas*, Madrid, Alfaguara, 1998, pp. 13-58.

103. *Ibid.*, pp. 161-172 y 251-268.

104. *Ibid.*, pp. 208-210.

105. Esa documentación puede consultarse en Lourdes Casal, *El caso Padilla: literatura y revolución en Cuba*, Miami, Universal, 1972; *Libre. Revista de crítica literaria (1971-1972)*, edición facsimilar, Madrid, El Equilibrista / Turner, núm. 1, 1990, pp. 95-145, y Heberto Padilla, *Fuera del juego*, Miami, Universal, 1998, pp. 89-199. Véase también, Claudia Gilman, *Entre la pluma y el fusil. Debates y dilemas del escritor revolucionario en América Latina*, Buenos Aires, Siglo XXI, 2003, pp. 233-263.

106. Con inusual honestidad, para el medio intelectual cubano, Jesús Díaz ha narrado la remoción de aquel primer Consejo de Redacción de *El Caimán Barbudo* que tuvo el valor de publicar a Padilla y que protagonizó un momento rescatable de la cultura revolucionaria de los años sesenta en Cuba: Jesús Díaz, «El fin de otra ilusión», *Encuentro de la Cultura Cubana*, núms. 16/17, primavera-verano de 2000, pp. 106-111.

107. Heberto Padilla, *Fuera del juego*, Miami, Universal, 1998, p. 94.

108. *Ibid.*, p. 111.

109. *Ibid.*, pp. 116-117.

110. *Libre. Revista de crítica literaria*, núm. 1, p. 121, edición facsimilar, El Equilibrista/Turner, 1990.

111. Heberto Padilla, *Fuera del juego*, Miami, Universal, 1998, p. 130.

112. *Ibid.*, p. 136.

113. Jean Meyer, *Rusia y sus imperios, 1894-1991*, México, Fondo de Cultura Económica, 1997, pp. 420-424.

114. *Ibid.*, pp. 442-449.

115. Jorge Castañeda capta muy bien este montaje tentativo en la última parte de su biografía del Che: *La vida en rojo*, México, Alfaguara, 1998.

116. Jorge Edwards, *Persona non grata*, Barcelona, Tusquets, 1991, pp. 143-147.

117. *Libre. Revista de crítica literaria (1971-1972)*, Madrid, Ediciones El Equilibrista/Turner, 1990, p. 131.

118. Stanislaw Baranczak, *Breathing under Water and Other East European Essays*, Cambridge, Massachusetts, Harvard University Press, 1990; Andrew Baruch Wachtel, *An Obsession with History. Russian Writers Confront the Past*, Stanford, California, Stanford University Press, 1994; Nicola Chiaromonte, *La paradoja de la historia. Stendhal, Tolstói, Pasternak y otros*, México, Instituto Nacional de Antropología e Historia, 1999.

119. Czeslaw Milosz, *El pensamiento cautivo*, Barcelona, Tusquets, 1981, pp. 169-209.

120. Heberto Padilla, *Fuera del juego*, Miami, Universal, 1998, p. 13.

121. *Ibid.*, p. 24.

122. *Ibid.*, p. 55.

123. Véase Enrique Patterson, «La Revolución de *Fuera del juego*», en *Encuentro de la Cultura Cubana*, núm. 19, invierno de 2000-2001, pp. 33-34.

124. Heberto Padilla, *Fuera del juego*, Miami, Universal, 1998, p. 7-8.

125. Heberto Padilla, *La mala memoria*, Costa Rica, Kosmos, 1992, pp. 54-57.

126. Heberto Padilla, *En mi jardín pastan los héroes*, Barcelona, Argos Vergara, 1981, p. 14.

127. *Ibid.*, p. 28.

128. *Ibid.*, pp. 162-163.

129. Heberto Padilla, *La mala memoria*, Costa Rica, Kosmos, 1992, p. 228.

130. Jean Meyer, *Rusia y sus imperios. 1894-1991*, México, Fondo de Cultura Económica, 1997, pp. 75-76.

131. Jorge Mañach, *Indagación del choteo*, Miami, Universal, 1991, p. 60.

132. *Ibid.*, pp. 60-61.

133. *Ibid.*, pp. 82-83.

134. *Ibid.*, p. 89.

135. José Manuel Prieto, *La antesala del gulag. Terror de baja intensidad en la URSS (1929-1953)*, tesis de doctorado, México, UNAM, 2001, pp. 8-12.

136. Fernando Ortiz, *Entre cubanos. Psicología tropical*, La Habana, Editorial de Ciencias Sociales, 1987, pp. 79-81.

137. Heberto Padilla, *Fuera del juego*, Miami, Universal, 1998, p. 107.

138. Jeannine Verdès-Leroux, *La lune et le caudillo. Le rêve des intellectuels et le régime cubain (1959-1971)*, París, Gallimard, 1989, pp. 508-515.

139. Iván de la Nuez, *La balsa perpetua. Soledad y conexiones de la cultura cubana*, Barcelona, Casiopea, 1998, pp. 21-33.

140. Ángel Rama, *La ciudad letrada*, Hanover, Ediciones del Norte, 1984, p. 33.

141. Cintio Vitier, *Cincuenta años de poesía cubana (1902-1952)*, La Habana, Dirección de Cultura del Ministerio de Educación, 1952, pp. 395-398.

142. *Ibid.*, p. 395.

143. *Ibid.*

144. *Orígenes. Revista de arte y literatura*, edición facsimilar, México, El Equilibrista, 1989, núm. 34, vol. VI, 1953, pp. 377-380; núm. 35, vol. VII, 1954, pp. 64-68; núm. 38, vol. 38, 1955, pp. 293-296; Roberto Fernández Retamar, *La poesía, reino autónomo*, La Habana, Letras Cubanas, 2000, pp. 20-22.

145. *Lunes de Revolución*, núm. 19, 26 de julio, 1959, p. 19; *Lunes de Revolución*, núm. 41, 4 de enero de 1960, p. 10.

146. Roberto Fernández Retamar, *Cuba defendida*, La Habana, Letras Cubanas, 2004, pp. 11-52.

147. Roberto Fernández Retamar, *Con las mismas manos*, La Habana, Unión, 1962, p. 124.

148. *Ibid.*, p. 19.

149. *Ibid.*, p. 30.

150. *Ibid.*, p. 24.

151. *Ibid.*, p. 137.

152. *Ibid.*, p. 139.

153. *Ibid.*, p. 149.

154. *Ibid.*, p. 204.

155. *Ibid.*, pp. 190-193.

156. *Ibid.*, p. 171.

157. Roberto Fernández Retamar, *Algo semejante a los monstruos antediluvianos*, Barcelona, El Bardo, 1970, p. 13.

158. Roberto Fernández Retamar, *Historia antigua*, La Habana, La Tertulia, 1964, pp. 20-22.

159. Roberto Fernández Retamar, *Palabra de mi pueblo*, La Habana, Letras Cubanas, 1980, pp. 87-103.

160. Jorge Luis Arcos, *La palabra perdida*, La Habana, Unión, 2003, p. 286.

161. Jorge Luis Arcos, *Las palabras son islas. Panorama de la poesía cubana. Siglo XX (1900-1998)*, La Habana, Letras Cubanas, 1999, pp. 274-277.

162. Jorge Luis Arcos, *La palabra perdida*, La Habana, Unión, 2003, p. 286.

163. Roberto Fernández Retamar, *Entrevisto*, La Habana, UNEAC, 1982, p. 48.

164. Roberto Fernández Retamar, *La poesía contemporánea en Cuba (1927-1953)*, La Habana, Orígenes, 1954, pp. 20-30 y 70-80.

165. Roberto Fernández Retamar, *Idea de la estilística*, Santa Clara,

Universidad Central de Las Villas, Departamento de Relaciones Culturales, 1958, p. 11.

166. *Ibid.*, p. 136.

167. *Ibid.*, p. 139.

168. *Ibid.*, p. 137.

169. *Ibid.*, pp. 109-121.

170. Roberto Fernández Retamar, *La poesía, reino autónomo*, La Habana, Letras Cubanas, 2000, p. 46.

171. *Ibid.*, pp. 23-26.

172. *Ibid.*, pp. 33-43.

173. *Ibid.*, pp. 43-44.

174. *Ibid.*, pp. 45-46.

175. *Ibid.*, p. 43.

176. Roberto Fernández Retamar, *Para el perfil definitivo del hombre*, La Habana, Letras Cubanas, 1995, pp. 106-107.

177. Roberto Fernández Retamar, *La poesía, reino autónomo*, La Habana, Letras Cubanas, 2000, p. 74.

178. *Ibid.*, p. 79.

179. Virgilio Piñera, «Notas sobre la vieja y la nueva generación», *La Gaceta de Cuba*, núm. 2, año 1, 1 de mayo de 1962, pp. 2-3.

180. Roberto Fernández Retamar, «Generaciones van, generaciones vienen», *La Gaceta de Cuba*, núm. 3, año 1, 15 de mayo de 1962, pp. 4-5.

181. Claudia Gilman, *Entre la pluma y el fusil. Debates y dilemas del escritor revolucionario en América Latina*, Buenos Aires, Siglo XXI, 2003, pp. 120-142.

182. Pablo Neruda, *Confieso que he vivido*, Buenos Aires, Planeta, 1992, pp. 444-445.

183. Roberto Fernández Retamar, *Para el perfil definitivo del hombre*, La Habana, Letras Cubanas, 1995, pp. 36-56.

184. *Ibid.*, pp. 62-77.

185. *Ibid.*, pp. 78-90.

186. *Ibid.*, pp. 104.

187. *Ibid.*, pp. 91-107.

188. *Ibid.*, pp. 120-180.

189. *Ibid.*, pp. 153-162.

190. Albert O. Hirschman, *Retóricas de la intransigencia*, México, Fondo de Cultura Económica, 1991, pp. 21-54; Barrington Moore, *Pureza moral y persecución en la historia*, Barcelona, Paidós, 2001, pp. 91-147.

191. Roberto Fernández Retamar, *Todo Calibán*, San Juan, Puerto Rico, Callejón, 2003.

192. Roberto Fernández Retamar, *Para el perfil definitivo del hombre*, La Habana, Letras Cubanas, 1995, pp. 190-221.

193. Elzbieta Sklodowska y Ben A. Heller, *Roberto Fernández Retamar y los estudios latinoamericanos*, Pittsburgh, University of Pittsburgh, Instituto Internacional de Literatura Iberoamericana, 2000, pp. 7-20, 155-180 y 367-372.

194. Edward Said, *Cultura e imperialismo*, Barcelona, Anagrama, 1993, pp. 35-50; Michael Hardt y Antonio Negri, *Imperio*, Barcelona, Paidós, 2002, pp. 21-36; Michael Hardt y Antonio Negri, *Multitud. Guerra y democracia en la era del Imperio*, Barcelona, Debate, 2004, pp. 13-20; Gopal Balakrishnan, *Debating Empire*, Nueva York, Verso, 2003, pp. XI-XIX; Niall Ferguson, *Colossus. The Price of America's Empire*, Nueva York, The Penguin Press, 2004, pp. 33-104.

195. Roberto Fernández Retamar, *Cuba defendida*, La Habana, Instituto Cubano del Libro, 2004, pp. 77-118.

196. *Ibid.*, pp. 119-198 y 291-308.

197. *Ibid.*, pp. 309-320.

198. Reinaldo Arenas, *Antes que anochezca*, Barcelona, Tusquets, 1992, pp. 64-68.

199. Jesús Díaz, *Los años duros*, La Habana, Letras Cubanas, 1981, pp. 9-34, 53-72 y 75-111.

200. Jesús Díaz, «El fin de otra ilusión», *Encuentro de la Cultura Cubana*, núm. 16/17, primavera-verano de 2000, pp. 106-111.

201. *El Caimán Barbudo*, La Habana, núm. 1, marzo de 1966, p. 1.

202. Heberto Padilla, *Fuera del juego. Edición conmemorativa, 1968-1998*, Miami, Universal, 1998, pp. 91-92.

203. *Pensamiento Crítico*, núm. 1, febrero de 1967.

204. Jesús Díaz, «El fin de otra ilusión», *Encuentro de la Cultura Cubana*, núm. 16/17, primavera-verano de 2000, pp. 111-119.

205. Elizabeth Burgos, «La carta que nunca te envié», *Encuentro de la Cultura Cubana*, núm. 25, verano de 2002, pp. 51-61.

206. *Pensamiento Crítico*, núms. 18/19, 1968, pp. 3-7.

207. *Pensamiento Crítico*, núm. 21, 1968, pp. 191-205.

208. *Pensamiento Crítico*, 30 de julio de 1969, núm. 30, pp. 3-4; *Pensamiento Crítico*, noviembre-diciembre de 1969, núms. 34/35, pp. 3-51; *Pensamiento Crítico*, abril de 1970, núm. 39, pp. 104-105, 214-216 y 321-322.

209. *Pensamiento Crítico*, abril de 1969, núm. 27, pp. 102-117; *Pensamiento Crítico*, noviembre-diciembre de 1969, núms. 34/35, pp. 120-153.

210. Jesús Díaz, «El marxismo de Lenin», *Pensamiento Crítico*, marzo de 1970, núm. 38, p. 36.

211. *Ibid.*

212. *Ibid.*, pp. 37-38 y 51-53.

213. Lilliam Oliva Collmann, «Entrevista con Jesús Díaz», *Cuban Studies*, Pittsburgh, University of Pittsburgh Press, 1999, p. 164.

214. *Ibid.*, pp. 155-175.

215. Jesús Díaz, *Las iniciales de la tierra*, Barcelona, Anagrama, 1997, pp. 407-421.

216. Jesús Díaz, «Los anillos de la serpiente», *El País*, Madrid, 12 de marzo de 1992.

217. *Ibid.*, p. 3.

218. Jesús Díaz, «Las cartas sobre la mesa», *Nexos*, núm. 180, vol. XV, diciembre de 1992, pp. 30-31.

219. *Ibid.*, p. 32.

220. Jesús Díaz, «Dieciséis notas sobre el desequilibrio cubano», en René Vázquez Díaz, comp., *Bipolaridad de la cultura cubana*, Estocolmo, The Olof Palme International Center, 1994, p. 82.

221. Gastón Baquero, «La cultura nacional es un lugar de encuentro», *Encuentro de la Cultura Cubana*, núm. 1, verano de 1996, p. 4.

222. Jesús Díaz, *Las palabras perdidas*, Barcelona, Anagrama, 1996, pp. 123-137.

223. Jesús Díaz, *Las iniciales de la tierra*, Barcelona, Anagrama, 1997, p. 321, y *Las palabras perdidas*, Barcelona, Anagrama, 1996, p. 344.

224. *Ibid.*, p. 348.

225. Jesús Díaz, *La piel y la máscara*, Barcelona, Anagrama, 1996, pp. 42-43.

226. Jesús Díaz, *Dime algo sobre Cuba*, Madrid, Espasa Calpe, 1998, pp. 11-17.

227. *Ibid.*, pp. 158-164 y 179-187.

228. Jesús Díaz, *Siberiana*, Madrid, Espasa Calpe, 2000, pp. 169-176.

229. *Ibid.*, pp. 99 y 197-201.

230. Jesús Díaz, *Las cuatro fugas de Manuel*, Madrid, Espasa Calpe, 2002, pp. 187-208.

231. *Ibid.*, pp. 211-242.

232. Paul Johnson, *Intelectuales*, Buenos Aires, Javier Vergara Editor, pp. 13-14 y 404-405.

233. Norberto Bobbio, *La duda y la elección. Intelectuales y poder en la sociedad contemporánea*, Barcelona, Paidós, 1998, pp. 95-96.

234. Manuel Díaz Martínez, «Raúl Rivero: un compromiso con los agonías», prólogo a Raúl Rivero, *Recuerdos olvidados*, Madrid, Hiperión, 2003, pp. 9-17; Eliseo Alberto, «En defensa de Raúl Rivero», prólogo a Raúl Rivero, *Sin pan y sin palabras*, Barcelona, Península, 2003, pp. 7-23.

235. Raúl Rivero, *Papel de hombre*, La Habana, UNEAC, 1970; Raúl Rivero, *Poesía sobre la tierra*, La Habana, UNEAC, 1973.

236. Raúl Rivero, *Herejías elegidas. Antología poética*, Madrid, Fundación Hispano Cubana/Editorial Betania, 1998, pp. 147-164.

237. *Ibid.*, pp. 87-114 y 125-146.

238. *Ibid.*, pp. 23-86.

239. Raúl Rivero, *Firmado en La Habana,* Miami, Sibi, 1996, pp. 69-70; Martin Amis, *Koba the Dread. Laughter and the Twenty Miilion,* Nueva York, Hyperion, 2002, pp. 154-158.

240. Raúl Rivero, *Puente de guitarra,* México, Benemérita Universidad Autónoma de Puebla, 2002, p. 59.

241. Raúl Rivero, *Pruebas de contacto,* Miami, Nueva Prensa Cubana, 2003.

242. Raúl Rivero, *Corazón sin furia,* Logroño, AMG, 2005.

243. Raúl Rivero, *Firmado en La Habana,* Miami, Sibi, 1996, p. 69.

244. Claudia Gilman, *Entre la pluma y el fusil. Debates y dilemas del escritor revolucionario en América Latina,* Buenos Aires, Siglo XXI, 2003, pp. 233-263.

245. «El caso Padilla. Documentos», *Libre. Revista crítica trimestral del mundo de habla española,* París, Publicación de Éditions Libres, núm. 1, septiembre-noviembre de 1971, pp. 95-145.

246. Jorge Castañeda, *La utopía desarmada. Intrigas, dilemas y promesa de la izquierda en América Latina,* México, Joaquín Mortiz, 1993, pp. 63-106.

247. Frances Stonor Saunders, *La CIA y la guerra fría cultural,* Madrid, Debate, 2001, pp. 13-20.

248. *Encuentro de la Cultura Cubana,* núms. 28/29, verano-otoño de 2003, p. 173.

249. José Saramago, *Memorial del convento,* Barcelona, Seix Barral, 1989, pp. 128-131.

250. Raúl Rivero, *Sin pan y sin palabras,* Barcelona, Península, 2003, pp. 121-143.

251. Raúl Rivero, *Herejías elegidas,* Madrid, Fundación Hispano Cubana/Editorial Betania, 1998, p. 55.

EL CAMPO ROTURADO

Las reflexiones de Carl Schmitt sobre el concepto de «lo político» pueden servir como punto de partida para una indagación sobre las estrategias de escritura que se despliegan dentro de una literatura nacional. En sus ensayos sobre el tema, escritos durante la República de Weimar, Schmitt insistía en que la política no era más que la conducción pública o privada de la voluntad de un sujeto con fines representativos, identificatorios y encráticos.[1] Por el hecho de involucrar prácticas y discursos afirmativos de una subjetividad, la política, pensaba Schmitt siguiendo a Clausewitz, es una forma civilizada de la guerra, en la que los actores instrumentalizan sus afectos y emociones, sus enemistades y simpatías.

Esta concepción afectiva de la política, que luego fuera retomada por Michel Foucault en *Microfísica del poder* y *La hermenéutica del sujeto* y por Jacques Derrida en *Políticas de la amistad*, puede trasladarse al estudio del campo intelectual del poscomunismo cubano.[2] En los últimos quince años, dicho campo ha experimentado la irrupción de una nueva escritura narrativa, producida en la isla y la diáspora, tan cuantiosa como diversa en sus múltiples poéticas, intervenciones y subjetivida-

357

des. Organizar ideológicamente el mapa de representaciones sociales que, desde mediados de los 90, dibuja esa explosión narrativa es tarea virtualmente imposible. En las páginas que siguen quisiera intentar algo menos ambicioso: detectar algunas políticas de la escritura que practican narradores de la isla y de la diáspora y que contribuyen a la integración simbólica de un campo intelectual fragmentado.

## Subalternos y hegemónicos

Los casos de Baudelaire y Flaubert le sirvieron al sociólogo francés Pierre Bourdieu para describir lo que, en *Las reglas del arte*, se define como la «fase crítica de la emergencia de un campo intelectual», esto es, «la conquista de la autonomía». Una serie de rupturas, que iban desde la «bohemia y la invención de un arte de vivir» hasta la «intimidad entre dinero y literatura», habrían acabado con la «subordinación estructural» que el poder practicaba sobre los escritores europeos a fines del siglo XIX.[3]

En otro pasaje de esta obra ya clásica, Bourdieu afirmaba que, en la medida en que los escritores se hacían más independientes, como consecuencia de la profesionalización de la escritura, del deslinde entre los géneros literarios y del mercado de arte, el campo intelectual se unificaba cada vez más.[4] Esa paradójica unificación de un campo fragmentado y disperso se debía al hecho de que la «conquista de la autonomía» implicaba siempre lo que el filósofo alemán Jürgen Habermas alguna vez denominó la «formación de un espacio público moderno».[5]

Todo campo intelectual, al menos en la modernidad, tiende a ser unívoco, centrípeto, ya que la esfera pública, conformada por editoriales, medios de comunicación, instituciones estatales y privadas, mercado, consumidores, críticos y académicos, gravita hacia un centro, el centro de las representaciones nacionales: el teatro donde los actores escenifican el drama de un sujeto abstracto y uniformante. Esta gravitación centrípeta hacia el sujeto nacional, que Bourdieu describió para la Europa de fines del siglo XIX, es todavía aplicable a la América Latina de principios del siglo XXI y, en especial, a Cuba.

Tomemos, como ejemplo, un episodio de la vida literaria mexicana de fin de siglo. Dos jóvenes escritores, Jorge Volpi e Ignacio Padilla, escribieron un par de novelas, *En busca de Klingsor* y *Amphitryon,* que transcurren en la Segunda Guerra Mundial y curiosean por los entretelones del régimen nazi.[6] Ambos autores tuvieron un éxito inusitado en España. Volpi ganó el Premio Biblioteca Breve de Seix Barral y Padilla el Primavera de Novela de Espasa Calpe. La crítica española vio en esta literatura europea, escrita por jóvenes mexicanos, un indicio de ruptura con las estrategias narrativas del boom latinoamericano. Al decir del ensayista Christopher Domínguez Michael, el mercado español hizo de Volpi y Padilla iconos de un exotismo al revés: autores mexicanos que resultaban pintorescos, precisamente, por ser europeos y cosmopolitas.[7]

Sin embargo, como también advirtió Domínguez Michael, la crítica mexicana más autorizada, que antes había exaltado a estos autores como jóvenes promesas de la llamada «Generación del Crack», no sólo recibió las novelas con frialdad, escrúpulo y hasta rudeza, sino que contrapuso a las mismas otras dos novelas: *Porque parece mentira la verdad nunca se sabe* de Daniel Sada y *El seductor de la patria* de Enrique Serna.[8] La primera, una excelente divagación sobre algún fraude electoral en un estado mexicano, durante la época cardenista. La segunda, una ficción biográfica sobre Antonio López de Santa Anna, el gran caudillo veracruzano del siglo XIX. Ningún crítico se atrevió a decir que prefería estas novelas a las de Volpi y Padilla porque postulaban relatos nacionales, es decir, porque éstas, a diferencia de aquellos divertimentos europeos, eran «narraciones correctamente mexicanas».

De escaramuzas como ésta podemos desprender, al menos, tres advertencias: 1) en sociedades como las latinoamericanas, donde una modernidad insuficiente todavía pugna por la integración del espacio público, las poéticas posnacionales, inspiradas lo mismo en un discurso de la exterioridad que en cualquier retórica multicultural, siguen vigiladas y castigadas por el sujeto nacional hegemónico; 2) el campo intelectual en América Latina, aunque atravesado de subjetividades centrífugas, como las que encarnan los discursos subalternos, y expuesto a la intemperie de la globalidad, continúa subordinado a la lógica centrípeta de la representación nacional; 3) además de unívoco, el campo literario latinoamericano, como diría Bloom, también es agónico: escenario de batallas, espacio bélico, donde la lógica del reconocimiento impulsa a las vanidades a declarar sus guerras y concertar sus alianzas.[9]

Hoy la cultura cubana experimenta todos los síntomas del quiebre de un canon nacional. Emergen nuevas hibridaciones en el arte y nuevas subjetividades en la literatura. El mercado de las letras se expande dentro y fuera de la isla. Un orden poscolonial comienza a ser rebasado por otro transnacional, en el que, como señalan Michael Hardt y Antonio Negri, la soberanía de la «nación-Estado» y su correlato simbólico, el «nacionalismo subalterno», pierden su efectividad como agentes de la cultura.[10] El despliegue de alteridades en la isla y la diáspora dibuja un nuevo mapa de actores culturales que rompe el molde machista de la ciudadanía revolucionaria. La moralidad de esos actores se funda, como diría Jean-François Lyotard, en atributos posmodernos: alteridad, diferencia, transgresión, ingravidez, marginalidad, resistencia, impostura.[11]

El mapa de los nuevos actores dicta a los discursos culturales la serie de subjetividades que debe ser enunciada. Basta con hojear los últimos números de algunas revistas cubanas, editadas dentro y fuera de la isla, como *Casa de las Américas, Temas, La Gaceta de Cuba, Encuentro de la Cultura Cubana, Revista de la Fundación Hispano-Cubana* y *Cuban Studies,* para advertir que las estrategias del discurso crítico son, primordialmente, multiculturales, es decir, enunciativas de un nuevo registro de actores que marcan su alteridad, frente al sujeto nacional, a partir de identidades étnicas, sexuales, genéricas y religiosas. Esto no sólo quiere decir que el canon crítico de los estudios cubanos es ya multicultural, sino que sus lugares de enunciación, en la isla y la diáspora, gravitan hacia un centro virtual, inexistente: el centro del espacio público moderno.

Se produce, así, una notable desconexión entre la práctica centrífuga e ingrávida de los actores multiculturales y el discurso centrípeto y gravitacional de la política literaria. Pero lo más asombroso, a mi juicio, no es ese golfo entre las subjetividades y sus relatos, sino el hecho de que, al igual que en la pasada década en Estados Unidos, el discurso multiculturalista ya comienza a infiltrarse en la retórica de la política cultural latinoamericana, controlada por élites nacionales hegemónicas. Hasta algunos presidentes, como el mexicano Vicente Fox y el peruano Alejandro Toledo, han impostado en la jerga republicana algunos tópicos de la ciudadanía multicultural. Hace apenas quince o veinte años, los políticos decían que sus naciones eran «crisoles» de culturas. Hoy sólo cambian la metáfora: dicen que son «mosaicos».[12]

Digámoslo con un aforismo: en América Latina, los discursos y las prácticas multiculturales son manipulados, nacionalmente, por sujetos que podríamos definir como «subalternos hegemónicos». En Cuba, esa manipulación se practica de manera ejemplar. En los 80, el posmodernismo fue matriz de poéticas peligrosas en las artes y las letras cubanas. Sin embargo, ya a mediados de los 90 la posmodernidad estaba domesticada por las instituciones, incorporada a los usos y costumbres del poder. A fines de la pasada década, el multiculturalismo apareció como un campo referencial que desestabilizaba las fuertes políticas de la identidad nacional. Dos o tres años después, ya la retórica multiculturalista comienza a imprimirse en el lenguaje del poder nacional. A veces olvidamos, como advierte Bourdieu en sus *Meditaciones pascalianas*, la tremenda capaci-

dad de regeneración simbólica que tiene el Leviatán nacionalista.[13]

En un pasaje de este libro, dice Bourdieu:

No hay peor desposesión ni peor privación, tal vez, que la
de los vencidos en la lucha simbólica por el reconocimiento,
por el acceso a un ser socialmente reconocido, es decir, en una
palabra, a la humanidad. Esta lucha no se reduce a un combate
goffmaniano para dar una representación favorable de sí mismo: es una competencia por un poder que sólo puede obtener-
se de otros rivales que compiten por el mismo poder, un poder
sobre los demás que debe su existencia a los demás, a su mirada, a su percepción, a su evaluación... y, por lo tanto, un poder
sobre un deseo de poder y sobre el objeto de este deseo.[14]

No se trata, en modo alguno, de convertir la ciudad letrada
en un territorio comanche, disputado por intelectuales sedien-
tos de autoridad, o en un Sarajevo donde los discursos no puedan cruzar la calle sin caer fulminados. Se trata de disponer de
una administración mínima para las guerras culturales que asegure, por lo menos, la libre circulación de las poéticas. La retórica de la paz y la reconciliación, en la cultura, muchas veces es-
conde la voluntad de dominio de unas élites que detentan la
potestad de decidir qué práctica, qué discurso y qué valor se tolera. Esa tolerancia, asumida como recurso del poder, tan frecuente en los controles nacionales del multiculturalismo latinoamericano es, por lo general, un instrumento de «subalternos
hegemónicos» para expulsar del campo intelectual a aquellos
sujetos que les resultan incómodos.

*Tres políticas de la escritura*

En la pasada década, el lugar de enunciación de la literatura cubana sufrió la mayor diseminación de su historia. Entre la

isla y la diáspora se extiende un vasto territorio cultural en el que se producen textos muy diversamente relacionados con la nación. Esa literatura creada desde cualquier ciudad del planeta abre un espectro de significaciones en el que se inscriben actitudes cubanas, posnacionales y exteriores. Un registro de localizaciones que, a su vez, exhibe una gama de poéticas literarias que va desde el realismo controlado de Leonardo Padura y Jesús Díaz hasta el *flâneur* agresivo de Pedro Juan Gutiérrez y Zoé Valdés, desde la magia inocente de Eliseo Alberto y José Miguel Sánchez *(Yoss)* hasta la prosa tersa y erudita de Antón Arrufat y José Manuel Prieto.

Ni la diseminación ni la variedad estilística de este cuerpo impiden, sin embargo, que dichas poéticas dialoguen y batallen entre sí. ¿Cómo administran los escritores cubanos sus guerras y alianzas dentro de un campo tan diseminado? A mi juicio, por medio de políticas intelectuales de la escritura, es decir, de formas específicas de invertir el capital simbólico de sus poéticas con fines públicos. Es posible distinguir, por lo menos, unas tres políticas de la escritura en la narrativa cubana actual: la política del cuerpo, la de la cifra y la del sujeto. Estas políticas gravitan, desde la periferia hacia el centro del campo, forcejeando unas con otras, disputándose los mensajes públicos, protagonizando sus trifulcas y alborotos.

La política del cuerpo es aquella que propone sexualidades y erotismos, morbos y escatologías como prácticas liberadoras del sujeto. Menciono sólo algunos, entre los tantos relatos y novelas cubanas que, en los últimos años, ejercen esa política intelectual: *Te di la vida entera* (1996) de Zoé Valdés, *Al otro lado* (1997) de Yanitzia Canetti, *El hombre, la hembra y el hambre* (1998) de Daína Chaviano, *Trilogía sucia de La Habana* (1998) de Pedro Juan Gutiérrez, *Cuentos frígidos* (1998) de Pedro de Jesús, *Perversiones en el Prado* (1999) de Miguel Mejides, *Siberiana* (2000) de Jesús Díaz, *El paseante cándido* (2001) de Jorge Ángel Pérez, *Música de cámara* (2004) de Reinaldo

363

Montero. En este archivo de ficciones es muy común que el expediente de las sexualidades electivas se involucre en la desestabilización de la autoridad de un sujeto heterosexual y machista.

Es evidente que el establecimiento de la identidad homosexual, como condición o epopeya antiautoritaria, vislumbra la posibilidad de una «razón práctica *lésbico*-gay», en sentido kantiano, que tiene otras connotaciones morales y políticas. Pienso, por ejemplo, en la recurrencia del personaje del militar homosexual en esta literatura *(Siberiana* de Jesús Díaz, el cuento «El retrato» de Pedro de Jesús...), tan frecuente en las narrativas alemana y francesa de entreguerras, y que en el caso cubano tiene claras implicaciones subversivas.[15] Lo mismo sucede con la reproducción del arquetipo del negro y la mulata como *token* erótico *(Te di la vida entera* de Zoé Valdés, *Al otro lado* de Yanitizia Canetti, *Trilogía sucia de La Habana* de Pedro Juan Gutiérrez...), desde un desplazamiento bisexual, que remite a cruces y tensiones entre dos discursos subalternos: el erótico y el étnico.[16] Es perceptible, incluso, cierta consagración de un inquietante nacionalismo homoerótico, que ya se insinuaba en *Antes que anochezca* de Reinaldo Arenas, y que ahora se desliza en algunos pasajes de estas novelas.

Sin embargo, la más clara reinserción de estas políticas del cuerpo en el discurso de la nación se produce por medio de la insistencia en un pansexualismo cubano. Daína Chaviano presenta a las cubanas como «hembras del Caribe», «perseguidas por un íncubo», en estado de lubricidad permanente por «el soplo de los alisios», por «el acoso silencioso del aire del trópico».[17] José Miguel Sánchez *(Yoss),* en su excelente relato «La causa que refresca», reconstruye la mentalidad del guía de turistas habanero, resuelto, entre otras hazañas, a demostrarle a cualquier mujer extranjera que «la virilidad afrocaribeña no es un mito» e iniciarla en los misterios de la «escuela latina del grito, el arañazo y la mala palabra».[18] Con o sin ironía, solemne o paródicamente, la representación del cubano como una criatura hecha para el goce y el placer, sobredeterminada por una sensualidad irrefrenable, restablece el viejo orgullo nacional desde una perspectiva erótica.

La política de la escritura que hemos llamado «de la cifra» practica una interlocución más letrada con los discursos nacionales. Esta política es aquella que, desde el acervo de la tradición criolla (Villaverde, Meza, Carrión, Labrador, Lezama, Piñera, Sarduy, Cabrera Infante), persiste en descifrar o traducir la identidad cubana en códigos estéticos de la alta literatura occidental. Ese dispositivo de la poética criolla se aplica en una narrativa reciente que, a mi juicio, logra la mayor depuración de estilo. Pienso en *Tuyo es el reino* (1997) de Abilio Estévez, en *Misiones* (2000) de Reinaldo Montero, en *La noche del aguafiestas* (2000) de Antón Arrufat, en *Cuentos de todas partes del imperio* (2000) y en la novela *Contrabando de sombras* (2002) de Antonio José Ponte.

La certeza del lugar de enunciación de *Tuyo es el reino*, esa hermosa alegoría de la isla concebida por Abilio Estévez, se plasma de manera aterradora en un pasaje sobre el aguacero cubano, que recuerda el maravilloso relato «Lorca hace llover en La Habana» de Guillermo Cabrera Infante. Dice el narrador: «Aquí no existen orvallos (como escribiría un autor gallego), ni eternas lloviznas parisinas. Aquí sólo se puede describir una lluvia desesperada. En Cuba el Apocalipsis no sorprende: ha sido siempre un suceso cotidiano.»[19] Ese «aquí», fijado por el deslinde entre un «Más Acá» y un «Más Allá» de la «Isla», se desglosa en la novela por medio de constantes reverencias al legado de la cultura cubana.

La misma certidumbre del lugar se lee en la espléndida novela *La noche del aguafiestas* de Antón Arrufat. Desde el diálogo inicial sobre la cocina y las frutas, que rinde homenaje al Lezama de *Oppiano Licario*, hasta la disquisición final sobre la imagen de la noche en la literatura universal, Arrufat realiza un ejemplar cifraje de lo cubano en Occidente.[20] Más arriesgada aún, puesto que atraviesa una zona del costumbrismo, es el desempeño de la política de la cifra en *Cuentos de todas partes del imperio* de Antonio José Ponte. Aquí, tópicos de la precariedad habanera, como el hambre, los derrumbes, una carnicería en el Barrio Chino, un estudiante en Europa del Este o una tertulia de barbería, se transcriben como experiencias perfectamente narrables por el gran estilo europeo.[21] De manera que la política de la cifra actualiza, de algún modo, aquel *dictum* de la crítica criolla, reclamado desde los tiempos de Domingo del Monte hasta los de Cintio Vitier, y que encomienda a los escritores de la isla la misión de escribir «buenas novelas cubanas».

Un territorio fecundo de la política de la cifra en la narrativa cubana contemporánea es el de la novela histórica. Así como resulta identificable una escritura de la memoria practicada por sujetos que, en la isla o en la diáspora, evocan su lugar en la gran transformación histórica operada por el proceso revolucionario o por las sucesivas oleadas migratorias, también es discernible una nueva búsqueda de significantes de ficción en ciertas zonas del pasado de Cuba *(Como un mensajero tuyo* y *Son de almendra* de Mayra Montero, *La novela de mi vida* de Leonardo Padura, *Mujer en traje de batalla* de Antonio Benítez Rojo, *El restaurador del almas* de Luis Manuel García, *La visita de la Infanta* de Reinaldo Montero) que, por momentos, apela al recurso de la alegoría para narrar oblicuamente el presente político.

En *El restaurador de almas*, Luis Manuel García reescribe la trama de la *Historia de una pelea cubana contra los demonios* de Fernando Ortiz que fuera llevada al cine por Tomás Gutiérrez Alea. Sin embargo, el retrato de José González de la Cruz y Crespo, el célebre cura de San Juan de los Remedios que se propuso combatir los demonios que poseían el alma del pueblo, posee los rasgos contemporáneos de un «comisario inquisidor», una suerte de caracterología híbrida entre un sacerdote medieval y un funcionario estalinista.[22] De un modo similar al Carpentier de *El siglo de las luces*, Antonio Benítez Rojo, en

*Mujer en traje de batalla*, describe la autocracia y el machismo en que degeneran todas las revoluciones a través de la singular historia de Henriette Faber, la joven suiza que se disfraza de hombre para estudiar la carrera de Medicina en el París bonapartista, luego sirve en las tropas de Napoleón durante la campaña de Rusia y termina en Baracoa, Cuba, casada con la adolescente Juana de León y procesada y recluida en el hospital de mujeres de La Habana en 1823.[23]

Los relatos históricos de Mayra Montero, por su parte, en *Como un mensajero tuyo* y *Son de almendra*, resultan extremadamente localizados: la visita del tenor italiano Enrico Caruso a La Habana, en el verano de 1920, y el Vedado y el Miramar de la mafia, en la década del 50, un escenario habanero previamente investigado por Enrique Cirules.[24] Ese tipo de localización de la trama en el pasado, con fines alegóricos, es bastante similar, aunque estilísticamente muy distinto, al que emprende Reinaldo Montero con su reconstrucción del paso por la isla de la infanta Eulalia de Borbón, hija de Isabel II y Francisco de Asís, en 1893. Un episodio y un personaje que, antes, habían llamado la atención de otro escritor cubano, Alberto Lamar Schweyer, quien llegó a transcribir una de las versiones de las memorias de la infanta Eulalia, *J'ai voulu vivre ma vie*.[25]

Más claro aún que en los cuatro casos anteriores es el uso de la alegoría política en *La novela de mi vida* de Leonardo Padura, un texto que, por su literalidad metahistórica, recuerda a *El mundo alucinante* de Reinaldo Arenas. Aquí la biografía del poeta romántico del siglo XIX, José María Heredia, se transcribe dentro de una trama de exilio y traición, la cual vuelve a ser experimentada siglo y medio después por el narrador, Fernando Terry, quien debido a una delación en la Cuba socialista se ve obligado a emigrar y, al cabo de varios años, regresa a la isla. Las grandes pautas de esta narración en tres tiempos, escrita por Leonardo Padura –la traición y el exilio, la delación y el regreso, el poeta y el caudillo–, aparecen como constantes de la historia de Cuba que se repiten cíclicamente. Al igual que el letrado fray Servando Teresa de Mier y el emperador Agustín de Iturbide en la novela de Arenas, las figuras del intelectual –Heredia/Terry– y el dictador –Tacón/Fidel– se presentan en la ficción como arquetipos históricos de una subjetividad nacional que se reitera.[26]

Sin embargo, tal vez no haya caso más extremo de instrumentación política de la alegoría que la novela *Muerte de nadie,* escrita por el narrador y ensayista, residente en la isla, Arturo Arango, quien funge como subdirector de *La Gaceta de Cuba,* órgano de una institución oficial de la cultura cubana: la Unión de Escritores y Artistas de Cuba (UNEAC). El libro, escrito desde la tradición iberoamericana de la novela de dictadores, narra la historia de la muerte de un caudillo, Josué, que ha gobernado durante medio siglo una isla, Calicito, a la cual llega un marinero, el capitán Telegón Cedeño, figura que encarna el arquetipo del exiliado o del «hijo pródigo» que regresa a su patria para redimirla. Los grandes temas políticos del pasado, el presente y el futuro de Cuba están ahí –dictadura, abuso, crimen, complicidad, culpa, rencor, venganza, reconciliación–, pero tratados alegóricamente, no sólo en la novela misma, sino en las intervenciones públicas de su autor, quien, infructuosamente, ha tratado de negar el parecido de su ficción con la realidad de la isla.[27]

Otra puesta en escena de esta narrativa histórica entendida como cifraje y alegoría, aunque con un explícito descentramiento de la referencialidad geográfica de la isla, es la que practican novelas como *Al cielo sometidos* de Reynaldo González, *Un hombre providencial* de Jaime Sarusky y *Lobas de mar* de Zoé Valdés. Los pícaros bajo la España autoritaria e inquisitorial de los Reyes Católicos, el aventurero William Walker, a mediados del siglo XIX, interviniendo en guerras civiles centroamericanas y adueñándose de Nicaragua y las piratas inglesas Ann Bonny y Mary Read, enfrentadas en su filibusterismo al universo masculino de la época neoclásica y expuestas a la magia barroca del Caribe, constituyen tres diferentes ambientaciones de una historicidad indirecta, oblicua, que estos novelistas aprovechan para afirmar sujetos conflictivos del presente.[28] La España de Colón, el Caribe pirata del siglo XVII y la Centroamérica de Walker son fragmentos temporales que históricamente rozan la experiencia cubana. De ahí que el dispositivo referencial de estos textos no se arriesgue en una exterioridad discursiva como la que distingue las novelas *Enciclopedia de una vida en Rusia* y *Livadia* de José Manuel Prieto, el libro de relatos, de inspiración cortazariana, *Historias de Olmo* de Rolando Sánchez Mejías o la inquietante trilogía de Juan Abreu *(Garbageland, Orlán Veinticinco* y *El Masturbador)*, en la que ya la trama, armada con más recursos de utopía o ucronía que de ciencia ficción, se desarrolla en un lugar imaginario del futuro, cuyos atributos –tecnología, guerra, consumo, imagen, genética– no son más que codificaciones de cualquier sociedad occidental contemporánea.[29]

El cifraje, lo mismo en la novela histórica que en la narrativa exterior, implica una distancia simbólica entre la escritura y la subjetividad nacional. Esa distancia se acorta en algunos ejercicios de ficción que responden a proyectos de integración histórica de la temporalidad de la isla. Es el caso de voluminosas y corales novelas como *La forza del destino* de Julieta Campos y *Misiones* de Reinaldo Montero o de la narración edípica de Benigno Nieto en *Reina de la vida*, la historia de un exiliado cubano en Venezuela que, en el año 2000, reconstruye su trayectoria familiar: desde los primeros años republicanos hasta el momento de la partida de Cuba, poco después del triunfo revolucionario. En estos libros, los tres grandes tiempos de la nación cubana –la Colonia, la República y la Revolución– son atravesados por una multiplicidad de personajes y situaciones que, en el primer caso, tiene como eje el devenir de una familia, en el segundo sólo encuentra sus propias claves de inteligibilidad en la abigarrada memoria del narrador y en el tercero, gira en torno a la figura de la madre.[30]

369

La tercera política de la escritura, la del sujeto, es más convencional que la del cuerpo y menos erudita que la de la cifra. Anclada en el canon realista de la novela moderna, esta política se propone clasificar e interpretar las identidades de los nuevos sujetos, como si se tratara de un ejercicio taxonómico. El mapa de la nueva subjetividad cubana de los 80 y, sobre todo, de los 90, es tema primordial de un importante corpus narrativo: *El lobo, el bosque y el hombre nuevo* de Senel Paz, *La travesía secreta* de Carlos Victoria, *Máscaras* de Leonardo Padura Fuentes, *Dime algo sobre Cuba* de Jesús Díaz, *El vuelo del gato* de Abel Prieto, *El libro de la realidad* de Arturo Arango... De un modo u otro toda la literatura cubana actual participa de ese inventario de nuevos actores sociales. Sólo que en estas novelas el retrato moral de dichos sujetos ocupa el eje de la intencionalidad artística.

El pasaje más socorrido para ilustrar esta política intelectual del sujeto sería esa fiesta habanera, en *Máscaras* de Leonardo Padura, donde se reúne la nueva fauna social de la isla: jineteras y *macetas,* rockeros y salseros, gays y machistas, lesbianas y feministas, segurosos e intelectuales.[31] Me gustaría, sin embargo, llamar la atención sobre la variante nostálgica del agotamiento de una ciudadanía revolucionaria que aparece en *El vuelo del gato* de Abel Prieto. En esta novela, más que una década, los «Noventa» son un personaje metafísico que asegura la decadencia de los valores revolucionarios. Así como los 60 eran el reino de «Marco Aurelio, el Pequeño», arquetipo de la austeridad, el espiritualismo y la cultura, los 90 serán la tierra de su antípoda, «Fredy Mamoncillo», paradigma de la frivolidad, el egoísmo y la vida.[32] Con nostalgia o sin ella, la narrativa cubana contemporánea da fe de una tremenda mutación social, en la que el modelo cívico del «compañero comunista» se disuelve en pequeñas comunidades refractarias.

Dentro de la política del sujeto, destacan por su riesgo aquellos intentos de narrar zonas traumáticas de la historia cubana contemporánea como los campos de trabajo forzado o Unidades Militares de Apoyo a la Producción (UMAP) en *Un ciervo herido* de Félix Luis Viera, los entrenamientos guerrilleros de los 60 en *El libro de la realidad* de Arturo Arango, la homosexualidad y la guerra de Angola en *No llores ni tengas miedo... conmigo no te pasará nada* de Luis Deulofeu Calle, la diáspora de los 90 en *Las cuatro fugas de Manuel* de Jesús Díaz, la travesía de un balsero, narrada homéricamente en *Voyeurs* de Andrés Jorge o las vicisitudes policíacas que llevan al exilio a un escritor en la novela testimonial *Espacio vacío* de Daniel Iglesias Kennedy. En términos de la construcción de una política de la escritura, la diferencia entre estas novelas y aquellas que se inscriben en el canon de la narrativa histórica reside, precisamente, en que aquí la prioridad de la representación está localizada en sujetos agraviados en un pasado reciente, cuyos conflictos son narrados sin mediaciones simbólicas basadas en el cifraje, la alegoría o el anacronismo.[33]

### Del mito revolucionario a la fantasía habanera

No hay duda de que las tres políticas intelectuales descritas movilizan la narrativa cubana hacia un espacio de significaciones, centrado en lo nacional. En esa gravitación es donde se producen las batallas y alianzas, los roces y contactos entre distintas poéticas. Sin embargo, se tiene la impresión de que la guerra literaria cubana carece de una regla mínima: el reconocimiento de todos sus actores. Karl von Clausewitz dijo alguna vez que la «guerra era la continuación de la política por otros medios». Michel Foucault complicó más la frase al decir que «la cultura era la continuación de la guerra por otros medios».[34] La mayor dificultad que ofrece Cuba para ser comprendida desde estas premisas es que allí la guerra, la política y la cultura se basan en la exclusión de unos sujetos por otros. Por eso, la posmodernidad y el multiculturalismo llegan a Cuba cuando

371

ni siquiera ha logrado construirse, en la isla, un espacio público nacional, desde patrones de tolerancia y pluralismo.

Existe, sin embargo, un lugar donde el campo literario comienza a dar muestras de una sorprendente integración: ese lugar es La Habana. Cualquiera que lea las interesantes novelas *El pájaro: pincel y tinta china* (1998) de Ena Lucía Portela, *Perversiones en el Prado* (1999) de Miguel Mejides y *El paseante cándido* (2001) de Jorge Ángel Pérez, luego de un relativo conocimiento del medio intelectual habanero de los 90, se percatará de una serie de personajes y situaciones del mundillo literario que se incorporan paródicamente a la ficción.[35] Esas tres novelas, premiadas por la UNEAC, retoman una línea de la alta modernidad literaria, transitada por Guillermo Cabrera Infante en *Tres tristes tigres* y Reinaldo Arenas en *El color del verano*, que consiste en estetizar los rumores y chismes de la ciudad letrada. A través de esas parodias del reconocimiento se delimita el teatro de operaciones de las guerras literarias, se identifican los actores y se autonomizan las políticas intelectuales.

Además de un lugar simbólico de la imaginación occidental, que contamina con sus fantasías la producción intelectual de la isla, La Habana es un «espacio literario», en el sentido de Blanchot, compuesto de soledades poéticas que se comunican tensamente.[36] La «soledad esencial» de cada escritura producida en esa ciudad encuentra su límite, precisamente, en el conjunto de tópicos que deletrean a La Habana desde Occidente. El hecho de que algunos protagonistas de novelas como *Capricho habanero* (1997) de Alberto Garrandés o *Cien botellas en una pared* (2002) de Ena Lucía Portela sean escritores, poetas o periodistas infiltra en el discurso del erotismo y la precariedad habaneras un extrañamiento letrado.[37] Esta topologización de la literatura nacional a partir del relato simbólico de la ciudad, como ha visto Pascale Casanova para el París de fines del XIX, facilita la proyección de las políticas intelectuales de la escritura cubana en ese territorio mayor, asociado a la república y el mercado de las letras occidentales.[38]

Esta topología simbólica de la ciudad es más legible aún en una narrativa como la de *El Rey de La Habana* (1999) de Pedro Juan Gutiérrez o *La sombra del caminante* (2001) de Ena Lucía Portela. El exhaustivo mapa de la subjetividad marginal que se dibuja en el primero se transforma en la segunda en una guerra entre nuevos actores sociales, la cual describe, acaso involuntariamente, al poscomunismo cubano como un estado de violencia intersubjetiva.[39] Es demasiado evidente la dicotomía entre un discurso turístico oficial que enfatiza la placidez veraniega y la sensualidad mestiza, en tanto enunciados de una síntesis cómoda, de una contradicción resuelta o, incluso, de una paz perpetua, y estas poéticas que narran detalladamente la discordia social. La literatura cubana produce, así, otro discurso turístico: aquel que entrelaza el venero exótico de la ciudad con el peligro, la miseria y la violencia.

Esta poética de la inseguridad encuentra otra variante, más refinada, en la estetización de las ruinas que practican novelas como *Los palacios distantes* de Abilio Estévez y *Contrabando de sombras* de Antonio José Ponte. En la primera, la escenografía de derrumbes se contrapone, radicalmente –como en una pintura de Gustavo Acosta– a la solidez y variedad arquitectónica de ciertas zonas de La Habana colonial y republicana, por medio de una prosa física que, en momentos, recuerda al Carpentier de *La ciudad de las columnas*.[40] En la segunda, sin embargo, no hay luminosidad alguna que pueda contraponerse a la sombría estetización de las ruinas. Ponte hace del cementerio una réplica espectral de la ciudad y del derrumbe una metáfora del desencanto de una utopía edificante. Los personajes de *Contrabando de sombras* postulan una belleza de la ciudad, experimentada desde la muerte de sus ciudadanos y la destrucción de sus edificios.[41]

Como los tantos escritores y pintores, estudiados por Christopher Woodward, que narraron las ruinas romanas como indicios de la decadencia de un imperio, los novelistas cubanos narran el derrumbe de La Habana, no como la huella borrosa de un antiguo régimen colonial o republicano, abandonado por la historia, sino como la evidencia del naufragio de una utopía, de la evaporación de un destino, del desplome de la construcción simbólica que apuntalaba la fantasía imperial de un pequeño país caribeño.[42] Pero esa transición de la utopía comunista a la fantasía caribeña no sólo se experimenta en la literatura cubana; también se plasma en una narrativa occidental sobre Cuba que confirma la difusión de ciertas imágenes y estereotipos cubanos en el mercado simbólico contemporáneo.

La tradición de «utopía y desencanto», como diría Claudio Magris, asociada al símbolo cubano en Occidente, fue inaugurada por Jean-Paul Sartre en su viaje a la isla, a principios de 1960.[43] Sartre llegó a La Habana con aquella misión de «pensar contra sí mismo», de «romperse los huesos de la cabeza», tan propia del complejo de culpa poscolonial con que el pensamiento europeo y norteamericano se asoma a América Latina. Y encontró precisamente lo que sus ojos buscaban: una comunidad orgánica, regida por una misteriosa voluntad unánime, que la hacía avanzar hacia metas concretas (alfabetización, reforma agraria, paredones, «lucha contra bandidos») y que respondía a coro a la voz de un líder joven y hermoso. Fidel aparece en aquellas notas de Sartre para *France-Soir* como un ángel panteísta: «Lo es todo a la vez, la isla, los hombres, el ganado, las plantas y la tierra..., él es la isla entera.»[44] La vasta cultura filosófica de Sartre parecía reducirse, entonces, al Rousseau del *Contrato social.*

Sin embargo, las páginas finales de *Huracán sobre el azúcar* fundan la literatura utópica sobre la Revolución cubana en Occidente. Allí se habla del «Rambouillet cubano», de «El Dorado» insular —la Ciénaga de Zapata que sería desecada para cultivar arroz y construir el «lugar turístico más bello del mundo»— y se describe un discurso de Fidel Castro como un acto de perfecta comunión política entre el caudillo y el pueblo, en el que ha desaparecido ya cualquier vestigio de democracia representativa: «Sola, la voz, por su cansancio y su amargura, por su fuerza, nos revelaba la soledad del hombre que decidía por su pueblo en medio de quinientos mil silencios.»[45] La nueva vida cubana era, según Sartre, «alegre y sombría», ya que el carácter utópico de la isla estaba determinado por la «angustia» de la «amenaza extranjera», por el gesto de enfrentarse a Estados Unidos en nombre de la humanidad.

Antes de la Revolución, la imagen de Cuba en Occidente carecía de «ese rostro de sombra», de esa solemnidad utópica. Cuba no era entonces una utopía, sino una alegre fantasía de la imaginación occidental. Fantasía turística, construida por el venero exótico de sus montes y playas, de sus mujeres y hombres tostados y sensuales, de sus casinos y hoteles, y asegurada por una moderna economía de servicio que impulsaron la mafia y el capital norteamericanos. Ésa es la imagen que recorre la Avenida del Puerto, con sus bares y prostíbulos, con sus esquinas peligrosas y pasillos lúgubres, en *Tener y no tener* de Hemingway, y la que aparece como telón de fondo de las peripecias de Wormold, el falso espía británico de *Nuestro hombre en La Habana:* bares y clubes lujosos, proxenetas de múltiples burdeles, vendedores de postales pornográficas, calles estrechas, atestadas de Chevrolets, Fords y Chryslers.[46]

En los últimos años, Cuba comienza a dejar de ser percibida como lugar de utopía social y recupera su vieja estampa de fantasía erótica. En su novela *Ravelstein* (2000), por ejemplo, Saul Bellow describe esos ejércitos de turistas europeos que, cada verano, pasan dos semanas en exclusivas playas cubanas y se «llevan la impresión de que los americanos lo han embarullado todo y de que Castro se merece el apoyo de escandinavos y holandeses independientes e inteligentes».[47] Los personajes de *Plataforma* (2001) de Michel Houellebecq son unos parisinos interesados en montar una agencia de turismo sexual, que realizan viajes exploratorios a paraísos eróticos como Tailandia y

Cuba. En Baracoa y Guardalavaca, al oriente de la isla, estos ingenieros del placer conversan con nativos que reiteran el mismo lamento: «Pobre pueblo cubano, ya no tiene nada que vender, salvo sus cuerpos.»[48]

Así como aquella imagen moderna y sensual de los 50 tuvo su confirmación literaria nacional en *Tres tristes tigres* y *La Habana para un infante difunto* de Guillermo Caberra Infante, la actual imagen de decadencia erótica encuentra su corolario en las novelas de Pedro Juan Gutiérrez y Zoé Valdés, en los ensayos y crónicas de Raúl Rivero y Antonio José Ponte, en los filmes de Juan Carlos Tabío y Fernando Pérez. Lo curioso es que el gobierno cubano, en vez de combatir ese imaginario, lo aprovecha dentro de un discurso político, sumamente estereotipado, en el que la pobreza y el sexo, el placer y la miseria se entrelazan en una eficaz ideología turística. El cartel de propaganda del «Martí Mojito», la nueva bebida de moda producida por «amigos de Cuba» en Estados Unidos («auténtico licor de ron», *«the soul of Cuba»)*, resume claramente este mensaje: el rostro evanescente del «apóstol», varias escenas de las cuatro posibles parejas étnicas y sexuales (un cubano y una turista, un turista y una cubana, un cubano y un turista y una turista y una cubana) y el siguiente texto: *«The Revolution will start at Happy Hour.»*

El momento de memorialización que vive la cultura cubana produce intervenciones literarias que, de algún modo, ponen a circular viejos mitos nacionales bajo una nueva luz, más bien tenue, como si se tratara de parodias de una tradición perdida.[49] Ahí están, por ejemplo, la consagración de la fantasía habanera en libros como *Los misterios de La Habana* (2004) de Zoé Valdés, *Inventario secreto de La Habana* (2004) de Abilio Estévez o *Nuestro GG en La Habana* (2004) de Pedro Juan Gutiérrez, la vuelta a una trama y un estilo criollos en *Esther en alguna parte* (2005) de Eliseo Alberto o la recuperación del linaje chino dentro del acervo cultural habanero que propone Zoé Valdés en *La eternidad del instante*, una de sus novelas mejor ambientadas en el plano histórico y más trabajadas a nivel de estilo.[50] La actual fantasía cubana carece del glamour de la República y de la solemnidad de la Revolución, pero contiene, en el sentido de Slavoj Zizek, un doble mensaje político que podría resumirse en el eslogan turístico (mezcla elocuente de narcisismo, masoquismo y patriotismo) de «¡Disfruta a tu país como a ti mismo!».[51] Cuba es una pequeña nación alegre y erótica que se descompone socialmente, una comunidad comunista y virtuosa que se corrompe moralmente. ¿Víctima de quién? De Estados Unidos, según el gobierno de la isla. De Fidel Castro y su régimen, según la oposición cubana. La fantasía cumple, pues, la función de un llamado de auxilio a Occidente, una solicitud de rescate o, simplemente, de compasión, que lo mismo puede ser usada por el gobierno cubano para perpetuarse en el poder que por sus opositores para propiciar la transición democrática. Se trata, en suma, de la fantasía política de un país poscomunista en el Caribe.

Medio siglo después del estallido de una revolución moralista, que se propuso corregir los malos hábitos «neocoloniales» del pasado burgués –el juego, la prostitución, el privilegio, la frivolidad–, la imagen turística de Cuba resurge, como moda siniestra, en la política simbólica del socialismo tardío. Los hijos de aquella burguesía derrotada y desposeída, como Consuelo Castillo, la hermosa cubano-americana de la novela *Animal moribundo* (2002) de Philip Roth, sienten que la historia se vuelve una pesadilla ante sus ojos cuando ven, en la CNN o ABC, esas elegantes fiestas de fin de año, en el cabaret Tropicana, con centenares de burgueses europeos, norteamericanos y canadienses, en una perfecta simulación del pasado, en un festejo perverso de la nostalgia republicana. El gran final de la Revolución, dice Roth, es una burla, una farsa, un espectáculo sensual que remeda el encanto del antiguo régimen: «Una alocada celebración de nadie sabe qué.»[52]

377

El filósofo italiano Mauricio Ferraris dedicó todo un tratado a demostrar la intensa relación que guardan la memoria y el luto en los célebres casos de San Agustín, Montaigne, Rousseau y Heidegger. La memoria, según Ferraris, y más específicamente la escritura autobiográfica e histórica, está generalmente asociada a un momento de pérdida, de ocaso de alguna identidad.[53] La recomposición de la memoria simbólica de cualquier país –luego de una guerra civil que partió en dos el imaginario de la comunidad, o después de un gobierno autoritario que ejerció un control excesivo del relato histórico nacional– también parte de un luto: el fin del antiguo régimen.

En el caso de Cuba, dicha recomposición comienza a experimentarse a partir de 1992, cuando la reforma constitucional de ese año intentó adaptar el aparato de legitimación simbólica del régimen cubano a las condiciones de la posguerra fría. En las páginas que siguen propongo un recorrido por los principales tópicos de esa reconstrucción poscomunista de la memoria histórica cubana a través de la literatura contemporánea, producida en la isla y en la diáspora. El punto de llegada de dicho recorrido, como se verá, es que, a pesar de algunos indicios de surgimiento de una narrativa de la reconciliación nacional, los principales actores de la cultura cubana se mantienen en un estado de guerra de la memoria, de disputa por la legitimidad histórica, a partir de relatos excluyentes e irreconciliables de un pasado común.

Los nudos de la memoria cubana tienen su origen en la resistencia que oponen unos actores al reconocimiento de la legitimidad histórica de otros y en las pasiones que, desde ambos lados, se involucran en el inconcluso procesamiento mental del duelo.[54] Esta tensión binaria comporta, en buena medida, los rasgos de una proyección simbólica de la enemistad, de una narrativa de la guerra civil, plenamente incorporada a las políticas de la memoria que ejercen los sujetos nacionales. En el caso cubano, los obstáculos discursivos que ciertas identidades interponen a una reconciliación nacional forman un escenario de conflicto perpetuo, semejante al descrito por Jean Améry, en el que toda tentativa de ir más allá del resentimiento y la culpa, más allá del monólogo afirmativo de la víctima y la mentalidad expiatoria del verdugo, parecen condenados al fracaso.[55]

## Dos políticas del recuerdo

A principios del siglo XXI, la transición a la democracia en Cuba se produce en un contexto histórico marcado, paralelamente, por la globalización comercial, financiera, migratoria, tecnológica y cultural y por la difusión normativa, a escala planetaria, de la filosofía de los derechos humanos occidentales.[56] En este escenario, que hace más ostensibles las limitaciones políticas del Estado-nación y, a la vez, propicia el relanzamiento de discursos y prácticas nacionalistas, deberá producirse un pacto de reconciliación nacional entre cubanos de todas las preferencias políticas, sin el cual sería virtualmente imposible imaginar, por lo menos, la consumación del tránsito democrático.

La nueva «cultura de la memoria en tiempos de globalización», de la que habla Andreas Huyssen, comenzó a difundirse en los años 60 con la aplicación retroactiva de la justicia a Adolf Eichmann y otros nazis que eludieron Nuremberg.[57] La máxima institucionalización jurídica de esa concepción retroactiva del derecho se alcanzó en la Convención Internacional sobre la Imprescriptibilidad de los Crímenes de Guerra y de Lesa Humanidad de la ONU, en 1968. Desde entonces hasta el Estatuto de Roma y los esfuerzos por instalar una Corte Suprema Internacional, en La Haya, la presión diplomática mundial a favor del procesamiento jurídico de crímenes del pasado ha sido cada vez mayor y, en algunos casos, ha impulsado dichos procesos afirmando la soberanía nacional del derecho de los estados.

Sin embargo, en los últimos veinte años, la experiencia de transiciones desde regímenes autoritarios o totalitarios, en América Latina o Europa del Este, en Rusia o Portugal, en España o Sudáfrica, demuestra que la reconciliación nacional, entendida no sólo como la concesión de derechos políticos a toda la ciudadanía sino como la libre circulación pública de todas las memorias y, en su caso, el reconocimiento testimonial o procesamiento jurídico de crímenes del pasado, guarda una relación muy compleja con el proceso de cambio de régimen y de construcción de la democracia. Esa complejidad está dada por el hecho de que los actores que deben negociar el tránsito proceden, en su mayoría, de cuatro esferas con una diferente legitimidad histórica: el gobierno, la sociedad civil, la oposición y el exilio.

En casi todas esas nuevas democracias occidentales se ha producido un cambio de régimen político, aunque el problema de la memoria y la reconciliación siga vivo y, en algunos casos, irresuelto. A pesar de ello, es posible agrupar dichas experiencias en dos grupos: la de aquellos gobiernos que crearon «comisiones de justicia y verdad» (Sudáfrica, Argentina, Chile, Uruguay, Perú, Guatemala y El Salvador) y aquellos que, como España, Portugal, México, Rusia y el ex campo socialista de Europa del Este, prefirieron no hacerlo, bien fuera porque los actores de la transición valoraron las ventajas de una política de «olvido general», tan común en la historia iberoamericana, o porque consideraron que, tras algunos encausamientos muy emblemáticos, se podía dejar el asunto en manos de la opinión pública, las políticas educativa y cultural y el campo intelectual.[58]

En Sudáfrica, la Comisión de la Verdad y la Reconciliación, promovida por Nelson Mandela y encabezada por Desmond Mpilo Tutu, fue creada como una institución más moral que judicial, a la cual se encargó la exposición documentada de los crímenes del *apartheid* y el procesamiento de los culpables. En Perú, la Comisión de Verdad y Reconciliación, encabezada por Salomón Lerner Febres, registró, en agosto de 2003,

69.280 víctimas de crímenes de lesa humanidad, atribuidos a Sendero Luminoso, el Movimiento Revolucionario Tupac Amaru y los sucesivos gobiernos peruanos, entre 1980 y 2000. El gobierno de Alejandro Toledo, sin embargo, ha insistido en que la justicia será aplicada racionalmente y sin venganza y que el procesamiento de culpables por crímenes del pasado deberá ser asumido, autónomamente, por el poder judicial del Perú.[59] En el Cono Sur, a diferencia de Centroamérica, la tendencia a la amnistía de mediados de los 80, tipificada por las leyes de «punto final» y «obediencia debida», se ha revertido en los últimos años con varios sucesos: las revisiones de aquella legislación, por parte de las Cortes Supremas de Argentina y Chile, las órdenes de extradición y arresto, emitidas por el juez español Baltasar Garzón, primero, contra el dictador chileno Augusto Pinochet y, luego, contra cuarenta y seis miembros de la Junta Militar argentina y, finalmente, la declaración de «insalvablemente nulas» de las leyes de impunidad por los diputados y senadores argentinos.[60] El anuncio, a fines de agosto de 2003, de que el gobierno español rechazaba la extradición de los militares argentinos, solicitada por el juez Garzón, no hace más que afirmar, como en el caso de Pinochet en Chile, la soberanía del poder judicial de Argentina en el procesamiento de criminales del pasado.[61]

Pero en aquellas transiciones donde el nuevo régimen democrático fue más flexible con las élites del antiguo régimen tampoco desaparecen las demandas de justicia, por parte de las víctimas y sus defensores, ni se cierran las heridas del pasado en una suerte de «borrón y cuenta nueva». La diferencia radica en que estos reclamos se vierten en la opinión pública y se disputan la apertura de archivos, la desclasificación de información secreta o el desagravio de las políticas culturales y educativas del Estado. En España, por ejemplo, cada verano, descendientes de los miembros de las Brigadas Internacionales realizan excavaciones en cementerios anónimos de soldados republicanos, mientras el debate sobre la Guerra Civil y el franquismo, en la historiografía, la literatura y el periodismo, es cada vez más intenso. Carmen Franco, la hija del dictador, preside una fundación privada, favorecida con apoyo gubernamental, que guarda el acervo documental del régimen franquista, difunde el conocimiento de la obra «humana, política y militar del Generalísimo» y cada 20 de noviembre, día de la muerte del «Caudillo», le rinde homenaje en la Basílica del Valle de los Caídos.[62]

En Rusia, existe una constante querella simbólica entre pro soviéticos y antisoviéticos, monarquistas y estalinistas que obliga al gobierno de Vladimir Putin a satisfacer, con gestos de Estado, ambas memorias agraviadas. En Alemania, la película *Good By Lenin* (2003) de Wolfgang Becker y la importante exposición *Kunst in der DDR. Eine retrospektive der Nationalgalerie* (2003), curada por Eugen Blume y Roland März, han generado el fenómeno cultural de la *ostalgie*, esto es, un sentimiento de nostalgia por la sociedad del Este comunista.[63] En México, los nuevos libros de texto de historia nacional, editados por la Secretaría de Educación Pública, incluyen, por primera vez, una visión sumamente crítica del régimen priísta y, en especial, de la masacre estudiantil de 1968, en la Plaza de Tlatelolco, a pesar de que la fiscalía especial, creada por el gobierno de Vicente Fox para investigar la violencia de Estado en los años 60 y 70, no ha rendido parte de su labor.[64]

De manera que a grandes rasgos podrían describirse dos políticas de la memoria, asociadas a procesos de transición democrática: la que recurre a instituciones del poder judicial o genera nuevos mecanismos de impartición de justicia, con el fin de lograr el procesamiento jurídico de crímenes del pasado, y la que se concentra en la esfera pública (medios de comunicación, campo intelectual, política cultural y educativa), con el objetivo de fomentar la libre circulación de discursos contradictorios sobre el pasado, capaces de tolerarse entre sí. La primera es, pues, una política de la memoria regida por las nociones de *verdad* y *justi-*

*cia;* la segunda, en cambio, es una política de la memoria más controlada por los enunciados de *reconciliación y tolerancia.*[65] La elección entre una u otra política está relacionada con la duración y el tipo de antiguo régimen. Es comprensible, por ejemplo, que en el Cono Sur y Centroamérica, por tratarse de dictaduras militares, esto es, regímenes autoritarios muy represivos y relativamente breves, la reconciliación se asocie con el procesamiento legal de crímenes de lesa humanidad o genocidio que hubieran tenido lugar en el pasado. De la misma manera que en aquellos regímenes totalitarios o autoritarios prolongados, como la Unión Soviética y España, Europa del Este y México, donde el Estado jugó un papel más constitutivo de la sociedad, el proceso de reconciliación, desde un principio, se caracterice por un pacto de amnistía entre los actores del cambio democrático.[66] La excepción ha sido Sudáfrica, un país que al dejar atrás no sólo un régimen autoritario, sino un orden de segregación racial, tuvo que refundarse como nación, entrelazando dos prácticas conflictivas: el esclarecimiento del pasado y la reconciliación de rivales políticos.

¿Cuál de estas políticas de la memoria es la más recomendable para la transición cubana? ¿El procesamiento legal de crímenes del pasado a través de las instituciones del poder judicial o por medio de una Comisión de Verdad y Justicia? ¿La amnistía general, tipificada o no legalmente, como un punto de partida para el esclarecimiento público de crímenes del pasado? ¿Una mezcla de ambas, como en el caso sudafricano? Es sumamente difícil, por no decir imposible, responder a esta pregunta, ya que la única respuesta válida la darán, sobre la marcha, los actores históricos que negociarán la transición democrática. Sólo me limitaré a señalar, a partir de la literatura y la historiografía cubanas contemporáneas, algunos nudos de la memoria que tendrán que desatar tres sujetos históricos: la Revolución, la Oposición y el Exilio. Nudos de la memoria que, en tanto formas del imaginario histórico de los actores políticos, podrían actuar como obstáculos a la reconciliación nacional.

383

Intentaré reconstruir esos nudos por medio de la exposición de dos discursos: el de la memoria oficial de la oposición y el de la memoria exiliada de la revolución. Es evidente que en la confrontación de ambos discursos se dirime, en buena medida, el conflicto de la legitimidad del pasado y, por tanto, la posibilidad del surgimiento de un nuevo repertorio simbólico para la reconciliación nacional. La memoria, como señala Reinhart Koselleck, no es más que el discurso de identidad de un sujeto histórico que desea afirmarse en su presente a través de su pasado.[67] De ahí que la reconciliación nacional entre cubanos, el cambio de régimen y el tránsito democrático estén, en buena medida, subordinados al reconocimiento de la legitimidad histórica de todos los actores políticos.

El primer esfuerzo serio de abordar intelectualmente el tema de la reconciliación nacional en Cuba se debió al Grupo de Trabajo Memoria, Verdad y Justicia, coordinado por Marifeli Pérez-Stable, Jorge I. Domínguez y Pedro A. Freyre. Este grupo, en el que sólo participaron cubanos residentes fuera de la isla, propuso que, llegado el momento de la transición y de acuerdo con las normas del derecho internacional, se investigaran y debatieran tres zonas donde podrían documentarse crímenes de lesa humanidad en el pasado reciente de Cuba: la «violación de los derechos humanos por parte del gobierno de Fidel Castro», los «abusos, delitos y atrocidades cometidos por la oposición violenta» y las «operaciones subversivas y acciones encubiertas del gobierno de Estados Unidos».[68] Las reflexiones que propongo a continuación se colocan, deliberadamente, en un momento más acá, esto es, en el escenario vigente de la disputa por la legitimidad histórica de los actores políticos.

Para ilustrar lo lejos que estamos, siquiera, de un debate franco sobre los crímenes del pasado, en Cuba, bastaría con recordar la relación ambigua o indefinida –por no decir cómplice– que aún sostiene el gobierno de Fidel Castro con el estalinismo y las experiencias totalitarias de Europa del Este. Cuando en enero de 2006, el Parlamento Europeo aprobó el proyecto de resolución *Necesidad de una condena internacional a los crímenes del comunismo totalitario*, el Partido Comunista de la isla reaccionó airadamente contra el mismo, ya que, a su entender, dicho documento, «partiendo del cuestionamiento y condena de la ideología comunista, intentaba identificar a los principios de la lucha de clases y la dictadura del proletariado como los instrumentos a través de los cuales se cometieron crímenes contra la humanidad».[69] Con esa declaración, el régimen cubano confirmaba que su identidad poscomunista, insinuada desde 1992 en el orden constitucional e ideológico, no está lista, todavía, para pasar al plano de la memoria.

*La memoria oficial de la oposición*

La creación de un sistema político pluralista implica siempre la convivencia entre diversos relatos sobre el pasado de un país. En el caso de Cuba, una de las mayores resistencias a la creación de una cultura democrática es, precisamente, el predominio de un discurso oficial de la historia nacional que, en buena medida, rige la política educativa, cultural e ideológica del gobierno de Fidel Castro. El lugar central de dicho discurso lo ocupa la Revolución de 1959, en tanto suceso inaugural de una era gloriosa y definitiva de la historia cubana, en la que, por fin, se realiza el proyecto moderno de una nación soberana. De acuerdo con esa narrativa oficial, que reproducen los aparatos ideológicos del Estado, la historia anterior a la Revolución, dividida en sus dos épocas fundamentales, la Colonia (1492-1898) y la República (1902-1959), es, en propiedad, la prehistoria colonial de la isla.[70]

Este discurso, lejos de debilitarse, se ha reforzado a partir de 1992, cuando las reformas constitucionales de ese año desplazaron el énfasis ideológico del marxismo-leninismo al nacionalismo revolucionario y, sobre todo, desde que la campaña por la repatriación de Elián González, en 1999, diera inicio a la llamada «batalla de ideas».[71] La hegemonía de dicho relato se manifiesta como un presente eterno e irrevocable, que cancela, por tanto, las dimensiones de futuro y cambio, y se relaciona únicamente con aquellas zonas del pasado, como las guerras de independencia del siglo XIX o la Revolución de 1933, que abastecen la teleología revolucionaria. El carácter mitológico y teleológico de esta narrativa es muy similar, por tanto, a la que fundamenta aquellas «políticas del olvido», aquellas «páginas en blanco», de que hablara Adam Michnik, tan frecuentes en la ideología histórica de regímenes autoritarios o totalitarios.[72]

En los últimos diez años, se ha producido en la cultura cubana una significativa paradoja: mientras el relato oficial de la ideología acentúa sus raíces míticas en el nacionalismo revolucionario, la historiografía profesional, sobre todo la practicada por jóvenes investigadores de la isla, comienza a mostrar un marcado interés en las «páginas en blanco» de la Revolución, esto es, el antiguo régimen colonial y republicano. Una zona tradicionalmente mal juzgada por la historiografía nacionalista, como el período posterior al Pacto del Zanjón (1878-1895), ha sido trabajada por una nueva generación de historiadores: María Antonia Marqués Dolz, Imilcy Balboa Navarro, Ana Meilyn de la O. Torres, Alain Basail Rodríguez...[73] Pero, probablemente, el tema que más atrae a la nueva historiografía de la isla es la historia intelectual y política de la República, como se evidencia en las últimas investigaciones de Marial Iglesias, Jorge Núñez Vega, Reinaldo Funes Monzote, Ricardo Quiza Moreno, Duanel Díaz Infante y Carlos Manuel Rodríguez Arechavaleta.[74]

Este desplazamiento del interés historiográfico, de las tres reservas mitológicas del nacionalismo revolucionario (las guerras de independencia, la Revolución de 1933 y la Revolución de 1959), al antiguo régimen colonial y republicano, se produce, como decíamos, a contracorriente de un discurso ideológico que asocia el pasado prerrevolucionario con los valores negativos del capitalismo y la democracia. De ahí que aquellos actores políticos que, dentro o fuera de la isla, en la disidencia o en el exilio, defienden proyectos pacíficos y legales de transición a una economía de mercado y a un régimen de libertades públicas, no sean identificados, en el discurso oficial, como opositores legítimos, sino como enemigos de la Revolución o «contrarrevolucionarios» que desean restaurar el orden neocolonial de la República. Esta rigidez no sólo se contrapone al nuevo horizonte historiográfico, sino a una política cultural que intenta difundir el legado intelectual prerrevolucionario y emigrado.[75]

En el fondo de esa ausencia de una elemental cultura de la oposición se halla la idea misma de la Revolución cubana. De acuerdo con la definición más elocuente de ese proceso, que acaso sea la de Jean-Paul Sartre en *Huracán sobre el azúcar*, la *Revolución* no es simplemente un período histórico de cambio social, de destrucción de un sistema capitalista y creación de uno socialista o de abandono de la democracia burguesa e instauración de la dictadura del proletariado. La *Revolución cubana*, de acuerdo con su mitología más profunda, no es, únicamente, sus «logros sociales», el gobierno revolucionario o la figura de Fidel Castro. Es, en realidad, la unidad del caudillo y el pueblo, de Fidel y la nación en una guerra permanente contra un enemigo externo, el imperialismo yanqui, y sus posibles aliados en la isla. Sartre lo expresó así en la primavera de 1960: «Cuando estalló *La Coubre*, descubrí el rostro oculto de todas las revoluciones, su rostro de sombra: la amenaza extranjera sentida *en la angustia*. Y descubrí la angustia cubana porque, de pronto, la compartí.»[76]

La idea, tan arraigada en la mentalidad de la clase política cubana, de que la Revolución es un estado de guerra permanente contra enemigos internos y externos, hace virtualmente imposible que en Cuba se difunda una cultura jurídica de la oposición. Dicha idea no sólo anula cualquier dimensión representativa en la política cubana, al englobar en una misma entidad histórica nociones contrapuestas como *Nación* y *Estado* o *Gobierno* y *Pueblo*, sino que coloca al régimen político de la isla en un «pasado continuo» que, como argumenta Margalit, permite la fragmentación de la memoria colectiva, por medio de mitos hábilmente difundidos, y disuelve el sentido de responsabilidad del poder en una subjetividad comunitaria.[77] Al establecer esta equivalencia entre *oposición* y *enemistad*, el Discurso de la Revolución crea, por tanto, las condiciones de posibilidad para una Historia de la Contrarrevolución.

El libro *La contrarrevolución cubana* (1997), de Jesús Arboleya, es un texto idóneo donde leer la memoria oficial sobre el proceso opositor. Allí se establece que la contrarrevolución cubana es un movimiento único, desde 1959 hasta la fecha, creado por el gobierno de Estados Unidos para derrocar el sistema socialista cubano y restaurar el orden neocolonial. Las raíces históricas de la contrarrevolución, según Arboleya, se encuentran, socialmente, en la burguesía republicana y la «clase media reformista», y, políticamente, en todas las asociaciones y tendencias de los años 50: desde batistianos, auténticos y ortodoxos hasta miembros del 26 de Julio, el Directorio Revolucionario y el Partido Socialista Popular.[78] A partir de 1960, continúa este autor, la amplia y diversa gama de organizaciones y personalidades políticas que se enfrentan a la Revolución –el Movimiento de Recuperación Revolucionaria (MRR) y el Movimiento Demócrata Cristiano (MDC), el Movimiento Revolucionario del Pueblo (MRP) y el Movimiento 30 de Noviembre, la Acción Democrática Revolucionaria (ADR) y la Agrupación Montecristi, Manuel Artime y Manuel Antonio de Varona, Manuel Ray y José Miró Cardona, Rufo López Fresquet y Raúl Chibás, Huber Matos y Eloy Gutiérrez Menoyo...– experimenta una total subordinación a las administraciones de Eisenhower y Kennedy a través de la CIA.[79]

Durante veinte años, por lo menos, toda la actividad contrarrevolucionaria coordinada desde Miami, que se tradujo en dos grandes proyectos de invasión (uno realizado y derrotado, Bahía de Cochinos en 1961; y el otro desechado tras la Crisis de los Misiles, la Operación Mangosta en 1962), la guerrilla del Escambray y decenas de grupos armados que realizaron en esas dos décadas miles de incursiones de sabotaje y atentado en la isla, respondió, según este relato, a una agenda subversiva muy clara de Washington, encaminada a lograr la destrucción violenta del gobierno de Fidel Castro.[80] La oposición cubana no era más que una milicia terrorista, financiada por el Departamento de Estado y adiestrada por la CIA. El historial represivo del gobierno cubano en esas mismas décadas –centenares de fusilamientos, decenas de miles de encarcelamientos, marginación pública de la ciudadanía desafecta...– no sólo no es reconocido en este discurso, sino que es tácitamente justificado como el imperativo político de esa «revolución a contragolpe», de que hablara Ernesto Guevara, amenazada siempre por un imperio vecino.[81]

El nexo entre aquella oposición violenta, en la isla o el exilio, y las administraciones de Eisenhower, Kennedy, Johnson y Nixon, ha sido ampliamente documentado.[82] Más que una alianza, el exilio cubano asumió su rol como una inserción orgánica en la agenda anticomunista de la Guerra Fría. Sin embargo, esa funcionalidad, que desde una estrategia pacífica o diplomática subsiste hasta hoy en las más influyentes organizaciones cubano-americanas, no anula la vocación nacional ni la legitimidad histórica de aquella primera oposición. Artime, Ray, Varona, Gutiérrez Menoyo y otros líderes de la contrarrevolución vieron en el gobierno de Estados Unidos un medio poderoso de impedir la transformación de la república cubana en un régimen socialista y de conducir el cambio revolucionario por vías democráticas. Si bien esos actores, desde el punto vista del gobierno revolucionario, carecen de legitimidad política, desde el punto de vista de la memoria nacional poseen su propia legitimidad histórica.

Arboleya, Escalante, Báez y otros historiadores oficiales admiten que a fines de los años 70, con la política de derechos humanos de Carter, el Diálogo y el éxodo de Mariel, se inicia un cambio generacional y político en la «contrarrevolución».[83] Los resultados de esa transformación se verían en los años 80 y 90 con cuatro procesos institucionales: 1) la emergencia de nuevas asociaciones de la emigración, como la Fundación Nacional Cubano-Americana, que se concentran en ejercer presión geopolítica sobre el gobierno de Fidel Castro a través del reforzamiento del embargo comercial y la preservación de la Ley de Ajuste Cubano; 2) el surgimiento de importantes coaliciones, como la Plataforma Democrática Cubana, una alianza de democratacristianos, socialdemócratas y liberales que defiende una transición a la democracia, pactada con los sectores reformistas del gobierno de la isla; 3) la creación de organizaciones, como Cambio Cubano y el Comité Cubano por la Democracia, abiertamente opuestas al embargo y sus reforzamientos legislativos (las leyes Torricelli de 1992 y Helms-Burton de 1996) y partidarias de una normalización de las relaciones entre Estados Unidos y Cuba; 4) la aparición de un nuevo actor político: la disidencia interna cubana, un movimiento que, aunque iniciado en 1976 con el Comité Cubano Pro Derechos Humanos, logró consolidarse a mediados de los 90 con proyectos de transición pacífica y gradual a la democracia, desde la propia legislación e institucionalidad del régimen, como *Concilio Cubano* (1995), *La patria es de todos* (1997) y el *Proyecto Varela* (2002).

Sin embargo, el discurso oficial considera esta transformación del movimiento opositor como un mero cambio de táctica o método, dentro de una misma estrategia contrarrevolucionaria. El abandono de la violencia e, incluso, el apoyo a una normalización de relaciones entre ambos países son, de acuerdo con esta lógica, demandas perfectamente compatibles con el principio básico de la política exterior de Estados Unidos en la posguerra fría: la promoción mundial de la democracia. Las nuevas asociaciones pacíficas del exilio y la disidencia son, por tanto, creaciones espurias, invenciones ilegítimas del gobierno de Estados Unidos. Aun aquellas corrientes más moderadas de esa oposición interna y externa son formas sutiles de la misma genealogía contrarrevolucionaria que, por su ausencia de base social, «no pueden definirse a partir de lo que quieren para Cuba, sino que hay que definirlas por lo que no desean para la isla», esto es, el embargo económico, una crisis migratoria o un colapso social.[84] Es decir, el único valor que le reconoce el gobierno cubano a ese actor político es el de ser un aliado coyuntural y externo en la promoción del mejoramiento de las relaciones cubano-americanas. Arboleya resume de esta forma la percepción oficial de la nueva oposición pacífica y moderada:

> Esta vertiente contrarrevolucionaria responde a un cuerpo organizativo menos estructurado, el cual funciona a partir de premisas ideológicas más difusas y, como consecuencia, más engañosas. Por tanto, en muchas ocasiones se confunden con esfuerzos realmente encaminados a normalizar las relaciones entre Cuba y Estados Unidos y con un legítimo debate interno encaminado a superar las imperfecciones del sistema, lo que complica la respuesta cubana e induce a errores a la hora de identificar enemigos, lo cual constituye, por cierto, uno de sus propósitos. Este sector se distingue de otras tendencias del debate ideológico contemporáneo –y le confiere un carácter específicamente contrarrevolucionario– en que su radio de acción no se limita a la esfera ideológica, sino que está estructurado para actuar sobre la realidad cubana con fines marcadamente políticos, destinados a organizar la oposición interna desde posiciones más aceptables para ciertos sectores europeos y latinoamericanos, y más ajustadas a los requerimientos de la nueva coyuntura internacional.[85]

Esta memoria oficial de la oposición cubana se plasma también en dos leyes recientes, aprobadas por la Asamblea Nacional del Poder Popular y concebidas como antídotos de la Ley Helms-Burton. La Ley 80 de 1996, de Reafirmación de la Dignidad y la Soberanía Cubana, establece que Estados Unidos deberá indemnizar al pueblo de Cuba por los daños causados por el bloqueo y la contrarrevolución, ya que Washington, «durante cuatro décadas, se ha dedicado a promover, organizar, financiar y dirigir a elementos contrarrevolucionarios y anexionistas dentro y fuera del territorio de la República de Cuba y ha invertido cuantiosos recursos materiales y financieros para la realización de numerosas acciones encubiertas con el propósito de destruir la independencia y la economía de Cuba, utilizando, para tales fines, entre otros, a individuos reclutados dentro del territorio nacional». En el artículo 11 de dicha ley, los legisladores cubanos anunciaban su intención de sumar, al monto de la indemnización por «los efectos del bloqueo económico, comercial y financiero y agresiones contra el país» –que debería actualizarse cada año–, las «reclamaciones por daños y perjuicios causados por ladrones, malversadores, políticos corruptos y mafiosos» de la República y por «torturadores y asesinos de la tiranía batistiana, por cuyas acciones se ha hecho responsable el gobierno de los Estados Unidos de América al promulgar la Ley Helms-Burton».

Esta misma conexión entre el antiguo régimen prerrevolucionario y la oposición cubana, en los últimos cuarenta y cuatro años, aparece en los «por cuanto» de la Ley 88 de 1999, de Protección de la Independencia Nacional y la Economía de Cuba. Sólo que aquí se tipifica como «infracción penal» cualquier ejercicio de oposición dentro de la isla, debido a que, irremediablemente, dicho ejercicio responderá de una u otra manera a los intereses del gobierno norteamericano. En el capítulo 4, incisos primero y segundo de dicha ley, se contemplan penas de entre ocho y veinte años de cárcel para quien «suministre, directamente, o mediante terceros al gobierno de Estados Unidos de América, sus agencias, dependencias, representantes o funcionarios, información para facilitar los objetivos de la Ley Helms-Burton, el bloqueo y la guerra económica contra nuestro pueblo, encaminados a quebrantar el orden interno, desestabilizar el país, liquidar el estado socialista y la independencia de Cuba». Este delito de opinión, del que están eximidos sólo los corresponsales extranjeros acreditados en la isla, es también un delito de asociación, ya que siempre tiene como agravante el hecho que se «cometa con el concurso de dos o más personas».

De lo anterior se desprende que la memoria histórica sobre la oposición cubana, que predomina en el gobierno de Fidel Castro, está regida por una concepción «revolucionaria» del presente político, según la cual Estados Unidos, al promover la democracia en Cuba, se propone destruir la nación cubana y restaurar el orden neocolonial. Los opositores que, dentro o fuera de la isla, trabajan pacíficamente por un cambio o una reforma del sistema político, desde la propia institucionalidad del régimen y la propia legislación constitucional socialista, no sólo son asumidos, entonces, como enemigos del país que deben ser castigados, sino como descendientes directos de la clase política republicana y de los grupos contrarrevolucionarios de los años 60 y 70. Ésa es la memoria oficial de la Revolución, tal y como se refleja en el discurso legitimante del régimen, que difunden los aparatos ideológicos del Estado, y, sobre todo, como se plasma en la legislación penal del gobierno de la isla.[86] La noción de una «oposición leal», que actúe dentro de los marcos constitucionales del régimen, es inconcebible en ese imaginario gubernamental.[87]

*La memoria exiliada de la revolución*

Una de las grandes dificultades que ha enfrentado la construcción de un movimiento opositor en Cuba, además de la ausencia de libertades públicas para su desarrollo, es el predominio de una visión ilegítima del gobierno de Fidel Castro. Durante décadas, la oposición cubana, dentro y fuera de la isla, asumió que el régimen de la isla era ilegítimo porque había surgido de una revolución popular, cuyo liderazgo nunca fue refrendado por las normas electorales de la democracia representativa. Este discurso de la ilegitimidad del régimen cubano se vio siempre reforzado por el hecho de que el liderazgo del exilio muy pronto fue capitalizado por políticos nacionalistas y liberales, como José Miró Cardona, Manuel Antonio de Varona, Manuel Ray Rivero o Manuel Artime Buesa, ex integrantes, algunos, del primer gobierno revolucionario, que rompieron entre 1960 y 1961 con Fidel Castro, en rechazo a la radicalización socialista del proceso.

En la primera historiografía del exilio, escrita, en muchos casos, por intelectuales que simpatizaron con el movimiento revolucionario, como Jorge Mañach, Carlos Márquez Sterling, Herminio Portell Vilá, Mario Llerena o Leví Marrero, el tópico principal fue el de la «revolución traicionada». Estos autores reiteraban la idea de que el proyecto revolucionario que había asegurado la caída de Fulgencio Batista, en 1959, se basaba en un consenso ideológico socialdemócrata, el cual fue abandonado, desde el poder, por Fidel Castro y el ala radical del Movimiento 26 de Julio, en alianza con los comunistas.[88] El tópico de la «revolución traicionada» convergió en la cultura política anticomunista de la oposición cubana y facilitó la alianza del exilio con el gobierno de Estados Unidos en la Guerra Fría. El nacionalismo y la violencia de aquel primer exilio se conjugaron en una actividad política y militar, concebida para lograr el derrocamiento de un régimen ilegítimo, que subordinaba la isla al «imperialismo soviético». La alianza del exilio con Estados Unidos estuvo siempre justificada con una mentalidad y una retórica perfectamente nacionalistas, muy similares a las que, desde la perspectiva del gobierno de Fidel Castro, sostenían la necesidad de un pacto defensivo con la Unión Soviética.[89] Junto con este nacionalismo especular, que definía paralelamente la identidad de la Revolución y el Exilio, surgió en ambos lados del conflicto un discurso muy parecido de victimización nacional. Según el gobierno de Fidel Castro, la isla era una víctima de Estados Unidos y la burguesía cubana, antes en La Habana y ahora en Miami, que debía ser transformada y defendida. Según el exilio, Cuba era en realidad una víctima de Fidel Castro, la Unión Soviética y el comunismo internacional que debía ser rescatada y protegida. Mientras el gobierno cuantificaba los daños del terrorismo contrarrevolucionario, el exilio testificaba el saldo de la represión: fusilamientos, presidio, tortura, trabajo forzoso, marginación, éxodo. Una buena dosis del patrimonio simbólico del exilio se ha construido sobre la certeza de que el régimen de Fidel Castro es altamente represivo. Esa certeza ha sido relativamente documentada por un voluminoso corpus de testimonios y memorias, que exige un cotejo en archivos oficiales y una satisfacción pública o jurídica.[90]

Otro reflejo de la idea de la ilegitimidad del régimen en la memoria del exilio fue la percepción del momento revolucionario como una calamidad o un accidente de la historia de Cuba que debía ser negado o superado para retomar el hilo correcto de la tradición republicana. Este instinto de dar la espalda al presente de la isla otorgó al lenguaje político de la emigración un tono restaurador. En buena medida, la identificación entre cambio y restauración, tan aprovechada por el gobierno de Fidel Castro en su constante descalificación de la política opositora, tuvo su origen en aquellos primeros años.[91] La idealización del pasado republicano y el denuesto del presente revolucionario, en la memoria del exilio, fue el reverso de la exaltación del hoy socialista y el vituperio del ayer republicano. La guerra de la memoria entre ambas orillas se ha basado, durante décadas, en ese forcejeo simbólico en torno a dos tiempos de la historia cubana, la República y la Revolución, y dos espacios de la vida nacional:

395

la isla y el exilio. La batalla simbólica entre dos comunidades que aspiran a una mutua anulación recurre, con frecuencia, a esos «abusos de la memoria» de que habla Tzvetan Todorov.[92] Impulsado por este discurso nacional de la tragedia y la víctima, emerge también en la memoria del exilio el tema de la culpa. En su libro *La tradición oculta*, Hannah Arendt estudiaba este complejo, para el caso de la Alemania nazi, como un estado de «culpa organizada».[93] En el caso de Cuba, el tratamiento de la cuestión oscila desde fórmulas universales de distribución de la responsabilidad, como la de Guillermo de Zéndegui, importante funcionario cultural en época de Batista, en su libro *Todos somos culpables* (1993), hasta la máxima personalización de la culpa en la figura de Fidel Castro con que se cierra *Antes que anochezca* (1992) de Reinaldo Arenas. En todo caso, es importante hacer notar que cada generación emigrada llega al exilio con su propio archivo de agravios y su particular localización de la culpa. Así, por ejemplo, las memorias de intelectuales que emigraron en las dos primeras décadas, luego de haber tomado parte en la Revolución, como Carlos Franqui, Guillermo Cabrera Infante, Nivaria Tejera o César Leante, dan cuenta de una frustración con el régimen político y con la persona de Fidel Castro que no parte del tópico de la «revolución traicionada» por el giro hacia el marxismo-leninismo, tal y como aparecía en la primera generación del exilio, ya que ellos mismos también habían sido socialistas. El principal motivo de ruptura en estas memorias es la «estalinización» o «sovietización» del socialismo, hasta entonces «autóctono», verificada en esa cadena de posicionamientos que pasa por la «Ofensiva Revolucionaria», en 1967, el apoyo a la invasión soviética de Checoslovaquia, en 1968, el encarcelamiento y la «autocrítica» del poeta Heberto Padilla en 1971 y el Congreso Nacional de Educación y Cultura, ese mismo año.[94]

La generación de Mariel, en cambio, introducirá en la memoria del exilio uno de los relatos más amargos y dolidos de la historia de la cultura cubana. Como se plasma en testimonios como *Antes que anochezca* (1993) de Reinaldo Arenas o *A la sombra del mar* (1998) de Juan Abreu, y en la narrativa poética o de ficción de otros autores de esa generación, como Carlos Victoria, Guillermo Rosales o Néstor Díaz de Villegas, las heridas de Mariel tienen que ver más con el rechazo a toda forma de autoritarismo moral que con un desencanto político frente al régimen cubano. Debido a que esa generación no sólo fue víctima de la represión social y política, en la isla, sino también de la discriminación y el recelo del exilio tradicional, su memoria está fuertemente marcada por un tipo de dolor que se muestra reacio a cualquier pacto de reconciliación. Al final de *Antes que anochezca*, Arenas recordaba que cada vez que, en Nueva York, sentía nostalgia de Cuba o de La Habana Vieja, se interponía su «memoria enfurecida, más poderosa que cualquier nostalgia».[95] La rabia testimonial de Mariel es, en palabras de Juan Abreu, la «bella insumisión» de una «generación diezmada, humillada y envilecida por la dictadura cubana».[96]

Una buena manera de percibir el contraste entre esa rabia testimonial de Mariel y otras miradas menos iracundas de la Cuba de los 70, es la lectura paralela de dos memorias escritas por periodistas hispanas contemporáneas. Me refiero a *La Habana en un espejo* (2004) de la mexicana Alma Guillermoprieto y *Finding Mañana. A Memoir of a Cuban Exodus* (2005) de la periodista cubana Mirta Ojito, emigrada por el Mariel. Mientras la primera describe el mundo habanero posterior al fracaso de la Zafra de los Diez Millones y la sovietización de la isla, desde la visión de una bailarina neoyorquina, alumna de Martha Graham, Merce Cunningham y Twyla Tharp, que rechaza la precariedad de la vida socialista y, al mismo tiempo, se apasiona con la epopeya de una pequeña isla, rebelada contra Estados Unidos y el capitalismo occidental, la segunda, desde dentro, narra el sufrimiento provocado por la marginación y el odio contra aquellas familias cubanas que, luego de dos décadas de dubitaciones e incertidumbres, se atrevían a tomar la decisión de abandonar la «utopía revolucionaria» y lanzarse al mar, en busca del «sueño americano».[97]

A diferencia de la amargura que caracteriza la memoria de la generación de Mariel, la diáspora cubana de los 90 llega al exilio con una visión más reconciliada del pasado revolucionario. Muchos intelectuales de esa oleada migratoria, como Manuel Díaz Martínez, Jesús Díaz, Zoé Valdés, Daína Chaviano y Eliseo Alberto, han escrito testimonios personales de su ruptura con el régimen en los que se palpa una experiencia menos traumática, más ponderada de la Revolución e, incluso, un reconocimiento de su importante legado cultural.[98] En el libro de memorias más emblemático de esa diáspora, *Informe contra mí mismo* (1996) de Eliseo Alberto, se observa una constante apelación al rescate de la cultura revolucionaria de los años 60 y 70 y un obsesivo intento de reconciliación entre esa herencia y su contraria: la cultura del exilio.[99] Una frase del texto transmite claramente la voluntad integradora de esas dos memorias: «La estéril bipolaridad del juicio ha costado demasiado olvido, que es como desperdiciar un montón de memoria fértil, porque los recuerdos no son más que momentos que hemos olvidado olvidar, por puro olvido.»[100]

Una buena prueba del desencuentro entre las memorias de Mariel y la diáspora de los 90 es, precisamente, la crítica de Juan Abreu, en las páginas iniciales de *A la sombra del mar*, a *Informe contra mí mismo* de Eliseo Alberto. Dice Abreu: «El libro de Eliseo Alberto me parece útil y necesario, pero la obstinación de su autor en legitimar determinados aspectos de la dictadura de Fidel Castro es una forma de justificarse a sí mismo y a su clase. El autor no consigue o no quiere comprender que todos fuimos víctimas, ellos y nosotros, pero no todos fuimos culpables. No logra comprender que la mejor forma de revisar el pasado es siendo lo que no nos permitían: libres, total y dolorosamente libres. Y esa libertad no admite camuflajes, ni autocompasión ni tabla rasa para esa etapa siniestra de la historia de nuestro país.»[101] Reproches similares a escritores y artistas de la isla recorren el libro de memorias, *Mi vida saxual*, de Paquito D'Rivera, y el ensayo «Contra la doble memoria» de Enrico Mario Santí, un desmontaje de la autobiografía de Lisandro Otero, *Llover sobre mojado*.[102]

Estos textos de «perdón difícil», como diría Paul Ricoeur, propios de víctimas memoriosas, se inscriben en un debate sobre la responsabilidad del intelectual bajo un orden autoritario o totalitario que, en los últimos años, ha comenzado a articularse en la isla y en la diáspora. En la narrativa cubana reciente hay dos importantes novelas que, a través de historias de delación y reconciliación, abordan el tema de la responsabilidad del intelectual en el totalitarismo: *Las palabras perdidas* de Jesús Díaz y *La novela de mi vida* de Leonardo Padura.[103] Dos abordajes del mismo tema, desde una perspectiva ensayística, aparecen en el libro *La memoria frente al poder* de Jacobo Machover y el ensayo «Cuba y los intelectuales» de Enrico Mario Santí. Estos dos autores insisten en que cualquier reconciliación política en el campo intelectual cubano debe partir de un reconocimiento público de la responsabilidad moral en la construcción de un orden totalitario que restringió la libertad de expresión.[104] La dificultad de pedir y dar perdón, en sociedades que han sufrido dictaduras o guerras civiles, como señala Ricoeur, tiene que ver con la fuerte moralización de la culpabilidad política.[105]

En la última década se ha producido un notable desplazamiento del viejo tópico del «intelectual y la revolución» hacia otras zonas más complejas de asunción del compromiso ideológico y la crítica pública, que no recurren a la tradicional identidad entre la sociedad civil y el Estado.[106] Varios escritores cubanos residentes en la isla (Ambrosio Fornet, Leonardo Padura, Arturo Arango, Rafael Hernández, Desiderio Navarro) se han acercado al tema por medio de un sutil abandono de la función del intelectual, en tanto sujeto plenamente adscrito a los aparatos ideológicos del Estado, y de una recuperación cuidadosa del rol de «conciencia crítica» en la sociedad civil.[107] Estos autores articulan un nuevo discurso de la autonomía intelectual, inscrito generalmente en una concepción gramsciana de la sociedad civil, que cuestiona el vínculo simbólico entre los intelectuales y la Revolución y acentúa el deslinde entre la crítica pública y la ideología estatal.

Junto con las memorias de Mariel y la diáspora de los 90, en las dos últimas décadas ha surgido también una literatura autobiográfica, escrita por autores cubano-americanos, hijos, en su mayoría, del primer exilio, que introduce otra mirada al pasado.[108] Textos como *Exiled Memories. A Cuban Childhood* (1990) de Pablo Medina, *Next Year in Cuba. A Cubano's Coming-of-Age in America* (1995) de Gustavo Pérez Firmat, *Cuba on my Mind. Journeys to a Severed Nation* (2000) de Román de la Campa, *Waiting for Snow in Havana: Confessions of a Cuban Boy* (2003) de Carlos Eire o la antología de memorias *ReMembering Cuba. Legacy of a Diaspora* (2001), coordinada por Andrea O'Reilly Herrera, establecen una relación simbólica con el evento revolucionario y con el éxodo a Estados Unidos que se diferencia de las del primer exilio, Mariel y la diáspora de los 90.[109] Aquí la evocación de la República, asociada a la infancia, carece de la idealización del primer exilio y, al mismo tiempo, el juicio sobre la Revolución es duro, revelador de una época de violencia y despojo. Es interesante observar que en esta generación, a diferencia del exilio histórico y de Mariel y al igual que en la diáspora del 90, el tema del regreso ocupa un lugar decisivo, ya sea para rechazarlo (Pérez Firmat), para experimentarlo críticamente (Medina) o para asumirlo (Román de la Campa).

A la generación cubano-americana se debe también otro aporte a la distensión de la memoria del exilio: la historiografía académica. Los estudios sobre la Revolución y el socialismo cubanos, que desde los años 70 ha producido la academia cubanoamericana, contribuyen al abandono del tópico de la ilegitimidad de la Revolución. En libros como *Cuba. Order and Revolution* (1978) de Jorge I. Domínguez, *The Cuban Revolution. Origins, Course and Legacy* (1993) de Marifeli Pérez-Stable, *On Becoming Cuban. Identity, Nationality, and Culture* (1999) de Louis A. Pérez Jr. y *Cuba and the Politics of Passion* (2000) de Damián J. Fernández, la «Revolución cubana» aparece como un proceso social del pasado de Cuba, no como un gobierno vigente, por lo que su legitimidad no es política, sino histórica.[110] Este corpus historiográfico, aunque circula, sobre todo, en medios académicos norteamericanos, ayuda a distender la memoria del exilio y a propiciar la reconciliación nacional dentro del campo intelectual.

La noción de la ilegitimidad del régimen cubano, sin embargo, ha subsistido en la memoria del exilio organizado, a pesar del abandono de la violencia y el terrorismo como métodos políticos. El cambio experimentado en la sociabilidad política de la emigración, desde medios de los años 80, y que hoy reporta la virtual ausencia de grupos opositores armados, no ha calado plenamente en el imaginario del exilio. La idea de que el sistema político cubano debe ser transformado, desde dentro, por sus propios actores e instituciones, ha ganado terreno, en la disidencia y en la diáspora, sobre todo a partir de 1992, pero la clase política cubano-americana sigue sosteniendo una estrategia subversiva que combina la presión punitiva, diplomática y comercial, por parte del gobierno de Estados Unidos, y la desestabilización del régimen a través de la desobediencia civil y la explosión social. De hecho, cada vez se percibe más claramente una discordancia entre la agenda de «oposición leal» –constitucional, pacífica, gradualista– propia de la disidencia interna y el proyecto de «transición rápida» que defienden los congresistas cubano-americanos, muchas asociaciones del exilio y el gobierno de Estados Unidos.

*La narrativa de la reconciliación*

En una novela muy aclamada por el público español, Javier Cercas contó la historia del novelista Rafael Sánchez Mazas, ideólogo y fundador del falangismo, y del soldado Antonio Miralles, veterano del Quinto Regimiento, quien había peleado bajo las órdenes de Líster, luego se había incorporado a la Legión Extranjera francesa y, finalmente, se había unido a De Gaulle en la Segunda Guerra Mundial. A partir de una indagación en torno a la posibilidad de que Miralles hubiera sido aquel joven soldado republicano que le perdonó la vida a su enemigo, el escritor Sánchez Mazas, en los montes de Cataluña a principios de 1939, Cercas se propuso una finalidad más propia de un historiador que de un novelista: narrar una guerra civil sin vencedores ni vencidos, sin héroes ni traidores, sólo con personas decentes, responsables, aunque involucradas en conflictos políticos, cuyas implicaciones morales los trascendían.

En algún pasaje de la novela, Cercas recordaba una afirmación de Andrés Trapiello en el sentido de que los republicanos españoles habían perdido la guerra en las armas, pero la habían ganado en las letras.[111] Ambos temas, el de la biografía de los rivales –el Héroe y el Traidor como figuras intercambiables– en una guerra civil y el viejo tópico de las letras y las armas, encarnado en el intelectual Sánchez Mazas y el guerrero Miralles, me parecen trasladables al caso de la Revolución cubana. Y no sólo, por cierto, a esta epopeya reciente en el Caribe, sino a cualquier otra de la historia moderna de América Latina, como las revoluciones mexicana y nicaragüense. *Sombras nada más*, la última novela de Sergio Ramírez, por ejemplo, también intenta construir un relato sobre una guerra civil, la revolución de 1979 en Nicaragua, en el que sandinistas y somocistas –el personaje, Alirio Martinica, es un ex secretario privado de Anastasio Somoza a quien el Frente Sandinista de Liberación Nacional (FSLN) somete a juicio– son tratados sin rígidas asimetrías morales ni argumentos políticamente ennoblecedores.[112]

La primera dificultad que ofrece el caso cubano a esta nueva narrativa histórica es que la Revolución de Fidel Castro aún no se percibe como una guerra civil, en la que se enfrentaron rivales con la misma legitimidad o con la misma falta de legitimidad. De hecho, desde los dos primeros años de la guerra (1957-1959), la legitimidad estuvo definida en términos negativos: el gobierno de Batista era una dictadura, impuesta por un golpe de Estado, mientras que la Revolución fue un movimiento popular y armado contra ese régimen de facto. Tras el triunfo del 1 de enero 1959, el gobierno de Fidel Castro comenzó a ser percibido como ilegítimo, en la zona democrática del campo revolucionario, por su negativa a realizar las elecciones prometidas y, a partir de 1961, por la alianza con la URSS y el giro hacia el comunismo, que nunca fueron contemplados en el programa originario de la Revolución. Entre 1959 y 1967, la oposición armada contra el gobierno revolucionario, en las montañas del Escambray y en las principales ciudades de la isla, estuvo integrada, fundamentalmente, por excombatientes de la Revolución, que seguían siendo fieles al proyecto del Moncada.

Esa oposición, articulada nacionalmente por organizaciones como el Movimiento de Recuperación Revolucionaria y el Movimiento Revolucionario del Pueblo, y que tuviera su escenario de máxima confrontación en la primavera de 1961, con el desembarco de la Brigada 2506 en Playa Girón, ocupa, en la narrativa histórica y literaria de la Revolución cubana, el lugar del enemigo y del traidor. Un lugar que esos «contrarrevolucionarios», «bandidos» o «mercenarios» (Manuel Artime, Tony Varona, José Miró Cardona, Eloy Gutiérrez Menoyo, Huber Matos...) comparten con los adversarios del antiguo régimen, los batistianos y los burgueses, y los rivales de hoy: el exilio y la disidencia. A pesar de que desde hace años la oposición política, dentro y fuera de la isla, reconoce la legitimidad del régimen, aboga por un cambio pacífico y no propone la destrucción, sino la reforma del sistema, el gobierno de Fidel

Castro sigue asumiéndose como una *Revolución*, en guerra perpetua frente una *Contrarrevolución*, que debe ser aniquilada. La vigencia de esta polarización, en el aparato de legitimación simbólica del gobierno cubano, ha marcado el tratamiento literario de la guerra civil en los últimos cuarenta años. Los autores que escribieron novelas o cuentos sobre los años de la insurrección contra Batista (Guillermo Cabrera Infante, Lisandro Otero, Jaime Sarusky, Edmundo Desnoes, Noel Navarro, José Soler Puig, Humberto Arenal, César Leante, Hilda Perera...), en tanto colaboradores o simpatizantes del movimiento insurreccional, describieron con lujo de virtudes a los revolucionarios y con lujo de vicios a los batistianos. Sus discípulos, los jóvenes narradores que abordaron el tema de la guerra contra los opositores armados, en los años 60 y 70, difundido bajo el tópico de la «lucha contra bandidos» (David Buzzi, Norberto Fuentes, Jesús Díaz, Eduardo Heras León, Osvaldo Navarro, Hugo Chinea, Raúl González Cascorro...) retrataron, en la mayoría de los casos, a los rebeldes del Escambray como seres abominables, a medio camino entre el cuatrero y el cacique, desprovistos de ideas políticas y totalmente plegados a los intereses de Estados Unidos.[113]

En un texto canónico de esa narrativa, *Los pasos en la hierba* de Eduardo Heras León, se describe el variado espectro moral del campo revolucionario. Los «milicianos» de aquellos relatos eran sujetos complejos y vulnerables dentro de su resuelto compromiso: los había «lentos», «cobardes», «dubitativos», «aburguesados», «ladrones». Sin embargo, el campo enemigo, el de los «contrarrevolucionarios» y «bandidos» aparecía como una presencia espectral, invisible, innombrable, despojada de cualquier subjetividad histórica. En el relato que da título al libro apenas se insinuaba el rostro del enemigo: «¡Ésos son los alzados!», grita un personaje, y el otro responde: «Pero ¿dónde?»[114] En otro relato, sintomáticamente titulado «No se nos pierda la memoria», una hermosa frase, referida a los «débiles» del bando revolucio-

404

nario, bien podría destinarse a ese campo fantasmal de los perdedores: «El recuerdo de los débiles comienza a perderse bajo las letras muertas de un expediente archivado.»[115] Los momentos de mayor aproximación a la humanidad del enemigo, en *Los años duros* de Jesús Díaz, *Condenados de Condado* de Norberto Fuentes o *El caballo de Mayaguara* de Osvaldo Navarro, por ejemplo, se inscriben dentro de una atmósfera de tensión política en la que el hallazgo de cierta dignidad en el adversario acentúa el fragor de la lucha. Debido a que los mejores narradores cubanos apoyaron la Revolución, justo en aquellos diez años de la guerra civil (1957-1967), es difícil encontrar, salvo casos como los de *Enterrado vivo* (1960) de Andrés Rivero Collado o *Ya el mundo oscurece* (1961) de Salvador Díaz Versón, una sólida narrativa del exilio que defienda a los vencidos.[116] La gran narrativa cubana del exilio es precisamente aquella que se asocia con autores ya consolidados antes del triunfo de la Revolución, como Lino Novás Calvo o Carlos Montenegro, o con los escritores que rompieron con el régimen en las décadas posteriores como Guillermo Cabrera Infante, Severo Sarduy o Reinaldo Arenas. En este sentido, en Cuba, a diferencia de España, puede afirmarse que la guerra literaria y la política la ganaron los revolucionarios.

La literatura cubana, como cualquier otra literatura hispanoamericana, no ha sido muy profusa en confesiones, memorias y autobiografías.[117] Por eso asombra el despertar de ese género, sin el respaldo de una tradición nacional o continental, en la escritura más reciente del exilio cubano. No sólo un buen grupo de autores de la diáspora (Lorenzo García Vega, Manuel Díaz Martínez, Carlos Victoria, Jesús Díaz, Zoé Valdés, Vicente Echerri, Uva de Aragón, Daína Chaviano, Matías Montes Huidobro, Yanitzia Canetti, José Manuel Prieto...) ha escrito poemas, novelas, relatos o ensayos autobiográficos, sino que en las dos últimas décadas del siglo XX se conforma todo un corpus de memorias del intelectual cubano: *Retrato de familia con Fidel* (1981) de Carlos

Franqui, *La mala memoria* (1989) de Heberto Padilla, *Antes que anochezca* (1992) de Reinaldo Arenas, *Mea Cuba* (1993) de Guillermo Cabrera Infante, *Next Year in Cuba* (1995) de Gustavo Pérez Firmat, *Informe contra mí mismo* (1996) de Eliseo Alberto, *A la sombra del mar* (1998) de Juan Abreu, *Llover sobre mojado* (1998) de Lisandro Otero, *Revive, historia* (1999) de César Leante, *Dulces guerreros cubanos* (1999) de Norberto Fuentes... La intensidad de este discurso en la diáspora de los 90 tiene que ver, naturalmente, con la redención de una subjetividad, inhibida por fuertes pulsiones colectivas, o con ese desprendimiento del *yo* de un *nosotros* totalitario y la reconstrucción de la identidad personal que se experimenta en todo exilio.[118]

En estas memorias el énfasis retórico, anclado en la prosopopeya, orienta siempre la evocación hacia un objetivo moral: la acusación (Franqui y Cabrera Infante), la venganza (Padilla, Arenas y Abreu), la confesión (Alberto y Leante), la disculpa o justificación (Otero y Fuentes) y la identidad (Pérez Firmat). Todas las memorias están salpicadas de esos cinco horizontes, es decir, todas son acusatorias, vengativas, confesionales, justificativas e identificatorias. Sólo que en Franqui el recuerdo es un pretexto para denunciar, paso por paso, la acelerada estalinización del gobierno revolucionario en los años 60 y, en Abreu, un resarcimiento espiritual por las persecuciones que sufrió junto a Reinaldo Arenas en La Habana de los 70; mientras que para Alberto se trata, ante todo, del exorcismo de una insoportable complicidad, para Fuentes de la excusa por una aterradora y cautivante epopeya y para Pérez Firmat del primer acto de presencia de la criatura cubano-americana.[119] En cada recuperación moral del pasado se produce un forcejeo entre el instinto de eludir y el de afrontar la responsabilidad por las acciones de compromiso con el régimen castrista.

Es perceptible que los dos intelectuales que alcanzaron la más duradera y profunda inserción en el gobierno revolucionario, Lisandro Otero y Norberto Fuentes, son los más elusivos.

Otero, quien en las décadas grises fue uno de los intelectuales más influyentes en la política cultural del país, responsabiliza a la historia, al torbellino, a una edad colectiva de «arrebatado romanticismo», «pasión patriótica» e «idealismo utópico» por haberlo convertido, «muy a tono con los tiempos», en un «ortodoxo», un «intransigente» e, incluso, un «fanático».[120] Norberto Fuentes, el escritor más cercano al verdadero centro del poder, la Seguridad del Estado, describe como un Dante el infierno político del castrismo, pero hace de los verdugos héroes melancólicos, candorosos, y en 460 páginas sólo atina a reconocer, en tercera persona, que «el autor también estaba del lado de ese bando de los que llenaban cárceles y que él ayudó a fabricar esa misma tenaza que efectivamente después lo atrapó por su mismo cuello».[121] En el otro polo, el de la asunción de la responsabilidad, figuran el pasaje en que Padilla cita a Koestler y lamenta la «complicidad con un régimen autoritario que sus más profundas convicciones rechazaban», la página en que Eliseo Alberto confiesa haber redactado informes sobre su familia para la Seguridad del Estado, el remordimiento de César Leante por haberse «sumido en un mito que exculpaba verdaderas atrocidades» y la adolorida y graciosa contrición de Guillermo Cabrera Infante en *Mea Cuba:* «La culpa es mucha y es ducha: por haber dejado mi tierra para ser un desterrado y al mismo tiempo, dejado detrás a los que iban en la misma nave, que yo ayudé a echar al mar sin saber que era al mal.»[122]

Algunas autobiografías de grandes escritores del siglo XX, como *La lengua absuelta* o *La antorcha al oído* de Elias Canetti, *Habla, Memoria* de Vladimir Nabokov y *Ermitaño en París* de Italo Calvino, transcriben vidas entregadas a la literatura, capaces de asimilar fuertes pasiones políticas sin desarrollar una moralidad enfermiza, un *pathos* en la experiencia personal de la historia. Para aquellos maestros, el verdadero misterio residía en el «halo simbólico» que, según Joseph Conrad, desprende toda obra de arte. Las vidas de los intelectuales cubanos, en cambio, traslucen sujetos a la intemperie, sacudidos por el Tiempo, la Historia, el Destino o su variante más opresiva, la Revolución, que los condena a un incurable envejecimiento prematuro. Una copiosa dotación de aforismos que maldicen el Hado podría extraerse de las memorias de esas criaturas casi griegas: «Historia es esclavitud» (Cabrera Infante), «la Historia es esa rata que cada noche sube la escalera» (Heberto Padilla), «La historia es ese río de aguas revueltas que nos ha ido aniquilando, que lo arrastra todo con un estruendo ensordecedor» (Reinaldo Arenas), «La historia es una gata que siempre cae de pie» (Eliseo Alberto).[123] Tanta melancolía hay en el orgullo que siente Lisandro Otero, al evocar su intervención en la epopeya, como en la vergüenza de cómplice voluntario que atormenta a César Leante. Hasta Gustavo Pérez Firmat, un autor que se forma plenamente en el exilio, hace de la revolución castrista el evento fundacional de su imaginario cubano-americano.[124]

La percepción de la literatura como un sortilegio contra la historia, que protegerá al sujeto de la intemperie, no es precisamente beneficiosa para todas las culturas. En el caso de Cuba, esa reificación de las letras, que va de Heredia a Casal, de Martí a Lezama y de Villaverde a Cabrera Infante, proviene de una herencia nihilista, trabajada a lo largo de dos siglos de frustración política. Hoy, la ridiculez de ciertas poses aristocráticas entre las ruinas de la ciudad es sólo equivalente al cinismo con que muchos intelectuales se adhieren a las peores políticas dentro y fuera de la isla. Antes que gravitar, una vez más, hacia una idea de la literatura como refugio mítico contra la Historia, es entonces preferible localizar la redención en la Geografía. La escritura como producción de lugares (La Habana de Cabrera Infante, la playa homoerótica de Arenas, el Miami de Pérez Firmat...) ofrece, por lo menos, el indicio de una comunidad regida por el principio del placer. En esos lugares literarios la historia aprende a mostrar su perturbadora domesticidad y a secar su fuente de mitos infernales.

En los últimos años, sin embargo, han aparecido varios libros, escritos por autores cubanos residentes fuera de la isla, que insinúan una nueva narrativa histórica en la que los dos bandos de la guerra civil comienzan a ser asumidos en su razón y su locura, en su violencia y su legitimidad. Es el caso, por ejemplo, de *Cómo llegó la noche* (2002), las memorias del comandante de la Revolución, Huber Matos, quien fuera encarcelado por el gobierno de Fidel Castro, debido a una solicitud de renuncia, en protesta contra el giro comunista que daba el régimen revolucionario a fines de 1959. Matos, víctima de la Revolución, quien pasó veinte años encarcelado y luego otros veinte años exiliado, escribe una autobiografía sin rencor, en la que dos terceras partes del texto están dedicadas a reconstruir la epopeya antibatistiana, entre 1957 y 1959, y el primer año de la Revolución triunfante, y sólo una tercera parte consagrada a narrar las calamidades del presidio. A pesar del dolor que invade las páginas, la memoria de esta víctima todavía es capaz de defender la justicia de la idea revolucionaria:

> Nuestra independencia nacional no fue obra de políticos. Éstos preparan el camino pero son los revolucionarios quienes hacen avanzar la historia cambiando las estructuras de la sociedad. En realidad el revolucionario es un político seriamente comprometido con la libertad, la justicia y los intereses populares, a la manera de Simón Bolívar, Benito Juárez y José Martí.[125]

Otras memorias de una intelectual revolucionaria, *Espero la noche para soñarte, Revolución* (2002) de Nivaria Tejera, además de compartir la misma metáfora nocturna del fracaso de la utopía, conservan un tono semejante de reconciliación con un pasado idealista que, como un espejo, refleja las ilusiones políticas perdidas. Pero a Tejera, a diferencia de Matos, más que recuperar la nobleza del compromiso originario con la Revolución, le interesa evocar el momento del desencanto, el instante justo en que se produjo la metamorfosis espiritual. Sólo que la búsqueda de esa evocación no está dictada por un mero deseo de ruptura con el pasado revolucionario, sino por una voluntad de comprensión e, incluso, de recuperación del tejido moral del cambio. En un pasaje admirable, Nivaria Tejera demuestra el afán por captar, con la mayor nitidez, ese momento de mutación que le permite reconciliarse con las dos mitades de su biografía, la mitad revolucionaria y la mitad exiliada:

> Terrible angustia de abandonar una revolución, sus dogmas bien perfilados, y escalar sin titubeos el extramuros de su línea de conducta, de sus consignas incesantemente renovadas en vistas a no se sabe qué meta incógnita. Siempre oscilante meta bien calculada: hoy contra unos, mañana contra otros. Afilada línea de fuego esa meta que a priori y como *in fraganti* hacía de todos nosotros sus irremediables blancos. Tarde o temprano, sus condenados. Detrás de ese tren, cuya carrera me avecinaba de un inextricable exilio que pondría coto al desesperado propósito de huir que me obsesionaba día a día, iba quedando rezagada en su despampanante despotismo, algosa, esponjosa, flotando como un paisaje en la hojarasca, una revolución ideal.[126]

Otra voz femenina, la de Uva de Aragón, en un ejercicio de ficción, aunque bastante cercano a lo que Javier Cercas llama «un relato real», reconstruye las memorias de dos hermanas gemelas, Menchu y Lauri, separadas durante cuarenta años por la Revolución y el Exilio. La novela, impecablemente titulada *Memoria del silencio,* cuenta las vidas paralelas de estas hermanas a través del recurso del diario, es decir, por medio de dos relatos autobiográficos en los que se yuxtaponen diferentes miradas históricas a los mismos acontecimientos: la dictadura de Batista, el triunfo de la Revolución, Bahía de Cochinos, la crisis de los misiles, las guerras de Vietnam y de Angola, el éxodo del Mariel, el derrumbe del comunismo y la depresión de los 90. Estas hermanas que han dialogado en el silencio de sus recuerdos asumen que sus vidas hubieran podido ser intercambiables. Lauri, la de Miami, así lo afirma: «Menchu es el espejo de lo que no fui y pude haber sido.»[127] Sin embargo, cuando se produce el reencuentro, primero en La Habana, y luego en Miami, las personalidades se afirman y a la vez ceden mutuamente, en un perfecto ritual de reconciliación. De este modo, la hermana de La Habana reclama la dignidad de su elección de quedarse en Cuba:

Bueno, ¿qué quieres que te diga? ¿Que no debí enamorarme de Lázaro porque era marxista, que todas las horas que me pasé alfabetizando, que toda la caña que corté, que las escuelas que he diseñado, que el único lugar adonde he viajado, la Unión Soviética, que toda la miseria que he pasado y que todos los sacrificios que hemos hecho no valen nada... que mi vida no vale nada, que la vida de doce millones en la isla no vale nada, que debemos agachar la cabeza ante el exilio?

A lo que la hermana de Miami responde:

Hemos vivido casi cuarenta años suspirando por Cuba, llenando nuestras casas de fotos de Cuba, de pinturas de flamboyanes de Cuba, escribiendo poesías de Cuba, componiendo canciones de Cuba, hablándoles a los hijos de Cuba, negándonos a que este país nos trague, pensando en Cuba día y noche, al tanto de las noticias de Cuba, fundando una Casa Cuba donde quiera que hay una colonia cubana, sintiéndonos extranjeros en todas partes, ¡y ahora tú me vas a salir con que tampoco en Cuba vamos a tener derecho a opinar![128]

Este choque de dos actores dignos, involucrados en un conflicto de grandes costos morales, se plasma también en la novela *No siempre gana la muerte* del escritor norteamericano David

411

Landau. Aquí se cuenta la historia de Mariano José Núñez Hidalgo, alias Rodrigo, un joven cubano que, tras participar en el movimiento clandestino contra la dictadura de Fulgencio Batista, se incorpora, en 1960, a la oposición contra el gobierno revolucionario. El joven es contratado por la CIA para realizar un atentado contra Fidel Castro, el cual fracasa, por lo que es encarcelado en la prisión de La Cabaña durante más de veinte años. Lo interesante del relato es que al evocar su misión, el personaje insiste en subrayar sus reparos al papel de Estados Unidos en la historia de Cuba, como si intentara enjuiciar la ambivalencia que implicaba el hecho de aspirar a un fin político nacionalista con medios imperiales.[129] Al igual que en las memorias de Huber Matos, en esta novela el discurso de la víctima se acerca a la serenidad, a la suspensión del rencor: «He llegado –dice el protagonista– a estar de acuerdo con Goethe en que la manera de limpiar el mundo es que cada quien barra el frente de su casa... en la cárcel, en la guerra, en todo lo que he hecho, he tenido el privilegio de ver lo que ofrece la condición humana.»[130]

Un acercamiento similar a esa «visión de los vencidos» se encuentra en la reciente novela de Osvaldo Navarro, *Hijos de Saturno*. La biografía del comandante de la Revolución Eustaquio de la Peña, quien fuera alejado del poder tras el triunfo de 1959, permite a Navarro introducir una perspectiva compleja, matizada de la guerra civil cubana. Al final de la novela, Navarro describe cómo el núcleo fundamental de los sediciosos que se alzaron en las montañas del Escambray, contra el gobierno de Fidel Castro, provenía del propio Ejército Rebelde, que había peleado contra la dictadura de Batista en esa zona del centro de la isla, y que, ahora, se oponía a la edificación de un régimen marxista-leninista. Las acusaciones de «comevacas» y «bandidos» contra esos militares desafectos, según Navarro, buscaba descalificar a unos opositores armados que no hacían más que continuar la sociabilidad revolucionaria generada por el movimiento antibatistiano.[131] Los rivales encarnizados aparecen aquí como actores que comparten discursos y prácticas de una misma cultura política.

Esta nueva narrativa histórica, que hemos reseñado brevemente, establece una marcada tensión con el relato oficial de la historia cubana contemporánea, el cual se basa en la certeza de que la Revolución vive un «pasado continuo». Como señala Avishai Margalit en su libro *The Ethics of Memory*, la actualización simbólica de los conflictos del pasado permite a los poderes autoritarios legitimarse desde la situación de una guerra perpetua contra un enemigo transhistórico.[132] El predominio de este relato en el campo intelectual desplaza hacia las poéticas literarias cierta voluntad de recolección de testimonios morales, propios de aquellos sujetos involucrados en guerras civiles, que intentan vislumbrar un escenario de reconciliación. Sólo que esta política de la memoria establece una dialéctica entre el perdón y el olvido en la que, por lo general, los actores ceden cuotas emocionales de su identidad a cambio de ser reconocidos, plenamente, como sujetos legítimos de la historia.

## CIUDADANÍA POSNACIONAL

> ... Las dejé desfilar: venían de mí, cargadas conmigo, con esa maraña heterogénea de cosas que evidentemente soy, y no tuve valor para interrumpirlas... Esperaba, quizás, que acabaran llevándome al país que vislumbrara Martí.
>
> ORLANDO GONZÁLEZ ESTEVA

En febrero de 1994, el filósofo norteamericano Richard Rorty publicó en *The New York Times* un artículo, titulado «The Unpatriotic Academy», que reactivaría el viejo debate occidental entre patriotismo y cosmopolitismo. Por el contrario de Harold Bloom, quien había publicado su libro *The Western Canon* ese mismo año, Rorty, desde la izquierda académica, le reprochaba al multiculturalismo posmoderno, ya no que institucionalizara el rencor y la queja, sino que, en «nombre de una política de la diferencia repudiara la idea de la identidad nacional y la emoción del orgullo nacional».[133] El artículo provocó la reacción de Martha Nussbaum quien, siguiendo a Kant, defendió la idea ilustrada de una pedagogía universalista, y luego otros cuatro intelectuales norteamericanos, Anthony Appiah, Amy Gutmann, Charles Taylor y Michael Walzer, se sumaron a la querella, recurriendo a la maña aristotélica del justo medio: ni cosmopolitismo antipatriótico ni nacionalismo antiuniversal.[134] Diez años después, aquel debate periodístico ha dado paso ya a una percepción más cautelosa, menos frenética y naïf, de la supuesta complementariedad entre multiculturalismo y tolerancia.[135]

Es curioso que el italiano haya sido el medio intelectual europeo donde la polémica tuvo un mayor eco. El filósofo liberal Norberto Bobbio argumentó que el nacionalismo, a diferencia de lo que muchos republicanos creen, no es un sustrato ideológico favorable para la construcción democrática. Del otro lado, Gian Enrico Rusconi, autor de *Si dejamos de ser una nación* (1993) y de *Patrias pequeñas, mundo grande* (1995), insistía en que Italia, por su tardía unificación nacional y por la mala conciencia del nacionalismo fascista, necesitaba de una moral cívica y patriótica para afianzar su transición a la democracia.[136] Creo apropiado trasladar el debate al caso cubano no sólo porque Cuba, por el doble hecho de hacer frontera con Estados Unidos y ser también un país migratorio, construido por inmigrantes y emigrados, ya siente los efectos de una cultura posnacional, sino porque, al igual que el italiano, el nacionalismo insular es romántico tardío, del siglo XIX, y también produce un orden totalitario, aunque comunista, en el siglo XX. Las «consecuencias prácticas» de ambos nacionalismos, como señala

Ernest Gellner, se asocian con el freno a la diversidad cultural y la desfiguración del mapa político.[137]

## Tras las huellas de la diáspora

El nacionalismo cubano es una mentalidad, un discurso y una práctica cultural de ciertas élites criollas, sobre todo blancas y mestizas, de los dos últimos siglos; pero la nación cubana es la hechura social de pequeñas y grandes inmigraciones, como la africana, la española, la china, la judía, la norteamericana o la rusa. Aunque a finales del siglo XIX hubo exilio de minorías intelectuales y políticas a Madrid, Nueva Orleans o Nueva York y, sobre todo, una importante emigración trabajadora a Tampa y Cayo Hueso, hasta principios de los años 60 de este siglo, tuvo más peso la inmigración que el exilio en la historia social de Cuba. A partir del triunfo de la Revolución en 1959 y del establecimiento de un régimen comunista en 1961 este proceso se invirtió radicalmente y la sociedad cubana comenzó a generar más exilio que inmigración. El nuevo movimiento migratorio, hacia afuera, no sólo fue mucho más cuantioso que el del siglo XIX, sino que estuvo más repartido entre los Estados Unidos y algunos países europeos y latinoamericanos, en especial, España, Francia, México, Colombia, Venezuela y Puerto Rico. El exilio cubano siempre fue diaspórico; sólo que hoy, por la densidad demográfica que alcanzan sus distintas colonias, dicha condición se hace más tangible. Por otro lado, la ausencia de un éxodo *hacia* Cuba y el tímido contacto entre la isla y la diáspora hacen que el tejido migratorio cubano sea menos poroso que el puertorriqueño o el mexicano, desacelerando, así, el ejercicio cultural y político de una subjetividad fronteriza.[138]

Cuenta Guillermo Cabrera Infante que fue Calvert Casey quien primero aludió al exilio de la isla como una *diáspora*.[139] Es curioso y, a la vez, comprensible que dicha noción aparezca en la obra de un escritor norteamericano-cubano, nacido en

415

Baltimore, formado intelectualmente en La Habana y exiliado en Roma, donde se suicidó a mediados de los 60. En este caso, el uso del término, inspirado en el motivo bíblico de la errancia judía, proviene, pues, de la vida nómada del autor de ese sintomático cuento titulado *El regreso*. El tipo de identidad que dos décadas después producirán algunos escritores cubano-americanos, como Óscar Hijuelos, Virgil Suárez, Cristina García, Roberto Fernández, Pablo Medina, Joaquín Frexeda, Elías Miguel Muñoz, Gustavo Pérez Firmat, Achy Obejas y Antonio Vera León, viene siendo un viaje en sentido contrario al de Casey. La hibridez de estos autores es, por lo general, de raíz binaria: dos lenguas, dos costumbres, dos políticas, dos culturas, dos naciones. El acomodo a ese biculturalismo suscita una estetización del limbo, de la vida entre dos aguas: *«life on the hyphen»* lo llama Gustavo Pérez Firmat; «sujeto di-vertido» lo llama Antonio Vera León.[140]

Más que una subjetividad nómada la experiencia cubano-americana podría implicar un nuevo tipo de sedentarismo que recurre a la localización bicultural de una frontera demasiado fija.[141] De ahí, tal vez, esa sutil resistencia a una noción radicalmente traslaticia, como la de diáspora, que puede observarse en ciertas zonas de esa literatura.[142] Desde mediados de los 80 los autores cubano-americanos abrieron un campo literario que rechaza la idea de *exilio*, por su infatuada política de la nostalgia; ahora, veinte años después, ese campo literario, en tanto figuración de un *etnos* minoritario dentro de los Estados Unidos, podría resistirse a la emergencia de poéticas diaspóricas, cuya representación de la frontera es más móvil, desterritorializada y, en resumidas cuentas, más cosmopolita. Paradójicamente, muchos intelectuales de la isla también rechazan la noción de exilio, por su carga política, y prefieren el término neutro de *emigración*, aunque algunos ya aceptan el concepto de diáspora, acaso como un desplazamiento retórico del horizonte demasiado visible de Miami.[143]

Varias estudiosas cubano-americanas (Eliana Rivero, Adriana Méndez Rodenas, Isabel Álvarez Borland, Lourdes Gil, Andrea O'Reilly Herrera, Madeline Cámara...) han debatido la pertinencia o no del concepto de diáspora para expresar los dilemas de la cultura producida por cubanos dentro de Estados Unidos. Álvarez Borland, por ejemplo, en uno de los primeros libros dedicados al tema, hablaba de una «literatura cubanoamericana del exilio» que narra la «nación» como «pérdida».[144] Sin embargo, otra ensayista cubano-americana, Eliana Rivero, ha expresado con elocuencia su rechazo a la noción de exilio: «Nunca me ha gustado la palabra "exilio". Me impacta de manera demasiado emotiva por lo que conlleva de excluyente, como algunas referencias a ex campeones deportivos o ex cónyuges maritales; es decir, el definirnos por lo que ha cesado de ser, por lo que ya no funciona, por lo que nos falta.»[145]

Vale señalar que este nuevo mapa de las identidades está conformado no sólo por experiencias y poéticas personales, sino por prácticas movedizas de la escritura. En la poesía, por ejemplo, es más rara la formulación de una estética bilingüe y bicultural. Dos de los poetas más importantes del exilio cubano, José Kozer y Orlando González Esteva, que siempre han escrito en español, difícilmente podrían enmarcarse en el *cuban-american way*. El primero, por su identidad judía, sus peregrinaciones latinoamericanas y su actual residencia en Miami, después de treinta y cinco años en Nueva York, prefiere considerarse una criatura *et mutabile*, un «alma arrojadiza despidiendo sus atributos».[146] El segundo, quien siempre ha vivido en Miami, aunque ha publicado casi toda su obra en México, está muy cerca de ese patriotismo literario del primer exilio que se empeña en recobrar, a través de la imagen, el paraíso perdido de la cubanidad: un edén que, en su caso, está siempre asociado a la infancia.[147] Tal vez uno de los pocos poetas plenamente cubano-americano sea el propio Gustavo Pérez Firmat, como se muestra en *Equivocaciones* y, sobre todo, en *Bilingual Blues*. A unos versos de Heberto

Padilla, «¿Cómo puede seguir uno viviendo / con dos lenguas, dos casas, dos nostalgias / dos tentaciones, dos melancolías?», Pérez Firmat responde: «Y yo te respondo, Heberto, talmúdicamente: / ¿cómo no seguir viviendo con dos / lenguas casas nostalgias tentaciones melancolías? / Porque no puedo amputarme una lengua, / ni tumbar una casa / ni enterrar una melancolía.»[148]

La memoria de Kozer, en cambio, es diaspórica desde el momento en que superpone el legado errante de su raíz étnica a la doble experiencia de un exilio familiar y nacional: «Todas las tiendas de La Habana se han cerrado, / los obreros se han puesto a desfilar enardecidos, / y mi padre, judío polvoriento, / carga de nuevo las arcas de la ley cuando sale de Cuba.»[149] González Esteva, desde un exilio más tradicional, nos ofrece, por su parte, otra política de la memoria y otra poética del éxodo: la escritura en la distancia como el regreso a un lugar de origen que ha sido previamente sacralizado por la *anámnesis*. Es curioso que al evocar aquella escena de *El color del verano* de Reinaldo Arenas, en la que la isla abandona su plataforma y navega sin rumbo, alegoría de eso que Iván de la Nuez llama «la balsa perpetua», González Esteva rearticule el mito origenista del nacimiento de Cuba dentro de la poesía, de la génesis por la imagen: «Esta visión de Arenas de una Cuba trashumante, lejos de ser un presagio, bien pudo ser una reminiscencia de quién sabe qué circunnavegaciones efectuadas por la isla en épocas inmemoriales.»[150] Pero la fijeza de González Esteva se distingue de la de Lezama porque no proviene de la estetización de un paisaje accesible, sino de una pérdida, de un descentramiento fundacional: el destierro.

En todo caso la experiencia cubano-americana no sólo es la más híbrida de la diáspora por su densidad demográfica, sino por el hecho de transcurrir dentro de una comunidad multiétnica y multinacional por antonomasia. En los Estados Unidos, aquellas políticas de la posmodernidad que conducen al perfilamiento jurídico de una ciudadanía multicultural, y que trascienden el modelo cívico del nacionalismo republicano, han sido más tempranas y eficaces que en Europa o América Latina.[151] Sin embargo, la cultura cubano-americana es sólo un lugar de la diáspora y no toda o la única diáspora, ya que el término alude, justamente, a un descentramiento, a una atomización traslaticia, a una fragmentación del territorio por medio de la errancia o, si se quiere, a un ejercicio radical de eso que Eugenio Trías ha llamado «la lógica del límite».[152] No veo, pues, una relación excluyente entre los conceptos de diáspora y exilio, ya que la primera quiere significar el conjunto de todos los espacios migratorios, mientras que el segundo se refiere a un tipo específico de emigración: aquella que concibe el éxodo como destierro nacional, como viaje hacia la oposición política.[153] Dicho gráficamente: Miami es un lugar de la diáspora, pero la mayoría de sus habitantes aún vive en el exilio.[154]

Esto no quiere decir, en modo alguno, que una cultura territorializada por la política del exilio, como la de Miami, sea propiamente *nacional*. A pesar de que Miami parezca un santuario de la cubanidad y que sus habitantes reproduzcan los cánones morales del nacionalismo cubano, cada día, esa comunidad está más cerca de pertenecer a un *etnos* que a una nación. Lo mismo, en mayor o menor medida, está sucediendo con todas las colonias de la diáspora cubana en Europa y América Latina: cubano-españoles, cubano-mexicanos, cubano-colombianos, cubano-puertorriqueños... La globalización, como advierte Saskia Sassen, produce en los guetos de inmigrantes un desplazamiento del «nacionalismo cerrado» por el «etnicismo abierto».[155] De ahí que si el ritmo de la emigración legal, iniciado en 1994, se mantiene en los próximos años, a principios del siglo XXI más de tres millones de cubanos conformarán una ciudadanía posnacional étnica y culturalmente heterogénea. La emergencia de ese sujeto nos hace regresar, pues, a la cadena de preguntas que suscitó el debate entre cosmopolitas y patriotas: ¿será esa ciudadanía posnacional un sujeto de derechos políticos en una Cuba democrática? ¿Favorecerán la naciente democracia cubana esas políticas posmodernas de la diáspora? ¿Es posible una democracia sin un modelo cívico republicano?, o mejor, ¿es concebible un modelo cívico republicano sin una identidad nacional, aunque sea débil, crítica o abierta?[156]

## Ciudadanos del no lugar

La literatura, como ha demostrado Michel de Certeau, es siempre una «producción de lugares».[157] La naturaleza profética, más que utópica, de toda narrativa está dada por la insinuación de aquellos sujetos que aún no verifican sus prácticas en la historia. Entrelazando esta idea de Michel de Certeau con otra de Carlo Ginzburg, podría decirse que la literatura, además de *lugares*, produce *indicios* de una subjetividad, de una ciudadanía cultural y política.[158] ¿Qué lugar o qué ciudadanía narran los escritores de la diáspora cubana? Es sugerente pensar que se trata del *no lugar* de una ciudadanía posnacional, es decir, del territorio de esa «comunidad que viene», desprovista de las figuraciones románticas del espíritu de la nación y aferrada a los ejercicios anónimos del cuerpo de su civilidad.[159]

Guillermo Cabrera Infante en Londres, María Elena Blanco en Viena, René Vázquez Díaz en Estocolmo, Zoé Valdés en París, Jesús Díaz en Madrid, Yanitzia Canetti en Boston, José Manuel Prieto o Eliseo Alberto en México, Carlos Victoria o Daína Chaviano en Miami, Abilio Estévez o Leonardo Padura Fuentes en La Habana... narran el mismo lugar del futuro desde distintos lugares del presente. Esa operación, involuntariamente colectiva, es similar a los reflejos múltiples de las mónadas de Leibniz, que, al decir del gran filósofo francés Gilles Deleuze, conforman una suerte de polifonía barroca, una «disonante armonía»: ventanas, espejos, miradas que llegan a la plaza de una ciudad por calles diferentes.[160] La nueva fauna social que describe esta narrativa viene siendo algo así como una taxonomía o un carnaval de los sujetos del siglo XXI: *macetas,* jineteras, balseros, empresarios poscomunistas, disidentes, salseros, rockeros, *dealers,* emigrantes buscavidas, travestis, ex policías..., es decir, toda una picaresca que, como en la España del Siglo de Oro, anuncia la muerte de un mundo y el nacimiento de otro. La diversificación que supone esa taxonomía contrasta con la homogeneidad cultural del sujeto revolucionario de los años 60 y 70. Dicho sujeto era el *compañero,* una suerte de ciudadano estatal que resolvía su sociabilidad dentro de una red de aparatos políticos que penetraban, incluso, en la vida privada. Es en este sentido que puede hablarse del orden totalitario comunista como otra vuelta de tuerca al modelo cívico republicano. La vocación política del ciudadano en la República se vuelve lealtad al Estado en la Revolución. La nueva narrativa de la diáspora ubica, justamente, en los años 70, la emergencia de una primera marginalidad cultural que quiebra los mecanismos de socialización del orden revolucionario. En la novela *La travesía secreta* de Carlos Victoria encontramos la reconstrucción de ese momento en que los nuevos sujetos descubren que la unidad social de la Revolución es ficticia, que también en el comunismo «el mundo está dividido, la gente está separada».[161]

Victoria cuenta las peripecias de un grupo de jóvenes intelectuales, en La Habana de fines de los 60 y principios de los 70, ilustrando, a cada paso, esa fractura moral que se produce entre la Revolución y sus criaturas. Después de vigilancias y castigos, cárceles y suicidios, traiciones y locuras, los personajes terminan localizados en un lugar, que, por estar fuera del Estado totalitario, también está fuera de la Nación. Esta localización extranacional es la experiencia que condicionará, en buena medida, el éxodo de más 120.000 personas por el puerto de Mariel en 1980. La taxonomía social de ese exilio aparece esbozada, a priori, en la exhaustiva descripción que hace Victoria de aquella comunidad contracultural habanera de los años de la

*Ofensiva Revolucionaria*, agremiada, en pequeños círculos, alrededor de la heladería Coppelia:

Pero los grupos de genuina *onda* eran los que abundaban, dispersos en los jardines de la heladería. Se concentraban en bandas, casi siempre alrededor de un capitán: Pedro el Bueno, un mulato de imponente afro, dirigía «Los chicos de la flor»; Raúl Egusquiza, con su guitarra a cuestas, era el líder de «Los sicodélicos del Cerro»; Marcelo el Avestruz era el jefe de «Los pastilleros», famosos por su consumo de anfetaminas; Tadeo, más conocido por Abracadabra, era el integrante más destacado de «Los duendes», de los que se rumoreaba que mantenían actividades subversivas, como romper teléfonos en el barrio de Marianao; un tal Arturo, al que apodaban Lord Byron, que además de ser cojo se parecía al poeta, presidía «Los morbosos». Estos últimos eran la vanguardia pensante de aquel remolino juvenil: sus miembros hablaban de cine y poesía, leían a Marcuse y Ortega y Gasset, citaban a Kafka y a Baudelaire... También circulaban por el lugar personajes aislados, como Amelia Gutiérrez, ganadora de un premio nacional de poesía por un libro que nunca llegó a publicarse; José Manuel el Científico, expulsado de la carrera de Física por poner en duda la eficacia de la enseñanza en la Universidad de La Habana; el pintor Aguirre y su mujer Berta Torres, ambos de una fealdad pasmosa, que en su afán de imitar a Sonny and Cher recurrían a una ropa estrafalaria que les había ganado el título de «La Pareja Asesina»; el negro Gerardo, que escribía cuentos surrealistas, y que una vez recorrió descalzo el Malecón, de una punta a la otra, con una enorme cruz de madera al hombro, lo que le costó seis meses en la prisión del Morro por escándalo público; Tony el Mexicano, con su pelo lacio y fuerte que le llegaba a la cintura, pero que él recogía sabiamente bajo un sombrero para evitar un mal rato con la policía; Víctor Armadillo, que había dirigido documentales revolucionarios sobre la siembra de caña y la cosecha de café, pero que luego había caído en desgracia por posesión ilegal de dólares; Terencio Pelo Viejo, que alardeaba de haber introducido la Dianética en Cuba, y que en los últimos tiempos se había convertido en asiduo cliente del Hospital Psiquiátrico de Mazorra; Pablito el Toro, al que muchos consideraban un policía disfrazado de hippie; Ana Rosa la India, mujer enigmática que se acostaba todas las noches con un joven diferente; un afeminado alto y silencioso, de facciones agraciadas, a quien llamaban La Punzó, pues su ropa habitual era una guayabera teñida de rojo y un pantalón del mismo color... Todo este exhibicionismo sin sentido, era una resistencia pasiva... Pero adónde conduciría esta efervescencia, era algo que nadie podía prever.[162]

La imaginación sociológica que despliega Victoria en esta novela vislumbra, acaso, la oportunidad fallida de un 68 habanero. El principio de enumeración *ad infinitum*, que constituye la taxonomía naturalista, permite, como señalaba Michel Foucault, una «representación duplicada», la narrativa de una «continuidad» cuyo único desenlace puede ser la «catástrofe».[163] Esa fragmentación de la sociabilidad revolucionaria en pequeñas cofradías marginales, estructuradas, por cierto, bajo el mismo patrón caudillista del poder, es una imagen recurrente, una especie de sello estilístico de toda la narrativa del Mariel. El propio Reinaldo Arenas, escritor canónico de esa generación, lo plasma en sus memorias *Antes que anochezca*, cuando describe las tertulias literarias que, junto a los hermanos Abreu, celebraba en el Parque Lenin a mediados de los 70.[164] En aquellas tertulias, como lo confirma el testimonio de Juan Abreu, surgió la idea de editar una publicación, titulada *Ah, la marea*, que luego, en el exilio, se convertiría en la importante revista *Mariel*.[165]

El proceso de descomposición moral del sujeto revolucionario, que se inició en los 70, culmina en los 90, con la emergencia de una nueva marginalidad, virtualmente mayoritaria, y un nuevo éxodo, también masivo: el de decenas de miles de balseros en el verano de 1994. Sería interesante emprender una lectura paralela de las inscripciones de ambas subjetividades en la última narrativa cubana. Más allá de los matices históricos, las dos fragmentaciones de la identidad nacional a que aludimos, la de los 70 y la de los 90, comparten una representación literaria taxonómica que, siguiendo a Foucault, podemos relacionar con el asombro de la escritura ante el espectáculo de la diversidad moral.[166] En su deliciosa novela *Máscaras*, Leonardo Padura Fuentes, escritor que reside en la isla, imagina una fiesta gay, en un apartamento de La Habana Vieja, como alegoría de un carnaval de la diferencia, en el que conviven los nuevos actores de la sociedad cubana de fin de siglo:

Y el Conde supo que en aquella sala de La Habana Vieja había, como primera evidencia, hombres y mujeres, diferenciables además por ser: militantes del sexo libre, de la nostalgia y de partidos rojos, verdes y amarillos; ex dramaturgos sin obra y con obra, y escritores con exlibris nunca estampados; maricones de todas las categorías y filiaciones: locas –de carroza con luces y de la tendencia pervertida–, gansitos sin suerte, cazadores expertos en presas de alto vuelo, bugarrones por cuenta propia de los que dan por culo a domicilio y van al campo si ponen caballo, almas desconsoladas sin consuelo y almas desconsoladas en busca de consuelo, sobadores clase A-1 con el hueco cosido por el temor al sida, y hasta aprendices recién matriculados en la Escuela Superior Pedagógica del homosexualismo...; ganadores de concurso de ballet, nacionales e internacionales; profetas del fin de los tiempos, la historia y la libreta de abastecimientos; nihilistas conversos al marxismo y marxistas convertidos a la mierda; resentidos de todas las especies: sexuales, políticos, económicos, psicológicos, sociales, culturales, deportivos y electrónicos; practicantes del budismo zen, el catolicismo, la brujería, el vudú, el islamismo, la santería y un mormón y dos judíos; un pelotero del equipo Industriales que batea y tira a las dos manos; admiradores de Pablo Milanés y enemigos de Silvio Rodríguez; expertos como oráculos que sabían quién iba a ser el próximo Premio Nobel de Literatura así como las intenciones secretas de Gorbachov, el último mancebo adoptado como sobrino por el Personaje Famoso de las Alturas, o el precio de la libra de café en Baracoa; solicitantes de visas temporales y definitivas; soñadoras y soñadores; hiperrealistas, abstractos y ex realistas socialistas que abjuraban de su pasado estético; un latinista; repatriados y patriotas; expulsados de todos los sitios de los que alguien es expulsable; un ciego que veía; desengañados y engañadores, oportunistas y filósofos, feministas y optimistas; lezamianos –en franca mayoría–, virgilianos, carpenterianos, martianos y un fan de Antón Arrufat; cubanos y extranjeros; cantantes de boleros; criadores de perros de pelea; alcohólicos, psiquiátricos, reumáticos y dogmáticos; traficantes de dólares; fumadores y no fumadores; y un heterosexual machista-estalinista.[167]

Aquí, como en aquella clasificación de los animales, según alguna «enciclopedia china», que cita Borges en *El idioma analítico de John Wilkins*, lo decisivo es la *taxinomia* y no la *mathesis*, la desagregación de la comunidad nacional en una microfísica civil y no la síntesis de los valores hegemónicos que determinan una identidad.[168] Al igual que Victoria, Padura proporciona, con su narrativa, todo un registro de nuevos actores que ejercen una política radical de la diferencia, encaminada a configurar el territorio de una ciudadanía históricamente inédita. Aunque ninguno de los dos autores trata en sus novelas el tema de la diáspora, el hecho de que el campo literario cubano se disponga como lugar de inscripción para sujetos tan diferenciados es, al decir, de Ginzburg, un «signo indicial» de la constitución de ciudadanos posnacionales.[169]

Los sujetos emergentes de esa comunidad virtual figuran también en la representación literaria del éxodo. En los últimos años hemos visto cómo el arquetipo social del exiliado comienza a poblar las nuevas ficciones. En la ingeniosa novela *La piel y la máscara* de Jesús Díaz, el personaje de Lidia, que debe ser representado por la actriz Ana, es una inmigrante cubana en Nueva York que regresa por primera vez a la isla después de veinte años. El texto, que se asume como la reescritura de un guión y como las memorias de un rodaje, encara despiadadamente el dilema de la identidad nacional del exiliado. Ana, la habanera *new yorker*, es una figura doblemente ficticia, ya que es un personaje del guión y de la novela. Cuando el Oso, escritor y director del filme, quiere corregir el aspaviento de la actriz le dice: «Más bajito, estás en un hospital y no eres exactamente cubana, vienes de Nueva York.»[170] En su novela *Dime algo sobre Cuba*, Díaz se interna ya en el tejido migratorio cubano al narrar la historia de Lenin y Stalin Martínez, hijos de un gallego comunista que había emigrado a la isla a principios de siglo, quienes, en un trueque de destinos, se exilian en Miami, arrastrando la pesada y confusa carga de sus recuerdos.[171]

El paso, a través de la ficción, de aquel personaje del exilio, que no era «exactamente cubano», al personaje de la diáspora, que es, más bien, «demasiado cubano», puede ilustrarse con la novela *Café Nostalgia* de Zoé Valdés, que apareció un año después de *La piel y la máscara*. Aquí se narra la historia del desencuentro y el reencuentro de un grupo de amigos cubanos que ahora se hayan dispersos por el mundo: en Buenos Aires, Miami, Tenerife, México, Nueva York, La Habana y París.[172] En un momento de la novela, Zoé Valdés transcribe varios mensajes telefónicos que dejan sus amigos en la contestadora de Marcela, el personaje narrador, que es un visible *álter ego* de la autora. Algunos dicen desde donde hablan, como si marcaran con puntos rojos el mapamundi de la diáspora: «sigo en Quito», «ando por Brasil», «en Nueva York todo bien», «te habla Óscar desde México», «hace un tiempo estupendo en Tenerife».. .[173] Sólo dos personajes no mencionan sus lugares: Andro, que vive en Miami, y la madre, que vive en La Habana –¿será porque ambas ciudades son las zonas impronunciables del *adentro?*–.[174] Sin embargo, todos quieren darle a su amiga alguna noticia de Cuba, cifrando, así, la huella de un vínculo territorial en la memoria.

Esos personajes de *Café Nostalgia*, actores de una diáspora reciente que, como fragmentos a su imán, fijan en la evocación el horizonte de sus confluencias, son los mismos que Eliseo Alberto reproduce, en largas listas, al final de *Informe contra mí mismo*.[175] Ambos libros, dentro y fuera de la ficción, están atravesados por una política de la memoria muy similar: aquella que todavía patalea por preservar cierta fijeza simbólica de la nación en medio del frenesí centrífugo de los 90; sea a través de la nostalgia, del cinismo o de la disidencia. Aun así, el paso de una diáspora incómoda a una plena dislocación territorial puede ser tan breve que el propio Eliseo Alberto parece darlo en su novela *Caracol Beach*. Aquí el lugar mismo se ha convertido en una ficción posnacional, habitado por criaturas caprichosamente híbridas, que parecen sacadas de aquel sueño de la raza cósmica de don José Vasconcelos: militares hawaianos retirados, pescadores haitianos blancos, jóvenes de la generación YUCA *(young urban cuban american)*, veteranos de la guerra de Angola, cubano-americanos, chicanos, texanos, panameños, catalanes y hasta un gay armenio, dueño del exitoso restaurante Los Mencheviques.[176]

La misma estructura del relato taxonómico, que en Padura y en Victoria permite testificar la fragmentación del cosmos nacional en lugares menos fijos, donde habitan sujetos más móviles, le sirve a Eliseo Alberto para describir la antiutopía de la nacionalidad. *Caracol Beach* es esa «comunidad posnacional que viene», poblada de ciudadanos con orígenes diversos, identidades traslaticias y destinos electivos.[177] No se trata, en modo alguno, de la certeza de una prospección sociológica. El lado profético de la literatura le debe más a las insinuaciones del presente que a los escenarios del futuro. El filósofo inglés David Miller, quien ha escrito la más persuasiva defensa del nacionalismo a fines de este siglo, reconoce con lucidez que, aunque el principio de la nacionalidad no sufra una decadencia irreversible, eso que los modernos hemos llamado *nación*, durante casi doscientos años, será cada vez más parecido a una miniatura del mundo.[178] De ahí que los indicios literarios de una ciudadanía posnacional en Cuba tal vez no sean más que el vislumbre, acaso fallido, de una nación sin nacionalismo.

## LA IDEOLOGÍA DESPUÉS DEL COMUNISMO

La interacción entre ideología y política cultural, en regímenes autoritarios y totalitarios, ha sido uno de los temas más descuidados por los estudiosos de las transiciones democráticas en los últimos años.[179] Este descuido resulta más sensible frente al creciente interés que tiene, para las ciencias sociales, el papel de las ideologías dominantes en el montaje de aquellos discursos persuasivos, pontificadores o legitimantes que el poder destina a la instrumentación de pedagogías cívicas y políticas culturales.[180] En las páginas que siguen quisiera proponer, sin ánimo de agotar o diferir el tema, un acercamiento a la dialéctica de la cultura y la ideología cubanas en una fase de adaptación del sistema político de la isla a los patrones de la sociedad poscomunista. Dicha adaptación, como hemos dicho, es tímida e incompleta, ya que el régimen cubano, en más de un sentido, se mantiene atado al orden institucional y simbólico del totalitarismo y hasta se niega, públicamente, a admitir los crímenes del estalinismo y otras dictaduras comunistas del siglo XX.

Un punto de partida idóneo para abordar el asunto es la distinción teórica entre un régimen totalitario y otro autoritario, desarrollada por el politólogo español Juan Linz, aunque adelanta-

428

da, a mediados de siglo, por autores como Hannah Arendt y Carl J. Friedrich.[181] Dicha distinción resulta indispensable a la hora de describir el aparato de legitimación simbólica que caracteriza a cada régimen político. En este sentido, los regímenes totalitarios comunistas (la URSS, Europa del Este, China, Corea del Norte...) poseían una ideología de Estado, la cual se manifestaba en distintas versiones del marxismo-leninismo. En cambio, regímenes autoritarios como el de Franco en España, Salazar y Caetano en Portugal, Pinochet en Chile, las juntas militares del Cono Sur, las dictaduras centroamericanas o el México del Partido Revolucionario Institucional (PRI), carecían de una ideología de Estado y el discurso del poder se limitaba a una doctrina de régimen, más o menos articulada en torno a valores nacionalistas.[182]

Una ideología de Estado y una doctrina de régimen no sólo son diferentes por el hecho de que la primera posee una mayor densidad filosófica y moral, sino porque la segunda no contiene un relato cerrado de la historia, ni aspira a una regeneración cultural y educativa de la ciudadanía. Ambos discursos pueden compartir elementos mesiánicos, teleológicos y legitimistas, pero la transmisión del primero, a través de los aparatos ideológicos del Estado, es total, mientras que la del segundo es parcial. Lo que en un régimen totalitario es una ideologización de la sociedad, en uno autoritario no va más allá de una mentalización de las masas.

La relación que establecen ambos discursos y regímenes con la simbología nacional también es diferente. La doctrina de cualquier régimen autoritario (el salazarismo portugués, el franquismo español, el priísmo mexicano, el pinochetismo chileno...) identifica los símbolos nacionales con un caudillo o un gobierno. Sin embargo, esa identificación remite exclusivamente a una condición histórica nacional, casi siempre excepcionalista o asociada a un estado de emergencia temporal. En cambio, la ideología estatal de un régimen totalitario (estalinismo en Rusia, maoísmo en China, idea *juche* en Corea del Norte...) recompone la simbología nacional por medio de un universalis-

mo comunista, históricamente encarnado en el binomio buro-
crático-carismático del partido y el líder, que justifica la anulación de cualquier otro nacionalismo, refractario al gobierno.
Estas diferencias entre regímenes y discursos se manifiestan
de manera compleja en las transiciones democráticas. Por lo general, los regímenes autoritarios, debido a que son capaces de
tolerar una oposición controlada y cierto margen de libertades
públicas, experimentan durante la transición un fuerte protagonismo de disidencias pacíficas y moderadas que cuestionan intelectualmente la doctrina oficial y restablecen el pluralismo
ideológico en la opinión pública. En cambio, la caída de regímenes totalitarios, en la URSS y Europa del Este, se ha dado
acompañada de la emergencia de nuevos actores políticos, provenientes de las propias élites del poder o de sectores subalternos, como los sindicatos y los intelectuales, que confrontan la
ideología marxista-leninista del Estado desde un imaginario liberal, socialdemócrata, democristiano, nacionalista o simplemente democrático.

### Tres momentos de un régimen

Durante muchos años los estudiosos de la Revolución cubana han debatido el orden institucional e ideológico sobre el
que descansa el régimen que llegó al poder el 1 de enero de
1959. A lo largo de cuatro décadas las interpretaciones han variado tanto que hoy no existe una teoría de dicho régimen, sino
sucesivas descripciones de las distintas fases del gobierno socialista. La manera más fácil de eludir una definición del sistema
cubano sería aceptar que el mismo tiene una inagotable capacidad de renovación que desarma cualquier esfuerzo interpretati-
vo. Hay, sin embargo, suficientes evidencias para demostrar
que desde los primeros meses de la Revolución triunfante, hasta hoy, la política cubana ha seguido algunas pautas que la convierten en un proceso teóricamente discernible.

Los primeros estudios críticos de la Revolución aparecieron entre principios de los años 60 y mediados de los 70, cuando el régimen había sellado su alianza con la Unión Soviética, sin adoptar plenamente la arquitectura institucional e ideológica del campo socialista. Los autores de aquellos análisis (Theodore Draper, Ramón Eduardo Ruiz, K. S. Karol, René Dumont, Irving Louis Horowitz, Carlos Alberto Montaner, Maurice Halperin, Andrés Suárez, Edward González, Jaime Suchlicki, Mario Llerena...) fijaban su atención en el liderazgo carismático, construido por Fidel Castro, a partir de la personificación de una serie de símbolos y mitos nacionalistas.[183] Lo mismo desde la derecha liberal, como Halperin y González, que desde la izquierda socialista, como Karol y Dumont, estos estudiosos coincidían en que la alianza de la Revolución cubana con Moscú había sido decidida racionalmente por Castro con el fin de asegurarse una protección geopolítica, en plena Guerra Fría, que le permitiera edificar un régimen no democrático en la isla y exportar guerrillas hacia América Latina.

A finales de los años 70, cuando la experiencia revolucionaria consumaba su fase de institucionalización, a la manera soviética, apareció una segunda generación de estudios críticos sobre el régimen cubano. Esta generación, encabezada por algunos académicos cubano-americanos (Carmelo Mesa Lago, Jorge I. Domínguez, Juan del Águila, Juan Clark, Enrique A. Baloyra, Nelson P. Valdés, Marifeli Pérez-Stable...), se extendió hasta finales de los años 80 y principios de los 90.[184] A diferencia de sus predecesores, estos analistas se concentraron en la descripción del edificio institucional creado por el socialismo cubano en su período de mayor identificación con el modelo soviético. Tal y como establecía la Constitución de 1976, el cubano era un régimen totalitario comunista, en el que un único partido, «vanguardia marxista-leninista organizada de la clase obrera, es la fuerza dirigente superior de la sociedad y el Estado».[185]

Aunque en la llamada «Rectificación de errores y tendencias negativas», a fines de los 80, Fidel Castro retomó un protagonismo carismático muy similar al de la década del 60, el régimen político cubano siguió funcionando sobre las mismas bases institucionales hasta la desintegración de la URSS en 1992. Ese año se celebró el IV Congreso del Partido Comunista de Cuba, el cual inició un proceso de reformas legislativas que culminó con la aprobación, por parte de la Asamblea Nacional del Poder Popular, de un nuevo texto constitucional, que ratificaba y, a la vez, modificaba el de 1976. Si bien fueron sutiles, las reformas constitucionales de 1992 lograron adaptar el régimen institucional y el discurso ideológico del Estado cubano al contexto de la posguerra fría, caracterizado por la ausencia de un bloque comunista mundial y la globalización del capitalismo tardío.[186]

Es cierto que el artículo 5 de la Constitución de 1992 mantuvo el principio rector de un régimen totalitario comunista al establecer que el Partido Comunista de Cuba es «la fuerza dirigente superior de la sociedad y el Estado, que organiza y orienta los esfuerzos comunes hacia los altos fines de la construcción del socialismo y el avance hacia la sociedad comunista».[187] Sin embargo, al definir a ese partido como la «vanguardia organizada de la nación cubana» y no como la «vanguardia organizada marxista-leninista de la clase obrera», la Constitución insinuaba un desplazamiento compensatorio de la doctrina jurídica del marxismo-leninismo al acervo nacionalista de la Revolución cubana.[188]

Las tres modificaciones retóricas de la Constitución de 1992 –el énfasis en la referencia martiana, la reducción de la identidad clasista del Estado y el rescate del principio de la soberanía popular– respondieron a la no declarada voluntad de nutrir la legitimación simbólica del régimen con ciertos valores del nacionalismo revolucionario y no con los dogmas del marxismo-leninismo. Poco importaba que algunas nociones de la tradición nacionalista, como aquella que en el artículo 3 establecía que en la «República de Cuba la soberanía reside en el pueblo, del cual dimana todo el poder del Estado», estuvieran codificadas por el derecho «liberal burgués».[189] Lo prioritario era reafirmar la ideología nacionalista del régimen cubano en un escenario en que, sin la protección del campo socialista, la isla debía soportar el reforzamiento del embargo comercial de Estados Unidos, introducido por la Ley Torricelli en 1992.

La Constitución de 1992 no sólo produjo matizaciones del discurso; también insinuó la recuperación de ciertas prácticas políticas y el afianzamiento de algunas instituciones. La reforma del artículo 4 de 1976, por ejemplo, al introducir la frase «el poder es ejercido directamente o por medio de las Asambleas del Poder Popular» aportó el fundamento legal para la paralela activación de los principios participativo y representativo del sistema cubano.[190] Algunas modalidades institucionales y extrainstitucionales del régimen en los 90, como la reducción del aparato profesional del Partido Comunista, el aumento del protagonismo de la Asamblea Nacional del Poder Popular, el papel del Consejo de Estado en las reformas económicas, las movilizaciones masivas en favor de la repatriación de Elián González o en contra de la Ley de Ajuste Cubano, las Mesas Redondas y las Brigadas de Respuesta Rápida, se pusieron en práctica a partir de aquella doble concepción del poder.

La transformación del régimen cubano en los 90 comienza a ser documentada por una tercera generación de estudiosos, entre los que destacan Haroldo Dilla, Eusebio Mujal León, Jorge I. Domínguez, Velia Cecilia Bobes, Damián J. Fernández, Domingo Amuchastegui y Marifeli Pérez-Stable.[191] Desde muy diversas inclinaciones metodológicas y políticas, estos autores coinciden en observar en el funcionamiento del régimen cubano, a partir de 1992, una serie de síntomas propios de las transiciones poscomunistas, como la emergencia de actores económicos independientes, la activación de la sociedad civil, el surgimiento de una casta militar-empresarial, la vuelta a una sociabilidad participativa, el afianzamiento del dominio carismático y la tolerancia de una oposición embrionaria.[192] Si el reajuste del régimen, iniciado en los 90, se mantendrá cercano a la fórmula del «sultanismo postotalitario», mientras Fidel Castro viva, o derivará, después de su muerte, en un capitalismo de Estado con partido único, a la manera de China y Vietnam, o en un autoritarismo de partido hegemónico y oposición controlada, como el México del viejo PRI, es algo que se verá en los próximos años.[193]

## Retórica nacionalista. Ideología socialista

En la práctica, la definición constitucional del régimen cubano como «martiano y marxista-leninista», más que una simbiosis o compensación ideológica ha implicado, en los últimos diez años, un desplazamiento retórico del marxismo-leninismo por el nacionalismo revolucionario. Hoy por hoy el gobierno cubano justifica sus políticas con los tópicos del poscomunismo nacionalista (reclamo de soberanía y autodeterminación frente a Estados Unidos, rechazo de la «globalización neoliberal», defensa de la identidad cultural cubana, renuencia a aceptar la validez universal de los derechos humanos, búsqueda de un sistema social autóctono...) y no con los ideologemas del marxismo-leninismo. A partir de 1992, la tensión originaria entre el excepcionalismo de la voluntad nacional y el universalismo del modelo marxista-leninista se liberó en favor del primero.[194]

El marxismo-leninismo, en tanto ideología política, fue concebido en la Unión Soviética de Stalin como una alternativa al internacionalismo liberal y democrático de Occidente.[195] Toda la geopolítica del campo socialista, especialmente en el Tercer Mundo, durante la Guerra Fría, se basó en aquella premisa de universalidad. Cuba se insertó eficazmente en esa geopolítica por medio del principio del «internacionalismo prole-

434

tario», que logró realizaciones específicas con el apoyo a las guerrillas africanas y latinoamericanas en los años 60, el envío de maestros y médicos al Tercer Mundo y las campañas militares de Angola y Etiopía en los años 70 y 80. A partir de 1992, Cuba abandonó el «internacionalismo proletario» y concentró su política exterior en otro principio constitucional: «La cooperación y solidaridad de los pueblos del mundo, especialmente los de América Latina y el Caribe.»[196]

En los últimos diez años la diplomacia cubana se ha basado en un reclamo de solidaridad mundial contra el embargo comercial de Estados Unidos y sus más recientes reforzamientos legislativos: las leyes Torricelli (1992) y Helms-Burton (1996). Esto quiere decir que la política exterior cubana ha pasado de una fase ofensiva, de promoción ideológica, política y militar del socialismo en el mundo, a otra defensiva, en la que todos los recursos se destinan a recabar un apoyo internacional al régimen en su diferendo con los Estados Unidos. Al subordinar su diplomacia a la defensa del interés nacional, el Estado cubano no hace más que avanzar en la normalización poscomunista de sus relaciones con el mundo, tal y como ha sucedido en Polonia, Bulgaria, Rumanía y otros países del ex bloque soviético.[197] Sólo a partir de 2002, cuando el régimen de Hugo Chávez se consolida en Venezuela, comienza a observarse cierta recuperación del activismo ideológico internacional, dirigido, fundamentalmente, hacia América Latina.

La recodificación de la diplomacia cubana en términos de una demanda de solidaridad mundial está relacionada, naturalmente, con la redefinición que sufrió la agenda política del régimen, en los 90, al acentuarse el diferendo con Estados Unidos. Por medio de un sistema movilizativo de marchas, concentraciones, tribunas abiertas y mesas redondas, la política doméstica se ha enfocado, durante la última década, en lo que el régimen entiende como una «batalla de ideas» contra Estados Unidos, la «mafia de Miami» y la «Ley asesina» de Ajuste Cubano, a la que el gobierno de Fidel Castro atribuye la responsabilidad de la emigración de cientos de miles de cubanos. Cada dos o tres años, la amenaza exterior se reformula con un nuevo expediente: las leyes Torricelli y Helms-Burton, la crisis de los balseros en el verano de 1994, el derribo de las avionetas de Hermanos al Rescate en febrero de 1996, el caso Elián González –entre noviembre de 1999 y julio de 2000–, el juicio y encarcelamiento de cinco espías cubanos en Miami en 2001, el endurecimiento de la política norteamericana hacia Cuba, anunciado por el presidente George W. Bush en su discurso del 20 de mayo de 2002, en Miami.[198]

Esta maquinaria de cohesión interna se ha desplegado, paralela, a un complejo proceso de reformas económicas, descontrol político, reagrupamiento de las élites, mayor autonomía de la sociedad civil y articulación de la oposición interna. Marifeli Pérez-Stable ha definido este proceso como una «reconstitución», cuyos diez años podrían, a su vez, dividirse en dos quinquenios: uno formativo, de 1992 a 1997, en el que se aplicó el ajuste económico y la depuración de las élites, y otro de consolidación, entre 1997 y 2002, en el que el régimen ha debido enfrentar los principales costos políticos de las reformas económicas: disparidad social, ensanchamiento de la sociedad civil, desinhibición crítica de intelectuales y antiguos miembros de las élites –ahora desplazados–, crecimiento de la disidencia y aumento de la presión internacional en favor de un cambio de régimen.[199]

La *reconstitución* del régimen cubano en los 90, sin embargo, no ha sido acompañada por una reformulación de la ideología oficial. Al poner el acento en la «defensa de los logros del socialismo» y no en la «defensa del socialismo», el discurso del poder abrió una fisura semántica que implicaba la consumación del proyecto socialista o su localización en el pasado reciente del régimen. Este debilitamiento del sustrato doctrinal marxista-leninista, y de su transmisión a través de los aparatos ideológicos del Estado, fue compensado por una inflamación de la retórica nacionalista. El documento del V Congreso del Partido Comunista, en 1997, redactado poco después de la disolución del Centro de Estudios de América (CEA), donde se agrupaban los intelectuales orgánicos mejor preparados para renovar las bases teóricas del socialismo cubano, fue una buena muestra de esta deliberada relegación de la ideología, al insistir en la «unidad de la nación cubana» frente a Estados Unidos.[200] La convocatoria al V Congreso del Partido Comunista, a celebrarse en otoño de 1997, se enmarcó en una campaña de reafirmación simbólica del nacionalismo revolucionario, cuyo ritual más emblemático fue la llamada Declaración de los mambises del siglo XX, firmada por más de 250.000 oficiales de las Fuerzas Armadas Revolucionarias (FAR) y el Ministerio del Interior (MININT), y reunida en 15 volúmenes que, desde marzo de 1997, permanecen en el Memorial José Martí de la Plaza de la Revolución. La Declaración y la Ley de la dignidad y la soberanía cubanas, o Ley 80, de enero de 1997, fueron concebidas como antídotos domésticos contra la Ley Helms-Burton, pero la funcionalidad simbólica de ambas buscaba una rearticulación del consenso político en torno a ciertos mitos históricos del nacionalismo revolucionario.[201] En uno de los pasajes más elocuentes de aquella Declaración, los militares cubanos declaraban:

> Somos los mambises del Siglo XX y seguiremos siendo los del Siglo XXI, porque de la misma forma que la Revolución Cubana es una sola desde 1868, también ha contado con un solo Ejército, que en la lucha por la independencia se llamó Libertador; por la liberación nacional se denominó Ejército Rebelde y, ahora por el Socialismo somos las Fuerzas Armadas Revolucionarias, que continuaremos defendiendo las mismas ideas antiimperialistas que hemos defendido hasta hoy y seguiremos dando pruebas inequívocas de nuestra lealtad inconmovible al pueblo del cual hemos surgido.[202]

El argumento se inscribe en la conocida teleología de que «en Cuba sólo ha habido una Revolución», defendida por Fidel Castro entre 1967 y 1968, vísperas del centenario del Grito de Yara, y que fuera desarrollada teóricamente por algunos intelectuales nacionalistas, reacios al marxismo ortodoxo, como Jorge Ibarra, Cintio Vitier y Ramón de Armas.[203] El hecho de que casi todos estos libros, incluida la recopilación de los discursos de Fidel Castro, aparecieran en 1975 es reflejo de la fuerza de la posición nacionalista revolucionaria en el debate teórico del Primer Congreso del Partido Comunista de Cuba.[204] El vencedor de aquel debate, tal y como se proyecta en la Constitución de 1976, fue el marxismo pro soviético. Sin embargo, la tesis de la teleología nacionalista revolucionaria encontró protección en el recién creado Ministerio de Cultura, cuyo titular, Armando Hart, era uno de sus defensores en la cúpula.[205]

Así como a mediados de los 80, la Rectificación se propuso desagraviar a algunos intelectuales guevaristas, como Carlos Tablada y Fernando Martínez Heredia, la Reconstitución de los 90 reivindicó a intelectuales nacionalistas como Cintio Vitier y Eusebio Leal. Aunque esta reivindicación no ha producido avances teóricos en la tesis del nacionalismo revolucionario, es evidente que, entre 1992 y 1997, el discurso nacionalista recibió más aliento desde el poder que el discurso socialista. El protagonismo del Ministerio de Cultura en el debate ideológico cubano, durante esos años, evidenciado en el primer número de la revista *Temas*, tuvo que ver tanto con el desplazamiento retórico del marxismo-leninismo al nacionalismo revolucionario como con el debilitamiento del Partido Comunista y sus aparatos ideológicos.[206]

Los dos últimos congresos del Partido Comunista Cubano, el de 1992 y el de 1997, han propiciado una autolimitación de competencias en ese organismo: el primero achicó la burocracia partidista; el segundo redujo de 225 a 150 la membresía del Comité Central. Esta retirada no sólo ha permitido la refuncionalización política de otras instituciones, como la Asamblea Nacional del Poder Popular, o el fortalecimiento del sector militar, sino que ha obstruido el alcance de los aparatos ideológicos del Estado, en especial de aquellos que se encargaban de sostener y difundir la doctrina marxista-leninista en la educación, la cultura y los medios masivos de comunicación.[207] La disolución del Centro de Estudios sobre América (CEA) en 1996 fue una buena muestra de la falta de imaginación ideológica del Partido Comunista cubano.[208] Esa falta de imaginación también explica que las propuestas teóricas socialistas más interesantes de los 90, debidas a investigadores del CEA como Pedro Monreal, Julio Carranza, Haroldo Dilla y Rafael Hernández, tuvieran más impacto en el precario e inconexo campo intelectual de la isla y la diáspora que en las políticas públicas del propio régimen.[209]

El desplazamiento retórico del marxismo-leninismo al nacionalismo revolucionario comporta, en cierta medida, los rasgos de la sustitución de una ideología de Estado por una doctrina de régimen. En este proceso, las élites del poder cubano aprenden a definir la identidad *socialista* de la Revolución con enunciados meramente patrióticos, que afirman los valores de independencia y unidad de la nación, antes que los paradigmas anticapitalistas del Estado. En la iniciativa de modificación constitucional, propuesta a la Asamblea Nacional del Poder Popular por las «organizaciones de masas», subordinadas al Partido Comunista, y respaldada por más de ocho millones de ciudadanos de la isla, en julio de 2002, se percibe claramente esta resemantización nacional del socialismo, en tanto adscripción ideológica de un régimen político. En dicha reforma, el socialismo se consagra constitucionalmente como un sistema social «irrevocable». Sin embargo, aunque las implicaciones prácticas de tal identidad socialista son el unipartidismo, la propiedad estatal y la ausencia de derechos políticos, la legitimación ideológica del sistema apela únicamente a la mitología nacionalista:

439

La Revolución socialista logró rescatar a Cuba del humillante dominio imperialista y convertirla en una nación libre e independiente que se fundamenta en la estrecha unidad, la cooperación y el consenso de un pueblo culto, rebelde, de hombres y mujeres valientes y heroicos, que es la fuerza, el gobierno y el poder mismo de la nación cubana y que con su valor, su inteligencia y sus ideas ha sabido enfrentar y defenderse de las agresiones del más poderoso imperio que haya conocido la historia de la humanidad.[210]

En el artículo 141 de la Constitución marxista-leninista de 1976 se establecía que para aprobar una reforma «total» de la misma o referida a «los derechos y deberes consagrados», era necesario un plebiscito nacional en el que la mayoría del pueblo cubano ratificara la iniciativa de la Asamblea Nacional del Poder Popular.[211] Según estudios promovidos por el propio gobierno cubano, las reformas constitucionales de 1992 alteraron sutilmente casi un 70 % del contenido del texto de 1976 y en el caso, por ejemplo, de los artículos 23 y 43, reconocieron nuevos derechos, como el de la propiedad de las empresas mixtas o el de los religiosos a ser elegidos para cargos públicos.[212] En 1992, sin embargo, el gobierno cubano no convocó a un referéndum, como lo ordenaba su Carta Magna. Las reformas constitucionales pasaron casi inadvertidas en un momento especialmente adverso para el gobierno de Fidel Castro, signado por la descomposición de la URSS y el tránsito poscomunista en Europa del Este.

Diez años después, en el verano de 2002, el régimen de la isla sintió la necesidad de convocar a un plebiscito para aprobar sólo tres pequeñas reformas a los artículos 3, 11 y 137. Tres reformas, por cierto, que al afirmar el «carácter irrevocable» del socialismo cubano no hacían más que reiterar un principio consagrado en el artículo 62 de la Constitución de 1992, esto es, que cualquier manifestación en «contra de la voluntad del pueblo cubano de construir el socialismo y el comunismo» es «ilegal» y, por lo tanto, «punible».[213] ¿A qué se debe este comportamiento irregular? Una explicación tangible es aquella que argumenta que en 1992, el gobierno cubano, más débil en la esfera internacional que en la doméstica, quiso mandar una señal de cambio. Mientras que en 2002, frágil en ambas esferas, se propuso enviar un mensaje de intransigencia, empujado, sobre todo, por una reacción contra el apoyo internacional que mereció entre abril y mayo de ese año el opositor Proyecto Varela, promovido por el líder del Movimiento Cristiano de Liberación, Oswaldo Payá Sardiñas. En este sentido, las 8.198.237 firmas que, con un «Sí al Socialismo Irrevocable», intentaron obstaculizar una iniciativa de reforma constitucional, emprendida por 11.000 opositores pacíficos, no fueron más que eso: un mensaje.[214]

En términos constitucionales, la afirmación del «carácter irrevocable» del socialismo cubano no impide la reforma del régimen, tal y como la concibe el Proyecto Varela en sus cinco puntos. En ninguno de los 137 artículos de la Constitución de 1992 se establece que el *socialismo* está reñido con la pequeña y mediana empresa privada, con la existencia de asociaciones políticas independientes del Estado o la amnistía de presos de conciencia. De hecho, no hay un pasaje del texto constitucional que explique qué es el socialismo, a no ser ese fragmento del «Preámbulo» en el que se asegura que los «ciudadanos cubanos están decididos a llevar adelante la Revolución triunfadora del Moncada y del *Granma,* de la Sierra y de Girón encabezada por Fidel Castro», cuyo «objetivo final» es la «edificación de una sociedad comunista» en Cuba.[215] El párrafo que se agrega al artículo 3 de la Constitución de 1992 es, en este sentido, revelador de la resemantización nacionalista de las fuentes doctrinales del socialismo cubano:

El socialismo y el sistema político y social revolucionario establecido en esta Constitución, probado en años de heroica

441

resistencia frente a las agresiones de todo tipo y la guerra económica de los gobiernos de la potencia imperialista más poderosa que ha existido y habiendo demostrado su capacidad de transformar el país y crear una sociedad enteramente nueva, es irrevocable, y Cuba no volverá jamás al capitalismo.[216]

Aunque inhibida, vergonzante, inconfesa y resemantizada, la ideología oficial del gobierno cubano sigue siendo el marxismo-leninismo. Sin embargo, es posible afirmar que, en tanto discurso de poder, sí ha dejado de ser una ideología de Estado y empieza a convertirse sólo en el referente doctrinal de ciertas élites. El auge del nacionalismo revolucionario, por otro lado, no apunta hacia una transformación de esta retórica en doctrina de régimen. Como argumenta admirablemente Anthony D. Smith, el nacionalismo en un país poscolonial como Cuba, al no ser étnico ni religioso, sino cívico y republicano, constituye un «lenguaje», un «sentimiento» e, incluso, una «psicología moral», pero no una ideología.[217] Su fuerza simbólica emana de una serie de mitos revolucionarios –el sacrificio de José Martí, la Revolución Inconclusa, el Regreso del Mesías...– que, en todo caso, atribuirían una lógica excepcional al socialismo cubano. Debido a que la funcionalidad de ese discurso es meramente retórica, poco importa que un marxista heterodoxo como Ernesto Che Guevara criticara con elegancia, hace más de cuarenta años, la tesis excepcionalista del nacionalismo revolucionario.[218]

## El recurso de la identidad

En el capítulo dedicado a «educación y cultura», la Constitución de 1992 introdujo una frase, inexistente en el texto de 1976: «El Estado defiende la identidad de la cultura cubana.»[219] Sin duda, esta inscripción constitucional respondió a la certidumbre, ya preparada por la labor del Ministerio de Cultura desde su fundación, de que la política cultural cubana debía orientarse hacia el nacionalismo poscomunista. Los artífices de este giro comprendieron, desde muy temprano, que el riesgo de desideologización que se corría, al regresar al canon burgués de la «identidad nacional», y que en varios países del ex bloque soviético suscitaba una rearticulación del discurso fascista, en el caso cubano podía salvarse por medio del «antiyanquismo» y del expediente simbólico de un pequeño país en guerra contra el orden capitalista mundial.[220]

Entonces, la mayor dificultad de una política cultural regida por el principio de la identidad era su anacronismo filosófico. Durante toda la década de los 80, el pensamiento posmoderno (Foucault, Derrida, Lyotard, Habermas, Bell, Rorty, Vattimo...) había cuestionado los discursos identificatorios y establecido el reconocimiento de la diferencia como condición de una racionalidad plural y comunicativa. En los 90, la crítica del enunciado de la identidad cultural se intensificó con el multiculturalismo, un paradigma de alteridades sexuales, genéricas, religiosas y artísticas que impulsó discursos y prácticas posnacionales.[221] En sociedades poscoloniales, como las latinoamericanas, las políticas culturales de fines del siglo XX, alentadas por intelectuales como Néstor García Canclini y Roger Bartra, abandonaron el patrón del nacionalismo subalterno y asumieron la representación de una subjetividad que se diferenciaba, más allá o más acá, de los grandes relatos identificatorios.[222]

A contracorriente, el gobierno de la isla, buscando afirmar su autonomía tras la caída del Muro de Berlín, se refugió en la «defensa de la identidad de la cultura cubana». Pero ¿qué identidad era ésa? A juzgar por las ideas del ministro de Cultura Armando Hart se trataba de una identidad política de la cultura o, más bien, de una identidad construida a partir de una politización revolucionaria de la cultura. Según Hart, lo «mejor» de la cultura cubana era resultado de un «proceso histórico de formación de la nacionalidad» que arrancaba en el siglo XIX con

443

Félix Varela y José Martí, se consolidaba en los años 20 con las vanguardias artísticas y políticas, y triunfaba, finalmente, en enero de 1959, con la llegada de una revolución antiimperialista al poder.[223] En esencia, el discurso de Hart no era más que una traducción política de la teleología intelectual concebida, veinte años atrás, por historiadores nacionalistas como Jorge Ibarra y Cintio Vitier, y retomada en los 90 por jóvenes letrados oficiales como Eliades Acosta Matos y Enrique Ubieta Gómez.[224]

Sin embargo, la consagración del principio de la identidad nacional en el primer año poscomunista (1992) desató presiones, desde el campo intelectual, en favor de una desideologización de la cultura. El debilitamiento del marxismo-leninismo como ideología de Estado hizo que emergieran viejos reclamos de apertura del canon oficial de la cultura cubana. Fue entonces cuando se intensificó la reivindicación de intelectuales republicanos, como Lydia Cabrera y Jorge Mañach, subvalorados, como José Lezama Lima y Virgilio Piñera, o exiliados, como Gastón Baquero y Severo Sarduy. Entre 1993 y 1998, Ambrosio Fornet publicó en *La Gaceta de Cuba*, órgano de la Unión de Escritores y Artistas de Cuba, cinco dossiers sobre la literatura de la emigración y la revista *Temas,* editada por el Fondo para el Desarrollo de la Cultura y la Educación, incluyó decenas de artículos sobre la diáspora en sus números 2 (1995), 8 (1996) y 10 (1997).[225]

El expediente aperturista se incorporó con vehemencia al discurso de los políticos e intelectuales autorizados de la cultura cubana.[226] Cuba, según ellos, se abría al pasado de la República y al presente de la Diáspora. Aun así, la identidad nacional no podía prescindir de un paradigma político, es decir, no podía formularse en términos cívicos o republicanos, ya que esto implicaría el reconocimiento de todos los actores de la cultura cubana con independencia de sus posiciones políticas. La borrosa línea trazada por Fidel Castro, en *Palabras a los intelectuales* (1961) —«Dentro de la Revolución todo, contra la Revolución

444

nada»–, parecía disiparse. Los límites políticos de la cultura nacional debían correrse, ensancharse, pero no podían desaparecer. Una vez más, el criterio que predominó en la reformulación del canon nacional estuvo directamente subordinado a una política de Estado, es decir, suscrito a ese proceso que Michael Hardt y Antonio Negri han definido como la conexión entre el «nacionalismo subalterno» y el «totalitarismo de la nación-Estado».[227]

En la primera conferencia «La Nación y la Emigración», celebrada en La Habana en junio de 1994, el entonces presidente de la UNEAC y miembro del Buró Político, Abel Prieto, propuso trazar los límites políticos de la cultura nacional con una sutil distinción entre los conceptos de *cubanidad* y *cubanía*. La primera, según Prieto, estaba dada por la pertenencia a la matriz cultural –no étnica, ni religiosa, ni ideológica– de una nación moderna del mundo occidental, tal y como ha sido descrita dicha condición en las teorías del nacionalismo, desde Kohn hasta Smith.[228] La segunda, en cambio, denotaba una obligación moral para con la patria, una entrega a los destinos políticos de la nación que, en el presente, sólo podían manifestarse por medio de la lealtad al gobierno de la isla.[229] Dicho a toda velocidad con un ejemplo: Guillermo Cabrera Infante, según esta tipología binaria, pertenece a la *cubanidad*, pero no a la *cubanía*. De acuerdo con esta concepción, que reiteró el ministro Hart, al año siguiente, en el encuentro «Cuba: Cultura e Identidad Nacional», se organizó la política cultural del poscomunismo cubano.[230]

Semejante comprensión política –y no cultural– de la identidad nacional no sólo ignora las múltiples convergencias que, en materia de cultura política nacionalista, experimentan los «revolucionarios» y los «contrarrevolucionarios», sino que intenta aplicar, autoritariamente, una jerarquía ética a la subjetividad nacional.[231] La política cultural de la identidad, en los 90, demostró su subordinación acrítica a las demandas de legi-

445

timación del Estado al acoplar los límites del canon nacional con los márgenes del régimen político. De acuerdo con este acople, aquellos actores de la cultura cubana, residentes dentro o fuera de la isla, que adoptaran posiciones públicas de oposición o disidencia frente al sistema cubano, quedarían excluidos de la apertura. Al igual que en la esfera política, en el campo intelectual, los opositores y disidentes seguirían siendo considerados «enemigos de la nación» y, por tanto, sujetos desprovistos de derechos culturales.

En un ensayo reciente, el destacado teórico Desiderio Navarro advierte que, en la condición poscomunista, la política cultural del régimen debe enfrentarse a las ambigüedades de la máxima de Fidel Castro, «Dentro de la Revolución todo, contra la Revolución nada», cuya discrecional hermenéutica ha delimitado, desde 1961, el estrecho margen de libertad intelectual en Cuba.[232] Si el canon político de la cultura ya no está regido por la filosofía marxista-leninista, sino por la identidad nacional, ¿cómo justificar, entonces, la exclusión del espacio público insular de aquellos discursos, prácticas y sujetos culturales que pertenecen a la *Nación*, aunque rechacen la forma histórica actual del *Estado*? Sin duda, el molde de lo *revolucionario*, lo *contrarrevolucionario* o lo *no revolucionario* resulta demasiado angosto y caduco para trazar límites de expresión o construir jerarquías morales que controlen la circulación de los actores y las voces de la cultura cubana.

La crisis de los paradigmas marxista-leninista y revolucionario, en el proceso de definición ideológica de la identidad nacional, ha provocado una simplificación nacionalista del discurso legitimante del régimen cubano. En el debate internacional suscitado en la primavera de 2003, tras la ejecución de tres emigrantes ilegales y el encarcelamiento de setenta y cinco opositores pacíficos y moderados, los argumentos que La Habana esgrimió, frente a críticos tan emblemáticos de la izquierda occidental como Noam Chomsky, José Saramago, Susan Sontag y

Carlos Fuentes, se redujeron a la justificación de un estado de emergencia, condicionado por una virtual invasión de Estados Unidos contra la isla. Esta apelación constante a la mentalidad binaria de una plaza sitiada resta credibilidad y sofisticación al discurso oficial y agudiza la desconexión entre la retórica del gobierno y los lenguajes de la cultura. En la actual fase poscomunista del socialismo cubano, la ideología y la cultura establecen una nueva tensión discursiva. Dicha tensión es producto del desencuentro entre una política cultural basada en la «defensa de la identidad nacional» y una práctica cultural que tiende a la apertura del canon ideológico del nacionalismo y a la inscripción de nuevos actores sociales que, desde múltiples alteridades, cuestionan la homogeneidad del sujeto socialista. Por primera vez, en más de cuatro décadas de gobierno, el régimen cubano experimenta una separación entre cultura e ideología, entre campo intelectual y aparato político, que podría evolucionar, en los próximos años, hacia nuevas formas de autonomía y crítica desde la sociedad civil.

## DEL COMPROMISO A LA NEUTRALIDAD

La Revolución cubana, qué duda cabe, transformó, a la vez, la cultura de la isla y las relaciones culturales del mundo occidental con esa pequeña nación latinoamericana. El cambio cultural fue impulsado por el abandono de los patrones liberales, republicanos y –aunque no democráticos– representativos que regían la vida económica y política de Cuba desde finales del siglo XIX y la adopción de un sistema socialista, basado en la propiedad estatal sobre los medios de producción, el poder de un partido y un líder únicos, la implementación de una ideología oficial comunista y nacionalista y el desarrollo de una ciudadanía con amplios derechos sociales y escasos derechos civiles y políticos. A partir de entonces, Cuba, un país caribeño que

447

era percibido como una versión glamourosa de dependencia y subdesarrollo comenzó a reproducirse simbólicamente como modelo de igualdad y progreso en Occidente. La intelectualidad cubana jugó un papel decisivo en esta sustitución cultural de un estereotipo por otro, que le otorgó un vasto contenido histórico a sus discursos, al mismo tiempo que restringía la libertad de sus prácticas.

El periodista y escritor mexicano Fernando Benítez, en un reportaje memorable, resumió de esta forma aquella metamorfosis simbólica, por la cual las estaciones de la policía batistiana se transformaban en escuelas, los hoteles en hospitales y las prostitutas en milicianas, reemplazando la antigua fantasía erótica del Caribe con una nueva y solemne utopía política:

De La Habana han desaparecido los turistas. La «industria sin chimeneas» ha cerrado sus puertas. En vano los aguardan los parasoles de color al borde de las tibias albercas y los *croupiers* bajo los centelleantes candelabros de los casinos. Cruzados de brazos los *maîtres*, vestidos de smoking, aguardan a la puerta de los suntuosos comedores y resignadamente escuchan los violines de la orquesta. Las muchachas de la calle Virtudes, bostezan cruzando las piernas desnudas en los altos taburetes de los bares. No hay nada que hacer.[233]

En la literatura y las artes, el triunfo revolucionario produjo la espontánea celebración de la mayoría de los creadores cubanos de todas las ideologías y generaciones. Entre 1959 y 1961, sin embargo, aquel consenso comenzó a quebrarse como resultado de la radicalización comunista y nacionalista de un proyecto inicialmente democrático y moderado. Una mitad de la gran intelectualidad republicana (Jorge Mañach, Gastón Baquero, Lydia Cabrera, Leví Marrero...) emigró a donde pudo; la otra (Fernando Ortiz, Ramiro Guerra, José Lezama Lima, Virgilio Piñera...) permaneció en la isla, pero ya sin el liderazgo cívico o estético que durante años había ejercido. El poder de la cultura quedó entonces repartido entre intelectuales y políticos comunistas como Carlos Rafael Rodríguez, Edith García Buchaca, Alejo Carpentier, Juan Marinello o Nicolás Guillén, nuevos líderes culturales como Haydée Santamaría, Armando Hart, Alfredo Guevara o Carlos Franqui y una formidable generación de escritores vanguardistas y cosmopolitas a la que pertenecían Guillermo Cabrera Infante, Heberto Padilla, Manuel Díaz Martínez, Pablo Armando Fernández, Antón Arrufat, César López, Edmundo Desnoes, Lisandro Otero, Ambrosio Fornet y Roberto Fernández Retamar.

El nuevo poder de la cultura, en los años 60, siguió una lógica institucional y políticamente distributiva, que permitió una década de intensa creatividad y pluralismo en la literatura, la música, el cine y la plástica cubanas y que se amparó en la ambigua discrecionalidad de la máxima fidelista de «Dentro de la Revolución todo, contra la Revolución nada», facilitó la emergencia de instituciones tan renovadoras como el ICAIC o Casa de las Américas y de publicaciones tan vivas y polémicas como *Lunes de Revolución*, *El Caimán Barbudo* y *Pensamiento Crítico*. Aquella efervescencia, que propició la interacción de diversas corrientes marxistas y nacionalistas y que sintonizó el campo intelectual revolucionario con la izquierda occidental, hizo crisis entre 1968 y 1971. La plena alineación doctrinal e institucional con la Unión Soviética, que se plasmó en el apoyo a la invasión de Checoslovaquia, la crisis de la Zafra de los Diez Millones y el ingreso al CAME, tuvo sus costos en el campo cultural: la persecución de homosexuales, el exilio de importantes figuras de la primera etapa revolucionaria como Carlos Franqui y Guillermo Cabrera Infante, el encarcelamiento y juicio del poeta Heberto Padilla, la retirada del apoyo público de intelectuales occidentales como Jean-Paul Sartre, Octavio Paz o Mario Vargas Llosa.[234]

El crítico Ambrosio Fornet se refirió alguna vez a un «quinquenio gris» en la vida cultural cubana que se habría extendido del Congreso Nacional de Educación y Cultura en 1971 a la creación del Ministerio de Cultura en 1976. Desde el punto de vista institucional la frase es precisa, debido a que enmarca los cinco años en que la producción artística y literaria de la isla estuvo más directamente subordinada al aparato político del Partido Comunista por medio de burócratas con escasa obra intelectual como Luis Pavón Tamayo, José Llanusa o Armando Quesada. Pero desde el punto de vista ideológico y político resulta doblemente eufemística –por lo de «quinquenio» y por lo de «gris»–, ya que el control policíaco de la vida intelectual se ha mantenido hasta hoy y la promoción oficial del canon marxista-leninista de creación se extendió, por lo menos, hasta 1992, a pesar de que la versión cubana de dicho canon nunca haya sido tan rígida como la soviética del realismo socialista. Es cierto que el surgimiento del Ministerio de Cultura en 1976, encabezado por Armando Hart, un político de ascendencia nacionalista revolucionaria, vino a reforzar un principio de compensación de la autoridad ideológica en el proceso cultural, que desde los años 60 sostenían instituciones como el ICAIC y Casa de las Américas y que dio un impulso decisivo a la institucionalización educativa y política de la sociabilidad literaria y artística. Pero la fórmula del «quinquenio gris» se ha convertido en un *oxímoron* que permite a las élites intelectuales del poder localizar todo el expediente represivo del régimen en materia de política cultural dentro de aquel lapso de cinco años, como si después de 1976 no se hubieran censurado obras de arte, clausurado publicaciones, boicoteado intentos de sociabilidad independiente o encarcelado a poetas como María Elena Cruz Varela y Raúl Rivero.

Aunque en los años 70 no toda la literatura y el arte cubanos estuvieron arropados por la camisa de fuerza de una estética oficial dogmática –pienso en las novelas de José Soler Puig, Miguel Barnet y Manuel Pereira, en la poesía de Nancy Morejón, Luis Rogelio Nogueras y Guillermo Rodríguez Rivera, en la pintura de Pedro Pablo Oliva, Zaida del Río, Roberto Fabelo y Tomás Sánchez, en la dramaturgia de Vicente Revuelta y Teatro Estudio y de Sergio Corrieri y el Grupo Escambray, en la música de Irakere y Los Van Van, en las canciones de Silvio Rodríguez, Pablo Milanés, Amaury Pérez y Pedro Luis Ferrer o en el cine de Tomás Gutiérrez Alea y Humberto Solás–, los primeros indicios de una ruptura frontal con el patrón ideológico marxista-leninista no se produjeron hasta mediados de los 80. La frontalidad de dicha ruptura estuvo relacionada con el agotamiento simbólico de Cuba dentro del campo socialista: una localización geopolítica que, infructuosamente, había intentado desplazar, desde finales de los 60, el rol cubano como alternativa paradigmática de una izquierda heterodoxa en América Latina. La neovanguardia cubana de los 80, al sustituir estrategias «marxista-leninistas» con estrategias «posmodernas» de producción cultural, contribuyó a una relocalización de la cultura en su entorno cubano, latinoamericano y caribeño.[235]

La poesía, la plástica, el teatro, la música y la danza fueron, acaso, las cinco esferas de creación que protagonizaron la insurgencia estética de los 80. Poetas como Reina María Rodríguez, Osvaldo Sánchez, Marilyn Bobes y Emilio García Montiel, pintores como Flavio Garciandía, Arturo Cuenca, José Bedia y Juan Francisco Elso, dramaturgos como Roberto Blanco, Flora Lauten y Víctor Varela, bailarines y coreógrafos como Rosario Suárez, Caridad Martínez y Marianela Boán, trovadores como Carlos Varela, Santiago Feliú y Frank Delgado reconstruyeron la plataforma estética e ideológica de la producción cultural y lo hicieron, al igual que en los 60, propiciando un diálogo entre los diferentes lenguajes artísticos. Esta permeabilidad estética le otorgó al movimiento cultural una intensa cohesión generacional que muy pronto comenzó a reflejarse en discursos teóricos y, más peligrosamente, en ciertos ejercicios de política cultural independiente que rebasaron las instituciones oficiales. En la segunda mitad de los 80, algunos intentos de autonomía de la sociabilidad intelectual como los proyectos *Castillo de la*

*Fuerza, Arte Calle, Hacer* o *Paideia* y algunos ensayos de Gerardo Mosquera, Desiderio Navarro, Iván de la Nuez y Rolando Prats, dan fe de esta creciente politización de la neovanguardia cultural.

En el libro *Déjame que te cuente* (2002), una antología de la crítica de arte de los 80, compilada por Margarita González, Tania Parson y José Veigas y editada en La Habana por el Consejo Nacional de las Artes Plásticas, a pesar de la ausencia de un autor tan emblemático de aquella década como Iván de la Nuez, se reproducen algunos de los textos que proponían la transformación del discurso crítico y teórico en política intelectual independiente. Uno de esos textos, «La fuerza tiene su castillo», de los artistas y críticos Alexis Somoza, Félix Suazo y Alejandro Aguilera defendía claramente la posibilidad de que la distribución del arte producido en Cuba no sólo corriera a cargo de los aparatos ideológicos del Estado, sino de las que llamaban, siguiendo a Juan Acha, «fuerzas independientes».[236] Para lograr que la propuesta no fuera boicoteada por el gobierno, Somoza, Suazo y Aguilera presentaban el proyecto *Castillo de la Fuerza* como un pacto entre las «fuerzas independientes» y los organismos oficiales de cultura que monopolizaban la infraestructura de distribución artística: una «asistencia a la distribución del producto artístico, o sea, la alianza temporal con las instituciones poseedoras de los medios materiales y de la tecnología para la distribución de la obra de arte». En esencia, aquella transacción fue un claro indicio de que una nueva sociabilidad intelectual intentaba abrirse paso por debajo de las instituciones estatales. No de otra manera se explica que importantes intelectuales de los 80, como los poetas María Elena Cruz Varela, Rolando Prats y Omar Pérez, muy pronto pasaran a la oposición política organizada.

Al igual que a fines de los 60, esta insurgencia cultural fue sofocada por el poder entre 1989 y 1992, justo cuando comenzaba a cuestionarse los límites estatales de la sociabilidad intelectual y cuando el liderazgo ideológico del Partido Comunista, concentrado en la persona de Carlos Aldana, imaginaba algún futuro viable para una Cuba postsoviética. El cierre, que inicialmente fue instrumentado como una reacción nacionalista contra el «posmodernismo» –el cual se identificaba en medios oficiales con otras corrientes monstruosas como el «neoanexionismo» o el «neoliberalismo»–, propició, además de la politización opositora de intelectuales como Raúl Rivero, Manuel Díaz Martínez o Rafael Alcides, una diáspora de escritores y artistas cubanos hacia diversos países americanos y europeos –la tercera en importancia después del exilio de los 60 y la emigración por el puerto de Mariel en 1980– que muy pronto dio muestras de su irrefrenable creatividad lejos de la isla. Así como en los 80 la plástica fue el arte más dinámico del campo cultural, en los 90, la narrativa escrita en la isla y la diáspora (Jesús Díaz, Antonio Benítez Rojo, Carlos Victoria, Eliseo Alberto, Zoé Valdés, Daína Chaviano, Antón Arrufat, Abilio Estévez, Pedro Juan Gutiérrez, Rolando Sánchez Mejías, José Manuel Prieto, Leonardo Padura, Ena Lucía Portela...) alcanzó su mayor esplendor desde los tiempos de Carpentier, Lezama, Piñera, Cabrera Infante, Sarduy y Arenas. Esta desterritorialización de la narrativa fue captada por el acceso al mercado occidental de la cultura cubana, antes aferrada al Estado socialista como única institución pontificadora y difusora. En términos estéticos e intelectuales, dicha mercantilización produjo efectos disparejos sobre ciertas áreas de importante desarrollo cultural como la música, el cine y la plástica, pero contribuyó a homogeneizar discursivamente las creaciones de la isla y la diáspora, antes demasiado asimétricas e incomunicadas.

Si bien la selectiva inserción de la literatura cubana en el mercado editorial español ha provocado cierta reconstrucción de estereotipos insulares, en los que Cuba reaparece como fantasía erótica y política de la imaginación occidental, no todo el saldo de la mercantilización está signado por el exotismo, la co-

453

dicia, la frivolidad o el paternalismo. Importantes grupos editoriales como Planeta, Alfaguara y Mondadori han rescatado, en los últimos diez años, lo mejor, lo regular y lo peor de la producción literaria contemporánea de la isla y la diáspora. Sin embargo, en términos políticos, un catálogo cubano como el de la editorial Tusquets, que reúne a clásicos republicanos como Lino Novás Calvo y Carlos Montenegro, autores emblemáticos del exilio como Severo Sarduy y Reinaldo Arenas, escritores residentes en la isla o en la diáspora como Leonardo Padura, Abilio Estévez, Mayra Montero o Arturo Arango y libros tan bien ubicados en la biblioteca de la oposición cubana como *Persona non grata* de Jorge Edwards, *El furor y el delirio* de Jorge Masetti y *Cómo llegó la noche* de Huber Matos, es una buena muestra de la capacidad del mercado editorial para burlar los controles de un estado totalitario y ofrecer al público hispanoamericano un fragmento plural de la república cubana de las letras.

Junto con el acceso al mercado, que otorga funciones gerenciales a la nueva burocracia cultural, el otro elemento característico de los 90 fue la apertura del canon nacional de la cultura cubana, propiciada, primero, por aquel desplazamiento ideológico del marxismo-leninismo al nacionalismo revolucionario que impulsó el movimiento de los 80, y luego admitida por la reforma constitucional de 1992. La política cultural, encabezada por el novelista Abel Prieto, se abocó a la recuperación de clásicos de la República, como Jorge Mañach, Gastón Baquero, Lydia Cabrera, Lino Novás Calvo, Enrique Labrador Ruiz, Carlos Montenegro y Eugenio Florit, antes rechazados como «intelectuales burgueses» del antiguo régimen, a la flexibilización del control político sobre la creación, como se plasma en películas como *Fresa y chocolate* y *Guantanamera*, y a los primeros intentos de difusión, dentro de la isla, de la inmensa producción cultural de la diáspora. A fines de la década, esta apertura del canon, esta flexibilización política y este acceso al mercado se reflejaron en una de las zonas más vivas de la cultura cubana contemporánea, el ensayo, un género donde tensamente se han reencontrado intelectuales de varias generaciones y diversas latitudes como Fina García Marruz, Cintio Vitier, Ambrosio Fornet, Enrique Saínz, Jorge Luis Arcos, Arturo Arango, Rafael Hernández, Margarita Mateo, Antonio José Ponte, Victor Fowler, Rufo Caballero, Jesús Jambrina, Iván de la Nuez, Emilio Ichikawa, Madeline Cámara, Pedro Marqués de Armas, Ernesto Hernández Busto o Duanel Díaz, y que ha conformado el nuevo corpus crítico de valiosas publicaciones de la isla y la diáspora como *Azoteas, La Gaceta de Cuba, Temas, Unión, Diáspora(s)* y *Encuentro de la Cultura Cubana*.

*Intervenciones poéticas*

A partir del 2000, la vulgarización del discurso político del gobierno cubano ha provocado una profunda disociación entre la cultura y el poder, entre el arte y la ideología. Mientras los primeros –el arte y la cultura– se adentran en una práctica sofisticada y autónoma de representación y crítica de la realidad cubana, los segundos –el poder y la ideología– se aferran desesperadamente a la defensa y promoción, en la isla y en el mundo, de un símbolo cada día más debilitado e inverosímil. Este desencuentro simbólico entre la creación y el régimen ha provocado una fractura de la política cultural de la isla en dos versiones claramente delineadas: una más o menos aperturista, encabezada por intelectuales funcionarios nacidos alrededor de 1950, y otra resistente al cambio, promovida por funcionarios a secas, sin una obra intelectual considerable y nacidos alrededor de 1960, a quienes el aparato ideológico del Partido Comunista ha encomendado la protección y supervivencia del mito revolucionario. En los próximos años las relaciones entre la cultura y el poder, en Cuba, se debatirán en un forcejeo entre ambas tendencias, que desgastará aún más los resortes simbólicos del régimen e incrementará la capacidad representativa de la producción artística y literaria.

La naturaleza crítica de la cultura cubana contemporánea, producida en la isla, es innegable. Ahí están para demostrarlo las novelas de Jorge Ángel Pérez y Pedro de Jesús, los cuentos de Ángel Santiesteban y Francis Sánchez, las películas de Juan Carlos Tabío, Orlando Rojas y Fernando Pérez, la dramaturgia de Atilio Caballero y la música de William Vivanco, los ensayos de Victor Fowler, Roberto Zurbano y Duanel Díaz Infante, los cuadros de Armando Mariño y Pedro Álvarez, las piezas de Aimée García, las instalaciones de Glenda León o las intervenciones del Grupo Enema, los poemas de Javier Marimón, Gerardo Fernández Fe y Pablo de Cuba Soria. Las motivaciones estéticas de esta cultura ya no responden, en su producción, circulación o consumo, a las insistentes demandas de legitimación de un poder poco persuasivo, demasiado inmerso en su precaria subsistencia y claramente dispuesto a sostener su escaso crédito internacional a costa del cierre del espacio público interno. De ahí que esas demandas de legitimación, cada día más frenéticas y compulsivas, sólo puedan ser asumidas por aquellos aparatos ideológicos del Estado (televisión, prensa, editoriales políticas, mesas redondas, tribunas abiertas, marchas del pueblo combatiente...) ocupados por actores ciegamente leales o acríticamente subordinados. Es cierto que en situaciones límites, como la de la primavera del 2003, el poder logra implicar a personalidades oficiales de la cultura en fuertes manifestaciones de apoyo a la represión y el inmovilismo. Sin embargo, habría que admitir que cada día son más los escritores, músicos y artistas cubanos que se mantienen al margen de esas manipulaciones y que se concentran en la producción de una crítica intelectual, a veces demasiado indirecta o alegórica.

El repliegue mayoritario del campo intelectual hacia un territorio propiamente artístico, letrado o «experto», que se resiste al intervencionismo público de los pequeños círculos oficialistas y opositores, debe ser analizado con serenidad y sutileza.[237] Una revista como *Azoteas*, editada por Antón Arrufat y Reina María

Rodríguez, donde se publican ensayos literarios de la mayor sofisticación y se rescatan clásicos de la literatura cubana, hispanoamericana y universal, se inscribe plenamente en la gran tradición de la ciudad letrada. Este cultivo de la alta literatura bajo un régimen totalitario, como el cubano, y en una coyuntura sumamente represiva, como la que se abre con los fusilamientos y encarcelamientos de la primavera de 2003, tiene el doble significado de una conquista y una concesión: la conquista de la «torre de marfil», del espacio autónomo de las «bellas letras», y la concesión del silencio público sobre los grandes problemas políticos del país, o sea, la despolitización del discurso poético y crítico. Pero la neutralidad deliberada es, en este y otros casos de relativa sociabilidad intelectual dentro de la isla, un elemento de negociación de la autonomía, ya que respetando un pacto con el poder, los editores de *Azoteas* sustraen un pedazo del campo intelectual del aparato de legitimación del régimen y acumulan una mayor capacidad alegórica u oblicua de producción de mensajes políticos.

La rearticulación del paradigma de la «neutralidad» no es ajena a regímenes totalitarios o autoritarios. La historia política del siglo XX demuestra que en momentos de dilatación de la esfera pública, como la República de Weimar, los años 50 y 60 en Estados Unidos y Europa o las décadas del 80 y el 90 en Rusia y Europa del Este, el intervencionismo cívico del campo intelectual se acentúa.[238] La búsqueda de una agencia, entre la libertad y el miedo, adopta siempre la forma de un diálogo o una persuasión cívica.[239] En la primera fase de un totalitarismo, de origen revolucionario como el cubano, la «entrada» en política se convierte en motivo de compulsión moral desde el poder.[240] Pero ya en la decadencia del régimen, emerge un rasgo típico de todos los autoritarismos y todas las dictaduras: la despolitización o el repliegue de los discursos hacia la esfera «letrada» o «experta». En esos momentos la «política del escepticismo» desplaza a la «política de la fe», el antiguo «compromiso»

457

no puede ser reemplazado por una nueva ética de la responsabilidad social y la actitud predominante es aquella que Norbert Elias llamaba el «distanciamiento».[241]

El regreso a la neutralidad, después de tantos años de demanda de compromiso, coloca a la estrategia cultural del régimen cubano en un escenario de reemplazo de la «politización del arte» por la «estetización de la política». Walter Benjamin o Bertold Brecht habrían visto esa regresión como un síntoma de decadencia totalitaria, similar a la que experimentaron, en su momento, los fascismos y los comunismos europeos.[242] En un escenario así, los discursos y las prácticas de la producción cultural tienden a replegarse hacia el territorio semántico de la evasión. Y esta última, como anotaba Levinas, es lo contrario del «impulso vital» de la verdadera creación: «Precisamente de aquello que hay de peso en el ser es de lo que se aparta la evasión. La renovación continua del impulso, en cambio, rompe la prisión de un presente que, apenas actual, se convierte en pasado.»[243]

En el caso de Cuba, esa recuperación del espacio letrado, no sólo responde a la fase decadente o apática de un régimen, sino a la desilusión moral que caracteriza los inicios del siglo XXI. En Cuba, el descrédito del rol del «intelectual público» coincide con el ocaso del totalitarismo: esa simultaneidad produce un ambiente muy favorable para el desarrollo de las estrategias despolitizadotas del poder. En su ensayo «Los escritores y el Leviatán», George Orwell alertaba sobre lo engañoso y repulsivo que resulta que los funcionarios culturales de un Estado pretendan que todos los escritores se concentren exclusivamente en su literatura, como James o Joyce. «Bueno ¿entonces qué? –se preguntaba Orwell en 1948–. ¿Debemos concluir que es deber de todo escritor *no meterse en política?* Ciertamente no... Ninguna persona pensante puede no meterse en política en una época como ésta.»[244] Algo similar escribió muchos años después Maurice Blanchot en su enjundiosa respuesta al ensayo «Tumba del intelectual» (1983) de Jean-François Lyotard: «Desde que se les llama así, los intelectuales no han hecho otra cosa que dejar momentáneamente de ser lo que eran (escritor, científico, artista) para responder a unas exigencias morales, oscuras e imperiosas a la vez, puesto que eran de justicia y libertad.»[245] Los márgenes de la crítica en la cultura cubana se amplían o se estrechan por medio de un misterioso mecanismo de regulación tácita, muchas veces asociado a demandas coyunturales de la política gubernamental y casi siempre aplicado de manera casuística a las diversas esferas de la cultura. Entre todas las artes cubanas, las que gozan de una mayor libertad son las de menor capacidad de una producción semántica perdurable, como la música, la danza y el teatro. El cine, por ser un espectáculo menos efímero y a la vez masivo, posee límites más angostos de crítica que los del teatro, pero mayores posibilidades de crítica literal que la propia literatura. Sin embargo, en esta última, a pesar de esos controles sutiles, casi intangibles, la producción cubana contemporánea se atreve a avanzar hasta el borde de lo tolerado, hasta la formulación misma de la interdicción y el silencio como problemas. En este sentido, llama la atención el hecho de que dos de los grandes temas de la nueva poesía cubana sean, precisamente, la voz y la libertad. En *Distintos modos de cavar un túnel* (2002) se leen estos versos de Juan Carlos Flores: «Que te vuelvas afásico, me dicen, que te vuelvas afásico, en países como éste lo mejor que uno hace es alquilar un quitamanchas portátil.» O estos otros: «La cigarra canta y cantar es el único sentido de su canto... yo, no soy una cigarra. Ni siquiera tengo voz.»[246] Otro poeta, Pablo de Cuba Soria, nacido en 1980, termina su cuaderno *De Zaratustra y otros equívocos* (2003) con este poema, titulado «Donde dijeron libertad»:

> Donde dijeron libertad
> hubo una puerta,
> extraña sierpe
> en el marco del espejo,

coherencia del hombre
que se niega a sí mismo
una y otra vez
hasta que llega el sustituto
a imagen y semejanza

toda palabra es un puente
voluta fugada de los dioses
donde hubo una puerta
los hombres callaron

nada pudieron decir
nada he podido
luego del límite
sólo el lenguaje
la brevedad y la noche.[247]

Ambos poetas replantean el viejo tema de la poesía civil bajo un régimen totalitario. No es raro que uno y otro tengan muy presentes a dos poetas que, antes que ellos, intentaron una expresión similar en el comunismo cubano: Heberto Padilla y Lina de Feria. En su poema «El Péndulo», anota Flores: «Soñar, cuando la realidad nos cansa, volver a la realidad / cuando soñar nos cansa... / en unas escasas líneas de Joyce, están condensados todos / los poemas de *Fuera del juego*, el libro que escribió Padilla...»[248] El cuaderno *De Zaratustra y otros equívocos* de Pablo de Cuba Soria está dedicado a Lina de Feria, que «le enseñó la inexistencia de toda casa», en alusión al ya clásico cuaderno *Casa que no existía* (1967).[249] Lo más significativo es que esa voluntad de crear, como dice Flores, un «antipoema civil», que condense la crítica al autoritarismo cubano, se construye sobre antecedentes y referencias de la poesía escrita en la isla en las últimas décadas. La propia Lina de Feria en sus dos últimos poemarios, *El libro de los equívocos* (2001) y *País sin abedules*

(2003) se acerca, en momentos muy elocuentes, a esa lírica de la desesperación en la ciudad, desde la cual hablan siempre los poetas molestos o rabiosos.[250] Ya desde mediados de los 90, algunos poetas de la isla venían intentando articular esa resistencia poética. Reina María Rodríguez en *Páramos* (1993), Rolando Sánchez Mejías en *Derivas I* (1994), Omar Pérez en *Algo de lo sagrado* (1995) y Antonio José Ponte en *Asiento en las ruinas* (1997) avanzaron en esa dirección.[251] En poemas como «La victoria de los desobedientes», «Hay una palabra que no usé», «Camilo en el pasillo a consulta» o «Rompan todo lo que quieran», de Omar Pérez, el deseo de transcribir la voz del ciudadano logró, en aquella década, sus mejores cristalizaciones. Basten tan sólo, los cinco versos del poema «Luna, desorden, ciudadanos», para ilustrar la fantasía de la insurgencia civil, justo en años de grandes estampidas de balseros y conatos de protestas populares: «Infracción del civil que solo, en el orden / de las lejanas luces, busca órdenes; / negligencia del astro que se raspa / contra el borde superior de las edificaciones: / mañana al mediodía desfilan los lunáticos.»[252] Lo mejor de la joven poesía, producida en la isla en los últimos años –pienso en cuadernos como *Bajo el signo del otro* (2000) de Luis M. Pérez-Boitel, *Viendo acabado tanto reino fuerte* (2001) de Roberto Méndez, *A la sombra de los muchachos en flor* (2001) de Nelson Simón, *Los territorios de la muerte* (2002) de Liudmila Quincoses Clavelo, *Las altas horas* (2003) de Teresa Melo y *Escrito en playa amarilla* (2004) de Sigfredo Ariel–, se inscribe, desde múltiples subjetividades y con mayores o menores inhibiciones, en esa búsqueda de una lírica civil.[253] A este último poemario pertenecen los versos de «Embargo y elegía»:

Abro la puerta de mi casa/está el bloqueo
Con un ojo cerrado y otro abierto está el bloqueo
Ante mí no comprendo nada que entiendo la mitad
De esas noticias de África

461

El bloqueo baila se enardece comenta las actualidades
Habla incluso del periodo romántico de Mahler
De un lejano amor perdido
De los cortes de pelo de los cortes de electricidad...

Comprendan
Imaginen un país en medio del bloqueo
Supongan que perdura con sus intercambiables islitas
Con sus granjas de rehabilitación
Sus grandes hospitales donde se estiraban los desiertos
Sus intérpretes de música foránea
Sus presencias constantes en la frágil memoria de la radio
Los huecos de la ausencia
Sus fabulosos pecados de omisión
Entrecierra los ojos di qué ves

Con su antifaz pasa el bloqueo del viejo carnaval
Con el padre y la esposa despidiendo al médico
Despidiendo al amigo a los amantes cíclicos
En la barra pides una heineken y el bloqueo
Vuelve su cabeza de buen mozo para ti
Y en el aeropuerto te sonríe
Agita su pañuelo de hilo llora por ti
A lo largo de una noche
Ante el bloqueo tras el bloqueo
Sobre el extenso territorio
Del bloqueo

Criatura nacida del bloqueo mira en tu pequeño patio
Mira cómo algo está naciendo sin dirección
Sin el gran peso de tus ojos
Sin permiso sin instrucciones ni destino luminoso
Una planta una persona un hijo/algo.[254]

Los límites de esta crítica están, por demás, claramente tra-
zados en el orden semántico de la ideología cubana: el sistema

político, el liderazgo único de Fidel Castro y el Partido Comunista, en dos palabras, el centro del poder. Pero el hecho de que la interdicción oficial esté ubicada en el centro simbólico y no en la periferia institucional del régimen ofrece algunos márgenes de impugnación política a la cultura cubana. Cada vez es más frecuente un tipo de crítica a ciertos atributos de ese poder, como el dogmatismo, la burocracia, la corrupción o la inequidad, que se ampara en una o dos frases de adhesión al sistema, de lealtad a Fidel Castro o, simplemente, de reconocimiento del legado social de la Revolución. Esta cultura, precisamente por producirse dentro de los límites de una transacción moral entre la libertad y el miedo, se cuida racionalmente de marcar una distancia retórica y narrativa frente a los discursos más legitimantes del poder. En los últimos años esa distancia se ha vuelto cada vez más insalvable, cada vez menos recuperable, debido a que la cultura comienza a desarrollarse de manera autorreferencial, es decir, con arreglo a un trasfondo simbólico y conceptual propio, que se expresa en narrativas resistentes a los usos y costumbres del Estado. De manera que la paradoja de la cultura y el poder, en la Cuba contemporánea, podría resumirse así: mientras el poder se vuelve más represivo e ideologizado, la cultura se vuelve más autónoma y crítica. La relación entre ambos es, pues, una no relación, un desencuentro que acelera la decadencia política del régimen y el desarrollo de una producción cultural democrática.

Una objeción recurrente a esta tesis es que dicha disociación entre cultura y poder resulta funcional para el segundo, ya que al eludir toda confrontación, la primera se vuelve pasiva y cómplice. Si bien es evidente que los políticos oficiales de la cultura cubana, en nombre de las viejas «reglas del arte» decimonónico, han descubierto las ventajas de promover un modelo de intelectual aséptico, «no comprometido» y alejado de los asuntos públicos, lo cierto es que el desencuentro entre ambas entidades resta densidad simbólica al discurso legitimante y, a la vez, agrega valor estético y filosófico a la creación cultural. Es evidente que una producción cultural, como la cubana, en condiciones de despolitización semántica o de acomodo a los límites discursivos que marca la interdicción del poder, es incapaz de impulsar una sociabilidad independiente y antiautoritaria como la que se vivió en los años 60 y 80. Pero esta disociación, que genera el deslinde entre el campo intelectual y los aparatos ideológicos de Estado, entre la comunidad artística y literaria y la red institucional de propaganda y adoctrinamiento, es, en todo caso, preferible a la instrumentación política de la cultura que se experimentó en el momento soviético de los 70 o en el momento nacionalista de los 90.

La politización de la cultura cubana, en las décadas del 60 y el 80, fue obra de la irrupción en el espacio público de nuevos discursos y prácticas del campo intelectual que postulaban una identificación crítica con el proyecto revolucionario. En los años 70 y 90 fue el poder quien tomó la iniciativa, afianzando un estricto código de lealtad al régimen dentro de la comunidad artística y literaria. Ya a mediados de esta nueva década, la de 2000, el circuito de la adhesión acrítica al sistema, enfrascado en otro *oxímoron* –el de la «batalla de ideas»–, se traza fuera del campo intelectual, mientras que la instrumentación política de la cultura no va más allá de cierto exhibicionismo de apertura, de cierta gestualidad demostrativa, dirigida, sobre todo, a la comunidad internacional, y que insiste en afirmar un clima contradictorio de permisividad y pluralismo, de cohesión y neutralidad. Este nuevo pacto entre cultura y poder, en Cuba, tiene, como decíamos, la desventaja de promover estrategias despolitizadas de producción cultural, pero, entre otras ventajas, tiene la de incorporar al discurso del poder, aunque sea de un modo mimético o propagandístico, valores de cualquier cultura democrática como la libertad de expresión y asociación, el rechazo a la censura y la dilatación plural del espacio público.

Para la diáspora cubana, que es uno de los destinatarios de la nueva política cultural de la isla, es indispensable comprender esta disociación entre cultura y poder en Cuba. Un mejor entendimiento de las relaciones y los pactos entre el campo intelectual y el régimen político de la isla no sólo contribuiría a superar en el exilio ciertos estereotipos que representan a la cultura cubana actual como una subjetividad enferma, moralmente corrupta e ideológicamente inerte, sino a valorar, sin purismos éticos o políticos, su capacidad de agencia y su lógica de negociación. Desde esa mejor comprensión pueden articularse políticas intelectuales autónomas que ayuden a establecer sociabilidades remotas, vínculos electivos, entre la isla y la diáspora, que atraviesen las fronteras imaginarias de la nación y el exilio y que funden una nueva comunidad cultural sobre bases de tolerancia, reconciliación y libertad. La reintegración del campo intelectual cubano, que acompañará el cambio de régimen y la transición a la democracia, ya comenzó. La diáspora debe intervenir en ese proceso de reconstrucción cultural con humildad, sensatez y prudencia, pero sin renunciar a su autonomía, a su identidad, a su tradición de memoria y pluralismo, ni a su legado de crítica y destierro.

NOTAS

1. Carl Schmitt, *El concepto de «lo político»*, México, Folio, 1985, pp. 15-33.
2. Michel Foucault, *Microfísica del poder*, Madrid, La Piqueta, 1980, y *La hermenéutica del sujeto*, México, Fondo de Cultura Económica, 2002; Jacques Derrida, *Políticas de la amistad*, Valladolid, Trotta, 1998.
3. Pierre Bourdieu, *Las reglas del arte. Génesis y estructura del campo literario*, Barcelona, Anagrama, 1995, pp. 121-133.
4. *Ibid.*, pp. 180-185.
5. Jürgen Habermas, *Historia y crítica de la opinión pública*, Barcelona, Gustavo Gili, 1981, pp. 53-64.
6. Jorge Volpi, *En busca de Klingsor*, Barcelona, Seix Barral, 1999; Ignacio Padilla, *Amphitryon*, Madrid, Espasa Calpe, 1999.

7. Christopher Domínguez Michael, «La patología de la recepción», *Letras Libres*, núm. 63, marzo de 2004, pp. 48-52.

8. Daniel Sada, *Porque parece mentira la verdad nunca se sabe*, México, Tusquets, 1999; Enrique Serna, *El seductor de la patria*, México, Joaquín Mortiz, 1999.

9. Harold Bloom, *Agon. Towards a Theory of Revisionism*, Nueva York, Oxford University Press, 1982, pp. 16-51.

10. Michael Hardt y Antonio Negri, *Empire*, Cambridge, Massachussetts, Harvard University Press, 2000, pp. 93-113.

11. Jean-François Lyotard, *Moralidades postmodernas*, Madrid, Tecnos, 1996, pp. 21-30 y 161-170.

12. Dos autores mexicanos han estudiado estos usos nacionalistas de la retórica multicultural: Roger Bartra, *La sangre y la tinta*, México, Océano, 1999, y José Antonio Aguilar, *El fin de la raza cósmica*, México, Océano, 2001.

13. Pierre Bourdieu, *Meditaciones pascalianas*, Barcelona, Anagrama, 1999, pp. 227-236.

14. *Ibid.*, pp. 318-319.

15. Jesús Díaz, *Siberiana*, Madrid, Espasa Calpe, 2000, pp. 50-51; Pedro de Jesús, «El retrato», en *Nuevos narradores cubanos*, Madrid, Siruela, 2000, p. 252.

16. Zoé Valdés, *Te di la vida entera*, Barcelona, Planeta, 1997, pp. 25-29; Yanitzia Canetti, *Al otro lado*, Barcelona, Seix Barral, 1997, p. 154; Pedro Juan Gutiérrez, *Trilogía sucia de La Habana*, Barcelona, Anagrama, 1998, p. 73.

17. Daína Chaviano, *El hombre, la hembra y el hambre*, Barcelona, Planeta, 1998, p. 11.

18. José Miguel Sánchez *(Yoss)*, «La causa que refresca», en *Nuevos narradores cubanos*, Madrid, Siruela, 2000, p. 244.

19. Abilio Estévez, *Tuyo es el reino*, Barcelona, Tusquets, 1997, p. 87.

20. Antón Arrufat, *La noche del aguafiestas*, México, Alfaguara, 2001, pp. 40-49 y 259-262.

21. Antonio José Ponte, *Cuentos de todas partes del imperio*, París, Deleatur, 2000.

22. Luis Manuel García, *El restaurador de almas*, Valencia, Algar, 2001, pp. 77-113.

23. Antonio Benítez Rojo, *Mujer en traje de batalla*, Madrid, Alfaguara, 2001, pp. 123, 189 y 509.

24. Mayra Montero, *Como un mensajero tuyo*, Barcelona, Tusquets, 1998, y *Son de almendra*, Madrid, Alfaguara, 2005.

25. Reinaldo Montero, *La visita de la Infanta*, La Habana, Letras Cubanas, 2005, pp. 13-27.

26. Leonardo Padura, *La novela de mi vida*, Barcelona, Tusquets, 2002, pp. 312-316.

27. Arturo Arango, *Muerte de nadie*, Barcelona, Tusquets, 2004.

28. Reynaldo González, *Al cielo sometidos*, La Habana, Unión, 2000; Jaime Sarusky, *Un hombre providencial*, La Habana, Letras Cubanas, 2001; Zoé Valdés, *Lobas de mar*, Barcelona, Planeta, 2003.

29. José Manuel Prieto, *Enciclopedia de una vida en Rusia*, México, CONACULTA, 1998, y *Livadia*, Barcelona, Mondadori, 2000; Rolando Sánchez Mejías, *Historias de Olmo*, Barcelona, Siruela, 2003; Juan Abreu, *Garbageland*, Barcelona, Mondadori, 2001, y *Orlán Veinticinco*, Barcelona, Mondadori, 2003.

30. Julieta Campos, *La forza del destino*, México, Alfaguara, 2003; Reinaldo Montero, *Misiones*, La Habana, Letras Cubanas, 2001; Benigno Nieto, *Reina de la vida*, Madrid, Pliegos, 2001.

31. Leonardo Padura Fuentes, *Máscaras*, Barcelona, Tusquets, 1997, pp. 143-144.

32. Abel Prieto, *El vuelo del gato*, La Habana, Letras Cubanas, 1999, pp. 214-235.

33. Félix Luis Viera, *Un ciervo herido*, San Juan, Puerto Rico, Plaza Mayor, 2002; Arturo Arango, *El libro de la realidad*, Barcelona, Tusquets, 2001; Luis Deulofeu Calle, *No llores ni tengas miedo... conmigo no te pasará nada*, Barcelona, Egales, 2000; Jesús Díaz, *Las cuatro fugas de Manuel*, Madrid, Espasa Calpe, 2002; Andrés Jorge, *Voyeurs*, México, Alfaguara, 2001; Daniel Iglesias Kennedy, *Espacio vital*, Madrid, Betania, 2003.

34. Michel Foucault, *Genealogía del racismo*, La Plata, Altamira, 1996, p. 24.

35. Ena Lucía Portela, *El pájaro: pincel y tinta china*, La Habana, Unión, 1998; Miguel Mejides, *Perversiones en el Prado*, La Habana, Unión, 1999; Jorge Ángel Pérez, *El paseante cándido*, La Habana, Unión, 2001.

36. Maurice Blanchot, *El espacio literario*, Barcelona, Paidós, pp. 15-42.

37. Alberto Garrandés, *Capricho habanero*, La Habana, Letras Cubanas, 1997; Ena Lucía Portela, *Cien botellas en una pared*, Barcelona, Debate, 2002.

38. Pascale Casanova, *La República mundial de las letras*, Barcelona, Anagrama, 2001, pp. 40-66.

39. Pedro Juan Gutiérrez, *El Rey de La Habana*, Barcelona, Anagrama, 1999; Ena Lucía Portela, *La sombra del caminante*, La Habana, Unión, 2001.

40. Abilio Estévez, *Los palacios distantes*, Barcelona, Tusquets, 2002.

41. Antonio José Ponte, *Contrabando de sombras*, Barcelona, Mondadori, 2002.

42. Christopher Woodward, *In Ruins*, Nueva York, Pantheon Books, 2001, pp. 1-31.

43. Claudio Magris, *Utopía y desencanto. Historias, esperanzas e ilusiones de la modernidad*, Barcelona, Anagrama, 2001, pp. 7-17.

44. Jean-Paul Sartre, *Sartre visita a Cuba*, La Habana, Ediciones R, 1960, pp. 238-240.

45. *Ibid.*, pp. 240-242.

46. Graham Greene, *Nuestro hombre en La Habana*, Barcelona, Bruguera, 1980.

47. Saul Bellow, *Ravelstein*, Madrid, Alfaguara, 2000.

48. Michel Houellebecq, *Plataforma*, Barcelona, Anagrama, 2001.

49. José Quiroga, *Cuban Palimpsests*, Minneapolis, University of Minnesota Press, 2005, pp. 197-222.

50. Zoé Valdés, *Los misterios de La Habana*, Barcelona, Planeta, 2004; Abilio Estévez, *Inventario secreto de La Habana*, Madrid, Tusquets, 2004; Pedro Juan Gutiérrez, *Nuestro GG en La Habana*, Barcelona, Anagrama, 2004; Eliseo Alberto, *Esther en alguna parte*, Madrid, Espasa Calpe, 2005; Zoé Valdés, *La eternidad del instante*, Barcelona, Plaza y Janés, 2004.

51. Slavoj Zizek, *El acoso de las fantasías*, México, Siglo XXI, 1999, pp. 43-74.

52. Philip Roth, *Animal moribundo*, Madrid, Alfaguara, 2002.

53. Mauricio Ferraris, *Luto y autobiografía. De San Agustín a Heidegger*, México, Taurus, 2001, pp. 11-21. Véase también Marta Tafalla, *Theodor W. Adorno. Una filosofía de la memoria*, Barcelona, Herder, 2003, pp. 209-238.

54. Beatriz Sarlo, *La pasión y la excepción. Eva, Borges y el asesinato de Aramburu*, Buenos Aires, Siglo XXI, 2003, pp. 201-232.

55. Jean Améry, *Más allá de la culpa y la expiación. Tentativas de superación de una víctima de la violencia*, Valencia, Pretextos, 2001, pp. 39-49.

56. Michael Ignatieff, *Los derechos humanos como política e idolatría*, Barcelona, Paidós, 2003, pp. 29-73; Martha C. Nussbaum, *Los límites del patriotismo*, Barcelona, Paidós, 1999, pp. 13-42.

57. Andreas Huyssen, *En busca del futuro perdido. Cultura y memoria en tiempos de globalización*, México, Fondo de Cultura Económica / Goethe Institut, 2002, pp. 13-40; Hannah Arendt, *Eichmann en Jerusalén. Informe sobre la banalidad del mal*, Barcelona, Lumen, 1997, pp. 200-210; Rony Brauman y Eyal Sivan, *Elogio de la desobediencia*, México, Fondo de Cultura Económica, 2000, pp. 11-27.

58. Tomás Moulian, *Chile actual. Anatomía de un mito*, Santiago de Chile, Arcis Universidad / Lom, 1998, pp. 354-382; Nelly Richard, *Residuos y metáforas. Ensayos de crítica cultural sobre el Chile de la transición*, Santiago de Chile, Cuarto Propio, 1998, pp. 32-54; Rita Arditti, *Searching for Life. The Grandmothers of the Plaza de Mayo and the Disappeared Children of Ar-*

*gentina*, Berkeley, Los Ángeles, University of California Press, 1999, pp. 70-85; Ben Fowkes, *The Post-Communist Era. Change and Continuity in Eastern Europe,* Londres, Macmillan Press, 1999, pp. 9-22; «Amnesia y amnistía. La participación del historiador», *Istor. Revista de Historia Internacional,* núm. 5, año II, 2001, pp. 7-24; Grupo de Trabajo Memoria, Verdad y Justicia, *Cuba. La reconciliación nacional,* Miami, Centro para América Latina y el Caribe, Universidad Internacional de la Florida, 2003, pp. 39-57; Javier Tussell, *La transición española,* Madrid, Club Internacional del Libro, 1995, pp. 73-92; Áurea Matilde Fernández, *España. Franquismo y transición,* La Habana, Editorial de Ciencias Sociales, 2002, pp. 156-163.

59. *El Independiente,* 29 de agosto de 2003, p. 20.

60. *El País,* 26 de julio de 2003, pp. 3-4; *La Jornada,* 26 de julio de 2003, pp. 26-29; *La Jornada,* 13 de agosto de 2003, p. 26; *Reforma,* México, 22 de agosto de 2003, p. 24.

61. *El Independiente,* 30 de agosto de 2003, p. 21.

62. *El País,* 14 de julio de 2003, pp. 12-13; *El Independiente,* 29 de agosto de 2003, p. 21; Antonio Prometeo Moya, «¿Existió la guerra civil?, *Lateral,* núm. 106, año X, octubre de 2003, Barcelona, pp. 18-19.

63. *El Independiente,* 23 de agosto de 2003, p. 21.

64. José Antonio Aguilar, «Las batallas por la historia en México y Estados Unidos», *Istor. Revista de Historia Internacional,* núm. 1, año I, 2000, pp. 52-84. Véase también su libro *La sombra de Ulises. Ensayos sobre intelectuales mexicanos y norteamericanos,* México, CIDE/Porrúa, 1998, pp. 57-103.

65. Para una interpretación flexible de la relación entre *verdad* y *derecho,* véase Michel Foucault, *La verdad y las formas jurídicas,* Barcelona, Gedisa, 1991, pp. 13-33.

66. Alexandra Barahona de Brito, Carmen González Enríquez y Paloma Aguilar, *The Politics of Memory. Transitional Justice in Democratizing Societies,* Oxford, Oxford University Press, 2001, pp. 20-35.

67. Reinhart Koselleck, *Futuro pasado. Para una semántica de los tiempos históricos,* Barcelona, Paidós, 1993, pp. 173-201.

68. Grupo de Trabajo Memoria, Verdad y Justicia, *Cuba. La reconciliación nacional,* Miami, Centro para América Latina y el Caribe, Universidad Internacional de la Florida, 2003, pp. 59-69.

69. *Granma,* 19 de enero de 2006, p. 5.

70. Rafael Rojas, *Isla sin fin. Contribución a la crítica del nacionalismo cubano,* Miami, Universal, 1998, pp. 20-60.

71. Ann Louise Bardach, *Cuba Confidential. Love and Vengeance in Miami and Havana,* Nueva York, Random House, 2002, pp. 254-282.

72. Adam Michnik, *La segunda revolución,* México, Siglo XXI, 1993, pp. 151-169; Avishai Margalit, *The Ethics of Memory,* Cambridge, Massachusetts,

Harvard University Press, 2002, pp. 55-74; Marc Augé, *Las formas del olvido*, Barcelona, Gedisa, 1998, pp. 20-34; Paul Ricoeur, *La memoria, la historia y el olvido*, Madrid, Trotta, 2003, pp. 539-591; Harald Weinrich, *Leteo. Arte y crítica del olvido*, Madrid, Siruela, 1999, pp. 301-322.

73. María Antonia Marqués Dolz, *Las industrias menores. Empresas y empresarios en Cuba* (1880-1920), La Habana, Editora Política, 2002; Imilcy Balboa Navarro, *Los brazos necesarios. Inmigración, colonización y trabajo libre, 1878-1898*, Valencia, Centro Francisco Tomás y Valiente, UNED/Fundación Instituto de Historia Social, 2000; Ana Meilyn de la O. Torres, *La construcción del espacio público moderno en La Habana del siglo XIX*, tesis de maestría en Ciencias Sociales, México, FLACSO, 2001; Alain Basail Rodríguez, *El lápiz rojo. Prensa, censura e identidad cubana (1878-1895)*, La Habana, Centro Juan Marinello, 2004.

74. Marial Iglesias, «Pedestales vacíos», *Encuentro de la Cultura Cubana*, núm. 24, primavera de 2002, pp. 17-34; Jorge Núñez Vega, «La fuga de Ariel», *Encuentro de la Cultura Cubana*, núm. 24, primavera de 2002, pp. 53-67; Reinaldo Funes Monzote, «Cuba: república y democracia (1901-1940), en Rafael Acosta de Arriba y otros, *Debates historiográficos*, La Habana, Editorial de Ciencias Sociales, 1999, pp. 177-221; Ricardo Quiza Moreno, «Fernando Ortiz, los intelectuales y el dilema del nacionalismo en la República (1902-1930)», *Temas. Cultura, Ideología, Sociedad*, núm. 22/23, julio-diciembre de 2000, pp. 46-54; Duanel Díaz Infante, *Mañach o la República*, La Habana, Letras Cubanas, 2003; Carlos Manuel Rodríguez Arechavaleta, *Cuba 1940-1952: Una democracia presidencial multipartidista*, tesis doctoral, México, FLACSO, 2003. Véase también José Antonio Piqueras, ed., *Diez nuevas miradas a la historia de Cuba*, Castellón de la Plana, Publicaciones de la Universidad Jaume, 1998.

75. Ambrosio Fornet, *Memorias recobradas. Introducción al discurso literario de la diáspora*, Santa Clara, Capiro, 2000, pp. 9-15. Los números 22/23 (julio-diciembre de 2000) y 24/25 (enero-junio de 2001) de la revista *Temas* están dedicados a la República.

76. Jean-Paul Sartre, *Sartre visita a Cuba*, La Habana, Ediciones R, 1960, p. 243.

77. Avishai Margalit, *The Ethics of Memory*, Cambridge, Massachusetts, Harvard University Press, 2002, pp. 48-65. Sobre la relación entre memoria y responsabilidad en regímenes totalitarios, véase Agnes Heller y Ferenc Fehér, *El péndulo de la modernidad. Una lectura de la era moderna después de la caída del comunismo*, Barcelona, Península, 1994, pp. 47-59.

78. Jesús Arboleya, *La contrarrevolución cubana*, La Habana, Editorial de Ciencias Sociales, 1997, pp. 25-42.

79. *Ibid.*, pp. 65-104.

80. Fabián Escalante Font, *Cuba: la guerra secreta de la CIA*, La Haba-

na, Capitán San Luis, 1993, pp. 30-52, *La guerra secreta. Operación Mangosta*, La Habana, Editorial de Ciencias Sociales, 2003 y *La guerra secreta. Operación Ejecutiva*, La Habana, Editorial de Ciencias Sociales, 2003; Luis Báez, *El mérito es vivir*, Barcelona, La Buganville, 2002, pp. 21-70.

81. Jesús Arboleya, *La contrarrevolución cubana*, La Habana, Editorial de Ciencias Sociales, 1997, p. 3.

82. Fabián Escalante Font, *La guerra secreta. Operación Mangosta*, La Habana, Editorial de Ciencias Sociales, 2002, pp. 5-24, y *La guerra secreta. Acción ejecutiva*, La Habana, Editorial de Ciencias Sociales, 2003, pp. 1-15.

83. *Ibid.*, pp. 168-182.

84. *Ibid.*, p. 285.

85. *Ibid.*, p. 279.

86. Véase Rosa Miriam Elizalde y Luis Báez, *«Los disidentes». Agentes de la Seguridad Cubana revelan la historia real*, La Habana, Editora Política, 2003; Arleen Rodríguez y Lázaro Barredo, *El Camaján*, La Habana, Editora Política, 2003.

87. Juan Linz, *La quiebra de las democracias*, México, Alianza Editorial Mexicana/CONACULTA, 1990, pp. 57-72.

88. Jorge Mañach, *Teoría de la frontera*, San Juan, Puerto Rico, Editorial Universitaria, 1970, pp. 140-160; Carlos Márquez Sterling, *Historia de Cuba*, Nueva York, Las Américas, 1969, pp. 655-676; Herminio Portell Vilá, *Nueva historia de la República de Cuba*, Miami, La Moderna Poesía, 1986, pp. 727-770; Mario Llerena, *La revolución insospechada. Origen y desarrollo del castrismo*, Buenos Aires, Editorial Universitaria, 1981, pp. 11-21; Leví Marrero, *Escrito ayer*, Puerto Rico, Capiro, 1992, pp. 155-160.

89. James G. Blight y Peter Kornbluh, *Politics of Illusion: The Bay of Pigs Invasion Reexamined*, Boulder, Colorado, Lynne Rienner, 1998, pp. 10-20.

90. Efrén Córdova, «Represión e intolerancia», en *40 años de Revolución. El legado de Castro*, Miami, Universal, 1999, pp. 253-279. Véase también el dossier «El presidio político en Cuba», *Encuentro de la Cultura Cubana*, núm. 20, primavera de 2001, pp. 154-238.

91. Alejandro Portes y Alex Stepick, *City of the Edge. The Transformation of Miami*, Berkeley, Los Ángeles, University of California Press, 1993, pp. 89-107; María Cristina García, *Havana-USA. Cuban Exiles and Cuban Americans in South Florida, 1959-1994*, Berkeley, Los Ángeles, University of California Press, pp. 13-45; María de los Ángeles Torres, *In the Land of Mirrors. Cuban Exile Politics in the United States*, Ann Arbor, Michigan, The University of Michigan Press, 1999, pp. 42-61.

92. Tzvetan Todorov, *Los abusos de la memoria*, Barcelona, Paidós, 2000, pp. 11-18 y 49-59.

93. Hannah Arendt, *La tradición oculta*, Barcelona, Paidós, 2004, pp. 35-47.

94. Carlos Franqui, «Libertad y socialismo», *Libre*, núm. 2, diciembre-febrero de 1972, pp. 9-10; Guillermo Cabrera Infante, *Mea Cuba*, México, Vuelta, 1993, pp. 38-40; Nivaria Tejera, *Espero la noche para soñarte, Revolución*, Miami, Universal, 2002, pp. 30-35; César Leante, *Volviendo la mirada*, Miami, Universal, 2002, pp. 17-37.

95. Reinaldo Arenas, *Antes que anochezca*, Barcelona, Tusquets, 1992, p. 314.

96. Juan Abreu, «Bella insumisión», *Mariel. Revista de Literatura y Arte* (edición especial de aniversario), Miami, primavera de 2003, p. 23.

97. Alma Guillermoprieto, *La Habana en un espejo*, México, Mondadori, 2004, pp. 257-301; Mirta Ojito, *Finding Mañana. A Memoir of a Cuban Exodus*, Nueva York, The Penguin Press, 2005, pp. 161-185.

98. Manuel Díaz Martínez, *Sólo un leve rasguño en la solapa*, Logroño, AMG, 2002, pp. 120-150; René Vázquez Díaz, *Voces para cerrar un siglo*, Estocolmo, Centro Olof Palme, 2000, t. II.

99. Eliseo Alberto, *Informe contra mí mismo*, Madrid, Alfaguara, 2002, pp. 134-154.

100. *Ibid.*, p. 315.

101. Juan Abreu, *A la sombra del mar. Jornadas cubanas con Reinaldo Arenas*, Barcelona, Casiopea, 1998, p. 34.

102. Paquito D'Rivera, *Mi vida saxual*, San Juan, Puerto Rico, Plaza Mayor, 1999, pp. 174-189; Enrico Mario Santí, *Bienes del siglo*, México, Fondo de Cultura Económica, 2002, pp. 363-384.

103. Jesús Díaz, *Las palabras perdidas*, Barcelona, Destino, 1992; Leonardo Padura, *La novela de mi vida*, Barcelona, Tusquets, 2002.

104. Jacobo Machover, *La memoria frente al poder*, Valencia, Universitat de València, 2001, pp. 11-19; Enrico Mario Santí, *Bienes del siglo*, México, Fondo de Cultura Económica, 2002, pp. 359-362.

105. Paul Ricoeur, *La memoria, la historia y el olvido*, Madrid, Trotta, 2003, pp. 616-620.

106. Roque Dalton y otros, *El intelectual y la sociedad*, México, Siglo XXI, 1972, pp. 7-29.

107. Leonardo Padura y John M. Kirk, *La cultura y la revolución cubana. Conversaciones en La Habana*, San Juan, Puerto Rico, Plaza Mayor, 2002, 321-332; Ambrosio Fornet, *La coartada perpetua*, México, Siglo XXI, pp. 25-36; Arturo Arango, *Segundas reincidencias*, Santa Clara, Capiro, 2002, pp. 128-136; Rafael Hernández, *Mirar a Cuba. Ensayos sobre cultura y sociedad civil*, México, Fondo de Cultura Económica, 2002, pp. 96-133; Desiderio Navarro, «In medias res publicas. Sobre los intelectuales y la crítica social en la esfera pública cubana», en Rafael Hernández y Rafael Rojas, *Ensayo cubano del siglo XX*, México, Fondo de Cultura Económica, 2002, pp. 689-707.

108. Isabel Álvarez Borland, *Cuban-American Literature of Exile. From Person to Persona*, Charlottesville, University Press of Virginia, 1998, pp. 49-87.

109. Pablo Medina, *Exiled Memories. A Cuban Childhood*, Nueva York, Persea Books, 2002, pp. 108-114; Gustavo Pérez Firmat, *Next Year in Cuba. A Cubano's Coming-of-Age in America*, Nueva York, Anchor Books, Doubleday, 1995, pp. 17-45; Román de la Campa, *Cuba on my Mind. Journeys to a Severed Nation*, Londres, Nueva York, Verso, 2000, pp. 1-21; Carlos Eire, *Waiting for Snow in Havana: Confessions of a Cuban Boy*, Nueva York, Free Press, 2003; Andrea O'Reilly Herrera, *ReMembering Cuba. Legacy of Diaspora*, Austin, Texas, University of Texas Press, 2001.

110. Jorge I. Domínguez, *Cuba. Order and Revolution*, Cambridge, Massachusetts, The Belknap Press of Harvard University Press, 1978; Marifeli Pérez-Stable, *The Cuban Revolution. Origins, Course, and Legacy*, Nueva York, Oxford University Press, 1993; Louis A. Pérez Jr., *On Becoming Cuban. Identity, Nationality, and Culture*, Chapel Hill-Londres, The University of North Carolina Press, 1999; Damián J. Fernández, *Cuba and the Politics of Passion*, Austin, Texas, University of Texas Press, 2000.

111. Javier Cercas, *Soldados de Salamina*, Barcelona, Tusquets, 2001, p. 22.

112. Sergio Ramírez, *Sombras nada más*, Madrid, Alfaguara, 2002, pp. 13-45.

113. Seymour Menton, *Caminata por la narrativa latinoamericana*, México, Fondo de Cultura Económica, 2002, pp. 349-386.

114. Eduardo Heras León, *Los pasos en la hierba*, La Habana, UNEAC, 1990, p. 82.

115. *Ibid.*, p. 52.

116. Carlos Espinosa Domínguez, *El peregrino en comarca ajena. Panorama crítico de la literatura cubana del exilio*, Boulder, Colorado, University of Colorado, Society of Spanish and Spanish American Studies, 2001, pp. 13-16.

117. Sylvia Molloy, *Acto de presencia. La escritura autobiográfica en Hispanoamérica*, México, Fondo de Cultura Económica, 1996, pp. 11-22.

118. *Ibid.*, pp. 25-51.

119. Carlos Franqui, *Retrato de familia con Fidel*, Barcelona, Seix Barral, 1981, pp. 40-42; Juan Abreu, *A la sombra del mar. Jornadas cubanas con Reinaldo Arenas*, Barcelona, Casiopea, 1998, pp. 18-23; Eliseo Alberto, *Informe contra mí mismo*, México, Alfaguara, 1996, pp. 11-21; Norberto Fuentes, *Dulces guerreros cubanos*, Barcelona, Seix Barral, 1999, pp. 21-22; Gustavo Pérez Firmat, *Next Year in Cuba. A Cubano's Coming-of-Age in America*, Nueva York, Doubleday, 1995, pp. 1-13.

120. Lisandro Otero, *Llover sobre mojado. Memorias de un intelectual cubano (1957-1997)*, México, Planeta, 1999, pp. 11-26.

121. Norberto Fuentes, *Dulces guerreros cubanos*, Barcelona, Seix Barral, 1999, p. 157.

122. Heberto Padilla, *La mala memoria*, Barcelona, Plaza y Janés, 1989, p. 205; Eliseo Alberto, *Informe contra mí mismo*, México, Alfaguara, 1996, p. 21; César Leante, *Revive, historia. Anatomía del castrismo*, Madrid, Biblioteca Nueva, 1999, pp. 10 y 33; Guillermo Cabrera Infante, *Mea Cuba*, México, Vuelta, 1993, p. 18.

123. Guillermo Cabrera Infante, *Mea Cuba*, México, Vuelta, 1993, p. 37; Heberto Padilla, *Fuera del juego*, Miami, Universal, 1998, p. 55; Reinaldo Arenas, *Antes que anochezca*, Barcelona, Tusquets, 1992, p. 116; Eliseo Alberto, *Informe contra mí mismo*, México, Alfaguara, 1997, p. 23.

124. Gustavo Pérez Firmat, *Next Year in Cuba*, Nueva York, Doubleday, 1995, p. 47.

125. Huber Matos, *Cómo llegó la noche*, Barcelona, Tusquets, 2002, p. 47.

126. Nivaria Tejera, *Espero la noche para soñarte, Revolución*, Miami, Universal, 2002, pp. 14-15.

127. Uva de Aragón, *Memoria del silencio*, Miami, Universal, 2002, p. 240.

128. *Ibid.*, pp. 226-227.

129. David Landau, *No siempre gana la muerte*, Los Ángeles, Pureplay Press, 2002, p. 130.

130. *Ibid.*, pp. 262-264.

131. Osvaldo Navarro, *Hijos de Saturno*, México, Debate, 2002, pp. 264-267.

132. Avishai Margalit, *The Ethics of Memory*, Cambridge, Massachusetts, Harvard University Press, 2002, pp. 48-83.

133. Richard Rorty y otros, *Cosmopolitas o patriotas*, Buenos Aires, Fondo de Cultura Económica, 1997, p. 28.

134. *Ibid.*, pp. 45-64.

135. Véase Frederic Jameson y Slavoj Zizek, *Estudios culturales: reflexiones sobre el multiculturalismo*, México, Paidós, 1998; Michael Walzer, *Tratado sobre la tolerancia*, Barcelona, Paidós, 1998, y Maurizio Viroli, «Multicultura e individualismo», en *Revista de Libros*, Fundación Caja Madrid, núm. 26, febrero de 1998.

136. *Ibid.*, pp. 16-19 y 65-90; véase también Antonella Attili, *La política y la izquierda de fin de siglo*, México, Cal y Arena, 1997, pp. 81-108.

137. Ernest Gellner, *Nacionalismo*, Barcelona, Destino, 1998, pp. 181-192.

138. Tal vez, la primera mirada paralela a México, Puerto Rico y Cuba, como tres tipos diferentes de naciones fronterizas, se deba a Jorge Mañach en su libro póstumo *Teoría de la frontera*, Puerto Rico, Editorial Universitaria, 1970.

139. Guillermo Cabrera Infante, *Mea Cuba*, México, Vuelta, 1993, p. 375.

140. Gustavo Pérez Firmat, *Life on the Hyphen. The Cuban American Way*, Austin, Texas, University of Texas Press, 1994, pp. 1-20, y *Next Year in Cuba. A Cubano's Coming of Age in America*, Nueva York, Doubleday, 1995, pp. 1-12 y 267-274; Antonio Vera León, «Beckett en La Habana (sujetos biculturales y escrituras bilingües)», en *Cuba: la isla posible*, Barcelona, Destino, 1995, pp. 67-77.

141. Homi K. Bhabha, *The Location of Culture*, Londres y Nueva York, Routledge, pp. 212-235. Véase también Damián Fernández, ed., *Cuba Trasnational*, Miami, Florida International University, 2005.

142. Las críticas de Pérez Firmat a la ausencia de escenas neoyorquinas en la poesía de José Kozer tal vez se encaminan en esa dirección. Gustavo Pérez Firmat, *Life on the Hyphen. The Cuban-American Way*, Austin, University of Texas Press, 1994, pp. 156-180.

143. Victor Fowler, «Miradas a la identidad en la literatura de la diáspora», *Temas*, núm. 6, abril-junio de 1996, La Habana, pp. 122-132. Mi único reparo a este magnífico ensayo sería, precisamente, que su autor sugiere una contraposición binaria entre los conceptos de *diáspora* y *exilio*.

144. Isabel Álvazez Borland, *Cuban-American Literature on Exile. From Person to Persona*, Charlottesville, University Press of Virginia, 1998, pp. 1-13.

145. Eliana Rivero, *Discursos desde la diáspora*, Cádiz, Aduana Vieja, 2005, p. 17.

146. José Kozer, *AAA1144*, México, Verdehalago, 1997, p. 27.

147. Esto se observa en casi toda la poesía de González Esteva, desde *Mañas de la poesía* hasta *Escrito para borrar;* aunque un reciente libro de prosa lo expresa con singular claridad: *Cuerpos en bandeja. Frutas y erotismo en Cuba*, México, Artes de México, 1998.

148. Roberto Durán, Judith Ortiz Cofer y Gustavo Pérez Firmat, *Triple Crown*, Tempe, Arizona, Bilingual Press, 1987, p. 159.

149. José Kozer, *The Ark Upon the Number*, Nueva York, Cross-Cultural Communications, 1989, p. 6. Véase también la sección «Diáspora» de su libro *Y así tomaron posesión en las ciudades*. México, UNAM, 1979, pp. 3-10.

150. Orlando González Esteva, *Cuerpos en bandeja*, México, Artes de México, 1998, p. 115. Véase también Iván de la Nuez, *La balsa perpetua. Soledad y conexiones de la cultura cubana*, Barcelona, Casiopea, 1998, p. 17.

151. Will Kymlicka, *Multicultural Citizenship. A Liberal Theory of Minority Rights*, Oxford, Clarendon Press, 1995, pp. 10-33; Georgie Anne Geyer, *Americans No More*, Nueva York, The Atlantic Monthly Press, 1996, pp. 56-94; Jürgen Habermas, *Más allá del Estado nacional*, México, Fondo de Cultura Económica, 1998, pp. 29-39; Etienne Balibar & Immanuel Wa-

llerstein, *Race, Nation, Class,* Nueva York, Verso, 1991, pp. 37-67; Carlos Thiebaut, *Vindicación del ciudadano. Un sujeto reflexivo en una sociedad compleja,* Barcelona, Paidós, 1998, pp. 275-282.

152. Sigo aquí las ideas de James Clifford en *Routes. Travel and Translation in the Late Twentieth Century,* Cambridge, Massachusetts, Harvard University Press, 1997, pp. 244-277.

153. Elazar Barkan & Marie-Denise Shelton, *Borders, Exiles, Diasporas,* Stanford, California, Stanford University Press, 1998, pp. 1-11.

154. Iván de la Nuez, *La balsa perpetua. Soledad y conexiones de la cultura cubana,* Barcelona, Casiopea, 1998, pp. 137-144.

155. Saskia Sassen, *Globalization and Its Discontents. Essays on the New Mobility of People and Money,* Nueva York, The New York Press, 1998, pp. 31-53.

156. Uno de los más honestos esfuerzos por resolver este dilema se encuentra en Pheng Cheah y Bruce Robbins, *Cosmopolitics. Thinking and Feeling Beyond the Nation,* Minneapolis, Minnesota, University of Minnesota Press, 1998, pp. 1-41.

157. Michel de Certeau, *La escritura de la historia,* México, Universidad Iberoamericana, 1993, pp. 108-115.

158. Carlo Ginzburg, *Mitos, emblemas, indicios. Morfología e historia,* Barcelona, Gedisa, 1994, pp. 138-164.

159. Véase Marc Augé, *Los «no lugares». Espacios del anonimato. Una antropología de la sobremodernidad,* Barcelona, Gedisa, pp. 81-118; y Giorgio Agamben, *La comunidad que viene,* Valencia, Pretextos, 1996, pp. 15-16.

160. Gilles Deleuze, *El pliegue. Leibniz y el barroco,* Barcelona, Paidós, 1989, pp. 155-177.

161. Carlos Victoria, *La travesía secreta,* Miami, Universal, 1994, p. 413.

162. *Ibid.,* pp. 293-295.

163. Michel Foucault, *Las palabras y las cosas,* México, Siglo XXI, 1985, pp. 69-73 y 146-151.

164. Reinaldo Arenas, *Antes que anochezca,* Barcelona, Tusquets, 1992, pp. 148-149.

165. Juan Abreu, *A la sombra del mar. Jornadas cubanas con Reinaldo Arenas,* Barcelona, Casiopea, 1998, pp. 99-101.

166. Michel Foucault, *Las palabras y las cosas,* México, Siglo XXI, 1985, pp. 42-49.

167. Leonardo Padura Fuentes, *Máscaras,* Barcelona, Tusquets, 1997, pp. 143-144.

168. Michel Foucault, *Las palabras y las cosas,* México, Siglo XXI, 1985, pp. 77-82.

169. Carlo Ginzburg, *Mitos, emblemas, indicios. Morfología e historia,* Barcelona, Gedisa, 1994, p. 15.

170. Jesús Díaz, *La piel y la máscara*, Barcelona, Anagrama, 1996, p. 217.

171. Jesús Díaz, *Dime algo sobre Cuba*, Madrid, Espasa Calpe, 1998, pp. 25-26.

172. Zoé Valdés, *Café Nostalgia*, Barcelona, Planeta, 1997, pp. 21-25.

173. *Ibid.*, pp. 127-129.

174. Véase Michel Foucault, *El pensamiento del afuera*, Valencia, Pretextos, 1997, pp. 7-14.

175. Eliseo Alberto, *Informe contra mí mismo*, México, Alfaguara, 1997, pp. 178-287.

176. Eliseo Alberto, *Caracol Beach*, Madrid, Alfaguara, 1998, pp. 337-357.

177. Véase Engin F. Isin, «Who is the New Citizen? Towards a Genealogy», *Citizenship Studies*, núm. 1, vol. 1, 1997, pp. 115-132.

178. David Miller, *Sobre la nacionalidad*, Barcelona, Paidós, 1997, pp. 223-237.

179. José Manuel Prieto, «Las uniones creativas», Documento de Trabajo, México, CIDE, 2001, pp. 1-20, y «La fundación Soros y el financiamiento de la cultura en el espacio postsoviético», manuscrito inédito, 2002, pp. 1-24.

180. Raymond Boudon, *The Analysis of Ideology*, Chicago, The University of Chicago Press, 1989, pp. 116-142; Terry Eagleton, *Ideology. An Introduction*, Londres, Nueva York, Verso, 1991, pp. 33-61; Teun A. Van Dijk, *Ideología. Una aproximación multidisciplinaria*, Barcelona, Gedisa, 1999, pp. 304-327.

181. Juan J. Linz, *Totalitarian and Authoritarian Regimes*, Londres, Lynne Riener, 2000; Carl J. Friedrich y Zbigniew K. Brzezinski, *Totalitarian Dictatorship and Autocracy*, Nueva York, Frederick A. Praeger, 1956, pp. 31-125; Hannah Arendt, *Entre el pasado y el futuro. Ocho ejercicios sobre la reflexión política*, Barcelona, Península, 1996, pp. 101-153.

182. La distinción entre «ideología de Estado» y «doctrina de régimen» ha sido insinuada por el historiador François-Xavier Guerra en su estudio de la cultura política del Porfiriato (1876-1910), en México. Según Guerra, a fines del siglo XIX, la ideología del Estado mexicano era una mezcla de liberalismo y positivismo, que los intelectuales porfiristas (Francisco G. Cosmes, Emilio Rabasa, Francisco Bulnes, Justo Sierra...) adaptaron a una «doctrina de régimen», excepcionalista y autoritaria, con el fin de justificar la dictadura: François-Xavier Guerra, *México: del Antiguo Régimen a la Revolución*, México, Fondo de Cultura Económica, 1988, t. I, pp. 376-394.

183. Theodore Draper, *Castrismo. Teoría y práctica*, Buenos Aires, Marymar, 1965, y *Castro's Revolution: Myths and Realities*, Nueva York, Frederick A. Praeger, 1973; Ramón Eduardo Ruiz, *Cuba. Génesis de una revolu-*

*ción,* Barcelona, Noguer, 1972; K. S. Karol, *Les Guérrilleros au pouvoir,* París, R. Laffont, 1970; René Dumont, *Cuba est-il socialiste?,* París, Le Seuil, 1970; Irving Louis Horowitz, *El comunismo cubano: 1959-1979,* Madrid, Playor, 1978; Carlos Alberto Montaner, *Informe secreto de la revolución cubana,* Madrid, Sedmay, 1975; Maurice Halperin, *The Rise and Decline of Fidel Castro: An Essay in Contemporary History,* Berkeley, Los Ángeles, University of California Press, 1972; Andrés Suárez, *Cuba: Castroism and Communism, 1959-1966,* Cambridge, Massachusetts, MIT Press, 1967; Edward González, *Cuba under Castro. The Limits of Charisma,* Boston, Houghton Mifflin, 1974; Jaime Suchlicki, *Cuba, Castro and Revolution,* Coral Gables, University of Miami Press, 1972; Mario Llerena, *La revolución insospechada. Origen y desarrollo del castrismo,* Buenos Aires, Editorial Universitaria, 1978.

184. Carmelo Mesa Lago, *Dialéctica de la revolución cubana: del idealismo carismático al pragmatismo institucionalista,* Madrid, Playor, 1979; Jorge I. Domínguez, *Cuba. Order and Revolution,* Cambridge, Massachusetts, The Belknap Press of Harvard University Press, 1978; Juan del Águila, *Cuba: Dilemas of a Revolution,* Boulder, Colorado, Westview Press, 1984; Juan Clark, *Cuba: Mito y Realidad,* Miami-Caracas, Saeta, 1990; Enrique A. Baloyra y James A. Morris, *Conflict and Change in Cuba,* Albuquerque, New Mexico, University of New Mexico Press, 1993; Marifeli Pérez-Stable, *The Cuban Revolution. Origins, Course and Legacy,* Nueva York, Oxford University Press, 1993.

185. *Constitución de la República de Cuba,* La Habana, Orbe, Instituto Cubano del Libro, 1976, p. 20.

186. Hugo Azcuy, «La reforma de la constitución socialista de 1976», en Haroldo Dilla, ed., *La democracia en Cuba y el diferendo con los Estados Unidos,* La Habana, Centro de Estudios sobre América, 1995, pp. 140-168.

187. *Constitución de Cuba,* México, Fondo de Cultura Económica / UNAM, 1994, p. 9.

188. *Ibid.,* p. 9. Véase también *Constitución de la República de Cuba,* La Habana, Orbe, Instituto Cubano del Libro, 1976, p. 20.

189. *Ibid.,* p. 8.

190. Haroldo Dilla, Gerardo González y Ana Teresa Vincentelli, *Participación popular y desarrollo de los municipios cubanos,* La Habana, Centro de Estudios sobre América, 1993, pp. 135-147.

191. Haroldo Dilla, «Cuba: ¿cuál es la democracia deseable?», en Haroldo Dilla, comp., *La democracia en Cuba y el diferendo con los Estados Unidos,* La Habana, Centro de Estudios sobre América, 1995, pp. 169-189; Eusebio Mujal León y Jorge Saavedra, «El postotalitarismo carismático y el cambio de régimen: Cuba en perspectiva comparada», *Encuentro de la Cultura Cubana,* núms. 6/7, 1997, pp. 115-123; Jorge I. Domínguez, «Comienza una transición hacia el autoritarismo en Cuba?», en revista *Encuentro de la Cultura Cubana,* núms. 6/7, 1997, pp. 7-23; Velia Cecilia Bobes, *Los laberintos de la ima-*

*ginación. Repertorio simbólico, identidades y actores del cambio social en Cuba,* México, El Colegio de México, 2000; Damián J. Fernández, *Cuba and the Politics of Passion,* Austin, Texas, University of Texas Press, 2000; Domingo Amuchastegui, «The Military in Cuba. *Fuerzas Armadas Revolucionarias (FAR)* from Absolute Power to Mastering Reforms», Manuscrito, Coral Gables, University of Miami, School of International Studies, 2001; Marifeli Pérez-Stable, «Hacia el velorio del Comandante», *Revista de Occidente,* núm. 247, diciembre de 2001, pp. 5-25; Eusebio Mujal y Joshua W. Busby, «¿Mucho ruido y pocas nueces? El cambio de régimen político en Cuba», *Encuentro de la Cultura Cubana,* núm. 23, invierno de 2001-2002, pp. 105-124.

192. Juan J. Linz y Alfred Stepan, *Problems of Democratic Transition and Consolidation. Southern Europe, South America, and Post-Communist Europe,* Baltimore-Londres, The Johns Hopkins University Press, 1996, pp. 7-15 y 231-254.

193. *Ibid.,* pp. 344-365. Véase también Juan J. Linz, *Totalitarian and Authoritarian Regimes,* Boulder-Londres, Lynne Rienner, 2000, pp. 1-48; Jorge I. Domínguez, «¿Comienza una transición hacia el autoritarismo en Cuba?», *Encuentro de la Cultura Cubana,* núms. 6/7, 1997, pp. 7-23; Rafael Rojas, «Políticas invisibles», *Encuentro de la Cultura Cubana,* núm. 6/7, 1997, pp. 24-35; Eusebio Mujal León y Jorge Saavedra, «El postotalitarismo carismático y el cambio de régimen: Cuba en perspectiva comparada», *Encuentro de la Cultura Cubana,* núm. 6/7, 1997, pp. 115-123; Marifeli Pérez-Stable, «Hasta el velorio del comandante», *Revista de Occidente,* núm. 247, diciembre de 2001, pp. 5-25.

194. James Mayal, *Nationalism and Internationalism Society,* Cambridge, Cambridge University Press, 1990 pp. 111-144; William Pfaff, *The Wrath of Nations. Civilization and the Furies of Nationalism,* Nueva York, Simon and Schuster, 1993, pp. 41-58; Robert McKim and Jeff McMahan, eds., *The Morality of Nationalism,* Oxford, Oxford University Press, 1997, pp. 277-359; Kjell Goldmann, Ulf Hannerz y Charles Westin, eds., *Nationalism and Internationalism in the Post-Cold War Era,* Londres-Nueva York, Routledge, 2000, pp. 195-215.

195. William Pfaff, *The Wrath of Nations. Civilization and the Furies of Nationalism,* Nueva York, Simon and Schuster, 1993, pp. 59-83 y 196-231.

196. *Constitución de Cuba,* México, UNAM / Fondo de Cultura Económica, 1994, p. 7.

197. Véanse los interesantes estudios de Jerzy Tomaszewsky, «¿From internationalism to nationalism? Poland, 1944-1996», y de Katherine Verdery, «Nationalism, internationalism and property in the Post-Cold War Era», en Kjell Goldmann, Ulf Hannerz y Charles Westin, eds., *Nationalism and Internationalism in the Post-Cold War Era,* Londres-Nueva York, Routledge, 2000, pp. 67-102.

198. Véase *Batalla por la liberación de Elián González*, La Habana, Editora Política, 2000.

199. Marifeli Pérez-Stable, «Hacia el velorio del Comandante», *Revista de Occidente*, núm. 247, diciembre de 2001, pp. 5-25. Sobre la reforma económica, véase Julio Carranza Valdés, Luis Gutiérrez Urdaneta y Pedro Monreal González, *Cuba. La restructuración de la economía. Una propuesta para el debate*, La Habana, Editorial de Ciencias Sociales, 1995, pp. 113-167.

200. *Proyecto: el partido de la unidad, la democracia y los derechos humanos que defendemos*, en *Granma Internacional*, 27 de mayo de 1997, pp. 1-3. Véase, también, Homero Campa, *Cuba: los años duros*, México, Plaza y Janés, 1997, pp. 351-358.

201. *Juventud Rebelde*, 2 de febrero de 1997, pp. 1 y 16.

202. *Juventud Rebelde*, 16 de marzo de 1997, pp. 8-9.

203. Fidel Castro, *Porque en Cuba sólo ha habido una Revolución*, La Habana, Departamento de Orientación Revolucionaria, 1975; Jorge Ibarra, *Ideología mambisa*, La Habana, Instituto Cubano del Libro, 1972; Cintio Vitier, *Ese sol del mundo moral. Para una historia de la eticidad cubana*, México, Siglo XXI, 1975; Ramón de Armas, *La Revolución pospuesta: contenido y alcance de la revolución martiana por la independencia*, La Habana, Editorial de Ciencias Sociales, 1975.

204. He estudiado la relación entre este debate y la historiografía nacionalista en mi libro *Isla sin fin. Contribución a la crítica del nacionalismo cubano*, Miami, Universal, 1998, pp. 73-104.

205. Ya en 1983, Hart defendió una política cultural de matriz nacionalista en su famosa entrevista con Luis Báez: Armando Hart, *Cambiar las reglas del juego*, La Habana, Letras Cubanas, 1983.

206. «Nación e Identidad» fue el gran titular del primer número de *Temas. Cultura, Ideología, Sociedad*, La Habana, enero-marzo de 1995; Jaime Suchlicki, «La Cuba de Castro: más continuidad que cambio», *Encuentro de la Cultura Cubana*, núm. 23, invierno de 2001-2001, pp. 131-133.

207. Eusebio Mujal León y Joshua W. Busby, «¿Mucho ruido y pocas nueces? El cambio de régimen político en Cuba», *Encuentro de la Cultura Cubana*, núm. 23, invierno de 2001-2002, pp. 113-116.

208. Maurizio Giuliano, *El caso CEA. Intelectuales e inquisidores en Cuba*, Miami, Universal, 1998; Alberto F. Álvarez y Gerardo González Núñez, *¿Intelectuales vs. Revolución? El caso del Centro de Estudios sobre América*, Montreal, Canadá, Arte D.T, 2001.

209. Pienso en estudios como *Socialismo, empresas y participación obrera: notas para un debate cubano*, La Habana, CEA, 1992, de Haroldo Dilla, *Cuba. La restructuración de la economía. Una propuesta para el debate*, La Habana, Editorial de Ciencias Sociales, 1995, de Julio Carranza Valdés, Luis Gutiérrez

Urdaneta y Pedro Monreal González, y *Mirar a Cuba. Ensayos sobre cultura y sociedad civil*, La Habana, Letras Cubanas, 1999, de Rafael Hernández.

210. «Iniciativa de Modificación Constitucional», *Juventud Rebelde*, 11 de junio de 2002, p. 2.

211. *Constitución de la República de Cuba*, La Habana, Instituto Cubano del Libro, 1976, p. 67.

212. Hugo Azcuy, «La reforma de la Constitución Socialista de 1976», en Haroldo Dilla, comp., *La democracia en Cuba y el diferendo con los Estados Unidos*, La Habana, CEA, 1995.

213. *Constitución de Cuba*, México, UNAM / Fondo de Cultura Económica, 1994, p. 23.

214. «Ley de Reforma Constitucional», *Granma*, 2 de julio de 2002.

215. *Constitución de Cuba*, México, UNAM / Fondo de Cultura Económica, 1994, p. 8.

216. «Ley de Reforma Constitucional», *Granma*, 2 de julio de 2002.

217. Anthony D. Smith, *La identidad nacional*, Madrid, Trama, 1997, pp. 66-72.

218. Ernesto Che Guevara, *Obras completas*, t. II, Buenos Aires, Legasa, pp. 37-61.

219. *Constitución de Cuba*, México, UNAM / Fondo de Cultura Económica, 1994, p. 19. Véase *Constitución de la República de Cuba*, La Habana, Orbe, 1976, p. 34.

220. Stanley Hoffmann, «Nationalism and World Order», y Yael Tamir, «¿Who's afraid of a global state?», en Kjell Goldmann, Ulf Hannerz y Charles Westin, eds., *Nationalism and Internationalism in the Post-Cold War Era*, London and New York, Routledge, 2000, pp. 197-215 y 244-267.

221. Michael Walzer, «The Politics of Difference: Statehood and Toleration in a Multicultural World», en Robert McKim y Jeff McMahan, *The Morality of Nationalism*, Oxford, Oxford University Press, 1997, pp. 245-257. Véase, también, Michael Hardt y Antonio Negri, *Empire*, Cambridge, Massachusetts, Harvard University Press, 2000, pp. 114-127.

222. Néstor García Canclini, *Culturas híbridas. Estrategias para entrar y salir de la modernidad*, México, Grijalbo, 1990, pp. 149-190; Roger Bartra, *La jaula de la melancolía. Identidad y metamorfosis del mexicano*, México, Grijalbo, 1996, pp. 145-158. Para una discusión actual de aquellas críticas al nacionalismo y sus tensiones con el multiculturalismo véase José Antonio Aguilar Rivera, *El fin de la raza cósmica. Consideraciones sobre el esplendor y decadencia del liberalismo en México*, México, Océano, 2001.

223. Armando Hart Dávalos, *Cambiar las reglas del juego*, La Habana, Letras Cubanas, 1983, pp. 47-55.

224. Véase, por ejemplo, Enrique Ubieta Gómez, *Ensayos de identidad*, La Habana, Letras Cubanas, 1993.

225. Ambrosio Fornet, *Memorias recobradas. Introducción al discurso literario de la diáspora,* Santa Clara, Capiro, 2000, pp. 139-140. Véase la sección «Enfoque»: «¿Cómo piensan a Cuba desde fuera?», *Temas,* núm. 2, abril-julio de 1995, pp. 5-85; «Culturas encontradas: Cuba y los Estados Unidos», *Temas,* núm. 8, octubre-diciembre de 1996, pp. 4-76; y «La cultura cubano-americana», *Temas,* núm. 10, abril-junio de 1997, pp. 4-73.

226. Véase, por ejemplo, el lenguaje de la apertura en opiniones de Ambrosio Fornet, Silvio Rodríguez, Alfredo Guevara, Pablo Milanés, Tomás Gutiérrez Alea, Lisandro Otero y Abel Prieto en Homero Campa y Orlando Pérez, *Cuba: los años duros,* Barcelona, Plaza y Janés, 1997, pp. 278-286. Ese mismo lenguaje reaparece en dos libros recientes: Rafael Hernández, *Mirar a Cuba. Ensayos sobre cultura y sociedad civil,* México, Fondo de Cultura Económica, 2002, y Ambrosio Fornet, *La coartada perpetua,* México, Siglo XXI, 2002.

227. Michael Hardt y Antonio Negri, *Empire,* Cambridge, Massachusetts, Harvard University Press, 2000, pp. 105-113.

228. Véase Anthony D. Smith, *La identidad nacional,* Madrid, Trama, 1997, pp. 77-89.

229. Abel Prieto, «Cultura, cubanidad, cubanía», en *Conferencia «La Nación y la Emigración»,* La Habana, Editora Política, 1994, pp. 75-80.

230. *Cuba. Cultura e Identidad Nacional,* La Habana, UNEAC / Universidad de La Habana, 1995, pp. 255-260.

231. Yael Tamir, «Pro Patria Mori!: Death and State», en Robert McKim y Jeff McMahan, *The Morality of Nationalism,* Oxford, Oxford University Press, 1997, pp. 227-241. Sobre la cultura política nacionalista en la isla y el exilio, véase el interesante libro de Damián J. Fernández, *Cuba and the Politics of Passion,* Austin, Texas, University of Texas Press, 2000, pp. 142-150.

232. Desiderio Navarro, «In medias res publicas», *La Gaceta de Cuba,* La Habana, Unión de Escritores y Artistas de Cuba, 2001, pp. 40-45.

233. Fernando Benítez, *La batalla de Cuba,* México, Era, 1960, p. 9.

234. Claudia Gilman, *Entre la pluma y el fusil. Debates y dilemas del escritor revolucionario en América Latina,* Buenos Aires, Siglo XXI, 2003, pp. 327-338 y 364-368.

235. Luis Camnitzer, «Entre nacionalismo e internacionalismo» y Gerardo Mosquera, «Renovación en los años ochenta», en Margarita González, Tania Parson y José Veigas, *Déjame que te cuente. Antología de la crítica en los 80,* La Habana, Consejo Nacional de las Artes Plásticas, 2002, pp. 147-162.

236. *Ibid.,* pp. 223-240.

237. Federico Neiburg y Mariano Plotkin, comp., *Intelectuales y expertos. La constitución del conocimiento social en Argentina,* Buenos Aires, Paidós, 2004, pp. 15-30.

238. Anthony Phelan, *El dilema de Weimar. Los intelectuales en la República de Weimar*, Valencia, Edicions Alfons el Magnánim, 1990, pp. 11-66; Víctor Pérez-Díaz, *La esfera pública y la sociedad civil*, Madrid, Taurus, 1997, pp. 101-110; Natalio R. Botana, *El siglo de la libertad y el miedo*, Buenos Aires, Sudamericana, 2001, pp. 132-160.

239. Zygmunt Bauman, *En busca de la política*, México, Fondo de Cultura Económica, 2001, pp. 67-71.

240. José Antonio Marina, *Los sueños de la razón. Ensayo sobre la experiencia política*, Barcelona, Anagrama, 2003, pp. 9-15.

241. Michael Oakeshott, *La política de la fe y la política del escepticismo*, México, Fondo de Cultura Económica, 1998, pp. 75-125; Norbert Elias, *Compromiso y distanciamiento*, Barcelona, Península, 1990, pp. 11-60.

242. Philippe Lacoue-Labarthe, *La ficción de lo político. Heidegger, el arte y la política*, Madrid, Arena Libros, 2002, pp. 76-92.

243. Emmanuel Levinas, *De la evasión*, Madrid, Arena Libros, 1999, pp. 80-81.

244. George Orwell, *Ensayos escogidos*, México, Sexto Piso, 2003, p. 114.

245. Maurice Blanchot, *Los intelectuales en cuestión. Esbozo de una reflexión*, Madrid, Tecnos, 2001, p. 108.

246. Juan Carlos Flores, *Distintos modos de cavar un túnel*, La Habana, UNEAC, 2003, pp. 58-59.

247. Pablo de Cuba Soria, *De Zaratustra y otros equívocos*, La Habana, Extramuros, 2003, p. 52.

248. Juan Carlos Flores, *Distintos modos de cavar un túnel*, La Habana, UNEAC, 2003, p. 65.

249. Pablo de Cuba Soria, *De Zaratrustra y otros equívocos*, La Habana, Extramuros, 2003, p. 2.

250. Lina de Feria, *El libro de los equívocos*, La Habana, Unión, 2001; Lina de Feria, *País sin abedules*, La Habana, Unión, 2003.

251. Reina María Rodríguez, *Páramos*, La Habana, Unión, 1993; Rolando Sánchez Mejías, *Derivas I*, La Habana, Letras Cubanas, 1994; Omar Pérez, *Algo de lo sagrado*, La Habana, Unión, 1995; Antonio José Ponte, *Asiento en las ruinas*, La Habana, Letras Cubanas, 1997.

252. Omar Pérez, *Algo de lo sagrado*, La Habana, Unión, 1995, p. 81.

253. Luis M. Pérez-Boitel, *Bajo el signo del otro*, La Habana, Letras Cubanas, 2000; Roberto Méndez, *Viendo acabado tanto reino fuerte*, La Habana, Letras Cubanas, 2001; Nelson Simón, *A la sombra de los muchachos en flor*, La Habana, Unión, 2001; Liudmila Quincoses Clavelo, *Los territorios de la muerte*, La Habana, Letras Cubanas, 2002; Teresa Melo, *Las altas horas*, La Habana, Letras Cubanas, 2003.

254. Sigfredo Ariel, *Escrito en playa amarilla*, Matanzas, Matanzas, 2004, pp. 55-57.

# ÍNDICE ONOMÁSTICO

485

491

Mills, Charles Wright, 170
Milosz, Czeslaw, 151, 157, 267, 270, 273
Miralles, Antonio, 402
Miró Cardona, José, 279, 388, 394, 403
Mistral, Gabriela, 100, 314
Monreal, Pedro, 439
Monsiváis, Carlos, 337
Montaigne, Michel Eyquem de, 378
Montané, Luis, 58
Montaner, Carlos Alberto, 431
Montaner, Rita, 261
Monte, Domingo del, 51, 70-71, 366
Montenegro, Carlos, 23, 29, 108, 119, 264, 405, 454
Montenegro, Nivia, 248-249
Montero, Mayra, 366-367, 454
Montero, Reinaldo, 363-367, 369
Montes Huidobro, Matías, 405
Montoro, Rafael, 124
Moore, Barrington, 306
Morales y Morales, Vidal, 70
Moravia, Alberto, 137
Moré, Beny, 261, 291
Morejón, Nancy, 198, 450
Moreno Carpio, Miguel Ángel, 338
Moreno Fraginals, Manuel, 30, 215-227
Morgado, Marcia, 30
Morissete, Alanis, 38
Mosquera, Gerardo, 452
Mujal León, Eusebio, 433
Muñoz, Elías Miguel, 416

Musil, Robert, 40
Mussolini, Benito, 242

Nabokov, Vladimir, 249, 253, 407
Nadler, Josef, 103
Napoleón Bonaparte, 53, 159, 168
Nápoles Fajardo, Juan José, 55
Navarro, Desiderio, 399, 446, 452
Navarro, Noel, 404
Navarro, Osvaldo, 404-405, 412
Negri, Antonio, 308, 360, 445
Negrín, Juan, 17
Neruda, Pablo, 119, 259, 285, 295, 302, 307
Ney, Mitchel, 159
Nieto, Benigno, 369
Nietzsche, Friedrich, 34, 96, 166
Nixon, Richard, 389
Nogueras, Luis Rogelio, 198, 268, 312, 450
Nolte, Ernst, 13
Novás Calvo, Lino, 15-17, 23, 27, 29, 108-109, 119, 157, 193-194, 249, 253, 258, 264, 405, 454
Nuez, Iván de la, 30, 283, 418, 452, 455
Núñez, Ana Rosa, 27
Núñez Hidalgo, Mariano José, 412
Núñez Jiménez, Antonio, 187
Núñez Vega, Jorge, 386
Nussbaum, Martha, 414

Obejas, Achi, 416

# ÍNDICE